D0576646

Le bonheur est dans le partage

Merci

Bonne lecture

Gaston xy

Mon cher Philippi
fidèle à toi. Discret. gentil
tu dégage tellement en belle
années ! qu'il m'en fait plaisir
de partager. Merci John xx

Les Éditions La Plume D'or

4604 Papineau

Montréal (Québec) H2H 1V3

http://editionslpd.com

tome 1
MA RÉALITÉ À NU

(Contre vents et marées)

Gaston Leclerc

Catalogage avant publication de Bibliothèque et Archives nationales du Québec et Bibliothèque et Archives Canada

Leclerc, Gaston, 1950-

   Ma réalité à nu

   Sommaire : t. 1. Contre vents et marées -- t. 2. L'envers du décor.

   ISBN 978-2-924224-88-5 (vol. 1)
   ISBN 978-2-924224-91-5 (vol. 2)

   1. Leclerc, Gaston, 1950- . 2. Hommes - Québec (Province) - Biographies. I. Leclerc, Gaston, 1950- . Contre vents et marées. II. Leclerc, Gaston, 1950- . Envers du décor. III. Titre.

CT310.L422A3 2015   920.7109714   C2015-941450-4

Conception graphique de la couverture: Alexandre Leclerc et Elen Kolev

Photo de la couverture: LE FUNAMBULE, peint en 1993, par ALAIN CHAYER, Chevalier de l'Ordre des Arts et des Lettres

© Gaston Leclerc, 2015

Dépôt légal – 2015
Bibliothèque et Archives nationales du Québec
Bibliothèque et Archives Canada

ISBN:978-2-924224-88-5

Les Éditions La Plume D'or reçoivent l'appui du gouvernement du Québec par l'intermédiaire de la SODEC.

EXISTER, c'est oser se jeter dans le monde

(Simone de Beauvoir)

J'offre cette autobiographie à mes enfants Cindy et Alexandre,ainsi qu'à mes petits-enfants, pour m'avoir permis de traverser le temps.

Préambule

Le 20 janvier 2007

C'est un moment de folie que de me prendre soudainement pour un écrivain! Titre que je ne possède évidemment pas. Fou ce que la magie de la pensée peut nous faire croire et découvrir: une nouvelle identité et peut-être, la découverte de mes talents littéraires alors que je viens de m'établir aux îles Canaries pour trois mois afin de fuir l'hiver rigoureux canadien. En effet, au départ de Montréal, la température était de 24 degrés Celsius sous zéro et le froid me transperçait la chair pour se faire sentir jusqu'à la moelle.

Comme on ne me donne pas mon âge, j'ai constaté, lors de mon dernier séjour en Europe, que mon statut de retraité avait provoqué un scepticisme auprès des gens que j'ai rencontrés. Il est évident qu'il me manque les cheveux blancs, une prothèse dentaire ou une peau vieillie par le temps pour me valoir ce titre.

Avant mon départ, lors d'une discussion avec mon ami Roger, celui-ci m'a suggéré en riant de me présenter tout bonnement à titre d'écrivain aux gens que j'allais rencontrer, histoire de dissiper tout doute sur mon statut. «Sur quel sujet devrais-je écrire?», lui ai-je demandé. «Eh bien… sur ta vie, car elle est un vrai roman», m'a-t-il tout simplement répondu. Pourquoi pas?

Maintenant que je suis à la retraite, après toutes ces années, je réalise un rêve de jeunesse, soit celui de parcourir le monde. Un rêve qui a imprégné ma façon de vivre, qui a alimenté mes ambitions et qui m'a donné la force d'affronter les obstacles de la vie.Né avec un handicap visuel sévère, la fatalité, les déracinements, la solitude, les abandons, les agressions et les mortalités ont bouleversé mon enfance. Grâce à mes rêves, à ma fantaisie, à ma naïveté, à ma détermination et à d'heureuses rencontres, j'ai transformé ce scénario dramatique en réalisation.

Une vie complexe où les paradoxes se sont entremêlés et dont le déroulement a mis en évidence ma résilience, mon inconscience, ma foi en la vie et l'origine de mon âme bourgeoise. Elle m'aura aussi permis de me réaliser en me propulsant finalement dans un monde extraordinaire.

Cette biographie va vous faire découvrir peu à peu toutes ces contradictions.

Puisque ma perception des événements qui se sont déroulés représente ma réalité, et que ces derniers ont marqué ma vie et mes pensées, j'ai cru bon de vous les décrire, et ce, sans avoir consulté les gens proches qui ont été, soit les acteurs, soit les spectateurs de ce mélodrame.

Je suis donc conscient qu'il est possible que leur perception de certains événements puisse diverger sensiblement de la mienne. Ce qui est normal, car certains d'entre eux sont arrivés à une autre époque. De plus, à bien des égards, même si nous avons tous évolué dans le même environnement, le rôle joué par chacun était différent. La description que j'en fais n'enlève absolument rien à leurs souvenirs.

La narration de ce vécu n'a nullement pour but de les blâmer, de les dénigrer ou de les condamner, qu'il s'agisse de mes conjoints, de mes enfants, de mes parents, des membres de ma famille, de mes amis, de mes beaux-parents ou autres proches. Elle a avant tout comme objectif de mettre à nu ce que fut ma réalité, ainsi que ma perception des événements qui ont contribué à forger ma personnalité.

Mon intention n'est pas non plus de remettre en surface ces blessures du passé, pas plus que de réveiller les démons qui nous ont hantés durant toutes ces années. Je veux tout simplement partager mes souvenirs et laisser à mes enfants et petits-enfants un témoignage de ce que fut ma vie, tout en leur livrant un message d'espoir.

Je réalise par contre que j'ouvre la porte de notre jardin secret où sont dissimulés certains événements qui ont coloré nos vies, dévoilant ainsi au grand jour des souvenirs intimes bien enfouis.

Le titre de ma biographie s'intitulera peut-être: «Un rêve réalisé» «Rêve, déni et réalité», «Ma réalité à nu» ou encore, «La Grandeur de ma détresse». Et pourquoi pas «Un regard sur ma vie?» Au moment d'écrire ces lignes, je ne le sais pas encore. Des titres parcourent mes pensées avec une telle rapidité, un peu comme ma vie qui s'est déroulée à la façon d'un tsunami, avec la même ardeur et autant de danger et d'intensité.

Bonne lecture.

Introduction

J'ai survécu à mes cinquante-six ans et je suis à la retraite depuis plus d'un an. Quel bonheur! Le 17 janvier 2007, je suis parti de Montréal pour me rendre aux îles Canaries. Depuis quelques années, c'est-à-dire depuis mon dernier accident de ski de fond survenu à la fin de décembre 2003, le froid hivernal me transperce la peau. Eh oui! Depuis le jour où on m'a annoncé que je souffrais d'une thrombophlébite sévère à la jambe droite et que j'étais de plus porteur d'un problème génétique de coagulation sanguine et d'un virus anti-cardio, je suis condamné à avaler tous les jours un anticoagulant qui me rend sensible au froid. Ainsi, durant la période hivernale, je ne peux guère me résoudre à ne pas m'exiler à l'étranger, à la chaleur. Cette année, comme pays d'exil, j'ai opté pour les îles Canaries, un endroit où la température est constante, variant entre 18 et 26 degrés, et où les journées sont aussi ensoleillées qu'emplies de luminosité. Quel bonheur que d'avoir pu trouver un endroit dont la chaleur me réchauffe le cœur, l'esprit et le corps, tout en nourrissant mes pensées! Enfin, la réalisation d'un rêve de jeunesse.

Brusquement, quelques jours après mon arrivée, mon séjour se termine temporairement. Un dur retour à la réalité! Le dimanche 21 janvier 2007, mes enfants m'annoncent par courriel que leur grand-père maternel a décidé de nous quitter pour faire son dernier voyage et ainsi rejoindre sa fille bien-aimée, mon épouse décédée d'un cancer à l'âge de 39 ans le 21 mai 1992. Il est mort subitement le mercredi 17 janvier 2007, soit le jour de mon départ. Son corps a été retrouvé dans sa maison après deux jours d'attente et de solitude mortelle.

Selon la volonté de mes beaux-parents, et au grand malheur de mes beaux-frères, c'est moi qui suis mandataire et exécuteur testamentaire. De ce fait, il me faut maintenant assumer mes responsabilités. Je retourne donc au Canada pour sept jours, le temps de planifier la crémation, la cérémonie funéraire et la remise des documents légaux au notaire afin qu'il puisse entamer les démarches légales et voir à l'exécution testamentaire.

De retour aux îles Canaries, je reçois une invitation de mon fils Alexandre, lequel me propose de le rejoindre en Égypte. Étant retenu là-bas par son travail, il aimerait que je m'y rende pour célébrer avec lui son vingt-huitième anniversaire de naissance. Ayant toujours rêvé de découvrir les trésors de l'Égypte, j'accepte son invitation en me disant que ce voyage me permettra d'être auprès de lui lors de cette date importante.

Suite aux obsèques de mon beau-père et mon bref séjour au Caire, je suis maintenant de retour à Las Palomas, Playa del Ingles, ville située au sud de Gran Canaria. Dans ce contexte et dans ce nouvel environnement, seul, je commence à réfléchir sur mon passé et les grands événements qui ont marqué ma vie. Moi qui avais tout oublié, je réalise que mes souvenirs me reviennent graduellement, créant en moi un sentiment que je ne saurais expliquer et qui s'apparente à la fois à l'angoisse et au détachement. J'ai l'impression que les difficultés que j'ai rencontrées dans ma vie et que je m'apprête à partager avec vous relèvent d'une fiction. Elles sont pourtant vraies. Serait-ce par le déni que j'ai réussi à vivre et accepter les grands drames de ma vie? Peut-être. Mais étant d'un optimiste obsessif et ayant la foi, j'ai toujours cru qu'un jour, ma vie aurait un autre sens et qu'elle me procurerait abondance, joie, bonheur, réussite et sérénité. En fait, je dois admettre que j'ai toujours cru en ma bonne étoile, à ce protecteur invisible qui m'a donné la force intérieure de poursuivre mon chemin, de me réaliser et de me dépasser, pour me permettre un jour de vivre une vie à la hauteur de mes rêves.

À une certaine époque, alors que je vivais intensément et traversais des situations désagréables, j'avais l'impression d'être un extraterrestre incapable de sentir ses émotions et qui subissait sans broncher les contrecoups engendrés par des événements malheureux qui se succédaient les uns après les autres. Du même coup, dans ces situations désespérées, mon esprit s'envolait. Je me voyais traverser la porte des étoiles pour me laisser transporter sur une autre planète où l'abondance, les joies et le bonheur coulaient à profusion. Dans mes pensées, je voyageais dans un autre univers.

De retour dans ma réalité, j'observais les gens de mon entourage et je me disais: «Qu'ont-ils de différent de moi pour avoir autant d'assurance, d'aisance et d'abondance?»

Je suis finalement resté sur cette planète qui a bien voulu m'accepter comme je suis. Elle m'aura enfin permis de récolter les fruits de tous mes efforts, de ma persévérance et de mon engagement profond. Enfin, après plusieurs années de tumultes et de controverses, j'ai droit au bonheur, à la sécurité et la paix intérieure. J'ai pu m'accomplir et me réaliser. Serait-ce le résultat de ma croyance en Dieu, en la Vie et en moi qui a fait rejaillir, comme les laves d'un volcan, cette énergie extraordinaire qu'il m'a fallu pour affronter, contourner, et quelques fois, ignorer les obstacles majeurs de ma vie?

Dieu seul le sait!

CHAPITRE 1

LES ACTEURS

Puisque la vie est une pièce de théâtre, vous découvrirez peu à peu les acteurs, les scénaristes, les spectateurs et les observateurs qui m'ont entouré durant toutes ces années, ainsi que les événements qui ont marqué leurs vies et qui ont influencé la mienne. Sans entractes, ils ont écrit ma vie et je parle, ici, des membres de ma famille.

Pour tenir compagnie à ma sœur aînée, Ginette, alors âgée de deux ans, et à mon frère Yvon, un an, je nais le 16 avril 1950. Tous les trois sommes nés sous le signe du bélier, sur les traces de notre père qui lui, est né un trente mars. Le 11 juillet 1951, nous accueillons Liette, ma sœur cadette. À ma naissance, si je peux le dire ainsi, je suis le troisième d'une première famille de quatre enfants. Quelques années plus tard, trois enfants issus du deuxième mariage de notre paternel se joindront à nous; Jocelyn, le 2 mai 1959, Céline, le 3 janvier 1961 et Sylvain, le 2 octobre 1964.

Au moment de ma naissance, mes parents, issus d'un milieu ouvrier, habitent le quartier Hochelaga, situé dans l'est de Montréal. Je suis donc baptisé à l'église de La Nativité, coin Ontario et Déséry, au sein de la religion catholique, un incontournable de l'époque. Nous sommes en pleine période d'après-guerre et le monde vit de grandes transformations économiques et sociales. La venue de la télévision modifiera les habitudes de vie des gens et particulièrement les miennes. La Société québécoise vit une période d'exode rural vers les grandes villes et c'est le début de l'industrialisation.

Mes parents faisaient partie de cette nouvelle génération qui rêvait de commencer une nouvelle vie, d'où la raison pour laquelle ils ont quitté leur monde rural pour s'établir dans la grande métropole. À cette époque, Montréal est la capitale économique du pays. Quoique les francophones représentent plus de 90 % de la population québécoise, le monde des affaires est essentiellement contrôlé par la communauté anglophone; il est alors impensable d'espérer trouver un seul francophone à la direction d'une entreprise. Dans cet environnement économique et social, les

Canadiens Français doivent donc se résoudre à exercer soit le métier de cultivateur ou encore, de manœuvre. Résultat de la défaite des Français et de la prise de contrôle du territoire par l'armée anglaise dirigée par Wolfe en 1759, me direz-vous.

Ma mère, Éva Mercure, est née en Acadie, au Nouveau-Brunswick, pays de la déportation. Elle est l'unique enfant issue du second mariage de sa mère, Séverine Clavette, laquelle est devenue veuve après avoir mis au monde treize enfants, dont six sont encore vivants. Après le décès accidentel de son premier mari, elle épouse Patrick Mercure, le cousin de feu son époux qui du coup, deviendra mon grand-père. Pour cette raison, tous les enfants de Séverine porteront le même nom de famille. Le nouveau conjoint de celle-ci travaille également en tant que manœuvre dans une entreprise de chemin de fer. Malheureusement, la fatalité frappe de nouveau ma grand-mère. Eh oui… son nouvel époux perd lui aussi la vie lors d'un accident de travail. Elle doit donc élever seule ses sept jeunes enfants. Un jour, afin de leur offrir un avenir plus prometteur, elle décide de quitter St-Basile, sa ville natale, pour emménager dans le quartier Saint-Henri à Montréal. Elle y emmène les plus jeunes, dont sa fille cadette Éva, ma future mère. Elle laisse donc ses aînés qui encore aujourd'hui, habitent la maison familiale.

Mon père, Thomas Leclerc, né à l'île d'Orléans, est le cadet d'une famille de treize enfants issus du mariage de Joseph Leclerc et Catherine Brisson. Malheureusement, lors de l'accouchement de son dix-septième enfant, ma grand-mère décède suite à des complications d'ordre médical. Après l'adoption du nouveau-né par un membre de la famille, mon père, alors âgé que de cinq ans, sera toujours considéré par ses frères et sœurs, avec qui il a un écart d'âge de plus de vingt ans, comme le cadet légitime de la famille.

Pour des raisons économiques, mon grand-père Joseph Leclerc, originaire de l'île d'Orléans, décide de s'installer en Beauce où il devient propriétaire d'une ferme sise au Lac-Etchemin. Plusieurs de ses enfants l'imiteront pour devenir, à leur tour, cultivateurs dans cette même région, formant du coup un noyau important de cette petite communauté.

Ses deux filles aînées, Anna et Fabiola, qui se sont mariées très jeunes, décident de quitter la région en compagnie de leur famille pour s'installer à Ste-Claire de Colombourg, à proximité de Lasarre, en Abitibi. Ce faisant, ils bénéficient des programmes gouvernementaux instaurés à l'époque dans le but de favoriser le peuplement de l'Abitibi-Témisca-minque et ainsi, obtenir gratuitement des terres appartenant à la couronne.

Quelques années plus tard, suite au décès de son mari, Fabiola, l'aînée de la famille, se dirige vers l'enseignement pour subvenir aux besoins de sa petite famille, c'est-à-dire elle et sa fille. Quelques années plus tard, elle se remarie à un cultivateur de la région. De cette union naîtront deux enfants, un garçon et une fille. Mais la fatalité frappe de nouveau ma tante qui perd son époux. Ayant une santé fragile, son fils est incapable de prendre la relève et de poursuivre l'exploitation de la terre. Même s'ils se retrouvent malheureusement au seuil de la pauvreté, la porte nous sera toujours grande ouverte lors de nos passages dans la région. Quant à sa fille aînée, issue du premier mariage, elle épousera un cultivateur avec qui elle aura douze enfants, respectant ainsi les règles de procréation établies par le clergé. Ma tante Anna, mariée à Frank Huot, aura de son côté dix enfants avec lesquels j'aurai beaucoup de plaisir lors de nos visites saisonnières.

Pour ce qui est de ma tante Éva, celle-ci s'installe à Montréal en compagnie de son mari Henri Jacques. Ensemble, ils donneront naissance à quatre enfants, Gisèle, Claude, Suzanne et Marjolaine. Enfin, mon père, ainsi que quatre autres de ses frères et sœurs, à savoir Rosa, Lucia, Maria et Émanuel décident de suivre le courant de l'exode rural et de s'établir dans le quartier ouvrier de St-Henri, à Montréal. Ils ont comme voisin de palier une famille du Nouveau-Brunswick fraîchement installée. Comme le hasard fait bien les choses, il s'agit de la famille de Madame Mercure, laquelle deviendra un jour ma grand-mère. Elle vit en compagnie de ses plus jeunes enfants, dont Éva… ma future mère.

Dès son arrivée dans la grande métropole, mon père décroche un premier emploi en tant que débardeur dans le port de Montréal. Quelques années plus tard, grâce à l'aide d'Henri, l'époux de sa sœur Éva, il obtient un poste permanent chez Canadair où durant plusieurs années, il occupera la fonction d'assembleur.

Notre toit

À la fin de la guerre, soit en 1945, mes futurs parents se marient. Mon père a alors vingt-neuf ans tandis que ma mère n'a que dix-neuf printemps.

À ma naissance, en 1950, nous occupons, en tant que locataires, le premier étage d'un duplex localisé dans un petit quartier pauvre de l'est de Montréal. Étant donné que le prix des loyers est peu élevé, ma grand-mère et ses filles emménagent au deuxième étage, ce qui comble ma mère, heureuse de vivre à proximité de sa famille. Elle, qui n'est à l'époque âgée que de vingt-trois ans après avoir déjà donné naissance à quatre enfants, reçoit ainsi le soutien nécessaire pour élever sa famille. Ce soutien devient quasi indispensable lorsque ma sœur aînée, Ginette, âgée de cinq ans, se fait heurter accidentellement par un tramway, ce qui lui vaut deux jambes et un bassin fracturés. En plus d'être difficile, sa convalescence durera plus d'un an.

En 1954, grâce à l'aide financière de ses frères et sœurs avec qui il a tissé des liens très serrés, mon père achète un triplex sur la rue Chambord, dans le quartier Villeray, un lieu plus favorisé situé au nord de la ville. J'ai alors quatre ans. Et puis, comme nous n'avons pas de voiture, pour assurer nos déplacements, nous utilisons les transports en commun, c'est-à-dire le tramway et l'autobus.

Dans notre maison, tant pour nous chauffer en hiver que pour pré-parer les repas, nous avons un poêle à bois converti en poêle à gaz. La chaleur se disperse dans chacune des pièces grâce à un tuyau de métal qui longe les plafonds. Pour laver les vêtements, notre mère utilise une cuve sur laquelle sont superposés des rouleaux essoreurs qu'elle manipule à la main. Pour les sécher, peu importe la saison, elle les suspend sur une corde à linge suspendue dans la cour arrière, entre le balcon et le poteau électrique installé dans la ruelle. C'est qu'à l'époque, la sécheuse à linge et le lave-vaisselle n'existent tout simplement pas. Enfin, pour nous di-vertir, nous tenir au courant de l'actualité et nous recueillir, nous écoutons la radio. Eh oui… tous les soirs, à 19h00 tapant, sous la gouvernance du Cardinal Léger, toute la famille récite le chapelet à genoux. Bien que la télévision vient d'être découverte, elle est strictement réservée aux bien nantis. Mes parents n'ont tout simplement pas les moyens de nous offrir ce luxe.

Ma fatalité

En fouillant dans mes souvenirs les plus lointains, et en dépit de l'accident que ma sœur a eu, je considère jalousement que mes frères et sœurs ont tout pour s'épanouir. Ils ne souffrent effectivement d'aucun handicap physique ou intellectuel susceptible de nuire à leur développement. Ils sont intelligents et ont beaucoup de talents. Leur intégration sociale se déroule normalement et aucun d'eux n'éprouve du mal à se faire des amis. Je les vois rire, courir, sauter et découvrir avec un plaisir que seuls les enfants peuvent ressentir. De loin, dans mon monde, je les regarde ainsi s'émerveiller, s'épanouir et grandir. Enfin bref, je les envie.

Eh oui! Né avec un double strabisme convergent, ce handicap d'ordre visuel a un impact important sur ma vie. Mes deux yeux ne peuvent voir simultanément et de façon coordonnée. Du coup, la vision en trois dimensions m'est inaccessible. Difficile à comprendre! Du fait que j'ai un œil dont la vision est réduite en raison d'une faiblesse remontant à ma naissance, je dois me couvrir l'autre pour éviter de devenir aveugle. Non seulement cette déficience a-t-elle une incidence sur mon équilibre, mais elle me nuit dans mon développement et ma capacité de coordination. Elle va jusqu'à m'affecter dans la maîtrise de certaines activités courantes comme marcher, courir, grimper, sauter et attraper un ballon. Très jeune, je porte des lunettes épaisses et ma vie est plutôt sédentaire. Il m'est impossible de m'intégrer aux jeunes de mon âge qui me regardent toujours étrangement. Je suis rejeté d'emblée et deviens, avec le temps, un observateur passif. De la façon dont les gens me regardent, j'ai parfois l'impression d'être une bête de cirque. Quel cauchemar et quel fardeau pour des parents! Le plus dur, pour moi, c'est d'être incapable de regarder les autres droit dans les yeux. Mais, je ne suis pas malheureux pour autant, étant inconscient de ce qui se passe réellement autour de moi. Je me réfugie donc dans mon monde.

Ce handicap tabou dans une société qui se veut parfaite me permettra-t-il un jour de fonctionner normalement? Seul l'avenir me le dira!

CHAPITRE 2

AMOUR ET REJET

1950 — 1955

Sans savoir exactement comment intituler ce chapitre, il me faut retourner en arrière et faire resurgir en moi les sentiments qui ont imprégné les cinq premières années de ma vie. Eh oui… amour, attention et rejet résument en trois mots les sentiments qui ont marqué mon enfance.

Nul doute qu'avec un handicap visuel majeur apparent, j'étais destiné, dès la naissance, à voir la vie autant à l'envers que dans la controverse. Il est évident que ma vision des choses, des événements qui se déroulent autour de moi, et du caractère des gens qui m'entourent est teintée par mon imagination et par ma perception puérile. Cependant, sans aucun doute, elle dessine et marque le courant de ma vie.

Aujourd'hui, je ne peux tout simplement pas m'imaginer la réaction de mes parents lorsqu'ils ont appris dès le jour ma naissance qu'ils avaient mis au monde un fils souffrant d'une déficience visuelle importante. Que pouvaient-ils faire? À cette époque, malheureusement, les connaissances médicales en ophtalmologie étaient encore très limitées. Qu'allais-je donc devenir?

Même si selon les médecins il ne fait aucun doute que je deviendrai aveugle d'un œil, on tente le tout pour le tout. Aussi, dès mon plus jeune âge, on m'impose une thérapie visuelle, espérant déjouer l'inévitable. Durant les traitements que je dois suivre, alors même que les enfants de mon âge s'amusent à l'extérieur, je dois passer des jours entiers à l'intérieur pour éviter que les rayons du soleil endommagent ma vue encore davantage. Lors de chaque traitement, je dois accepter que l'on déverse quelques gouttes d'une solution ou potion magique dans mon œil paresseux. Je dois aussi porter un cache-œil sur le second, comme un pirate, pour permettre aux images de se rendre au cerveau et ainsi favoriser le développement de la capacité visuelle de mon œil déficient. Ce qui ne passe pas inaperçu et que bien évidemment, je déteste. C'est là une tâche lourde et complexe pour un enfant de mon âge. Considérant que dans l'éventualité où mon œil retrouve la vue, je devrai faire face à une autre difficulté : soit une vision double due à mon strabisme.

Pendant les traitements que je reçois périodiquement, je me berce sur ma petite chaise tout en écoutant ma mère, qui en exécutant ses tâches ménagères, chante les airs diffusés à la radio. Occasionnellement, elle s'arrête brièvement pour m'adresser une marque d'attention qui se veut spéciale et très affectueuse. Mais la plupart du temps, je me retrouve seul, passif, avec mes jouets sans vie et sans âme, mais qui malgré tout, me procurent joie et plaisir. Isolé des autres enfants, je suis forcé de m'amuser seul durant des heures, ce qui me permet de développer mon imaginaire et ma créativité. Il n'y a qu'une seule personne avec qui je parviens à développer un contact privilégié et cette personne est ma sœur cadette, qui n'a qu'un an de moins que moi. Ce sera d'ailleurs le début d'une grande complicité.

Je me souviens encore des discussions interminables qu'avaient mes parents à mon sujet : sera-t-il un jour capable de jouer, de lire et d'apprendre? Actuellement, même si j'ai grandi, il est impensable que je puisse courir ou même attraper un ballon. Il est donc encore plus difficile de concevoir que je pourrai un jour lire normalement. Du fait que j'avance en âge, on anticipe avec raison la difficulté que je risque d'éprouver lorsque viendra le temps de m'intégrer à l'école.

Sauf pour ma mère, j'ai l'impression d'être la honte de tous. Chaque raison est bonne pour m'éviter. À la maison, il est évident qu'on m'élimine d'office pour tous les jeux requérant une dextérité visuelle. Je vois encore les regards curieux et pantois des amis que mon frère invitait pour jouer dans la cour lorsqu'ils m'apercevaient. J'avais l'impression d'être une bête de cirque ou d'être atteint d'une maladie aussi contagieuse que mortelle. Malgré cela, je refusais de me résoudre à abandonner et mourir.

Chez moi, lors de conflits, on se plaît bien sûr à m'appeler «les yeux croches». Inutile de vous décrire l'humiliation et la peine qui m'habitent chaque fois qu'on me lance cette insulte. Ce surnom met en évidence l'incompréhension d'une situation que mes frères et sœurs, ainsi que moi-même ne pouvons expliquer. Étant incapable de comprendre ce qui se passe et pourquoi je suis si différent, ces simples mots me troublent et me blessent profondément. De subir un tel sort, dans la vie, est effectivement incompréhensible.

Malheureusement, la relation avec mon père est quasi inexistante. Il agit envers moi comme si je n'existais pas et m'ignore complètement. J'ai l'impression que ma fragilité lui crée de l'inconfort. Un jour, lors d'une visite chez le médecin, il va jusqu'à dire à ce dernier qu'il aurait été plus souhaitable d'avoir eu une fille normale à ma place. Lorsqu'il me regarde, je ne remarque aucune compassion dans son regard. Par contre, lorsque mon frère aîné est présent, je le sens très fier d'avoir un fils normal qui ne lui crée évidemment aucun souci. Déjà très jeune, j'envie cette relation qu'il a avec lui et que je n'aurai jamais. Tout ça pour dire que son comportement, autant envers moi qu'envers mes sœurs, est déconcertant. Dans son esprit, nous n'avons aucune valeur; moi, en raison de mon handicap, et mes sœurs, parce qu'elles sont des filles. Il agit donc comme s'il n'avait qu'un seul fils. Mais après mûre réflexion, et après toutes ces années, je ne suis pas convaincu que celui-ci l'a perçu ainsi.

Heureusement que je suis très près de ma mère et que je me sens protégé. Depuis ma naissance, du fait que j'étais différent, elle a su développer avec moi un contact étroit et une relation privilégiée. Elle est jeune, engagée, énergique et remplie d'amour. Elle représente la joie de vivre, la continuité et la tendresse. Elle adore ses enfants et les protège sans condition. Elle aime se bercer en nous tenant tous les quatre dans ses bras. C'est une femme heureuse et comblée d'avoir eu des enfants. Elle sait nous offrir ce qu'il a de plus beau sur terre : l'amour inconditionnel d'une mère.

Comme il m'est impossible de jouer avec les autres enfants, elle prend toujours le temps de s'occuper de moi. Elle se soucie de mon apprentissage et de mon développement en veillant à ce que j'aie tous les outils nécessaires. Elle est en fait le maître d'œuvre, l'actrice principale qui joue un grand rôle dans ma croissance et mon intégration sociale. Cette relation particulière que j'ai développée avec elle me plaît bien. Elle ne quitte jamais le domicile familial sans m'amener, craignant que je sois seul. Je l'accompagne donc partout, que ce soit dans les magasins, chez son médecin ou son coiffeur. Je suis aussi auprès d'elle lorsqu'elle effectue son repassage, son lavage ou la préparation des repas. J'ai droit à toute son attention et je suis très heureux, car l'essentiel, pour moi, c'est d'être aimé.

Puisque je me sens rejeté par mon entourage, je suis à la recherche constante de mon identité et d'une certaine valorisation, dans une réalité qui m'est difficile à accepter. Si à l'occasion je me replie sur moi-même, mes mécanismes de survie sont par contre déjà en place. Mon handicap visuel a donc un impact important sur mon intégration sociale et influence grandement ma vie ou du moins, mon quotidien et mes rapports interpersonnels.

Quoique les enfants, involontairement ou non, puissent être cruels et sans pitié pour ainsi s'affirmer et prendre leur place, il va de soi que je dois moi aussi prendre la mienne. C'est pourquoi je prends tous les moyens pour me faire valoir et attirer l'attention. Je veux que les gens réalisent que je suis là et que j'existe. Même que quelques fois, au grand dam de mes frères et sœurs, je deviens espiègle. Par ces gestes souvent maladroits, je ne cherche qu'un regard, une attention, car rien n'est plus difficile à accepter que de se sentir ignoré. Pour toutes ces raisons, mon plus grand rêve est de connaître un jour la normalité. Mais, vais-je réussir, et si oui, comment?

En écrivant ce chapitre, les émotions qui ont marqué mon enfance rejaillissent dans mon cœur, telle une fontaine d'eau dont on ne peut contrôler le flot. Une peine intérieure indescriptible! J'aurais tellement voulu être normal plutôt que de vivre dans la gêne, l'exclusion et le rejet. Malgré tout, même si j'ai de la peine, je dois admettre que je n'ai jamais eu aucune colère en moi. Je n'ai gardé ni rancœur ni mélancolie envers mon entourage, préférant concentrer mes énergies pour me bâtir un environnement à la hauteur de mes rêves. Ce fut là un apprentissage de vie difficile, mais qui a changé indéniablement le cours de ma vie.

Un jour, alors que j'ai trois ou quatre ans, j'apprends une nouvelle extraordinaire : les traitements qui m'ont été imposés m'ont finalement permis de développer une certaine acuité visuelle suffisamment importante pour empêcher la cécité de mon œil. En contrepartie, en l'absence de mon cache-œil, ma vision devient double, car le problème de convergence de ma vue n'a pas été résolu pour autant. Le médecin me recommande donc d'alterner l'utilisation de mes yeux lors de mes activités quotidiennes. Pour moi, maintenant, le dilemme est de savoir quel œil je dois utiliser durant chacune de mes activités pour parvenir à maintenir un équilibre. Graduellement, cet exercice, tout autant que le choix à faire, devient naturel. Comme je suis presbyte d'un œil et myope de l'autre, je regarde de loin avec un et de près avec le second. Selon ce que je dois faire, j'utilise mes yeux en alternance. Avec le temps, instinctivement, mon cerveau annule automatiquement le champ de vision d'un œil lorsque je regarde avec l'autre. C'est plutôt extraordinaire, car cela me permet de fonctionner presque normalement.

C'est à partir de ce moment que s'amorcent des discussions sans fin entre mes parents, quant à la possibilité de me faire subir une intervention chirurgicale visant à corriger mon strabisme. Ceci me permettrait de voir en trois dimensions et de normaliser ma vie. Mais alors que j'ai déjà cinq ans, et sans que je ne sache pourquoi, aucune décision n'a été prise à ce jour. La raison pourrait être autant d'ordre financier que médical. Une chose reste certaine : les coûts élevés d'une telle intervention devront être assumés par mes parents.

Au début de l'année 1955, on nous annonce la venue de la cigogne pour septembre prochain. Eh oui! Notre mère attend son cinquième enfant. Nous sommes tous excités à l'idée d'avoir un bébé dans la famille avec qui on pourra jouer et s'amuser.

Durant la grossesse, la relation entre mon père et ma mère est très tendue. Tous les sujets deviennent un motif de discorde. En prime, notre père, qui a un sérieux problème d'alcool, devient de plus en plus agressif. Les confrontations et les disputes violentes se succèdent au quotidien. Rarement peut-on souper en famille dans l'harmonie. Qui de nous ne se souvient pas des querelles interminables à la fin des repas? Ces échanges sont si violents, que l'on doit souvent se cacher sous la table, derrière une chaise ou derrière notre mère pour esquiver un coup ou un objet. Notre mère trouve insupportables les états d'âme, les caprices et les excès de notre père. En tant que femme de caractère, elle tient à tout prix à se faire respecter et à se faire comprendre. Le fait qu'elle soit enceinte n'arrange rien à la situation, puisqu'elle est sensible à tout commentaire ou événement qui la contrarie. Nous sommes donc plongés dans une atmosphère de confrontation continuelle! Et puis un jour, soit celui de l'accouchement, notre environnement familial bascule complètement.

Le lundi 5 septembre 1955, ma sœur et mon frère aînés, respectivement âgés de six et sept ans, font leur entrée scolaire. La semaine précédente, notre maman nous a fait visiter leur nouvelle école. Ce fut très impressionnant de voir cet immense bâtiment austère situé près de l'église et fait de pierres taillées. On aurait dit un ancien couvent. Derrière, il y a une cour immense pour permettre aux enfants de s'amuser durant les récréations. Je suis très excité, car l'an prochain, ce sera à mon tour de commencer les classes. Donc, en ce fameux lundi, comme chaque jour, mon père a quitté la maison très tôt pour se rendre au travail. Ma grand-mère maternelle est à la maison et tout indique qu'elle y restera quelque temps. Durant la matinée, ma mère quitte seule le foyer familial pour se rendre à la clinique d'accouchement privée. C'est la première fois qu'elle part de la maison en me laissant seul avec ma petite sœur. Je ne réalise pas du tout ce qui se passe. Comme je n'ai pas l'habitude de la voir partir sans moi et que je me sens abandonné, je me rends en pyjama dans la rue et me mets à courir derrière elle. Dès que je la rejoins, elle me ramène à la maison tout en m'expliquant que sa mère prendra soin de nous durant son absence. Mais étant trop jeune pour comprendre, je réitère mon geste de désespoir et la suis à nouveau dans la rue. Afin d'éviter une troisième fugue, ma grand-mère empile soigneusement les chaises de cuisine devant la porte, bloquant ainsi la sortie. Du coup, je réagis à la manière d'un enfant que l'on vient tout juste d'abandonner. Je pleure jusqu'à épuisement et m'endors.

À mon réveil, j'attends impatiemment le retour de ma mère. Et voilà qu'en fin d'après-midi, mon père arrive à la maison plus tôt que prévu. C'est là qu'on nous annonce abruptement que maman est morte, suite à une hémorragie survenue lors de l'accouchement. Il semble qu'il était déjà trop tard lorsque la direction de la clinique est parvenue à joindre mon père sur les lieux de son travail pour obtenir une autorisation de transfert d'urgence dans un centre hospitalier. On nous apprend qu'elle ne reviendra jamais. En fait, on se contente de nous dire qu'elle est partie en voyage, au ciel pour voir le petit Jésus. Et si nous avons bien compris, ce voyage n'inclut pas le billet de retour. Par contre, nous souhaiterions bien la rejoindre.

À l'âge de vingt-neuf ans, elle est morte noyée dans son sang, en compagnie de son dernier fils que l'on ne connaîtra jamais. Elle laisse derrière elle quatre enfants, âgés respectivement de quatre, cinq, six et sept ans. Le malheur vient de frapper à notre porte et j'ai l'impression que mon univers vient de s'écrouler. D'un seul coup, je viens de perdre ma maman, ma protectrice et son amour inconditionnel. Je vis un cauchemar, une grande détresse et un immense chagrin. Que vais-je devenir?

À la maison, les gens s'affolent et le téléphone sonne continuellement. C'est à la fois la cohue, la désorganisation et l'incompréhension. Et puis voilà que la consternation s'installe lorsque chacun se demande ce qui va se passer avec nous, les enfants. Que pouvons-nous y comprendre? Ce cauchemar teintera à jamais mes pensées et ma perception de la vie. Mais qu'allons-nous devenir sans maman?

CHAPITRE 3

L'ABANDON

1955 — 1958

Les jours qui suivent la disparition de notre mère, ma sœur cadette et moi restons seuls à la maison, sous la surveillance de notre grand-maman. Ces jours me semblent interminables tellement je suis figé dans le temps. Je me sens abandonné comme un petit oiseau dans un nid perché dans un arbre. Alors que ma grand-mère vit son deuil en silence et que je ne comprends pas vraiment ce qui s'est passé, j'attends impatiemment le retour de ma mère. Il m'est impossible de croire qu'elle ne reviendra pas à la maison et qu'elle m'ait ainsi abandonné.

Les préparatifs funéraires s'organisent dans le bouleversement et la hâte. Ma grand-mère, malgré le chagrin d'avoir perdu sa cadette, demeure à la maison pour prendre soin de nous et y restera jusqu'à ce qu'une décision soit prise à notre sujet. Les sœurs de mon père étant couturières confectionnent pour nous, à la dernière minute, des vêtements de circonstance. Et puis, en vitesse, on se rend chez le barbier et au magasin de chaussure pour nous procurer de nouveaux souliers.

Et, arrive le jour tant attendu. On nous conduit au salon funéraire pour que nous puissions voir notre maman une dernière fois. Selon la coutume de l'époque, l'exposition du corps se prolonge sur trois jours, histoire de permettre à la famille de se recueillir et prier. Le salon est situé dans un grand logement, au rez-de-chaussée d'un immeuble à trois étages autrefois habité par des gens cossus. C'est pourquoi nous avons l'impression de nous rendre dans une résidence privée.

En arrivant sur les lieux, on voit aussitôt des personnes dispersées dans l'escalier, sur le balcon et de chaque côté du hall, pendant que dans le salon où est exposée ma mère, d'autres prient devant la dépouille. Tout au long du hall d'entrée donnant accès à deux grands salons doubles sont entassés des gens qui semblent impatients de nous voir arriver. Notre entrée officielle est très remarquée.

En nous apercevant, tous nous ouvrent le passage. Les gens nous saluent gauchement en posant leur main sur notre tête ou sur notre épaule. Peu à peu, le bourdonnement des conversations s'élève et finit par se faire entendre très fort, comme si un événement extraordinaire venait tout juste de se produire. «Les enfants d'Éva sont arrivés pour voir leur mère, l'embrasser et lui dire adieu», peut-on pratiquement lire sur les lèvres. Nous parvenons finalement à entrer dans le salon de gauche, là où notre mère est exposée, les yeux fermés, gisant de tout son long sans broncher. Les bouquets de fleurs tapissent tous les murs, du plancher au plafond, que ce soit dans le hall d'entrée, dans le salon où nous sommes ou dans celui qui est inoccupé. En se dirigeant vers le cercueil, on a l'impression de traverser un passage taillé dans un jardin de fleurs menant tout droit au paradis.

Finalement, nous nous retrouvons tous les quatre devant la dépouille de notre mère. Une minute de silence profond s'installe, alors que tous les témoins de la scène sont sans mots tellement ils semblent ébranlés. De voir ainsi notre mère, sans vie, sans son sourire, allongée et froide, nous apparaît irréel. Nous déposons tous, un à la suite de l'autre, un baiser sur sa joue glaciale. Que d'émotions étranges et intenses ravalées! Un instant d'absurdité où le soleil de mes matins, la source de mes caresses et le sourire de mes espoirs se réfugient radicalement dans un corps de glace. Un moment que je ne pourrai jamais oublier.

Après les quelques minutes de recueillement et de silence, les discussions sur les possibilités d'adoption sont alors grandes ouvertes. On nous regarde, on nous observe, on nous épie. Des gens de la famille immédiate, mes oncles, mes tantes, des amis, et même des inconnus, discutent ouvertement sur les possibilités d'adoption de l'un ou l'autre de nous quatre. De part et d'autre, on dirait une surenchère ou une vente d'esclaves. Un tel ira dans ce foyer, l'autre pourrait aller chez Monsieur un tel, et l'autre chez Madame une telle...

Durant ce temps, personne ne veut nous entendre, nous écouter et encore moins nous voir exprimer notre chagrin. «Ne pleure pas, mon petit», me dit cette dame. «Ne t'en fais pas, on va prendre soin de vous», me déclare solennellement une autre inconnue. Ou bien: «Qu'as-tu, mon petit, pour pleurer ainsi?», va jusqu'à me demander une des sœurs de mon père. Devant tant d'interventions, d'interrogations, d'exclamations et d'affirmations de la part de tous, j'ai l'impression qu'il est insensé qu'un petit garçon de mon âge puisse pleurer ainsi la mort de sa mère. Les sœurs de mon père nous répètent constamment de ne pas pleurer. Si nous nous montrons incapables de nous arrêter, elles nous menacent de nous ramener immédiatement à la maison. Terrifié à l'idée de partir, je dois me contrôler et contenir ma peine pour rester avec maman quelques heures de plus. Ce chagrin non exprimé, gardé enfoui dans mes souvenirs, me hantera l'esprit pendant de nombreuses années.

Étant incapable de retenir ma peine plus longtemps, une larme se glisse tout doucement sur ma joue. Assise à mes côtés, Lucia, l'une des sœurs de mon père qui n'a jamais eu d'enfant, est incapable de comprendre. Encore une fois, elle cherche à savoir pourquoi je pleure. Une question qui dans les circonstances, est aussi invraisemblable que surprenante. Afin de ne pas être expulsé du salon, je lui mens pieusement en lui signifiant tout bonnement que mes nouvelles chaussures me font très mal aux pieds. Mais, mon stratagème pour éviter le châtiment ultime échoue. Sans autre préambule, elle prend aussitôt les dispositions pour me faire reconduire à la maison. Je quitte donc le salon brusquement, non sans un dernier regard vers ma mère que je ne reverrai jamais. J'ai nettement l'impression que personne ne me comprend. Tout se passe si vite.

Plus tard, dans la soirée, j'entends les discussions entre mon père et ses sœurs où il est dit que ma sœur cadette et moi sommes trop jeunes pour assister aux funérailles de notre mère. Je suis si ébranlé par cette décision que je suis incapable de me faire entendre. Ma petite sœur et moi serons donc exclus de la cérémonie religieuse au cours de laquelle un dernier hommage sera rendu à notre mère.

Les funérailles ont lieu. À cette époque, avant de se rendre à l'église, la tradition veut que le cortège funèbre passe devant la demeure familiale de la personne décédée. Ceci, afin de retourner une dernière fois sur les lieux où a habité le défunt ou la défunte. Alors que je regarde, pensif, à travers la fenêtre de la chambre de mes parents, je vois le corbillard passer lentement, transportant ma mère à sa dernière demeure. Pour ne rien manquer, je suis suspendu, mortifié, au cadrage de la fenêtre et pleure à chaudes larmes. Les landaus de fleurs sans fin, les voitures des parents, amis et autres font partie du cortège. Même si je ne comprenais pas, ces images resteront à jamais gravées dans ma tête d'enfant.

Les jours suivants, mon père et ses sœurs nous répètent constamment que nous sommes jeunes et que nous oublierons rapidement cet épisode dramatique de notre vie. Quelle insensibilité et quelle incompréhension! Voilà qui dépasse l'entendement. Comment peut-on oublier à jamais sa mère?

La gouvernance des enfants

Après les funérailles, ma grand-mère, malgré son âge et sa peine, joue pour nous le rôle de mère, de gardienne et de gouvernante. Derrière les coulisses, viennent se prêter de nouveau les spéculations et les discussions concernant l'avenir de chacun d'entre nous. Du fait que notre père n'a que trente-neuf ans et qu'il travaille tous les jours, il est impensable, pour lui, de rester à la maison pour maintenir la garde de ses quatre enfants. Toutes les solutions envisagées sont donc déposées sur la table et discutées devant nous, incluant l'orphelinat, à la condition, bien évidemment, que les garçons soient inscrits à la même institution et que de leur côté, les filles le soient également. Il ne faut surtout pas les séparer. Après des heures de discussion, parrains et marraines proposent d'adopter leur filleul respectif. À les entendre, on se croirait dans un pays du tiers monde, où on offre les enfants au plus offrant. Il est évident que pour moi, tout cela n'a rien de rassurant.

Et puis, après les déclarations de chacun, survient un revirement quant aux décisions prises initialement, alors qu'une de mes tantes signifie qu'il serait très néfaste de nous séparer. Dans cette éventualité, non seulement devrions-nous vivre le deuil de notre mère, mais de plus, celui de nos frères et sœurs. Ce qui n'est pas souhaitable, cela risquant de nous causer un traumatisme irréversible. Il y a donc consensus, suivi d'un dénouement heureux. Finalement, pour résoudre le problème relié à la garde des enfants, les trois sœurs de notre père, qui n'en ont pas, lui offrent de prendre soin de nous, sous notre toit, sur une base rotative. Ainsi, à tour de rôle, chacune s'installerait chez nous pour une période ne dépassant pas trois mois. Cette généreuse proposition est acceptée à l'unanimité par le conseil de famille.

Un moment de bonheur

À la fin de 1955, nous passons notre premier Noël sans notre mère, toujours aussi présente dans mes pensées. Au réveil, le 25 décembre de cette même année, après nous être dirigés vers le salon, debout sur le seuil de la porte, nous découvrons avec fébrilité des dizaines de cadeaux étalés au pied de l'arbre de Noël. Il y en a tant, qu'on ne peut ni entrer ni circuler dans la pièce. J'ai le sentiment que suite à un accident, le père Noël a renversé son chariot devant notre demeure, laissant derrière lui tous les présents qui s'y trouvaient. Un contraste important avec les Noëls du passé, où le père Noël n'avait pas assez de sous pour nous offrir les cadeaux dont nous rêvions. Je suis si excité. C'est comme si je vivais un conte de fées. Un baume sur la nostalgie engendrée par l'absence des caresses de ma maman.

Un beau jour, notre foyer se met à la fine pointe de la technologie lorsque mon père fait l'acquisition d'un téléviseur. Nous sommes tous très étonnés de voir à l'écran des personnes parler, bouger, rire et s'amuser comme s'ils étaient réels. Les premiers jours, croyant pouvoir rencontrer les personnages, nous nous rendons à l'arrière de l'appareil, persuadés qu'ils s'y cachent. Eh non! Ils ne s'y trouvent pas!

En regardant la télévision tous les jours, je me fais deux nouveaux amis : Bobino et Bobinette, les personnages d'une émission conçue pour les enfants et qui deviennent pour moi des compagnons inconditionnels. Non seulement ne se détournent-ils jamais de mon regard, mais ils me transportent dans un monde de fantaisie. Tous les jours, ils sont au rendez-vous pour m'amuser, me distraire et m'accompagner autant dans mes rêves que dans mes découvertes. Je suis fasciné.

Après le téléviseur, voilà qu'un samedi matin, notre père arrive à la maison à bord d'une grosse voiture noire qu'il vient tout juste d'acheter. C'est sa toute première voiture. Au-dessus de la banquette arrière, près de la fenêtre, on peut voir un tapis de fleurs séchées décoratif. À croire qu'il a gagné à la loterie! Dès qu'il arrive, il s'empresse de nous faire monter à l'arrière pour nous faire faire le tour du quartier. Je suis très impressionné.

Un tournant de la vie

Au cours des trois années suivantes, nous assistons au jeu de la chaise musicale, une activité au cours de laquelle mes tantes se remplacent l'une et l'autre avant même d'avoir terminé leur mandat de trois mois, trop exténuées et incapables de supporter davantage les comportements de papa, dont les agissements sont constamment influencés par l'alcool. S'ajoutent à cela l'épuisement physique résultant des tâches ménagères et la responsabilité qu'est la leur de devoir assurer notre éducation alors qu'elles n'ont aucune expérience avec les enfants. Elles sont avant tout des personnes de devoir et d'engagement. Pour elles, les émotions, la peine, l'amour et la haine font partie de ces sentiments qui n'existent pas. Le grand écart entre l'expression de notre mère et la leur, fait que j'ai l'impression de vivre dans un autre univers. Nous vivons une relation sans affect. Du coup, je prends conscience de tout ce que j'ai perdu au décès de ma mère, à savoir le contact, la chaleur humaine et l'amour inconditionnel.

Nos habitudes journalières sont aussi complètement bouleversées. Les aliments et la préparation des plats qui nous sont servis ne sont plus les mêmes. Le linge que nous portons provient de je ne sais qui et est déjà usé pour avoir été porté par d'autres enfants. Occasionnellement, mes tantes confectionnent pour nous un morceau de vêtement avec des restants de tissus qu'elles ont trouvés. Comme elles ont connu la récession des années 30 et qu'elles en sont restées marquées, elles trainent encore les habitudes de cette époque. Elles sont si économes, qu'elles couperaient un sou en quatre! Lorsque nous allons au marché de fruits et légumes, elles recueillent ce qui a été laissé par terre par les cultivateurs; qu'il s'agisse de feuilles de chou, de feuilles de salade, de morceaux de céleri, de vieux navets et même de morceaux de carotte. Leur comportement m'indispose au point d'en être gêné. Il m'arrive parfois de les suivre de loin, pour éviter d'être vu en leur compagnie. Il est fréquent que nous revenions à la maison avec des sacs pleins de nourriture sans qu'elles aient eu à débourser le moindre sou.

Il y a par contre une chose qui ne change pas et qui nous assure une continuité spirituelle : le récit du chapelet de dix-neuf, à la radio, par le Cardinal Leger. Tous les soirs, on s'agenouille quinze longues minutes pour prier. Pour moi, ce rituel religieux prend davantage de signification, car je prie pour ma mère. Il influence ma pensée, me permet de me recueillir intérieurement et de méditer sur le sort que la vie m'a réservé.

Graduellement, disparaissent de notre entourage les membres de la famille de maman. Il est évident qu'il n'y a jamais eu d'affinité entre eux et mon père. Le seul lien qui les unissait était notre mère, et comme elle est partie… À partir de maintenant, je visiterai une fois par année et pour quelques heures seulement mon parrain Edgard Mercure, le demi-frère de ma mère, et ma marraine, son épouse Alice. Ce sera bien entendu durant la période des Fêtes, histoire que je puisse recevoir mon cadeau de Noël. Une rencontre brève et formelle, sans plus. Chaque année, je reçois le même présent, soit un pyjama de grande qualité. Je suis par contre très content, car il n'a jamais été porté. Il n'y a qu'un Noël où j'ai droit à un présent différent, soit un chandail avec le logo du Canadien, car mon oncle est un admirateur de cette équipe de hockey. Mais du fait que je ne participe à aucun sport, il va sans dire que je suis très déçu. Malgré tout, je le garde soigneusement pour mieux me remémorer leur gentillesse. Plus je grandis, plus notre rencontre annuelle devient pour moi une coutume gênante du fait que je n'ai aucune relation avec eux et que je ne les connais pas vraiment. J'ai le sentiment qu'ils se prêtent à ce petit rituel dans l'unique but de se déculpabiliser et de respecter l'engagement pris au jour de mon baptême.

La peur du dimanche matin

Malheureusement, la voiture de notre père, celle-là même qui nous a tant éblouis, revêt pour nous des airs de cauchemar. Très souvent, après ses sorties du samedi soir, papa arrive à la maison très tôt les dimanches matin, complètement ivre. S'ensuit toujours une dispute avec sa sœur. Le ton de sa voix est tel, qu'il nous réveille tous. C'est là qu'avec agressivité, il exige que nous nous habillions et que nous fassions nos valises. Du coup, la panique générale s'installe. Il nous entasse dans sa voiture sans dire un mot, les garçons sur le siège avant, les filles sur la banquette arrière. Ceci fait, il nous avise qu'il a décidé de nous placer dans un orphelinat. Lors de ces moments de folie, nous parcourons l'île de Montréal et nous arrêtons devant des orphelinats, des collèges, des couvents et des centres d'hébergement pour enfants. Dès que nous apprenons qu'il n'y a pas de disponibilité dans l'un des établissements visités, nous nous dirigeons vers le prochain. Inutile de vous décrire la peur ni même la peine qu'est la nôtre lorsqu'on réalise que notre père a décidé de nous abandonner. Des pleurs sans fin, même s'il exige qu'on arrête. Mes expériences «du dimanche matin» me marqueront pour la vie.

Après des heures de recherches futiles, puisqu'aucun endroit ne peut nous accueillir dans l'immédiat, nous rentrons à la maison, apeurés et démolis, non sans redouter la prochaine beuverie du paternel. En arrivant, nous voyons chaque fois notre tante faire ses valises. Elle a décidé de retourner chez elle, incapable d'en supporter davantage. Dans les heures qui suivent, elle sera remplacée par une autre. De dimanche en dimanche, l'histoire se répète inlassablement. Que de souvenirs misérables! Serons-nous un jour placés en institution ou non? Voilà toute la question.

Face à un environnement aussi stressant, nous éprouvons tous un problème d'incontinence nocturne et nous nous réveillons chaque matin dans la chaleur humide de nos draps. Cette situation n'aide en rien nos tantes qui doivent continuellement changer les lits, laver les draps et recommencer le lendemain. Chaque fois que nous sommes invités à nous rendre dans la famille, le seul fait de penser que mes tantes veuillent me garder pour la nuit crée en moi un stress énorme. Je ne peux même pas envisager la possibilité de dormir ailleurs qu'à la maison.

Comme si ce n'était pas suffisant, voilà les rêves et les cauchemars qui me hantent durant mon sommeil. Je rêve que je traverse la porte du temps et que je me retrouve sur une planète inconnue. Certains rêves m'occasionnent tellement d'angoisse et de peur, qu'au réveil, je me retrouve couché, camouflé dans mes draps humides, dissimulé dans le fond de la garde-robe ou caché sous mon lit. Malgré tout, je me sens parfois privilégié, car une de mes tantes, Lucia, me porte une attention particulière chaque fois qu'elle est à la maison. Cela me vaut le surnom de chouchou de la part de mes frères et sœurs, ce qui me plaît bien. Puisque je dois commencer l'école en septembre prochain, elle me prépare lentement à cette transition et fait de son mieux pour faciliter mon intégration scolaire en me montrant à lire et à écrire.

Une chirurgie pour faciliter mon intégration scolaire

Les discussions interminables au sujet de mon strabisme et des problèmes risquant de troubler mon intégration dans le milieu scolaire refont surface, sauf que cette fois, c'est entre mes tantes et mon père qu'elles ont lieu. Selon ce que j'entends, non seulement je deviendrai un cas de rejet et de moqueries, mais j'aurai de plus des problèmes d'apprentissage. Ces échanges suscitent des confrontations et des discussions corsées. Néanmoins, on s'entend tous sur une chose, à savoir qu'il est impensable que je me présente à l'école publique tel que je suis.

Finalement, dans le but d'obtenir un diagnostic et identifier les solutions susceptibles de corriger mon double strabisme, je rencontre plusieurs spécialistes de la vue. Depuis ma naissance, il semble que les connaissances en ophtalmologie n'aient pas tellement évolué. Après avoir consulté un médecin de l'hôpital Ste-Justine, une institution spécialisée en traitements pour enfants, celui-ci accepte de m'opérer, bien que l'opération en question comporte des risques élevés et que les résultats ne sont pas garantis.

À l'âge de six ans, après toutes ces années d'attente, je suis enfin hospitalisé pour remettre mes yeux en orbite, corriger mes angles de vision et les problèmes d'ordre esthétique. Cela me permettra d'avoir une convergence visuelle des deux yeux et de voir en trois dimensions. Je suis évidemment aussi nerveux qu'anxieux de subir cette opération.

Je subis donc cette intervention chirurgicale tant souhaitée pour constater, à mon réveil, que j'ai les bras et les jambes liés au lit. Du coup, je ne peux pas bouger. Je porte des bandeaux tout autour de la tête, de façon à ce que mes yeux soient bien couverts. Immobilisé dans le noir, alors qu'il m'est impossible de voir, je me sens comme un déficient mental. On prend soin de m'expliquer que pour assurer ma guérison, je dois demeurer dans cet état d'immobilité durant plusieurs jours. Quelle position désagréable pour un enfant de six ans! Je n'ai aucune autre option que de m'abandonner. Je vis alors dans ma tête et attends impatiemment le jour où l'on m'enlèvera ces bandeaux. J'ai si hâte que ce cauchemar se termine.

Cinq jours plus tard, c'est le grand jour. Les infirmières enlèvent le bandage de l'œil gauche. Les commentaires du médecin sont positifs puisqu'il a réussi à modifier l'orbite de l'œil, améliorant ainsi mon angle de vision. L'intervention semble réussie. On doit par contre attendre quelques jours de plus pour découvrir l'œil droit, car lors de l'opération, le chirurgien a rencontré des difficultés inattendues. Il s'agit évidemment de l'œil pour lequel on avait initialement prédit une cécité. Un suspense interminable!

Survient finalement le verdict final, l'heure de vérité. Quelques jours plus tard, les infirmières retirent délicatement le bandage couvrant mon œil droit. Hélas, je ne peux lire que trop rapidement la déception qui anime le visage du médecin. Celui-ci annonce que l'opération n'est réussie qu'à cinquante pour cent, puisque seul l'alignement de l'œil gauche a pu être corrigé. La déviation de l'œil droit est toujours aussi apparente et la coordination du mouvement de mes yeux n'est pas synchronisée. La vision binoculaire me sera donc impossible, en raison du problème persistant de convergence de mes deux yeux. Je devrai donc vivre avec cette réalité! Quelle déception!

Le risque de cécité de mon œil droit étant toujours omniprésent, je devrai continuellement porter une attention particulière et déployer des efforts continus pour utiliser mes deux yeux en alternance, tant pour regarder que pour accomplir mes activités. Puisque l'un de mes yeux souffre d'une myopie sévère et que l'autre a une presbytie prononcée, je ne dois me servir que d'un seul d'entre eux pour chaque activité spécifique. Dorénavant, j'utilise donc un œil pour les activités nécessitant une vision de loin et l'autre pour les activités qui requièrent une vue de près. Même en alternance, il m'est impossible de développer une faculté visuelle des deux yeux lors d'une même activité. Si je peux lire avec mon œil gauche, il m'est impossible de le faire avec l'œil droit.

Du fait que la chirurgie a amélioré l'aspect esthétique, je peux maintenant me permettre de regarder les gens dans les yeux. Par contre, avec lequel devrais-je arrêter mon regard? À vous de deviner. C'est ce que les gens en face de moi se sont demandé durant toutes ces années. Je vis donc une grande frustration quand ceux-ci tournent la tête de droite à gauche en me demandant où je regarde ou ce que j'ai vu. C'est encore plus décevant et plus aliénant pour moi quand ils requièrent verbalement mon attention, croyant que je ne les regarde pas. Malgré tout, je considère que ma situation s'est grandement améliorée.

Nous sommes déjà en septembre 1956. C'est ma première journée scolaire et je suis excité. Alors que la fragilité, le stress et les efforts d'adaptation sont omniprésents chez chacun d'entre nous qui commençons les classes, mes yeux et moi passons presque inaperçus. Je suis plus que soulagé de ne pas avoir été remarqué.

Malheureusement, avec le temps, mes difficultés d'intégration, lors des activités sportives qui se déroulent à l'école, mettent en évidence mes problèmes visuels et me valent plusieurs moqueries et plaisanteries. Pour compenser, je me concentre sur mon apprentissage et je déploie tous les efforts possibles pour me démarquer sur le plan scolaire. Les résultats extraordinaires que j'obtiens font que je jouis d'un certain statut, en plus de compenser largement mon handicap visuel. Par contre, il y aura toujours quelqu'un pour me rappeler ma différence.

Les congés

Durant trois ans, soit depuis le décès de notre mère, nous, les enfants, partons dans différentes directions durant les congés scolaires et les vacances estivales. Nous sommes recueillis par différents membres de la famille de mon père, ce qui donne un peu de répit à nos gardiennes. Tous les ans, un séjour de plusieurs semaines sur la terre familiale de mon oncle, au Lac-Etchemin, devient un incontournable. Nous sommes alors propulsés dans un nouveau milieu où les habitudes de vie contrastent de beaucoup avec celles de la vie urbaine. Il n'y a ni eau courante, ni toilette, ni frigidaire. Que ce soit en été ou en hiver, nous devons sortir à l'extérieur de la maison pour pomper l'eau. C'est toujours avec dédain que nous utilisons les toilettes extérieures que l'on appelle bécosse, dans lesquelles se dégage en tout temps une odeur très désagréable. La nourriture est mise en conserve et quelques fois, on l'entrepose dans un caveau entouré de glace et de brin de scie. Pour la période de l'hiver, la viande est congelée dans une dépendance ou sous la neige.

Lors de nos séjours sur la ferme, nous participons aux activités quotidiennes. Le matin, nous amassons les œufs dans le poulailler pour le déjeuner. Nous sommes aussi témoins de l'éclosion des œufs et assistons à la naissance de centaines de petits poussins jaunes. Le soir, nous courrons derrière le troupeau de vaches pour les diriger vers l'étable, afin que mon oncle et ma tante puissent les traire à la main. Cette tâche terminée, nous assistons à la transformation et l'écrémage du lait dans une centrifuge. À la fin de la saison, je participe à la récolte du foin et des légumes. Je suis fasciné par les tâches quotidiennes qu'un cultivateur doit accomplir et par le nombre d'heures qu'il doit travailler. Une très belle expérience de vie qui nous rend heureux, car nous nous sentons en sécurité.

Notre contribution aux activités de la ferme n'est pas toujours très productive et soulève parfois des réactions aussi vives que déchaînées. Un jour, au réveil, en nous dirigeant au poulailler pour cueillir les œufs, nous constatons qu'il n'y a plus aucune poule ni un seul œuf. On y retrouve que des plumes. Malheureusement, la veille, nous avions oublié de fermer la porte du poulailler et durant la nuit, les renards se sont fait un véritable festin. Une autre fois, c'est la panique générale lorsque ma sœur cadette et moi montons seuls sur la charrette déjà attelée et que nous tirons les rênes pour faire avancer les chevaux qui aussitôt, prennent la direction de la route principale. Un moment de panique générale chez les adultes alors assis sur les chaises berçantes installées à même le balcon qui longe la maison. Nous qui voulions de l'attention, c'est réussi.

Au moins une fois par année, nous partons une semaine ou deux chez mes tantes habitant à Sainte-Claire, dans la région de l'Abitibi. Je suis fasciné lorsque je les regarde pétrir le pain, faire des conserves, confectionner des vêtements pour leurs enfants et tricoter des chandails. J'ai aussi l'occasion de me rendre sur la terre pour regarder mon oncle et mes cousins qui travaillent très fort à la récolte. Ils fauchent le foin à la faux, l'écartent pour le faire sécher et l'assemblent avant de le ramasser à la fourche et l'entasser sur une charrette pour finalement le transporter jusqu'à la grange. Tout se fait à la main. Quelle corvée!

Lors de congés et de longs week-ends, je me retrouve parfois chez mes cousins qui habitent Verdun ou encore, chez mes tantes à St-Henri. Ces dernières occupent deux appartements situés au deuxième niveau, dont l'un est juste au-dessus d'une épicerie de la rue Notre-Dame. Ils ont un escalier commun et les portes d'entrée se font face. Mes tantes sont elles-mêmes propriétaires de ces deux immeubles. Un jour, je découvre à leur insu qu'elles ont des chambreurs au troisième et quatrième étage. Elles les nourrissent à l'aide des aliments laissés sur place par les cultivateurs et qu'elles ont amassés sur le sol du marché Atwater. Elles utilisent aussi du papier journal ou des pages de bottin téléphonique découpés en morceaux de cinq pouces sur cinq pouces en guise de papier hygiénique. Des habitudes contrastantes avec les nôtres.

Derrière la propriété de tante Rose se trouve une grande terrasse recouverte de lattes de bois, qui en réalité, est le dessus du toit de l'épicerie occupant le premier étage. C'est à cet endroit que l'on peut jouer et se balancer à l'écart des regards des voisins. C'est aussi le lieu où mon père a rencontré ma mère à l'époque où ma grand-mère habitait l'immeuble d'à côté. Pour des enfants, ce n'est évidemment pas l'endroit idéal pour se faire des amis. Pour nous, les seules sorties possibles se limitent à accompagner mes tantes au marché Atwater lorsqu'elles nous y invitent, une activité qu'elles répètent tous les jours. Comme mes frères et sœurs refusent toujours de les suivre, je profite de l'occasion pour accepter de me joindre à elles. Ma motivation est de les convaincre de m'offrir, lors de notre parcours, un cornet de crème glacée au chocolat. Ce que je réussis chaque fois. Pour éviter la discorde avec le reste de la famille, on me prie de bien garder le secret. Lors de ces petits déplacements, je me sens particulièrement privilégié. Étant donné que c'est ma plus belle gâterie, je ne veux pas perdre ce privilège et me fais un devoir de garder le silence.

Ne m'abandonnant que rarement aux jeux, je développe un grand sens de l'observation. Conséquemment, je suis intrigué par le fait que contrairement à la majorité des gens, mes tantes n'aient pas à se rendre au travail tous les jours pour gagner leur vie. Avec le temps, je finis par réaliser qu'elles vivent des revenus générés par leurs chambreurs ainsi que de ceux émanant de la location de logements, car elles sont propriétaires de plusieurs immeubles.

Malgré leur cupidité, il est surprenant de constater qu'elles utilisent leurs épargnes pour aider financièrement les membres de la famille qui sont dans le besoin. Un jour, elles achètent un tracteur pour un de mes oncles, une faucheuse pour un autre, et puis une voiture. Elles ont une attitude paradoxale avec l'argent, leur générosité étant proportionnelle à leur avarice. Essayez de comprendre!

Finalement, mes plus beaux souvenirs sont mes séjours chez oncle Henri et tante Éva, la sœur de mon père. Ils ont trois filles et un garçon et habitent sur la 3e ou 4e avenue à Verdun, tout près du Fleuve. C'est d'ailleurs oncle Henri qui a aidé mon père à obtenir un emploi dans l'aéronautique. Ils sont autant des compagnons de travail que de beuverie. Lorsqu'ils me gardent, tous les jours, mon cousin et moi allons nous promener au bord du fleuve pour nourrir les petits canards. Durant la période estivale, nous allons à la piscine, à la bibliothèque municipale ou encore, au parc. J'ai l'impression de faire partie de cette famille. Chaque année, ils m'amènent là où tous les enfants rêvent d'aller, au parc Belmont, un centre récréatif où je peux essayer tous les manèges, goûter à la barbe à papa et manger du maïs soufflé. Un vrai moment de bonheur!

Abandonné

À la fin de juin 1958, j'ai huit ans et je viens de terminer ma deuxième année. Mon père nous apprend, à mon frère et moi, que cette année, nous passerons l'été dans un camp de vacances pour jeunes garçons, lequel est administré par les Pères Franciscains. Ce camp se situe à la campagne, à l'orée des bois, et est construit en bordure d'une magnifique rivière de la région des Laurentides. Je crois que mes sœurs passeront l'été chez mes tantes, à St-Henri. Puisque c'est la première fois que nous serons séparés durant toute la période estivale, des tonnes de questions surgissent dans ma tête. Pourquoi? J'ai le sentiment d'être maintenant abandonné non seulement par mon père, mais également par mes tantes. En raison du comportement de papa, il est possible qu'elles soient incapables de s'impliquer davantage dans notre éducation. Du fait qu'on nous éloigne de notre foyer, je me demande ce qui se passera à la fin de l'été. Où vais-je me retrouver? Non seulement je suis triste, mais je suis perdu dans mes pensées. Je n'arrive pas à comprendre les raisons qui motivent notre éloignement de la maison familiale et de nos tantes.

Perdus, anxieux et bouleversés, mon frère et moi arrivons au camp d'été Bruchési, à Saint-Hippolyte, pour y passer les deux prochains mois. Nous sommes en pays inconnu. Je me sens plus isolé du monde que jamais. Comme mes problèmes visuels m'empêchent de me joindre à une équipe sportive, je me sens seul et perdu. Même si je veux faire partie d'une équipe, on me rejette d'emblée. Quelle humiliation! Et du fait que je souffre toujours d'incontinence nocturne, je suis plus anxieux que jamais. Je veux à tout prix éviter que les autres découvrent mon problème. Déjà que j'ai les yeux croches! Je ne comprends pas pourquoi mon père m'oblige à vivre autant de stress. Que vais-je faire? Je n'ai d'autre choix que de prendre tous les moyens pour empêcher l'inévitable. Les premiers jours, je suis tellement énervé à l'idée de faire pipi dans mon lit qu'il m'est impossible de dormir._Le troisième jour, complément épuisé, je m'endors… et ce qui devait arriver arriva. Je m'assure que personne ne se rende compte que je me suis échappé au lit. Au réveil, je le refais aussitôt, sachant qu'il est souillé et que je devrai dormir dedans ce soir. Le silence est donc de rigueur. Tous les jours, je dois me soumettre à mon propre jeu et répéter le même scénario. Quelle pression! Après plusieurs nuits blanches, je réussis finalement à me contrôler. D'abord un soir, puis deux soirs consécutifs, et même trois. Quel soulagement!

Un jour, bien je sois incapable d'attraper un ballon et encore moins de frapper une balle, on m'affecte d'office à une équipe sportive. Et à mon grand désespoir, on me sépare de mon frère, qu'on affecte à un autre groupe. Du coup, je ressens une solitude intérieure indescriptible. Le seul espoir qu'il me reste est de garder un contact avec mon passé et de savoir que durant les visites du week-end, je pourrai voir mon père ou mes tantes. Mais le premier week-end suivant notre arrivée, alors que tous les parents se hâtent très tôt le samedi matin pour voir leurs enfants, mon frère et moi attendons impatiemment sur le bord de la route, assis au pied d'un chêne majestueux situé à l'entrée du camp. Fébriles, nous attendons l'arrivée de notre père. À la fin de la journée, alors qu'il est déjà seize heures et que personne ne s'est présenté, nous nous asseyons au pied de l'arbre, émotionnellement ébranlés d'avoir été oubliés. Nous réalisons finalement que personne ne viendra nous visiter aujourd'hui, non sans espérer que quelqu'un le fera demain. Mais dimanche, le même scénario se répète. Nous regardons jalousement les autres enfants qui ont tous reçu vingt-cinq sous de leurs parents pour se rendre au petit magasin et s'acheter des friandises. Quelle chance ils ont! Je vis une grande solitude et j'ai beaucoup de peine. J'ai le sentiment qu'il n'y a plus personne qui se soucie de nous. Je ne peux m'imaginer ce qui risque de nous arriver à la fin de l'été.

Le samedi suivant, très tôt, avant que les parents arrivent sur place, survient un drame horrible. Sept de nos confrères se sont noyés dans la rivière. Lors d'une baignade, ils ont été emportés par les forts courants avant de disparaître. Quelle tragédie! On voit les parents qui arrivent de partout pour s'informer, se rassurer et prendre soin de leurs enfants. Pour certains, la nouvelle de la disparition de leurs enfants est dévastatrice. Pendant ce temps, mon frère et moi attendons toujours en vain au pied de l'arbre. Quelle déception profonde! Personne ne s'est présenté, ne serait-ce que pour s'informer sur ce qui s'est passé et savoir comment nous vivions la disparition de nos confrères.

Une surprise nous attend

Le vendredi 11 juillet 1958, alors que nous avons été laissés à nous-mêmes durant les trois dernières semaines et que les visites sont interdites durant la semaine, notre père arrive. Une surprise à laquelle on ne s'attendait vraiment pas! Que se passe-t-il? Je n'y comprends plus rien! Dès qu'il arrive, sans autre préambule, il nous annonce qu'il nous amène à la maison pour le week-end. La raison de son déplacement est qu'il se marie demain et qu'il veut que nous soyons présents pour la cérémonie. Devant cet événement inattendu, nous sommes tout aussi perdus qu'excités. Puisque jamais il ne nous a parlé de ses conquêtes, nous sommes dans l'ignorance complète en ce qui concerne l'identité de sa nouvelle épouse. Dès notre arrivée à la maison, nos tantes nous confectionnent des habits sur mesure en vue de la cérémonie de demain. On doit aussi se présenter chez le coiffeur et se rendre au magasin pour se procurer encore une fois des chaussures, comme on sait si bien le faire pour les grandes occasions. Espérons cette fois qu'elles ne me fassent pas mal aux pieds! Nous devons être les plus beaux enfants du monde pour faire la connaissance de la nouvelle épouse de notre père. Vous pouvez sûrement imaginer la curiosité et l'inquiétude que cela peut susciter.

Le jour du mariage, avant de partir pour la cérémonie, mon père nous rappelle que nous retournerons demain au camp, et ce, pour le reste de l'été. Tout ce qu'il rajoute à ces propos, c'est que mon oncle nous y conduira et voilà tout. Il nous informe également que sa nouvelle conjointe et lui iront aux chutes Niagara pour leur voyage de noces. Alors que je suis vêtu d'un complet bleu marine, chemise blanche et nœud papillon, mes tantes nous amènent à l'église où nous rencontrerons pour la première fois cette femme qui a accepté d'épouser notre père. Le connaît-elle vraiment, son nouveau mari? me dis-je en moi-même. Je suis aussi curieux de découvrir comment elle est. Soudain, l'idée d'une femme transformée en méchante sorcière, comme dans les films, me vient à l'esprit. Que vais-je devenir, si c'est le cas? Nous verrons bien!

CHAPITRE 4

UNE PORTE DE SORTIE

1958 — 1963

En compagnie de nos tantes, nous arrivons sur le parvis de l'église pour assister au mariage. Portant un complet pour la première fois, je me sens déjà grand et chic, même si les coutures ne sont pas tout à fait au point. Pour cette célébration spéciale, les invités se sont déplacés en grand nombre. Parmi eux, on retrouve les douze frères et sœurs de mon père, leurs conjoints, les douze frères et sœurs de la mariée et leurs conjoints, les neveux et nièces, ainsi que les sept frères et sœurs de ma mère et nous, les enfants. Je trouve étrange de revoir tous ces gens qui étaient présents au salon funéraire lors du décès de ma mère, il y a trois ans.

Et puis, arrive la mariée qui resplendit dans sa robe blanche. Au bras de son père, elle se dirige lentement dans l'allée principale pour rejoindre mon père qui dans son complet noir, l'attend impatiemment. Je me souviens maintenant de l'avoir rencontrée quelques minutes, un dimanche après-midi, avant notre départ pour le camp d'été. Elle était venue seule à la maison, un dimanche après-midi, pour rencontrer notre tante qui était de garde. Alors que je me trouvais assis à quatre pattes dans le passage pour jouer avec mon camion, elle est passée à côté de moi et m'a dit bonjour en souriant. Elle était belle et radieuse, en plus de sembler gentille et chaleureuse. Je ne savais pas du tout qui elle était. C'est vraiment une surprise de la revoir aujourd'hui.

Le mariage a lieu, comme prévu. L'impressionnante photo prise à l'extérieur avec tous les invités au pied de l'escalier de l'église en témoigne. Après la cérémonie religieuse, tous se dirigent dans une grande salle de réception bien décorée. Comme nous sommes les premiers sur place, je ne manque pas d'admirer les guirlandes et les ballons dispersés un peu partout sur les murs. Je suis impressionné par les belles tables fleuries recouvertes de nappes blanches et par la longue table d'honneur sur laquelle on aperçoit un gros gâteau de noces où trône une statuette représentant les nouveaux mariés. La réception est très réussie et le nouveau couple semble très heureux. Pour nous, les enfants, c'est une journée magique, alors que nous sommes suspendus dans les airs, un peu comme dans un trapèze au beau milieu d'un cirque, ignorant ce qui adviendra de nous. Serait-ce le cirque du bonheur qui passe? Nous ne le savons pas encore. Pour moi, c'est une journée tout à fait spéciale qui contraste avec celles des dernières semaines, toutes empreintes de détresse et de solitude.

L'épouse de papa est jolie et toujours souriante. Elle s'appelle Gisèle. Désirant ardemment attirer son attention, je me dirige régulièrement derrière la table d'honneur, à ses côtés, pour lui dire quelques mots. Je souhaite aussi découvrir qui elle est. À l'occasion, mes frères et sœurs exécutent ce même geste de rapprochement banal, mais qui a tout son sens. Chaque fois, elle nous accueille à bras ouverts. On peut déjà deviner qu'elle aime les enfants. Elle a trente-deux ans et jusque-là, était célibataire. Elle a dix ans de moins que mon père et le même âge qu'aurait ma mère. Elle vient d'une grande famille issue d'un milieu très modeste habitant le quartier ouvrier d'Hochelaga. Ses parents, qui ont difficilement traversé la dernière crise économique, sont d'honnêtes personnages, chaleureux et sans prétention. Du fait que Gisèle est l'une des aînées, elle a joué un rôle important dans l'éducation de ses jeunes frères et sœurs et a contribué largement aux frais de subsistance de sa famille. Elle a été présentée à mon père par un collègue de travail nommé François, lequel est également un compagnon de bar. Lui aussi est veuf, en plus d'avoir trois enfants. Il est présent au mariage, car il fréquente la sœur de la mariée, Cécile, qu'il épousera samedi prochain. Mon père et lui deviendront donc beaux-frères et compagnons inséparables. Ils partageront ainsi les mêmes moments d'égarements.

Lorsque la fête se termine, c'est le retour à la réalité qui nous attend. Le jour suivant, mon oncle nous ramène, mon frère et moi, au camp d'été pour le reste de l'été. Nous revoilà dans notre solitude, à se demander ce qui adviendra de nous maintenant que notre père est marié. Le temps passe. Malgré son récent mariage, rien n'a changé. Tous les week-ends, nous nous retrouvons seuls, au pied de notre arbre centenaire, à attendre la visite de quelqu'un ou d'un tout petit geste d'attention et d'amour qui ne vient jamais.

Quoique je sois en compagnie de plusieurs enfants de mon âge, je me sens très seul, car en plus d'être timide, je suis souvent rejeté par les autres qui me lancent de drôles de regards en raison de mon strabisme.

La peur d'être abandonné, le refoulement de mes émotions et mon inca-pacité à m'extérioriser font en sorte qu'il m'est impossible de profiter des moments agréables et de m'intégrer dans cet environnement. Par contre, je suis très content que mon grand frère Yvon soit avec moi, ce qui me rassure beaucoup.

Un vide autour de nous

Arrive le jour que j'attendais fébrilement depuis mon arrivée: la sai-son estivale est enfin terminée et chacun doit retourner chez soi. Mon père arrive seul, dans sa belle voiture Ford 1956. Le fait de le revoir me rend très heureux puisque je réalise qu'il ne nous a pas oubliés. Je suis content de retourner à la maison, de retrouver mes habitudes et mon milieu. Mal-heureusement, sur le chemin de retour, nous apprenons que ça ne sera pas le cas! Papa nous fait comprendre que suite à son mariage, il a décidé de recommencer sa vie. Qu'est-ce que cela peut bien signifier?

Dans un premier temps, il nous annonce qu'il a acheté une nouvelle maison à l'extérieur de la ville et que le déménagement est déjà terminé. À la suite de nos nombreuses questions au sujet de notre lieu de résidence, il nous confirme que nous ne retournerons plus jamais où nous habitions, ce qui veut dire que nous devrons nous inscrire à une nouvelle école. Moi qui ai dû travailler très fort pour arriver à m'intégrer dans mon milieu sco-laire et ainsi, éviter le mépris des autres, je suis décontenancé. Mon frère, quant à lui, est peiné à l'idée de ne plus revoir ses amis avec qui il jouait tous les jours dans la ruelle. Il ne nous est même pas possible d'aller dire un dernier petit bonjour aux gens de notre entourage, qu'il s'agisse des enfants du quartier, nos compagnons de classe ou même, notre pro-fesseur. Sans plus de préavis, nous devons tourner la page, c'est-à-dire oublier notre passé, abandonner nos souvenirs et quitter la demeure où habitait notre maman. Tout autour de nous, tout disparaît. Je suis boule-versé. Mais, avons-nous le choix? Pas vraiment! Après quelques heures de route, ébranlés par cette nouvelle et pendus à notre curiosité, nous ar-rivons enfin à notre nouvelle demeure. Pour un changement, c'en est tout un. Nous quittons la vie urbaine pour habiter à la campagne, dans un petit village appelé Saint-Eustache, une municipalité comptant moins de dix mille habitants. Nous partons d'une maison ancienne pour habiter dans une petite maison unifamiliale neuve, sise dans un nouveau quartier dont les rues sont en gravier. Nous venons aussi de troquer notre ruelle contre une ferme et des animaux en arrière-cours. Je suis à la fois surpris, étourdi et impressionné par tous ces changements. Par la même occasion, nous apprenons officiellement que Gisèle a accepté de prendre soin de nous. Cette nouvelle est un cadeau du ciel pour nous qui jusque-là, nagions dans l'incertitude et la peur, après avoir été informés de tout ce renouveau.

À notre arrivée, je constate que nos deux sœurs ont déjà eu l'occasion de se familiariser avec notre nouvel environnement. Étant là depuis plusieurs jours, elles ont aussi eu la chance de faire la connaissance de celle qui assurera notre éducation. Et voilà qu'arrive le moment de vérité pour mon frère et moi. Dès que nous pénétrons dans le hall d'entrée, papa nous présente de nouveau sa nouvelle conjointe. Aussitôt, il nous indique qu'à compter de maintenant, c'est elle notre nouvelle mère, comme si on remplaçait un livre, un bibelot ou un meuble. Avec beaucoup d'autorité, il nous avise que nous devons dès à présent l'appeler Maman et la vouvoyer en guise de respect. Les directives sont très claires. Il nous est interdit de l'appeler Madame ou par un autre nom. À défaut de l'appeler ainsi, nous serons punis.

Dans ma tête d'enfant, je me demande comment je pourrai appeler cette dame maman alors que je ne la connais même pas. Comment vais-je faire pour me conformer à cette demande dans le simple but d'éviter une punition, alors que la mémoire de ma mère est encore si vive en moi? Durant plusieurs jours, j'essaie de formuler mes phrases afin de ne pas avoir à utiliser le mot maman, car elle n'est pas ma mère. Malheureusement, devant l'inévitable, je dois m'y soumettre avec chagrin, tout en ayant chaque fois l'impression de trahir ma propre mère.

Lors de cette transition, dans mes moments de tristesse, je me dirige au sous-sol pour regarder discrètement les cartes de condoléances et les lettres de sympathie qui nous avaient été envoyées par les amis et les membres de la famille suite au décès de notre maman. Ces lettres ont été soigneusement rangées avec quelques bijoux qui lui appartenaient dans un vieux coffre laissé-pour-compte dans un coin du sous-sol. Personne ne me dérange quand je les regarde. Je prends le temps de lire attentivement chaque message que les gens ont écrit. Chaque fois, je revis des moments difficiles en pensant au jour où elle a quitté la maison sans moi. Et puis un jour, le coffre disparaît. Du coup, plus aucune trace d'elle, comme si elle n'avait jamais existé. Elle restera par contre dans mon cœur et mes pensées.

Avec la mort de ma mère, la perte d'un contact privilégié, le déménagement, le changement d'école, le déracinement de mon milieu familial et finalement, le mariage de mon père, je ne me retrouve plus. J'ai maintenant l'impression d'avoir perdu mon cœur d'enfant. Contrairement à tous les enfants de mon âge, je ne trouve pas d'espace pour m'amuser. J'ai déjà l'impression d'être vieux. Je me sens fragile et ignore où tout cela me conduira. J'ai beau voir, observer, penser et réfléchir, je ne comprends toujours pas ce qui se passe. Je dois vivre et composer avec cette nouvelle réalité.

Et puis, le temps a fait en sorte que la nouvelle épouse de mon père soit devenue notre vraie maman. Elle est attentive à nos besoins et s'occupe de chacun de nous, comme seule une vraie mère peut le faire. Elle est pleine de tendresse et de bonne volonté. Durant les absences de mon père, elle joue son rôle parental à la perfection et en douceur. Elle s'occupe de tout. Elle nous a inscrits à notre nouvelle école, s'est assuré que nous ayons de beaux vêtements, et a coordonné l'achat des fournitures scolaires. Elle nous permet même de nous amuser. Elle est pieuse et prie régulièrement. Étant donc croyante, elle poursuit notre éducation religieuse et nous amène à l'église pour prier. Si nous avons des problèmes scolaires ou d'adaptation, elle intervient aussitôt auprès des professeurs ou du directeur. Nous avons enfin retrouvé une stabilité familiale, ainsi qu'une continuité. Nous vivons dorénavant comme tous les enfants normaux: en famille, avec un papa et une maman. Pour cette raison, quand je parlerai de ma mère dans les prochains chapitres, il s'agira de ma mère adoptive, qui s'est tant dévouée pour assurer notre éducation et notre bien-être. Lorsqu'il sera question de la maman qui m'a mis au monde, je prendrai le soin de l'identifier comme ma mère biologique.

Dans notre nouvel entourage, nul ne semble connaître notre passé. Tout est si bien caché. C'est du moins ma perception. Il ne faut surtout pas en parler à quiconque et réveiller les fantômes du passé. À la maison, tout a changé. Lorsque nous revenons de l'école, notre nouvelle mère se coiffe, se maquille et se vêt élégamment afin d'être coquette pour l'arrivée de son mari. Elle se fait toujours belle et charmante. Je crois voir un nouveau téléroman dans lequel l'amour et le bonheur sont omniprésents. Dans ce contexte où nous nous sentons maintenant protégés, il nous est maintenant permis de jouer, de rire et de nous épanouir. Les activités religieuses faisant partie du quotidien de ma nouvelle maman, sous son influence, je deviens servant de messe et assiste le curé lors de la célébration de l'office religieux, et ce, tous les jours à six heures du matin. Pour ce faire, je dois me lever vers cinq heures et parcourir un peu plus de trois kilomètres à pied avant même d'avoir pris le petit-déjeuner.

Et puis un jour, ma mère nous annonce qu'elle est enceinte et qu'elle mettra au monde son premier enfant au printemps 1959. Je suis très content d'apprendre cette nouvelle, non sans m'efforcer d'oublier le drame que nous avons vécu il y a déjà trois ans.

La déception

Malheureusement, la vie n'est pas aussi simple. Depuis l'annonce de sa grossesse, notre mère, qui jusque-là a eu droit à quelques mois de bonheur, vit de plus en plus de grands moments de tristesse. La maison du bonheur dans laquelle nous nous étions soudainement retrouvés semble avoir disparu. Notre père est redevenu ce qu'il était et a recommencé à boire. Il est maintenant négatif et désagréable envers elle, allant jusqu'à lui adresser des reproches devant nous. Il la critique pour tout, même pour sa coquetterie. Un jour, alors qu'il rentre à la maison après une journée de travail, il lui demande de cesser sa mascarade, jugeant que le temps qu'elle prend pour se maquiller et se coiffer l'empêche de finir ses tâches ménagères et de servir les repas à l'heure où lui veut manger. Il souhaite se mettre à la table dès l'instant où il entre dans la maison, soit entre 16h45 et 17h00. Il doit aussi être servi le premier, avant même les enfants. Rien de plus clair. Si par malheur la table n'est pas mise lorsqu'il entre à la maison, il s'impatiente. En fait, j'ai l'impression qu'il a épousé une gouvernante. Il est devenu exigeant et ne la respecte plus. Le fait qu'elle ne se défende pas me surprend. On a maintenant l'impression que tout ce qu'elle fait lui déplaît. Papa la critique continuellement: les repas qu'elle prépare ne sont pas à son goût, elle a oublié la salière ou le pain, les plats ne sont pas assez chauds... il est vrai qu'elle n'a jamais appris à cuisiner et que de ce fait, elle n'aurait jamais gagné un concours culinaire. Mais nous, les enfants, nous sommes heureux qu'elle soit là et pour cette raison, nous ne lui en tenons pas rigueur. Il y a par contre quelques plats qu'elle réussit à merveille: les bouillis, le jambon, le pâté au saumon, les crêpes, les carrés aux dates, aux pommes, ainsi que le pain au sarrasin. Finalement, lorsqu'il a terminé son plat principal, papa prend sa cuillère et la frappe contre sa tasse pour qu'elle lui serve immédiatement son thé, et ce, même si elle n'a pas encore eu le temps de s'asseoir pour manger. Cela me rappelle l'époque où ma mère biologique vivait et qu'ils se disputaient tout le temps. Sauf que dans ce cas-ci, c'est le silence et la tolérance qui remplacent la discorde.

Devant tant d'indifférence et de critiques de la part de son mari, tous les petits gestes de coquetterie que pouvait avoir maman disparaissent graduellement. Elle ne met plus de rouge à lèvres et ne change plus de vêtements avant qu'il arrive. Maintenant, il s'enivre tous les week-ends. Quelle désolation! Un jour, lors d'une discussion que j'ai avec elle, elle m'avoue candidement qu'il s'était bien gardé de lui dévoiler son problème d'alcoolisme lors de leur période de fréquentation. Durant tout ce temps, elle ne l'avait jamais vu en état d'ébriété. Elle devint donc, à l'instar de ma mère biologique, victime d'une situation où personne ne sait comment réagir pour s'en sortir.

Comme mon père consomme de plus en plus, il devient de plus en plus impatient et agressif. Non seulement exige-t-il que sa volonté soit faite, mais il l'impose et s'attend à ce que tout soit parfait. Il n'a aucune tolérance, que ce soit envers son épouse, ses enfants ou le désordre. Il est incapable de supporter les échanges ou les discussions que nous pouvons avoir entre nous et réclame le silence absolu durant les repas. Aucune excuse n'est permise. Finalement, il nous est même interdit d'amener des amis à la maison ou d'aller nous amuser chez les voisins.

Le rôle de notre nouvelle maman est passé en quelques mois de conjointe comblée à celui de servante. Même si elle est enceinte et qu'elle ne se sent pas bien, ce n'est pas une excuse pour ne pas servir les repas de mon père, qui lui demande maintenant de restreindre les conversations téléphoniques avec ses sœurs. Pire, il va même jusqu'à lui demander de raccrocher l'appareil pendant qu'elle parle.

L'harmonie qui a subsisté quelques mois sous notre toit est disparue à jamais. L'atmosphère, à la maison, se détériore rapidement. Comme elle est croyante, maman prie Dieu de l'aider à traverser cette période difficile de sa vie. Malgré tout, comme elle est généreuse, elle consent à remettre à mon père une partie des économies qu'elle avait amassées avant le mariage pour qu'il puisse s'acheter une voiture neuve: une Ford 1959. Et puis, comme le mobilier de nos chambres est désuet et même endommagé, elle utilise le reste de ses épargnes pour nous acheter de nouveaux meubles. Je crois, aujourd'hui, qu'elle achetait ainsi la paix.

Elle a l'entière responsabilité de toutes les dépenses, que ce soit pour l'alimentation, l'entretien de la maison ou notre éducation. Maintenant qu'une partie du salaire de notre père est utilisée pour boire, ma mère doit composer avec un budget de plus en plus restreint. Elle ne peut donc pas se permettre de gâteries ni même acheter des biscuits, des fruits ou des jus pour les enfants. Le lait frais est remplacé par du lait en poudre que nous buvons avec dédain, surtout quand on y retrouve des grumeaux. La margarine blanche, dans laquelle on incorpore une pastille orangée en guise de colorant, se substitue au beurre et les pommes de terre sont troquées contre des substituts de patate en purée.

Un jour, j'accompagne ma mère à l'épicerie. À cette époque, il est coutume d'effectuer tous ses achats de produits alimentaires une fois par semaine, soit du jeudi au samedi, les magasins étant fermés les dimanches. Comme elle s'attarde quelques minutes devant le comptoir de confiseries, je lui demande ce qui se passe. Elle m'indique qu'elle aimerait bien s'acheter un petit sac de bonbons à la réglisse, une gâterie qu'elle adore, mais qu'elle a peur de la réaction de mon père qui lui a interdit d'acheter des sucreries. Même si je n'ai que neuf ans, je ne peux croire qu'il lui impose autant de limites. Je l'encourage à se faire plaisir en lui rappelant que mon père, de son côté, ne se gêne pas pour acheter chaque semaine une et parfois même, plusieurs caisses de bière, sans compter des bouteilles d'alcool, dilapidant ainsi une grande partie de son salaire. J'insiste sur le fait que cette dépense ne représente rien comparativement à ce que lui dépense. De ce fait, pour éviter des reproches inutiles, je lui suggère tout simplement de cacher son petit sac de confiserie dans une armoire dès son arrivée à la maison. Ce sera notre secret. Elle accepte finalement de se faire plaisir et de s'offrir ce petit sac de friandises. Au retour à la maison, elle le partage avec nous… en cachette, évidemment.

La désolation

Il va de soi que nous sommes tous perturbés par les situations désagréables que nous vivons ou voyons et sur lesquelles nous n'avons aucun contrôle. Il nous arrive parfois d'avoir des petits moments de bonheur, mais puisque nous traversons souvent des périodes difficiles et accablantes, celles-ci occupent une telle importance, qu'elles envahissent ma vie et mes pensées.

Si le contexte familial dans lequel nous vivons n'est pas facile pour nous, les enfants, il devient complexe et ingrat pour notre mère. Lorsque les sœurs de mon père nous rendent visite, elles s'ingèrent immanquablement dans ses tâches et responsabilités. Telles des directrices d'établissement, elles inspectent toutes les chambres. Elles ouvrent tous les tiroirs pour s'assurer que tout est bien rangé et que nous avons suffisamment de vêtements. Occasionnellement, elles se permettent de la critiquer ouvertement sur ce qu'elle fait ou ne fait pas, et sur la façon dont elle assure notre éducation. Une situation désagréable, pour elle, dont la tolérance n'a d'égal que sa bonté! Paradoxalement, lorsque mes tantes repartent, il arrive souvent qu'elles laissent discrètement derrière elles, un billet de cinquante ou cent dollars dans la chambre à coucher de mes parents afin de les aider financièrement.

Un jour, Lucia, qui entre 1955 et 1958, nous a gardés plus souvent que nos autres tantes, nous annonce qu'elle a décidé de se rapprocher de notre famille. Du coup, elle soumet une offre d'achat sur une propriété située sur la même rue que la nôtre, à moins de deux cents pieds de notre domicile. Elle sera donc notre deuxième voisine, ce qui n'a rien de rassurant pour ma mère, évidemment!

Afin de finaliser la transaction immobilière, elle me demande de l'accompagner chez le notaire, car elle craint pour sa sécurité. Initialement, je ne comprends pas pourquoi. Comme je l'ai toujours fait dans le passé lorsqu'elle se rendait au marché Atwater, j'accepte encore une fois de l'accompagner. À la dernière minute, elle me demande de transporter les douze mille dollars, en coupure de dix et vingt dollars, qu'elle a entassés dans des sacs d'épicerie en papier brun. Cet argent, devant servir à payer sa maison, était caché parmi ses vêtements et sous son matelas. En réalité, c'est l'équivalent de la valeur de la propriété. Je suis très impressionné de voir autant d'argent liquide.

Pour mes frères et sœurs, je suis toujours son préféré. Sur le chemin du retour, elle me demande d'emménager chez elle afin de libérer mes parents, d'autant plus que ma mère est enceinte. Quoique ce geste et son intérêt envers moi me fassent plaisir, je ne suis pas convaincu que c'est pour moi qu'elle le fait. Il est vrai que j'aimerais quitter la maison, car je trouve insupportables les comportements de mon père. Mais la pensée d'être considéré comme enfant unique chez elle me laisse perplexe. Comme elle a toujours vécu seule, elle est ennuyante et par surcroît, très contrôlante. Je crois également qu'elle désire simplement combler sa solitude. Elle n'est pas méchante, même qu'elle sait parfois se montrer généreuse. Par contre, comme elle est aussi grippe-sou, les aliments qu'elles achètent au marché sont souvent offerts au rabais parce qu'ils sont périmés. Son alimentation laisse donc à désirer. Je me vois très mal retourner vivre dans un environnement qui m'avait tant déplu à l'époque. Pour me convaincre d'accepter, elle me propose de payer mes études universitaires si jamais je souhaite les poursuivre un jour. Une offre intéressante, n'est-ce pas? Maintenant, j'ai l'impression d'être acheté. Pour avoir vécu quelques années à ses côtés, je la connais suffisamment bien. Après mûre réflexion, et malgré une situation familiale difficile à vivre, je décline son offre.

Malheureusement pour elle, même si elle habite juste à côté, aucun de nous ne lui rend visite. Parfois, nous évitons même de passer devant chez elle pour ne pas la voir. Est-ce l'ingratitude ou le reflet du style de contact qu'elle avait établi avec nous à l'époque où elle nous gardait? Étant une femme de devoir, elle était incapable de comprendre, de partager et d'aimer. Hélas! Finalement, plusieurs années plus tard, se sentant seule plus que jamais, elle se résout à vendre sa propriété pour retourner vivre avec ses sœurs.

Un dimanche matin du mois d'avril 1959, alors que notre maman est enceinte de huit mois et demi, toute la famille se rend à l'église en voiture pour assister à la messe dominicale. Quelques minutes après le début de la cérémonie, nous voyons notre père se lever et sortir de l'église sans que personne, ni même notre mère, ne sache où il va. Comme il ne revient pas, cette dernière s'inquiète. À la fin de la célébration, comme sa voiture n'est pas dans le stationnement, nous concluons qu'il est parti. Initialement, ma mère croit qu'il est retourné à la maison suite à un malaise. Elle est par contre surprise qu'il ne soit pas revenu la chercher, étant donné la condition dans laquelle elle est.

Comme nous sommes venus à l'église en voiture, pour être coquette, elle avait décidé de porter des souliers à talons hauts. L'idée de parcourir à pied tout ce trajet la rend donc inconfortable. De plus, étant avec notre père, elle n'a apporté ni sa sacoche ni son portefeuille, ce qui nous aurait permis de prendre un taxi pour retourner à la maison. Elle doit donc se résigner à marcher. En arrivant, nous remarquons que la voiture de papa n'y est toujours pas. Puisque c'est lui qui a les clés de la maison, nous n'avons d'autre choix que de l'attendre sur le balcon. Après une heure et demie d'attente, maman en conclut qu'il est parti à l'hôtel. Pour nous permettre d'entrer dans la maison, nous lui suggérons de briser un carreau de la fenêtre de la porte arrière avec le talon de son soulier. Ce qu'elle fit. Elle est complètement bouleversée. Que pouvions-nous faire d'autre? Absolument rien.

Très tard dans la soirée, alors que nous sommes tous couchés, papa revient à la maison complètement ivre. Il est évident que le jour suivant, comme il a trop abusé la veille, il n'est pas en mesure de se rendre au travail. C'est dans ce contexte difficile que deux semaines plus tard, soit le 2 mai 1959, ma mère donne naissance à son premier enfant, Jocelyn.

Un samedi matin, durant le long congé estival, sans que nous ne sachions pourquoi, mon frère et moi devons accompagner notre père à Montréal. Sans qu'on ne s'y attende, nous arrivons soudainement devant la maison que nous habitions à l'époque pour découvrir qu'elle n'a jamais été vendue. Mon père en est toujours le propriétaire et le logement que nous occupions a été loué. Si nous sommes là aujourd'hui, c'est qu'il doit s'assurer de l'entretien de l'immeuble de trois logements et y faire quelques travaux. Il profite également de cette occasion pour saisir quelques meubles du locataire qui n'a pas payé son loyer depuis plusieurs mois. Du coup, je ne comprends pas pourquoi l'an dernier, il n'a pas voulu nous accorder du temps pour faire nos adieux à nos amis. Et cette fois, malgré que ceux-ci jouent toujours dans la ruelle, il nous défend d'aller les rejoindre, sous prétexte que nous sommes là pour l'aider dans ses travaux et non pas pour nous amuser.

L'idée de passer une journée entière avec lui m'est insupportable. Chaque fois qu'il nous demande de faire quelque chose, il devient impatient et se met rapidement en colère, car nous le décevons à tout coup. Il nous répète constamment que nous sommes des bons à rien. Vers la fin de l'avant-midi, sur le chemin du retour, après avoir essuyé l'humiliation et le dénigrement toute la matinée, mon frère et moi nous retrouvons seuls, assis dans la voiture, laquelle est stationnée dans un stationnement public. Nous ne savons pas encore pourquoi nous sommes là. Il nous a tout simplement demandé de ne pas bouger et de rester dans la voiture, en nous précisant qu'il reviendrait dans quelques minutes. Comme il fait très chaud, nous aurions souhaité nous rendre le plus rapidement possible à la piscine municipale pour nous baigner. Hélas, le temps passe… il est maintenant vingt heures et il n'est pas encore revenu. Nous n'avons rien mangé et rien bu depuis ce matin. Assis sur la banquette arrière, nous attendons toujours son retour, inquiets à l'idée que quelque chose lui soit arrivé. Et puis, complètement épuisés, nous tombons endormis. Aux environs de vingt-deux heures, il réapparaît, complément ivre, pour nous ramener à la maison. Ayant rencontré des amis à la taverne, il n'a pas vu le temps passer. Enfin bref, il nous a tout simplement oubliés. Dans cet état, il nous ramène à la maison sans dire un seul mot. Comme ce scénario se répète trop régulièrement, dorénavant, je n'ai plus l'intention de l'accompagner.

Pour lui, toutes les raisons sont bonnes pour fêter et boire. Les vendredis, après son travail, il est fréquent qu'il arrive ivre à la maison. Maintenant, il s'enivre pratiquement tous les week-ends et cela s'étire parfois sur trois et même quatre jours. Étant donné qu'il s'absente souvent de son travail, son salaire est amputé d'autant. Conséquemment, cette situation crée des problèmes à ma mère qui doit gérer le budget familial. Elle doit donc réduire les dépenses en coupant dans les produits essentiels.

À la veille de longs congés, il passe ses vendredis après-midi à la taverne en compagnie de son beau-frère. Habituellement, plus tard dans la soirée, ce dernier s'amène à la maison avec sa famille pour poursuivre la fête. Et puis, vers minuit ou une heure du matin, alors qu'ils sont complètement ivres, ils nous réveillent tous l'un après l'autre pour que l'on prépare nos bagages. Dans un élan de spontanéité et de folie, ils ont décidé que nous partions tous pour le week-end en Abitibi ou à Lac-Etchemin pour visiter la famille. Les épouses, quoique désemparées et inquiètes de les voir conduire dans un tel état, se soumettent à cet exercice sans broncher. Comme personne ne nous attend, ce sera bien sûr une surprise pour nos hôtes. Et comme ce sont des destinations éloignées, ils planifient toujours d'arriver à temps pour le petit-déjeuner. Bénis des dieux, car nous n'avons jamais été impliqués dans un accident de la route.

Mon père est un bel homme et aussi, un charmeur. Même s'il s'est remarié et qu'il a une nouvelle épouse charmante, il cumule les conquêtes amoureuses. Selon notre mère, il a même des aventures avec les voisines du quartier. Ce qui expliquerait pourquoi il nous interdit d'aller jouer chez nos amis. C'est lorsqu'elle découvre les tactiques qu'il utilise pour confirmer ses rendez-vous amoureux qu'elle le confronte. Malgré une discussion ouverte avec lui, rien ne change. Elle est profondément blessée et ne peut rien faire. Dans ces moments de peine et de déception, alors qu'elle pleure, je la vois souvent se mettre à genoux, devant l'image du Christ, pour prier. Chaque fois, je suis touché. Croyante, elle s'en remet à Dieu pour ainsi alléger sa douleur. C'est ainsi qu'elle refoule son chagrin pour sauver son mariage. Peu à peu, en elle, disparaissent sa joie de vivre et son sourire. Elle se renferme de plus en plus sur elle-même.

Un jour, alors que j'ai neuf ans, la voyant encore en peine et étant incapable de comprendre les motifs qui font qu'elle accepte de subir une telle humiliation, je lui demande pourquoi elle ne quitte pas mon père pour retourner vivre chez ses parents. Elle me répond qu'elle a ses propres raisons, mais qu'elle ne peut les partager avec moi pour l'instant. Du fait que je suis trop jeune, je ne pourrais pas comprendre. Par contre, elle m'indique qu'elle me répondra un jour, quand je serai grand.

Intérieurement, je suis incapable de voir mon père ainsi. Comme je me sens si différent de lui et qu'il me déçoit, il m'arrive souvent de mettre sa paternité en doute. Je déteste être le témoin et la victime de ses gestes, de son comportement irresponsable, de ses agressions verbales et de cette dévalorisation constante. Je rêve de pouvoir me retrouver un jour dans un environnement plus agréable, ce qui me permettrait d'être enfin heureux.

Bouleversé par mon milieu familial et par le fait qu'il ne semble y avoir aucune porte de sortie, du moins pour l'instant, je fais des cauchemars pratiquement tous les soirs. Encore dans ceux-ci, je me vois traverser la porte des étoiles avant de me retrouver sur une autre planète. Je découvre un univers où il n'y a ni soucis, ni peine, ni pleurs. Les émotions n'existent pas. Je ne souhaite pas revenir sur la terre, mais j'y suis contraint. Et si j'étais réellement venu au monde sur autre planète? me dis-je au réveil.

Lorsque je pense aux quelques étudiants de ma classe que j'envie particulièrement parce qu'ils semblent comblés, je me transpose dans leur univers quelques instants pour me permettre de vivre des moments agréables. Dans mon imaginaire, je me projette ainsi pour rêver à celui que je voudrais être, ce que j'aimerais avoir et ce que j'aimerais devenir: je rêve de devenir un jour un professionnel, plus précisément un avocat ou un notaire. Dans un tel milieu d'abondance, je pourrais me permettre d'acheter tout ce que je désire. J'habiterais dans un grand manoir construit sur un terrain immense et entouré d'une clôture décorative en fer forgé. De la rue, on devrait traverser un immense portail contrôlé à distance et parcourir une somptueuse entrée ornée de fleurs pour se rendre à un carrefour et accéder à la maison. Ces rêves sont de plus en plus fréquents et disparaissent au réveil.

Dans notre réalité, nous vivons au quotidien des événements désagréables. Dans ce climat difficile, le 3 janvier 1961, ma mère met au monde son deuxième enfant, une fille qui s'appellera Céline.

Quoique les souvenirs de ma mère biologique me tourmentent, les attentions de ma nouvelle maman me rassurent. Devant la justice de Dieu et des hommes, même si elle a eu deux enfants, elle nous traite tous également, avec le même égard et le même intérêt. La prière, le pardon, la justice, le sens du devoir et l'engagement sont des valeurs qu'elle nous transmet. Comme elle est soumise à l'emprise de notre père et que c'est lui qui contrôle tout, elle ne peut évidemment pas toujours intervenir dans les situations difficiles où nous sommes plongés. Dans la discorde, pour avoir le dernier mot, papa s'assure de bien lui faire comprendre que nous sommes ses enfants à lui et non les siens. Ce qui l'oblige à se retirer.

Au début de l'été 1962, alors que j'ai douze ans et mon frère Yvon treize, nous rêvons, comme tous nos amis, d'avoir une bicyclette. Sachant que c'est notre père qui prend toutes les décisions, nous lui adressons directement notre demande. Celui-ci nous indique que si nous voulons un vélo, nous devons travailler pour le gagner. Intérieurement, je suis révolté en pensant à tout ce qu'il dépense chaque semaine pour boire et sortir dans les clubs.

Pour réaliser notre rêve, grâce à l'influence de notre cousin Michel, Yvon et moi décidons d'offrir nos services comme caddy au terrain de golf de Ste-Dorothée, situé à presque cinq kilomètres de la maison, distance que nous parcourons à pied matin et soir. Comme nous sommes les plus jeunes et que nous n'avons aucune expérience, nous passons parfois la journée entière, assis sur un petit banc de bois, à attendre désespérément que quelqu'un réclame nos services. Lors de tournois, il nous arrive d'être engagés, car nous sommes les seuls disponibles. Malheureusement, au grand dam de mes clients, mon strabisme fait que je suis incapable de suivre la trajectoire de la balle. Du coup, pas un ne me réengage une seconde fois.

Après quelques semaines de travail, nous réussissons tous les deux à accumuler suffisamment de sous pour nous acheter une bicyclette. Nous sommes fous de joie. Elles sont rouges. Dorénavant, nous pourrons nous en servir pour nous rendre au terrain de golf. Dans mes temps libres, je peux de plus m'évader de la maison en me promenant à travers la campagne. Lors de mes balades, je remarque indéniablement les somptueuses résidences du quartier. Tout en les admirant, je tente de découvrir l'identité de ceux qui les habitent, d'imaginer leur apparence physique et de deviner ce qu'ils font dans la vie. Cet exercice n'est pas sans alimenter mes rêves.

À la fin de la saison, je rencontre par hasard un caddy qui travaille sur le même terrain de golf que nous, sauf que lui occupe ce poste depuis déjà quelques années. Lors de notre première conversation, il m'informe que sa saison sera courte, car en septembre, il sera pensionnaire chez les frères Maristes où il poursuivra son cours classique. Celui-ci étant exclusivement réservé aux enfants provenant de milieux favorisés ou se destinant à la prêtrise, pour être y être admis, il a dû préciser qu'il souhaitait découvrir s'il avait la vocation. Il me confie également qu'il veut avant tout quitter son milieu familial dont l'environnement ressemble étrangement au mien. Il est entendu que cette petite confidence doit rester entre nous. Ayant piqué ma curiosité, je lui demande de me fournir un peu plus d'informations. Outre avoir la chance de quitter la maison familiale, ce qui serait pour moi une belle porte de sortie, il m'énumère un à un les avantages de poursuivre un cours classique. Non seulement les études qu'on y entreprend permettent-elles de poursuivre une carrière ecclésiastique, mais de plus, elles permettent d'accéder à une carrière professionnelle.

Étant donné que j'aimerais changer d'environnement, je le prie de me remettre tous les documents d'inscription dont j'aurai besoin pour m'inscrire l'an prochain. Je pourrai ainsi réaliser mon rêve de devenir avocat, notaire ou qui sait… peut-être même un prêtre. Dans ma tête, je ne peux m'imaginer être un jour manœuvre ou simple employé d'usine. Mes ambitions sont à la mesure de ma détresse et à la grandeur des rêves que j'alimente tous les jours.

Comme ce cours est offert dans un environnement religieux, je suis sûr d'obtenir l'accord de ma mère. Par contre, comme il y a des frais à débourser, je ne suis pas convaincu que mon père acceptera. Je garde toutefois espoir d'arriver à le persuader, considérant que l'an dernier, son beau-frère Henri, qui est aussi un grand ami, a accepté d'envoyer son fils au séminaire. Je dois donc tenter ma chance.

Après avoir fait ma demande, je suis étonné de le voir aussitôt contacter les parents de mon nouvel ami pour obtenir plus d'informations. Finalement, comme les coûts ne sont pas excessifs et que je réussis très bien à l'école, il m'autorise à poursuivre les démarches visant à assurer mon inscription. Du coup, je suis fou de joie.

À la fin du mois d'août 1963, alors que j'ai treize ans, c'est avec émotion que je pars avec ma valise en direction du séminaire des Frères Maristes, situé à St-Jean-sur-Richelieu. Je laisse derrière moi mes frères et sœurs, ainsi que les plus jeunes du deuxième lit, respectivement âgés de deux ans et quatre ans. Je les reverrai quelques jours pour la période des Fêtes et par la suite, l'an prochain, durant la période estivale. Je suis à la fois triste de les quitter et heureux de m'éloigner de mon milieu. Enfin, je ne serai plus témoin des comportements de mon père, de son dénigrement et de son intimidation. J'abandonne mon foyer dans l'espoir de ne plus jamais y revenir, sauf lors des congés annuels. Que me réserve ce nouvel environnement?

CHAPITRE 5

ÉVASION et SOLITUDE

1963 — 1965

J'ai treize ans et je commence une nouvelle vie dans un nouvel environnement. La rentrée scolaire, au séminaire, se fait très tôt afin que l'on puisse se familiariser avec les lieux et rencontrer les frères de la Congrégation, les professeurs et nos nouveaux confrères de classe. À cela s'ajoute la découverte des responsabilités qui à compter d'aujourd'hui, incombent à chacun des pensionnaires. Je suis tout à la fois : fébrile, énervé et content. Je m'évade enfin de mon milieu familial. Je vais vivre quatre mois consécutifs dans ma nouvelle demeure, un séminaire, la demeure de Dieu. Y trouverai-je la paix, la sérénité et l'harmonie que je recherche tant?

Dès mon arrivée, les règles de sortie sont très claires : il est défendu aux pensionnaires de quitter le collège avant la date butoir du 26 décembre, ce qui veut dire que nous participerons sur place aux activités religieuses et aux festivités entourant Noël. Par contre, durant les quatre prochains mois, la visite des parents est autorisée tous les dimanches après-midi, ce qui permet à ces derniers de maintenir un contact avec leur fils qui pour la majorité, ont quitté la demeure familiale pour la première fois.

On nous avise de plus que le séminaire a adopté les règles de discipline de la base militaire de St-Jean, située à proximité, et que ces mêmes règles ont été intégrées à son mode de vie. C'est toute une surprise quand je découvre que lors de mon inscription à ce collège, j'ai été enrôlé d'office dans l'armée canadienne et que je devrai suivre une formation militaire.

En tant que nouvelles recrues, tous les samedis matin, nous devons nous vêtir de notre uniforme officiel de l'armée avant de subir une inspection générale faite par un gradé de l'armée. La rigidité est de rigueur. Tout doit être parfait. Les pantalons doivent être bien pressés et la chemise blanche ne doit laisser paraître aucun pli. Sans parler des chaussures que l'on doit frotter, frotter, et encore frotter pour s'assurer que M. le Colonel puisse s'y mirer.

Ainsi, tous les samedis matin, je me retrouve en rang, derrière un plus petit que moi, le corps droit, paralysé et collé au plancher, la tête vers le haut, les épaules vers l'arrière, le buste gonflé, les yeux hagards fixant l'inconnu, en attendant le verdict final de l'inspecteur. Et puis, du fait que je suis assigné à l'orchestre de batterie-fanfare qui doit offrir une prestation lors de cérémonies officielles, je dois apprendre à jouer du clairon. Cela me rend aussi perplexe que décontenancé et provoque chez moi un stress inimaginable!

Durant la semaine, pour assister aux cours, nous devons porter le costume officiel du collège, soit un pantalon gris, un veston bleu marin et un nœud papillon. J'aime bien, car cela nous donne des airs de grandeur et de noblesse.

Il y a aussi les rituels religieux auxquels nous devons participer activement. Rapidement, je réalise que chacun d'entre nous a été scrupuleusement sélectionné afin de pouvoir assurer un jour la relève de la communauté religieuse. Les frères ont donc le devoir de nous enseigner les valeurs fondamentales de la morale chrétienne et de nous en imprégner. Au réveil, à six heures du matin, la prière au pied du lit, suivie de la messe de sept heures, fait partie de notre rituel quotidien. Il en va de même des cérémonies religieuses du mercredi et du dimanche après-midi. S'ajoutent à cela les hommages spéciaux rendus aux Saints qui sont interpellés dans l'évangile, histoire de nous faire découvrir l'enseignement religieux à travers la bible. À maintes reprises, il m'arrive d'envisager de devenir novice pour me préparer à la vie religieuse.

Les activités quotidiennes sont les suivantes: réveil ponctuel à six heures pour la première prière de la journée. S'en suivent la douche et l'hygiène corporelle, dont le temps est limité et surveillé. Ceci étant terminé, nous devons faire notre lit en un temps record pour respecter l'horaire établi. Parfois, nous devons le refaire encore et encore, jusqu'à ce qu'il y ait une uniformité dans la disposition de la lingerie, des draps, des couvertures et des oreillers. Le but de l'exercice est de créer une image de cohésion et d'harmonie au sein du dortoir, où au moins deux cent cinquante séminaristes sont entassés. Avant de quitter les lieux, nous devons nous tenir debout au pied de notre lit, droit comme des soldats, prêts et immobiles, comme les gardes du corps du château de Windsor.

De là, tous élégamment vêtus, nous nous dirigeons en ligne vers la chapelle pour assister à la messe avant de nous rendre à la cafétéria pour le petit-déjeuner. Celui-ci nous est servi par nos confrères de classe, sur une base rotative. Le repas terminé, nous sommes ensuite affectés aux tâches domestiques quotidiennes. Après avoir lavé la vaisselle, quelques-uns nettoient les planchers tandis que les autres râpent les pommes de terre, les carottes et autres légumes qui nous seront servis au déjeuner.

Le temps est compté. Nul ne peut se permettre d'être en retard aux cours qui commencent dès huit heures. Une seule minute de retard nous vaudrait une retenue! Du coup, c'est toujours la course effrénée, autant dans les corridors que dans les escaliers. J'ai l'impression de courir dans un immeuble où se tient un exercice d'évacuation après une alerte d'incendie. Mais non... nous devons tout simplement respecter l'horaire rigoureux qui a été établi. Mais, puisque nous avions déjà une discipline assez rigoureuse à la maison, à ce niveau, ma transition au collège s'effectue sans heurts.

Rapidement, je me démarque par mes notes scolaires et mon engagement dans les activités sociales. J'ai donc droit à une attention spéciale de la part du corps enseignant qui m'affecte à l'entretien de la chapelle et à la décoration de la sacristie en vue des cérémonies religieuses. Je suis aussi impliqué dans l'organisation des spectacles et des pièces de théâtre. Finalement, je m'inscris dans la chorale où à mon grand étonnement, on me classe parmi les sopranos.

Le rejet

Même si les activités sportives sont obligatoires, il m'est très difficile d'y participer. Mais, j'essaie malgré tout. À dire vrai, je n'ai d'autre choix que d'être là, car on m'y oblige. Me voici une fois de plus confronté à cette réalité qu'est la mienne. Décidément, mon strabisme me suivra toujours! Non seulement suis-je nul dans toutes les activités exigeant une dextérité et une coordination visuelle, mais du fait que je n'ai jamais pratiqué aucun sport, je n'en connais pas les règles. Il m'est donc impossible de faire bonne figure.

Lors d'une première joute de baseball, ma performance, tant au bâton qu'au champ, est désastreuse. Dès lors, plus une seule équipe ne voudra de moi. Les jours suivants, étant mis de côté au moment de la sélection, le frère responsable des activités sportives m'affecte d'office à une équipe qui ne se réjouit guère de me voir arriver dans son rang. Quelle humiliation! Finalement, durant les parties, je suis assis en permanence sur le banc, n'ayant rien d'autre à faire qu'à regarder mes confrères jouer et attendre impatiemment la fin. Comme le sport occupe une partie importante des activités imposées par l'institution, je me vois donc confronté à un problème d'acceptation et d'intégration.

Mes tentatives auprès du responsable pour me soustraire de l'obligation de participer aux activités sportives sont vaines. «Celles-ci sont obligatoires pour tous, sans exception», me répond-il chaque fois. Pour me sortir de cette impasse, je trouve mille et une raisons. Un jour, je suis malade. Un autre, je m'absente pour coordonner la décoration de la sacristie ou assurer l'entretien de la chapelle. Ou encore, je lave les planchers ou j'époussette. Parfois, je me cache dans la salle de musique. C'est à cet endroit qu'un jour, je fais la rencontre d'un confrère qui y a trouvé refuge pour éviter lui aussi de participer aux activités sportives. Il n'en faut guère plus pour que je me lie d'amitié avec lui. Suivant des cours de piano depuis qu'il est tout jeune, il exécute avec brio des compositions classiques. J'aimerais bien, comme lui, apprendre un jour à jouer du piano. Maintenant, tous les jours, je me rends à la salle de musique pour apprendre à jouer la «Sonate au clair de lune de Beethoven». Un jour, le frère responsable des activités sportives nous surprend. Du coup, il nous sermonne, en plus d'exiger notre présence aux jeux extérieurs. À défaut de nous conformer, nous aurons droit à une sanction.

Les jours suivants, pour éviter d'être puni, je n'ai d'autre choix que de me joindre aux autres pour pratiquer un sport. Mais là encore, je suis condamné à demeurer et attendre la fin de la partie. C'est comme si j'étais au banc des accusés, silencieusement rejeté par mes semblables qui par charité chrétienne, ne peuvent exprimer leurs sentiments. Il me faut beaucoup de courage pour encaisser moralement et mentalement cette situation plus qu'humiliante.

Se sentir abandonné

Dans le but de me sortir de cette impasse, j'attends impatiemment la visite de mes parents, espérant qu'ils puissent en discuter avec la direction et ainsi, obtenir une dérogation spéciale.

Mais voilà… chaque dimanche après-midi, j'attends désespérément leur visite au pied d'un arbre centenaire qui orne l'entrée du collège, regardant les parents qui font la queue pour accéder au site et qui engorgent les stationnements afin de voir leurs enfants. À mon grand désarroi, mes parents ne viendront jamais. J'ai l'impression de revivre les mêmes frustrations qu'au camp d'été… du déjà-vu.

J'essaie de comprendre et de justifier leur absence. Il est vrai qu'à partir de St-Eustache, le voyage pour venir au collège est long et fastidieux. De plus, pour s'y rendre, il faut emprunter un réseau routier difficile d'accès. Mais peu importe, j'aurais espéré qu'ils soient venus me voir au moins une fois, ce qui m'aurait permis de régler mon problème d'intégration aux activités sportives.

Nous sommes déjà à la fin du trimestre et nous nous préparons à célébrer la naissance de Jésus. Mes confrères et moi usons de notre imagination pour concevoir et installer de nouvelles décorations de Noël, que ce soit dans les espaces communs ou dans la crèche de la sacristie. Ayant été sélectionné comme soliste pour chanter le «Minuit Chrétien», je participe également aux répétitions de la chorale en vue de la messe de minuit. Malheureusement, durant la célébration, après avoir commencé à chanter, en raison de ma nervosité, je perds le contrôle et dois m'arrêter. À cause d'un rire nerveux que je ne peux plus contrôler, je suis incapable de terminer le cantique. Un de mes collèges prend aussitôt la relève et termine. Comme je n'ai pas été à la hauteur, je m'inquiète des conséquences. Mais, heureusement, il n'y en aura pas.

Après la messe de minuit, tous les séminaristes sont invités à se rendre dans une grande salle pour célébrer la Fête de Noël. À la grande surprise de tous, en entrant, nous apercevons, au centre de la pièce, un gigantesque arbre de Noël, tout illuminé et entouré de cadeaux. C'est la magie de Noël. Tous les parents avaient été invités à faire parvenir discrètement un présent à la direction pour qu'il puisse être remis à leur enfant lors du réveillon. C'est maintenant le moment de la remise de cadeaux. Comme ils sont tous identifiés, lorsque notre nom sera nommé, nous devrons nous rendre sur la scène pour le recevoir du père Noël. Le temps passe et j'attends impatiemment que ce soit mon tour. Deux heures plus tard, il ne reste plus que quelques boîtes-cadeaux. Je commence à redouter qu'il n'y ait rien pour moi. Le temps s'écoule et j'attends toujours d'être appelé. La remise de cadeaux est finalement terminée et je découvre que malheureusement, je suis le seul qui a été oublié. Je suis triste à en pleurer. C'est là que je réalise que pour un enfant de treize ans, se sentir ignoré par ses parents est le plus dur des châtiments. Ce 25 décembre 1963 n'aura été pour moi qu'une amère déception.

Il y a quelques jours, après que la direction nous ait indiqué que certains d'entre nous resteront au collège durant le congé des Fêtes, je m'inquiète à l'idée de me retrouver sur la liste de ceux qui ne pourront pas se rendre dans leur famille. Je crois maintenant qu'il est fort possible que mon père ne vienne pas me chercher demain, le 26 décembre. Si c'est le cas, je ne pourrai terminer la période des Fêtes en compagnie de mes frères et sœurs auxquels je suis très attaché. Il est vrai qu'en septembre dernier, je souhaitais quitter définitivement ma famille, mais jamais je n'avais envisagé de ne pas être avec eux pour les fêtes de Noël et du Nouvel An!

Le lendemain matin, c'est la première fois de toute ma vie que je suis si heureux de voir arriver mon père. Après m'être senti seul sur ma planète durant quatre longs mois, il vient finalement me chercher pour que je puisse passer quelques jours chez moi. Puisque je suis content, je m'abstiens, durant le trajet, de lui parler de la peine que j'ai ressentie lors de la remise des cadeaux, et cela, pour éviter de le culpabiliser et de recevoir des commentaires désagréables. Je désire avant tout me concentrer sur un aspect critique de ma vie au collège, soit celui qui gruge toute mon énergie et qui se résume à mon intégration. Par contre, me sentant coincé entre l'idée d'être abandonné par mes parents et les problèmes que je vis en raison de l'intransigeance du père responsable des activités sportives, je ne sais plus si je dois entamer cette discussion. Finalement, après qu'il m'ait posé quelques questions, je décide de lui faire part des difficultés que j'ai rencontrées et de l'humiliation que je vis tous les jours. Prenant mon courage à deux mains, je lui indique que je préférerais ne pas retourner au collège en janvier s'il m'est impossible d'obtenir une dérogation pour les activités sportives.

La discussion terminée, je suis décontenancé en constatant qu'il abonde dans mon sens. Sans poser plus de questions, il me dit que je ne retournerai pas au collège et me demande si j'accepterais d'être inscrit dans une école publique, ce qui lui éviterait de devoir défrayer les coûts pour le pensionnat. Heureux du dénouement, je lui réponds oui, à la condition que l'institution offre le même cours classique et les mêmes concentrations que le collège, soit latin et mathématiques.

Que me vaut une telle ouverture soudaine de sa part? Je ne le sais vraiment pas! C'est la première fois qu'il m'écoute. Tout en étant surpris qu'il n'ait pas l'intention de discuter de mon cas avec la direction du collège, je suis heureux de me sortir d'une impasse.

Je suis content d'être de retour à la maison, avec les miens. C'est enfin terminé, pour moi, les activités militaires du samedi matin que j'ai toujours détestées. Fini, aussi, le rejet des autres. Il est évident que le sentiment d'être abandonné pendant si longtemps par mes parents a joué un rôle important lors de ma conversation avec mon paternel.

En situation d'échec

Replongé dans mon univers familial, je réalise rapidement que j'avais oublié l'attitude de papa lorsqu'il est en état d'ivresse. Et comme nous sommes en période de festivités, pour lui, toutes les occasions sont bonnes pour célébrer. Si je ne veux pas tout perdre et me retrouver seul sur ma planète, je dois donc me résigner à vivre dans cet environnement.

La période des Fêtes est terminée et à la mi-janvier, je ne suis toujours pas inscrit à aucune école. J'attends impatiemment de voir où je vais poursuivre mes études. Comme le temps avance, j'ai peur du retard que j'aurai accumulé dans les différentes matières et redoute le rattrapage que je devrai faire pour me mettre à jour.

Finalement, la troisième semaine de janvier, mon père m'annonce qu'il m'a inscrit à la polyvalente St-Martin, située sur le boulevard du même nom à Laval, laquelle offre un cours classique. Moi qui étais pensionnaire, je devrai dorénavant voyager soir et matin en autobus pour me rendre au collège.

Le premier jour en classe, je découvre que je suis enregistré au cours classique avec concentration en grec, ce qui ne correspond aucunement à ce que j'ai étudié au trimestre dernier. N'ayant en main aucune autre alternative et par peur de perdre une année scolaire, je me résigne à suivre ces cours. Évidemment, la différence, au niveau du contenu, est d'une telle importance, que cela m'occasionne beaucoup de difficultés d'adaptation. Pour ce qui est des nouvelles matières, en particulier les cours de grec, je dois rattraper l'équivalent de quatre mois d'enseignement en plus d'avoir perdu les trois premières semaines de la nouvelle session. Du coup, je me retrouve devant un problème d'apprentissage pratiquement insurmontable.

Au niveau de l'environnement, je suis aussi quelque peu déstabilisé lorsque je constate le manque d'engagement du corps professoral et l'absence flagrante de discipline au sein de l'institution. De façon détachée, les professeurs livrent le contenu de leur programme à des étudiants désintéressés qui se soucient peu de leurs notes scolaires. Les résultats de mes premiers tests sont décevants. Moi qui étais premier de classe, je me retrouve en état d'échec après deux semaines infernales. Je suis tout simplement découragé.

Puisqu'il s'agit d'une école publique, plusieurs étudiants proviennent d'un milieu défavorisé. Je suis donc projeté d'un environnement où la discipline prédominait, à un milieu où mes confrères de classe sont des bagarreurs, des fumeurs, des délinquants et des vendeurs de drogue. C'est la jungle du plus fort! Tous les jours, j'assiste à des bagarres continuelles entre gangs, que ce soit dans la cour, sur le palier de l'école et parfois même, dans les corridors. Quelle déception de me retrouver dans un cadre aussi anarchique! De plus, ces jeunes sans scrupules et sans aucune retenue prennent bien soin de me faire réaliser que je suis différent lorsqu'ils remarquent mon strabisme. Leur mépris m'est tout simplement insupportable.

Plus les jours passent, plus le transport en commun m'épuise complètement. Tous les matins, après avoir marché un kilomètre au froid pour me rendre au terminus, je monte dans un autobus déjà bondé. Là, je dois rester debout durant tout le trajet de quarante-cinq minutes, coincé entre les autres passagers dont le nombre ne cesse d'augmenter. Je suis complètement perdu. Je suis près de l'épuisement et de la dépression. C'est pire que je ne l'aurais jamais imaginé. Les frustrations que je vis ne sont rien comparativement à celles que j'ai vécues au collège. Comment vais-je m'en sortir?

Nous sommes déjà en février. Après une discussion avec mes parents, qui constatent que j'ai plusieurs échecs scolaires et que je n'ai pas réussi à m'intégrer dans mon nouveau milieu, ils me retirent de cette école. Me voici de nouveau à la case de départ. Mon père se remet à la recherche d'une nouvelle institution, sauf que cette fois, il veillera à ce que le cours classique offert corresponde à celui que j'ai suivi l'automne dernier. Ce qu'il aurait dû faire initialement.

Une deuxième évasion

Après quelques jours, il m'annonce qu'il m'a inscrit au séminaire d'Oka, dirigé par deux congrégations de pères missionnaires. Celui-ci a ouvert ses portes récemment. Ce collège privé fait partie du complexe immobilier de l'abbaye Notre-Dame du Lac et est situé sur un monticule offrant une vue spectaculaire sur le lac des Deux-Montagnes. Le cours classique qui y est offert est le même qu'au collège de St-Jean. Bien que nous sommes en février, l'institution a accepté mon inscription en raison des notes exemplaires que j'ai obtenues lors du premier trimestre. Par contre, je devrai suivre des cours de rattrapage pour récupérer ce que j'ai manqué depuis le début de l'année.

Du fait que je serai pensionnaire, je repars avec ma valise et quitte à nouveau mon milieu familial. Le collège se trouvant à peu de distance de la maison, j'espère bien, cette fois, que mes parents prendront quelques dimanches après-midi pour me rendre visite. Voilà qui m'éviterait de me sentir abandonné.

Le cadre est beaucoup moins rigide que celui que j'ai connu l'automne dernier. J'obtiens rapidement de la direction l'exemption requise pour m'absenter des activités sportives. Enfin! Durant celles-ci, on me permet de me rendre soit à la bibliothèque ou encore, à la salle de musique. Celle-ci étant habituellement fermée, on me remet même une copie des clés. Donc, tous les jours, je m'exerce au piano et essaie toujours d'apprendre à jouer la «Sonate au clair de lune» de Beethoven. Malheureusement, comme je n'ai pas de professeur, cette tentative d'apprentissage restera mon œuvre inachevée.

Je me sens très bien dans ce nouvel environnement. Jouissant d'une mémoire exceptionnelle, j'apprends rapidement. En un temps record, j'arrive à mémoriser des poésies et des récits. Pour mes confrères, je deviens en très peu de temps la référence en latin, en mathématique et en français. Mes efforts me récompensent. Tous les mois, je suis premier de classe grâce à des notes exceptionnelles. Une seconde place me déconcerte et me déprime. Mes études deviennent ma passion. Lors d'examen, je me lève en cachette durant la nuit pour aller étudier dans la salle de musique ou dans le salon de barbier. Quel bonheur que d'être moi-même et de pouvoir enfin vivre dans un milieu qui est en parfaite harmonie avec ce que je suis. Et le tout, sans contrainte.

Graduellement, je m'implique en tant que bénévole à la bibliothèque. Je suis aussi membre de la chorale qui chante lors des célébrations de la messe du dimanche matin et des fêtes religieuses. Aussi, comme mes résultats sont excellents, mes professeurs me demandent de les aider dans la correction des devoirs et des examens, ce qui me valorise beaucoup. Si un de mes collèges éprouve des difficultés, tant au niveau scolaire qu'au niveau de son intégration sociale, on me demande de le parrainer. Il va de soi que j'accepte d'emblée. Enfin, un milieu qui me permet de m'épanouir et de grandir. Je suis très heureux.

Les professeurs ayant mis en place les cours de rattrapage du samedi matin à l'intention de ceux dont les notes scolaires sont en dessous de la moyenne me demandent tour à tour d'y enseigner le français, les mathématiques et le latin. C'est pour moi une grande marque de confiance.

À la mi-session, la direction décide de procéder à l'évaluation du potentiel intellectuel de chaque étudiant. Comme j'ai très peu confiance en moi, je suis très inquiet des résultats que j'obtiendrai. Même si j'ai de bonnes notes scolaires, je mets ces dernières sur le compte de ma détermination et du temps consacré à mes études. Selon moi, elles ne relèvent aucunement de mon potentiel intellectuel que je crois nul.

Une semaine plus tard, sur une base confidentielle, on nous remet le résultat des tests. À mon grand étonnement, le rapport indique que j'ai un quotient intellectuel nettement supérieur à la moyenne. Gêné, je mets en doute la conclusion de ce rapport en vérifiant si le nom indiqué sur la page couverture est bien le mien. Mais oui… c'est vraiment mon nom qui y apparaît. Toujours incrédule, je décide de taire mes impressions. J'évite de partager ces résultats, de peur de faire rire de moi et d'être soumis à une réévaluation par la direction. C'est d'ailleurs la première fois que j'en parle depuis.

Mon environnement est très agréable. Non seulement je suis apprécié et valorisé, mais je suis loin de mon milieu familial où chaque jour représente un défi. La seule ombre au tableau est la piètre qualité des repas. Pour s'approvisionner en nourriture, la direction a pris des arrangements avec les marchés d'alimentation de la région pour récupérer les aliments périmés devant être retirés des tablettes, ce qui lui permet de boucler son budget et de nourrir à peu de frais tous les pensionnaires. Cela n'est pas sans me rappeler l'époque où nous vivions sous la tutelle de mes tantes. Les plats qui nous sont servis sont parfois moisis ou ont un goût douteux. Combien de fois suis-je incapable de prendre une seule bouchée lors d'un repas? Je mange alors très peu et mon poids ne dépasse jamais les trente-six kilos. Pour compenser, je me procure régulièrement un pot de miel provenant de la trappe d'Oka, ainsi que du beurre d'arachide que je conserve discrètement dans mon casier.

Les conséquences sont désastreuses pour ma santé. Après trois mois de ce régime, je me sens fébrile et complètement épuisé. Un jour, alors que je suis en manque d'énergie et que je m'endors partout, on m'amène voir un médecin qui m'annonce que je souffre de Béribéri, maladie frappant habituellement les enfants sous-alimentés et vivant en Afrique. Étant donc affecté par une carence alimentaire sérieuse, je dois prendre tous les jours des capsules de vitamine C et autres suppléments alimentaires. Malgré tout, il n'est surtout pas question, pour moi, de quitter le collège pour retourner à la maison.

Les règlements de l'institution permettent aux parents de rendre visite à leurs enfants tous les dimanches après-midi. Ils les autorisent également à les amener à la maison, à la condition d'habiter dans la région et d'être revenus pour dix-sept heures. Dans mon cas, la coordination des visites ou des sorties du dimanche ne se pose même pas. Même si la distance qui sépare le collège de ma demeure n'est que de dix-sept kilomètres, personne ne vient. Rien n'a changé. Cette fois, je ne peux trouver aucune excuse à mes parents. Je me sens donc très seul, en particulier quand je vois les parents venir chercher leurs fils pour faire une promenade ou les ramener à la maison quelques heures.

Dans ces moments de solitude, je vais à la chapelle pour méditer et prier. Les souvenirs de ma mère biologique et l'attention qu'elle me portait reviennent sans cesse dans mes pensées. Je me dis que si elle était là, ce ne serait pas ainsi. Je prie pour qu'elle prenne soin de moi. Je suis si triste qu'il m'est impossible de contrôler mes larmes. Tous les dimanches, je pleure ainsi, sans pour autant me soulager et sans comprendre pourquoi la vie m'a réservé un tel sort.

Des gestes indécents

Pour compenser l'absence de mes parents, je m'attache à un père de la communauté, le père Rodriguez avec qui je peux me permettre de partager mes peines. Il est aussi mon professeur de latin. Toujours à l'écoute et m'accordant une attention spéciale, il est celui qui m'a recommandé aux autres professeurs pour que je les aide à corriger les devoirs et les examens. Aussi, étant donné que j'ai les meilleures notes en latin, il me donne souvent des cours particuliers pour parfaire ma compréhension de cette langue. À chaque essai, je réussis. Il est toujours surpris et étonné par mes performances. Il me valorise toujours en me disant qu'il est impressionné par mon niveau d'analyse et d'intelligence. Ce qui me flatte, évidemment. J'ai rarement eu droit à autant d'attention et de valorisation.

Un jour, alors que je ne m'y attendais pas, il se rapproche de moi et glisse lentement sa main sur mon cou, tout en caressant mes cheveux. Je suis à la fois intimidé et mitigé devant ces gestes de tendresse. Je suis surpris et je ne sais pas comment réagir. Mais, puisque j'ai une confiance absolue en lui et que je me sens protégé, je le laisse faire. Il y a déjà longtemps que j'ai reçu de telles marques d'affection. Étant le représentant de Dieu, mon professeur et un homme généreux, pourquoi devrais-je m'inquiéter? Je ne remets donc pas son comportement en question.

Un soir, il pose doucement sa main sur ma cuisse, tel un serpent faisant son chemin sur mon corps, puis s'arrête. J'ai peur et je ne bouge plus. Les jours se suivent, et il se rapproche de plus en plus, jusqu'au moment où il glisse sa main sous ma robe de chambre pour me caresser. Je suis figé, étourdi et perplexe. Comme je n'ai que treize ans, je ne comprends pas ce qui se passe. Pourtant, c'est lui, ce prêtre que j'aime bien, qui m'a toujours protégé, écouté et compris. De prime abord, je crois qu'il ne réalise pas ce qu'il vient de faire, me disant qu'il s'agit tout simplement d'un accident. En même temps, j'essaie à tout prix d'éviter une excitation. Je ne veux surtout pas lui donner l'impression que j'y prends plaisir et que cela m'excite. Je suis gêné, figé et incapable de réagir. Il m'est de plus impossible de douter de ses intentions. Les soirées se succèdent et ce même rituel se répète malheureusement chaque fois, avec de plus en plus d'ardeur. Je suis effrayé et je n'ose pas en parler avec quiconque, par crainte d'être jugé.

Un soir, complètement dévasté et exaspéré par la situation, je réagis finalement. Alors qu'il pose sa main sur moi, je m'excuse, me lève et quitte la salle, prétextant la fatigue. Les jours suivants, il m'invite à nouveau à me rendre dans son petit bureau. Comme je ne veux pas briser le lien que j'ai avec lui, j'y retourne malgré tout, espérant que rien ne se passe. Et puis, dès que ses mains se posent sur moi, je repars. Et voilà qu'un beau soir, je n'en peux plus. Tremblant et redoutant les conséquences de ma décision, je quitte le bureau pour m'éloigner de lui à jamais. Je ne peux plus poursuivre ce jeu. Dès lors, je prends tous les moyens pour éviter de me retrouver en contact avec lui. Même s'il insiste pour poursuivre mes cours particuliers, je décline ses invitations. Je vais même jusqu'à refuser de faire la correction des devoirs pour lui. Par contre, je trouve la situation très embarrassante, car non seulement est-il mon professeur de latin, mais il est prêtre. Sans compter qu'il représente aussi l'autorité au collège. Comme je le porte en estime et que je me sens très près de lui, je suis très peiné que ça se termine ainsi. Mes émotions sont donc très partagées: si j'avais beaucoup d'admiration pour lui dans le passé, maintenant j'en ai peur. D'un autre côté, même si sa présence me rend craintif, je me sens ingrat de réagir ainsi envers lui. Malgré tout ce qui s'est passé, il m'est impossible de le détester… il a tant fait pour moi.

Vivant dans la peur, je décide d'informer mes parents des gestes qu'il a posés sur moi afin qu'ils puissent intervenir. Je tente, avec mes mots, de leur expliquer ce qui s'est passé, tout en leur précisant que j'ai peur de me retrouver avec lui. Je leur exprime enfin mes inquiétudes en ce qui concerne ses intentions. Malheureusement, ma démarche est vaine et je ne suis pas écouté. Puisqu'il est question d'un prêtre, ils semblent croire que je fabule et que rien ne s'est passé. Du coup, je suis perdu dans ma tourmente.

Malgré tout, mon année scolaire se termine avec succès. Je suis le premier de la classe. Comme je n'ai aucun engagement durant la période estivale et que je n'ai pas d'amis qui m'attendent pour jouer, j'accepte de me joindre à quelques autres étudiants pour participer à la modernisation et à la réorganisation de la bibliothèque. Pour m'éviter le transport, la direction du collège offre de m'héberger et de me nourrir gratuitement quelques jours par semaine. À l'occasion, il m'arrive de croiser le père Rodriguez, toujours aussi souriant. Et puis un jour, alors que nous nous rencontrons dans un corridor, il vient me voir et m'annonce qu'il part un mois au Brésil pour visiter sa famille. Du même coup, il me demande de l'accompagner et s'engage à payer tous mes frais. Le craignant plus que tout, je suis renversé par sa proposition. Il continue en me faisant miroiter tous les avantages que j'aurais de l'accompagner, en plus de découvrir son magnifique pays. Le redoutant comme jamais, je ne comprends pas pourquoi il insiste tant. Sans toutefois l'offenser, il va de soi que je refuse catégoriquement son invitation.

La semaine suivante, après avoir passé une journée entière au terrain de jeu, je retourne à la maison où une surprise de taille m'attend. Le père Rodriquez est là, assis dans la cuisine, en train de discuter avec mes parents. Eh oui! Bien que j'aie refusé de l'accompagner au Brésil, il est venu les rencontrer pour leur demander la permission de m'amener en voyage avec lui, en prenant bien soin de leur mentionner qu'ils n'auraient rien à débourser. En dépit du fait que je leur ai déjà parlé de ce qui s'est passé au collège, mes parents sont d'accord pour que je parte avec lui. Là, je suis complètement bouleversé. J'ai l'impression d'être un fardeau pour eux et suis persuadé qu'ils veulent se débarrasser de moi. De plus, j'ai peur qu'en partant avec lui, il me soit impossible de revenir au Canada. Je me sens vraiment pris au piège et ignore ce que je dois faire pour m'en sortir.

Il est évident que mes parents ne m'ont pas cru lorsque je leur ai parlé. Après le départ du père Rodriguez, du simple fait qu'il est prêtre, ils n'ont que des éloges pour lui et me recommandent d'accepter son invitation. Avec entêtement, je refuse catégoriquement. J'en suis rendu à me dire qu'à part moi, qui donc peut vraiment s'occuper de moi? Je me sens encore plus seul que jamais. Je n'ai maintenant plus personne pour parler et être entendu. Par contre, maintenant qu'il est parti en vacances, je me sens beaucoup plus à l'aise et en sécurité lorsque je me rends au collège pour travailler à la bibliothèque.

Près de Dieu

Au mois d'août, alors que je suis au collège pour quelques jours, la direction nous convoque à une séance d'information. C'est là que le directeur général nous annonce solennellement que le père supérieur de La Trappe d'Oka vient de mourir. Ce monastère, adjacent au collège et inaccessible au commun des mortels, est un endroit secret où la règle du silence prévaut. C'est aussi un lieu où les moines qui ne peuvent en sortir sont enfermés dans leur chambre minuscule durant plusieurs jours pour prier et méditer. C'est également là que sont fabriqués le fameux fromage d'Oka et un miel reconnu à travers toute la région. Comme j'aide bénévolement la communauté religieuse, je suis invité à me joindre aux pères de la congrégation pour participer aux obsèques du défunt. Je suis excité à l'idée de pouvoir franchir cette imposante barrière pour pénétrer à l'intérieur de l'abbaye et assister aux funérailles.

Le matin des obsèques, nous partons à pied à travers les champs pour atteindre la route menant à l'entrée principale du monastère. Sur présentation du carton d'invitation, l'immense barrière en fer forgé s'ouvre pour nous permettre l'accès. Nous entrons enfin dans la chapelle. D'une grande sobriété, nous pouvons y entendre le silence. Elle est ornée de boiserie foncée et de statues immenses représentant les disciples du Christ. Tel un concile œcuménique, les moines en méditation sont assis en rangées de chaque côté de ce lieu de culte. On se croirait au centre d'une cour de magistrat, ou encore, entourés par des apôtres qui méditent en attendant la dépouille du père supérieur.

Après quelques longues minutes de prière, les portes centrales de la chapelle s'ouvrent, laissant pénétrer les rayons de soleil dans cet univers austère. Un cortège de plusieurs centaines de moines avance à petits pas. Pour la circonstance, ils portent un costume religieux particulier afin de respecter les coutumes de cette institution recluse vivant encore aux rythmes et rituels du passé. La dépouille mortelle, qui repose uniquement sur une planche de bois, est transportée jusqu'au centre de la chapelle par quelques membres de la congrégation. Les chants grégoriens envahissent les lieux. La cérémonie religieuse est grandiose et impressionnante. Tous sont présents pour honorer ce grand homme qui a permis à cette institution religieuse de traverser le temps.

Les minutes s'écoulent et les heures passent. Il y a déjà trois heures que nous sommes là, immobilisés dans ces lieux, à prier, à regarder, à contempler, à chercher la vérité et comprendre. Puis la cérémonie se termine. Suivi de l'impressionnant cortège de dignitaires, le corps est transporté humblement, jusqu'à l'endroit où il reposera pour l'éternité. Une dernière prière s'impose avant de le descendre et le déposer avec précaution dans cette fosse creusée à la main. Quand tout est fini, on peut voir le corps découvert du père supérieur allongé dans sa tunique blanche tout au fond du trou. Sans autre préambule, on déverse directement sur lui la première pelletée de terre. Puis graduellement, on le voit disparaître, jusqu'à la fermeture de la sépulture. «Tu es Pierre et tu retourneras en poussière». Une journée mémorable que je n'oublierai jamais. Le calme, la paix et la sérénité semblent avoir envahi les lieux pour l'éternité.

Le scandale

L'été se poursuit au gré du temps. Nous voici déjà à l'aube de la nouvelle année scolaire, soit en septembre 1964. Je commence ma deuxième année de cours classique, la syntaxe. Au collège, c'est le retour graduel des étudiants, l'organisation des activités sociales et sportives ainsi que le début des cours. Je suis très heureux de poursuivre mes études dans ce même environnement qui l'an dernier, m'a permis de m'épanouir. Les activités quotidiennes reprennent le même rythme qu'en juin, lorsque nous les avons abandonnées.

Quelques semaines après notre arrivée, un scandale ébranle la communauté religieuse et l'institution. Le père Rodriguez est accusé publiquement de pédophilie. Des gestes qu'il aurait posés sur des étudiants, ainsi que sa relation particulière avec certains, ont été dévoilés, ce qui entache à jamais sa réputation. Ma décision de m'éloigner de lui, suite à son comportement inapproprié, m'a finalement donné raison.

Dans un communiqué, la direction nous annonce que notre cher père Rodriguez a été congédié pour actes indécents et qu'il retournera dans son pays. Quelques-uns de mes confrères qui ont accepté ses avances avec gré et passion ont dû retourner dans leur milieu familial. Pour eux, c'est une tragédie. Je suis toutefois triste et bouleversé de voir ce qui arrive à mon ancien professeur, car vient de disparaître à jamais de ma vie une personne que j'ai beaucoup appréciée et qui m'a beaucoup valorisé. Étant jeune et naïf, il m'est impossible de mesurer les répercussions à long terme qu'ont engendrées les gestes qu'il a posés à mon endroit. Évidemment, jamais je n'ai pu discuter de ce sujet avec mes parents qui ont toujours évité d'en parler.

Humilié et trahi

Malgré tout, mon intégration scolaire se fait en harmonie. À l'intérieur des murs du collège, c'est le retour graduel à la normale après plusieurs jours de crainte, de stupeur et d'émoi chez les étudiants, du fait que certains ont perdu leurs amis. Personne ne comprend! Mais outre le scandale et le départ du père Rodriguez, rien d'autre n'a changé depuis l'an dernier.

Mes résultats académiques sont toujours excellents. Je poursuis toujours mes activités : bénévole à la bibliothèque, membre de la chorale et aide à la sacristie. Et puis, il y a les week-ends qui viennent et qui passent. Le rituel s'installe. Je rêve toujours recevoir un jour la visite de quelqu'un qui pense à moi. Tous les dimanches, je fais les cent pas sur la route bordée de sapins et d'épinettes qui mène au collège, espérant y voir une voiture ou une personne de ma famille venant me dire bonjour. Je profite aussi de ces moments de solitude pour aller me procurer du miel à la Trappe d'Oka pour compenser mon alimentation déficiente.

Un jour, alors que je ne m'y attendais guère, je suis convoqué au bureau du père économe. Inquiet, je me présente à l'heure convenue dans ce bureau lugubre. Je m'assois sur une vieille chaise en bois foncé qui visiblement, en a vu plusieurs avant moi. Après une brève introduction, celui-ci se veut rassurant. Initialement, il s'informe de mon état d'être et de mon niveau de satisfaction envers l'institution. Après quoi, il cherche à connaître mes intentions en ce qui a trait à la poursuite de mes études classiques au collège. Je suis étonné et ne comprends toujours pas le but de cette rencontre. Puis, il me complimente en me disant que je suis un élève modèle et que mes notes sont exemplaires. Il exprime ainsi la fierté de la direction de m'avoir et fait l'éloge de mon implication dans les activités sociales et pédagogiques du collège.

Cela dit, après m'avoir posé quelques questions sur ma situation familiale, il m'annonce abruptement que depuis mon arrivée au collège, mon père ne s'est jamais acquitté de mes frais scolaires. «Sujet très délicat et confidentiel, qui devra rester entre nous!», me fait-il comprendre, ajoutant qu'il est important que je le sache, car cela me concerne. Selon un entretien qu'il aurait eu avec lui, mon père lui aurait indiqué qu'il n'avait pas les moyens de payer mes études, car ses revenus étaient limités et qu'il devait faire vivre une famille de sept enfants, ce qui est évidemment onéreux. Je ne sais pas comment réagir, tant je me sens humilié et trahi par mes parents.

À la fin de la conversation, pour dénouer l'impasse et dissiper mon malaise, le père m'annonce que la direction du collège a pris la décision de me garder et de m'offrir gratuitement mes études. De plus, si je le désire, je pourrai poursuivre et terminer mon baccalauréat sans avoir à débourser un seul sou, tant pour les frais scolaires que pour les frais de pension. Par contre, je devrai maintenir le niveau d'excellence actuel et continuer de pratiquer mes activités parascolaires et pédagogiques. Il me demande de penser sérieusement à cette offre et de lui signifier si je l'accepte ou non. Je ne sais que penser! J'ai l'impression que si j'accepte, je leur serai redevable pour le restant de mes jours, perdant ainsi toute liberté de choisir la route que je veux prendre.

Quoique je me réjouisse d'une telle valorisation et apprécie leur offre, intérieurement, je suis blessé. Je ne peux pas croire que mon père m'a mis dans une telle situation. Encore une fois, je remets en question son engagement et son amour envers moi. J'ai le sentiment qu'il m'évite et qu'il me place toujours dans des situations désagréables. Avant de prendre une décision et de m'engager à long terme, il est convenu, avec le père économe, que je terminerai mon année scolaire. Par la suite, je verrai bien.

Le dimanche suivant, sous un soleil radieux, alors que je me promène avec quelques étudiants qui attendent leurs parents dans l'allée principale, nous observons chaque voiture qui arrive au collège pour déterminer qui est l'heureux élu. Je réfléchis en même temps à mes frais de scolarité qui n'ont pas été payés et à la proposition qui m'a été faite par la direction. Soudain, mes amis me font remarquer qu'une superbe voiture, nouveau modèle de l'année, entre dans l'entrée du collège. Elle est magnifique! Elle détourne les regards de tous et devient le principal sujet de discussion. À quels parents peut-elle bien appartenir? nous demandons-nous tous. Puis, elle s'immobilise devant nous. Alors que je crois qu'elle appartient aux parents d'un de mes amis, quelle n'est pas ma surprise lorsque je constate que c'est mon père qui la conduit! Quand il abaisse la vitre de sa fenêtre et que je lui demande à qui elle appartient, il me répond qu'il en est le nouveau propriétaire et qu'il voulait tout simplement prendre quelques minutes pour venir me la montrer. Sa réponse me heurte. Ce n'est pas pour me voir, qu'il est venu, mais bien pour me montrer sa voiture. Dire qu'il ne s'est jamais déplacé un seul dimanche alors que nous habitons à moins de trente minutes en voiture! En pensant à mes frais de scolarité impayés, je suis inconfortable à l'idée qu'un père de la congrégation puisse le voir au volant d'une telle voiture. Tout ce que j'espère, c'est qu'il n'aura pas l'audace de la stationner devant les bureaux du père économe. Voilà qui serait odieux! Je ne veux pas être humilié davantage, considérant que la situation est paradoxale. J'ai maintenant l'impression que mon père profite de la générosité de la communauté.

Pour m'éviter une situation embarrassante et aussi, pour me faire plaisir, je lui demande s'il est possible de faire un tour et d'aller à la maison. Ayant déjà commencé à boire, ce qui le rend plus souple, il accepte. En arrivant chez nous, il continue de boire comme il a l'habitude de le faire les dimanches après-midi. Et puis, à la fin de la journée, complètement ivre, il me ramène au Collège. Au moment où je descends de la voiture, il me remet un paquet de cigarettes, moi qui n'ai jamais fumé. Je ne comprends pas son geste. Ce fut là sa première et dernière visite au collège. Encore une fois, je me sens trahi. Depuis la mort de notre mère, j'ai l'impression d'être un fardeau pour lui. J'en conclus que malheureusement, je ne peux m'attendre à rien de lui.

Réflexion sur mon avenir

Je suis partagé entre l'idée de demeurer au collège sous la tutelle des Pères à qui je serai longtemps redevable, et celle de retourner à la maison, dans un environnement qui me déplaît. Durant cette période de réflexion, j'apprends que le gouvernement provincial vient de proposer une importante réforme de notre système d'éducation. Il désire démocratiser l'éducation et la rendre plus accessible. Pour ce faire, il propose une loi visant à retirer l'éducation supérieure du cadre religieux et du même coup, créer de nouvelles institutions publiques, comme le CÉGEP, afin que les jeunes aient plus de facilité à poursuivre des études universitaires. Si le projet de loi est accepté, je devrai tenir compte de ces réformes lorsque viendra le temps de prendre ma décision.

Entre-temps, je me lie d'amitié avec un nouvel étudiant qui par hasard, habite sur la même rue que nous. Étant donné que son père vient de quitter le domicile familial pour aller vivre avec sa secrétaire, sa mère, devant retourner sur le marché du travail, a dû se résoudre à le placer au collège. Il est fils unique et sa relation avec sa maman est très étroite. Tous les dimanches, elle arrive au collège à midi juste et le ramène à la maison pour passer quelques heures avec lui. Après quelques week-ends, voyant que je suis toujours seul et que je n'ai jamais de visite, elle m'offre la possibilité de me conduire chez moi et de me ramener au collège en fin d'après-midi. À la condition, bien sûr, que je sois ponctuel et que je me rende chez elle à l'heure convenue.

Le premier dimanche, sans avoir avisé ni même consulté mes parents, je franchis avec enthousiasme la porte de la maison. Surpris, mon père me demande froidement ce que je fais là. Sa réaction est très décevante, d'autant plus que je le sens contrarié. Je lui explique brièvement que j'ai été amené par une voisine, une dame qu'il connaît bien, et le rassure en lui disant qu'il n'aura rien à faire pour moi.

Ainsi, tous les dimanches suivants, à défaut de recevoir une visite, je retourne à la maison dans la belle voiture cabriolet que Madame conduit. Chaque fois, mes sœurs tentent de m'impliquer dans leurs activités et me présentent à leurs amis. Quel plaisir que de me sentir ainsi libre, ne serait-ce que quelques heures, sans avoir besoin de demander quoi que ce soit à mes parents!

Durant mes passages, je constate que c'est toujours la même atmosphère de discorde qui règne à la maison et que mon père boit toujours. Sauf que maintenant, lorsqu'il est ivre, son état le rend permissif. Dans ces moments, même si je n'ai que quatorze ans, il m'offre de conduire sa voiture, des cigarettes et une bière pour boire en sa compagnie. Avant que je reparte, il me remet toujours une cartouche de cigarettes. Comme c'est interdit au collège, je commence à fumer en cachette avec mes amis. À tout ceci, s'ajoutent des commentaires grivois qui nous surprennent toujours. Cependant, cette ouverture démesurée n'est qu'éphémère, car lorsqu'il est à jeun, c'est le dur retour à la réalité qui nous attend. Il redevient alors grognon et restrictif. Du coup, il nous est défendu de fumer, de boire, et même d'aller chez des amis. Quant à ma mère, elle est toujours fidèle à son poste et se concentre sur ses tâches domestiques, telle une missionnaire engagée envers ses enfants. En cette année 1964, plus précisément le 2 octobre, elle met au monde son troisième enfant qui se prénommera Sylvain.

En décembre, je termine mon premier trimestre. Contrairement à l'année dernière, je retourne à la maison pour Noël et je suis plus que content de passer les Fêtes avec mes frères et sœurs. Cette année, mes parents m'offrent en cadeau une paire de patins, ce qui me permettra de participer à la session de patinage libre qui a lieu tous les soirs, au collège, entre 19h00 et 20h00. Il s'agit là d'un cadeau qui me ravit énormément.

La période des fêtes étant terminée, je retourne au collège. Grâce au cadeau que j'ai reçu, il m'est maintenant permis de pratiquer un sport. Comme c'est une activité solitaire, il n'y a pas de compétition et mes difficultés visuelles ne me posent que très peu d'entraves. Tous les soirs, je peux rejoindre mes confrères sur la patinoire et m'amuser. Le fait de me sentir ni frustré ni rejeté ne peut que faire mon bonheur. Quel plaisir!

Un accident

Malheureusement, un soir, alors qu'il y a beaucoup de patineurs sur la glace, je me heurte à un collègue et tombe par terre sans pouvoir me relever. Je viens de me fracturer une jambe. Dans la douleur, je suis immobilisé au sol et ne peux plus bouger. On me transporte en ambulance vers le centre hospitalier de St-Eustache. Après avoir examiné ma jambe droite, le médecin détecte plusieurs fractures du tibia. On m'installe un plâtre qui la recouvre entièrement et m'annonce que je devrai la garder suspendue durant au moins sept jours. De plus, il me faudra rester au lit pour les quatre prochaines semaines. Après quelques jours d'hospitalisation, je poursuis ma convalescence à la maison. Ayant un lit adapté pour me permettre de tenir ma jambe surélevée, le salon me sert de chambre, ce qui me permet d'écouter toutes mes émissions de télévision sans être grondé. Par contre, pour éviter d'échouer mon année scolaire, je dois être autodidacte et bien me préparer en vue des prochains examens de fin d'année.

Pour une première fois, je me sens choyé par les marques d'attention que je reçois à la maison. Mes frères et sœurs sont toujours là pour regarder la télévision avec moi. Un dimanche, alors qu'ils reviennent de la messe, mes parents ont même la gentillesse de me remettre quelques barres de chocolat. Quelle joie et surtout, quelle surprise! Je suis vraiment touché par ce petit geste.

Après avoir été alité durant un mois, je commence à me lever graduellement pour me déplacer avec les béquilles que je devrai utiliser pour les cinq prochains mois. Comme tout se déroule bien, vers la mi-février, je retourne au collège pour terminer mon année scolaire. Mon retour s'effectue de façon spectaculaire. Tous les gens, que ce soit les Pères, les employés ou mes confrères, me portent beaucoup d'attention. Terminé, pour moi, les dortoirs! J'ai droit à une chambre individuelle et ai accès aux ascenseurs pour me déplacer d'un étage à un autre. Aussi, je n'ai plus à me soucier des tâches quotidiennes. Je deviens une personnalité à qui l'on accorde plusieurs privilèges qu'il m'arrive de partager discrètement avec certains étudiants. Occasionnellement, je les invite à m'accompagner dans les ascenseurs qui sont interdits ou encore, dans la salle de musique où moi seul peut accéder en tout temps. Je n'ai jamais eu autant d'amis de ma vie. Mon environnement est soudainement devenu très agréable.

Malgré mon absence prolongée d'un mois et demi, je suis toujours bon premier de classe, et m'acharne à le demeurer. Mes notes, qui sont devenues une obsession, me permettent d'obtenir ainsi une certaine valorisation sociale et intellectuelle.

Un choix difficile

Étant pratiquement rendu à la fin de la session, c'est maintenant le temps de prendre une décision au sujet de mon avenir scolaire. Puisque le projet de loi concernant la réforme de l'éducation a été adopté, le cours classique disparaîtra sous peu. On prévoit évidemment une période de transition pour permettre la mise en place de ces nombreux changements. Par contre, ceux qui sont déjà inscrits dans une institution religieuse pour le baccalauréat pourront poursuivre leur cours et obtenir le diplôme qui leur permettra d'aller à l'université. En investiguant sur les répercussions d'un tel changement, je réalise qu'avec le nouveau système d'éducation, j'aurai accès à l'université un an plus tôt. Toutefois, en abandonnant le cours classique, je devrai m'inscrire à l'école publique pour poursuivre mes études secondaires. Du coup, il me faudra retourner chez moi, ce qui n'est pas évident! Le choix est difficile.

Après mûre réflexion, pour ne pas abuser de la générosité des Pères de la Congrégation, pour éviter de leur être redevable à jamais et accéder un an plus tôt à l'université, je décide de quitter le collège. Quelles seront les conséquences de cette décision? Pour le moment, je l'ignore totalement.

CHAPITRE 6

LES DÉPARTS

1965 — 1968

Avec la fin de l'année scolaire, je retourne habiter en permanence à la maison. Nous sommes en juin 1965 et je viens d'avoir quinze ans. Ayant été pensionnaire durant les deux dernières années, je réalise que mon environnement familial a beaucoup changé. Mon frère et mes sœurs du premier lit, qui sont maintenant adolescents, ont de nouvelles activités sociales et beaucoup d'amis. Liette a quatorze ans, Yvon seize ans et Ginette dix-sept. Quant aux plus jeunes, Jocelyn a six ans, Céline, quatre ans et le dernier né, Sylvain, a un an et demi. Les trois ont beaucoup grandi. Nous sommes sept enfants et devons cohabiter dans cette petite maison qui se fait un peu étroite. Nous devons partager deux chambres à coucher, dont l'une est minuscule. Pour résoudre ce problème d'espace, ma sœur aînée Ginette loge au sous-sol dans un coin exigu réservé juste pour elle. Celui-ci est à l'état brut, c'est-à-dire sur le béton, sans cloisons ni isolant thermique.

Pour régler notre problème d'espace, notre père décide de réaménager la moitié du sous-sol et de le diviser de façon à ce qu'il y ait deux chambres à coucher additionnelles. Cette fois, par contre, il s'assure d'y installer un plancher de bois pour obtenir une meilleure isolation. Aux murs, il pose des panneaux de bois préfabriqués de piètre qualité, nous donnant nettement l'impression que les travaux ne seront jamais terminés. Les cloisons du plafond feront partie du décor en permanence. Une petite chambre est réservée pour Ginette tandis qu'une autre, un peu plus grande, est attribuée à mon frère Yvon et moi. Nous avons ainsi un peu plus de liberté d'action, loin des regards de notre père, ce qui ne me déplaît guère.

Je constate rapidement que la venue des derniers-nés n'a guère influencé son comportement. Il est toujours aussi impatient, critique, dur, strict et consomme encore jusqu'à l'excès. Lors de ses écarts de conduite, c'est un peu la folie dans la demeure. Ma mère prie, les plus vieux se sauvent pour éviter un nouveau drame et les plus petits sont complètement perdus, se demandant ce qui se passe.

Sans le réaliser, nous, les enfants, devenons tous solidaires, soudés par l'angoisse et la peur. Nous avons une seule et unique maman, Gisèle, laquelle est aussi chagrinée de vivre dans un environnement aussi chaotique. Ces difficultés que nous rencontrons nous lient pour la vie.

Du fait que je reviens au bercail à la suite d'une longue absence, mes camarades du primaire semblent avoir disparu. Mais n'étant pas un grand sportif, je dois avouer que mon réseau social était déjà très limité. Graduellement, mes sœurs Ginette et Liette m'intègrent dans leurs activités sociales et me présentent à leurs amis. Elles m'invitent à les accompagner lors de soirées dansantes organisées au sous-sol de l'église de la paroisse voisine, à la salle des Chevaliers de Colomb ou au centre sportif de la municipalité. Leurs amis deviennent ainsi mes amis. À mon grand plaisir, mon strabisme semble passer inaperçu. À la fin de la journée, c'est maintenant devenu un rituel de tous se rencontrer à l'entrée de la piscine municipale de St-Eustache-sur-le-Lac, où nous planifions ensemble l'activité qui animera notre soirée. C'est là que je réalise que plusieurs reçoivent une allocation hebdomadaire de la part de leurs parents pour payer leurs sorties. Comme les miens n'ont pas d'argent, je dois trouver rapidement un petit boulot afin de gagner les sous qui me permettront de suivre le tempo des jeunes de mon âge.

Un revenu d'appoint

Je déniche un poste de commis dans un magasin de variété. Quelques heures par semaine, je place la marchandise sur les étagères et m'assure que toutes les marques de bières et de boissons gazeuses soient disponibles sur le plancher. Entreposées au sous-sol, c'est par un petit escalier étroit que je dois monter les caisses à l'étage. Enfin, je dois aussi gérer l'entreposage des bouteilles vides qui ont été retournées par les clients. Mon horaire de travail se résumant à me présenter seulement une heure ou deux par jour, mes revenus sont donc très limités. De ce fait, il m'est impossible de payer à la fois mes sorties, mes vêtements et mes fournitures scolaires. Conséquemment, il me faut rapidement trouver un autre emploi.

Après quelques recherches, je réussis cette fois à dénicher un poste de plongeur dans une pizzéria de Laval Ouest, à un peu plus de trois kilomètres de la maison. Je travaille durant les périodes achalandées, soit les jeudis, vendredis et samedis soirs jusqu'à quatre heures du matin et toute la journée du dimanche. Comme il n'y a pas d'autobus qui effectue le trajet entre les deux municipalités, je dois me déplacer à pied ou sur le pouce, ce que je trouve très pénible. Mon travail consiste à laver les toilettes, récurer la vaisselle et les chaudrons. Je dois par la suite éplucher les pommes de terre, préparer les frites, couper les légumes, râper le fromage et trancher le salami pour permettre la préparation des pizzas. À l'aube, après huit à dix heures de travail, je dois rentrer à pied, car je n'ai pas les moyens de prendre un taxi. Après un mois, je suis complètement épuisé, sans compter que je travaille au salaire minimum dans un environnement peu gratifiant où il n'y a aucune communication. Je me sens complètement abruti. Ne pouvant continuer ainsi, je quitte ce boulot, non sans espérer pouvoir améliorer mes conditions de travail.

Dans l'intérim, je travaille pour mon père tous les samedis en faisant du porte-à-porte pour la vente de croustilles Yum Yum et des boissons gazeuses Lucky One. Une expérience avec lui qui n'est pas toujours valorisante. C'est aussi là un travail qu'il abandonnera rapidement et pour lequel je ne serai jamais rémunéré. Finalement, je réussis à décrocher un poste de pompiste de nuit chez un concessionnaire automobile Pontiac GM, tout près de chez moi. La rémunération est plus avantageuse et de plus, il m'est possible de faire une sieste lorsqu'il n'y a pas de client. Dès le début, j'apprécie beaucoup la générosité des clients qui me versent de bons pourboires, ce qui contribue à accroître mes gains. C'est le cas, entre autres, du nouvel ami de ma sœur Ginette, lequel deviendra mon beau-frère. La générosité de ce type est sans pareil. Et puis, les samedis matin, on retient mes services pour laver les voitures et préparer celles qui la semaine suivante, seront livrées aux nouveaux propriétaires. Grâce à ces revenus, je peux maintenant me permettre de me joindre à mes amis et participer aux soirées dansantes du week-end. Quel plaisir que de découvrir une nouvelle facette de la vie!

Malheureusement, nous en sommes à la fin de l'été et je n'ai pas l'énergie nécessaire pour poursuivre ce travail de nuit durant la période scolaire. Je dois donc me résigner à le quitter.

Mon expérience pédagogique

Au printemps dernier, je m'étais inscrit à l'école polyvalente pour terminer mes études secondaires en sciences mathématiques. Durant la période estivale, la commission scolaire a fait parvenir un avis précisant que la construction de la nouvelle école régionale ne serait pas terminée à temps pour le début des classes. Pour que les cours puissent débuter dès septembre, elle nous annonçait qu'elle avait loué les locaux de l'ancien couvent Notre-Dame, à côté de l'église historique de St-Eustache, immeuble qui est maintenant désaffecté.

C'est le début des classes et nous nous retrouvons dans un vieux couvent abandonné et rafraîchi à la dernière minute. Des classes ont été aménagées sur plusieurs étages. Personnellement, je me retrouve dans un local du sous-sol trop petit pour accueillir autant d'élèves. Or, selon la direction, nous devons accepter cette situation qui n'est que temporaire. Quelques jours après la rentrée, étant donné que j'ai suivi le cours classique, la direction me demande de passer un test d'évaluation avant de m'autoriser à poursuivre ma dixième année. Je crois qu'ils auraient dû y penser avant… j'avais déjà été accepté.

Le contenu des matières assimilées durant mes deux dernières années d'études différant de beaucoup de celui qui a été enseigné à l'école publique, on m'avise finalement que je devrai doubler mon année. Du coup, deux semaines après le début de l'année scolaire, je me retrouve en neuvième année. Ce que je n'avais pas prévu, évidemment. À l'annonce de cette décision, je suis bouleversé. C'est pour moi une humiliation que je refuse de subir. Il n'est pas question de me retrouver avec des plus jeunes et de perdre une année. Si j'avais su, j'aurais sûrement terminé mon cours classique.

Je décide donc de m'opposer farouchement à cette décision. En compagnie de ma mère, dont j'obtiens un appui inconditionnel, j'entame une discussion avec l'administration en mettant en valeur mes résultats antérieurs, ma capacité d'adaptation, mon potentiel et mon engagement à rattraper le contenu des matières manquantes. Heureusement, grâce à une grande ouverture, mes interlocuteurs consentent à me réinscrire en dixième année, mais sous certaines conditions. On m'accorde un sursis de trois mois. Après quoi, on procédera à une réévaluation de mes connaissances et de mes notes scolaires. Avec fierté, j'accepte ces conditions, bien décidé à me montrer à la hauteur de leurs exigences. Je prends donc tous les moyens nécessaires pour reprendre le temps perdu et assimiler le contenu des matières manquantes à mon programme. Rapidement, j'obtiens de très bons résultats et me retrouve parmi les premiers de classe. Je suis très fier de moi, car j'ai gagné mon pari. Sans autre discussion, la direction me permet de poursuivre ma dixième année. N'eût été la confiance et du soutien de ma mère, j'aurais été dans l'obligation de refaire ma neuvième année! Merci, maman, pour cette grande marque de confiance.

Ma vie sociale

Pour m'impliquer dans une activité sociale, je m'enrôle dans un corps de tambours et clairons reconnu dans la région. Apprenant que j'ai déjà appris à jouer d'un instrument de cuivre lorsque j'étais pensionnaire, les responsables m'affectent au groupe de clairons. Après quelques mois, grâce à une bonne performance, on me demande de jouer de la trompette, ce que je trouve très valorisant.

Nous participons à plusieurs activités municipales et sommes inscrits aux compétitions régionales et provinciales pour corps de tambours et clairons. Lors des cérémonies officielles organisées par la paroisse ou la municipalité, nous offrons des concerts ou défilons dans les rues de la ville. En décembre, nous participons au défilé du père Noël qui chaque année, a lieu sur la rue Ste-Catherine dans le centre-ville de Montréal. D'un tempérament très timide et nerveux, je dois avouer que la performance de mon groupe, lors des chorégraphies présentées devant public, est quelques fois entachée par mes erreurs. Durant la prestation, il m'arrive parfois de me demander où je suis, tellement je suis stressé.

Les parents de mes collègues sont toujours présents, tant aux défilés qu'aux compétitions. Malheureusement, les miens sont absents. Je ne me souviens pas de les avoir vus une seule fois venir m'encourager, ne serait-ce que pour quelques minutes. À chaque fois, c'est en vain que je les cherche du regard. Je n'ai donc aucune photo- souvenir de cette époque.

Durant les mois d'hiver, ma sœur Liette et moi nous rendons les samedis et dimanches après-midis au nouveau centre récréatif, lequel a remplacé la ferme qui se trouvait derrière la maison, pour nous initier au patin à roulettes. En fait, nous nous y rendons en passant à travers les terres enneigées en sautant la clôture. Les frais d'entrée peu élevés nous permettent de pratiquer ce sport tous les week-ends. C'est aussi l'occasion de revoir les amis que nous fréquentons durant l'été. Et puis, tous les dimanches après-midi du printemps, nous nous retrouvons à la cabane à sucre Constantin de St-Eustache pour la danse en ligne.

Les préparatifs, en vue de nos sorties, autant pour moi que pour ma sœur, ne sont pas toujours simples. Comme nous avons des cheveux frisés qui ressemblent beaucoup plus à de la laine de mouton qu'à une crinière de cheval et que ce n'est pas à la mode, nous tentons par tous les moyens de les défriser. Après avoir testé plusieurs produits, nous avons conclu que le meilleur est sans contredit la bière, que nous utilisons maintenant comme shampoing. Pour le séchage, ma sœur, qui a les cheveux très longs, utilise un fer à repasser et moi, des pinces à cheveux et un séchoir. Chaque fois, cela exige des heures de préparation. Heureusement qu'il y a toujours de la bière à la maison! Lors de ce cérémonial, je vois encore le regard stupéfait de mes jeunes frères et sœurs lorsqu'ils nous regardent... ils ne semblent rien y comprendre.

Enfin, après un début d'année difficile, je termine avec succès ma dixième année. Étant donné que j'ai dû régler moi-même l'ensemble de mes frais scolaires, en plus de mes dépenses personnelles, toutes les économies que j'avais accumulées l'été dernier ont disparu. Sans le sou, je me remets à la tâche pour trouver un nouveau travail saisonnier.

Une initiation à la vente porte-à-porte

Comme je n'ai que seize ans et que les employeurs exigent que leurs employés aient au moins dix-huit ans, il m'est très difficile de dénicher un emploi intéressant et bien rémunéré. Je dois donc me plier à certains compromis.

D'abord, j'assiste un boulanger dans la vente et la livraison de pain et pâtisserie à domicile dans la région de St-Joseph-du-Lac et Pointe-Calumet. Ce poste ne m'est offert que pour quelques semaines, soit durant la période où plusieurs familles s'installent dans leur chalet pour les vacances de juillet. Si tôt cette période terminée, mon travail prend fin. Par l'intermédiaire d'une annonce publiée dans le journal local, je suis alors engagé pour le reste de l'été par un fermier de St-Eustache pour vendre porte-à-porte les légumes frais cultivés sur ses terres.

À la fin de la saison des récoltes, je suis finalement embauché en tant qu'aide-cuisinier et homme à tout faire dans un petit casse-croute près de chez moi. Au menu, nous retrouvons des hot-dogs, des hamburgers, des frites, du spaghetti avec sauce bolognaise, des club-sandwichs, des hamburgers-steak et bien évidemment, de la crème glacée molle servie en sorbet, en cornet ou en lait frappé. C'est le début de la restauration rapide que tout le monde adore!

Tôt le matin, dès mon arrivée, je dois laver les planchers et éplucher les patates au sous-sol. La préparation pour l'ouverture étant terminée, je suis confiné à la cuisine pour préparer les plats commandés par les clients prenant place au comptoir. Je gagne cinquante sous l'heure et travaille au moins douze heures par jour. Après les déductions d'impôts, mon revenu net, pour cinq jours et demi de travail, est d'environ vingt dollars par semaine. Je suis très content, car je gagne suffisamment d'argent pour payer l'ensemble de mes dépenses. Ceci inclut quelques sorties au cinéma, de petits repas au restaurant et les frais requis pour participer aux soirées dansantes du vendredi soir. Malheureusement, mon patron, aux prises avec des problèmes de consommation d'alcool, n'a pas payé ses factures et devant la pression de ses fournisseurs, déclare faillite. Sans préavis, le casse-croûte ferme ses portes et moi, je perds l'emploi que je devais occuper à temps partiel durant l'année scolaire.

Un des fournisseurs du restaurant, qui est aussi le boulanger qui nous livre tous les jours le pain à domicile, vient de faire l'acquisition d'une petite épicerie de quartier située au coin de la rue. Connaissant très bien ma famille, il m'offre d'y travailler temporairement durant la période scolaire. En ce lieu, je cumule plusieurs fonctions: emballeur, livreur à domicile (à vélo), préposé à la marchandise et gestionnaire des caisses de bière et des bouteilles vides. Jusqu'à ce jour, c'est l'emploi que je trouve le plus valorisant. Le propriétaire et son épouse, Monsieur et Madame Beauchamp, qui travaillent à la caisse enregistreuse et à la prise de commande par téléphone, sont des gens aimables, consciencieux et très sympathiques. Je les aime beaucoup.

Ma première conquête

Durant cette période estivale, du fait que je travaille et que j'ai des sous, je peux me permettre de participer à plusieurs activités sociales organisées dans la région. Très près de ma sœur cadette, avec laquelle j'ai développé une grande complicité, celle-ci m'invite régulièrement à me joindre à elle pour ses sorties du samedi soir. Pratiquement tous les week-ends, nous allons ensemble aux soirées dansantes qui ont lieu dans une cabane à sucre de Sainte-Scolastique. Pour nous y rendre, il nous faut prendre l'autobus régional qui dessert les municipalités des Basses-Laurentides, ce qui est une excursion en soi.

Un samedi soir, alors que nous venons tout juste de monter à bord du bus et nous y asseoir, je découvre avec étonnement qu'elle a dans sa bourse quelques bouteilles de bière. Je suis incrédule. Elle les a dérobées discrètement dans la caisse que notre père cache au sous-sol. Mais après réflexion, je me dis que pour lui, quelques bières de plus ou de moins ne feront aucune différence. Après les avoir bues durant le trajet, c'est un peu pompettes que nous arrivons sur les lieux de notre destination.

C'est lors de cette soirée que je rencontre une de mes premières conquêtes. Elle s'appelle Roseline et habite à Sainte-Scolastique. Étant donné que nous habitons dans des municipalités éloignées l'une de l'autre, il est très difficile de se fréquenter aussi souvent qu'on le souhaiterait. En fait, les dimanches après-midi, mon jour de congé, il n'y a aucun transport en commun. Je dois donc faire du pouce pour me rendre chez elle. Il arrive parfois que je doive attendre des heures sur le bord de la route avant qu'une personne généreuse ne daigne s'arrêter pour me prendre. Après plusieurs semaines, en raison des difficultés de transport, je me résous à mettre un terme à cette relation.

Sous notre toit

À la maison, l'atmosphère se détériore malheureusement un peu plus chaque jour. La responsabilité que mon père a envers l'éducation des enfants de son premier mariage l'importune, en plus de représenter un fardeau. Cela exerce sur lui une telle pression, qu'il perd parfois le contrôle de ses actes. Il est souvent agressif, violent et nous dénigre constamment. Ma sœur aînée est une p...... sans morale; mon frère aîné est un iv...... sans envergure et moi, je suis une ta....... incapable de faire quoi que ce soit et qui n'aboutira nulle part. Seuls la cadette du premier lit et les plus jeunes du deuxième lit semblent épargnés par ces qualificatifs peu élogieux.

Régulièrement, dans des excès de colère et sous l'influence de l'alcool, il arrive qu'il nous frappe. Un jour, alors qu'il se fait rudoyer, mon frère, pour se protéger des coups, doit courir à l'extérieur de la maison pour se réfugier sous la voiture. Je vois encore ma mère, sur le balcon, en train d'implorer mon père pour qu'il mette un terme à sa brutalité. Une autre fois, c'est moi qu'il tente de brutaliser. La scène se déroulant dans ma chambre, il se blesse sévèrement au bras en heurtant le coin d'un meuble. Pour esquiver son coup, je me suis déplacé à la dernière minute. Blessé, il ne peut poursuivre son assaut et quitte la chambre. Quelle chance! Même si je ne suis pas méchant, je me dis que c'est bien fait pour lui, tout en espérant que ce qui lui est arrivé lui serve de leçon. Je souhaite de tout cœur qu'il ne puisse plus recommencer et que ce soit la dernière fois qu'il s'en prenne ainsi à moi.

Maintenant, il consomme les vendredis et parfois même, les lundis, mardis et mercredis. Après une beuverie, il s'absente de son travail, car ses excès le rendent malade. Du coup, il doit récupérer à la maison pendant un, deux et même, trois jours. Malheureusement, ces jours d'absence ne lui sont pas payés, ce qui engendre encore une fois des problèmes financiers.

C'est dans ces moments de délire qu'il nous parle de nos responsabilités. Pour lui permettre de boucler son budget, il nous avise que si nous voulons rester à la maison, nous devrons abandonner nos études, trouver un travail et lui verser une pension alimentaire. Il faut reconnaître qu'il ne croit pas à l'importance de l'éducation.

Je crois fermement que depuis le décès de notre mère, il souhaite balayer du revers de la main tout ce qui lui rappelle son premier mariage. J'ai l'impression qu'il n'attend que le moment propice pour s'éloigner des enfants qu'il a eus avec sa première épouse. Après le décès de celle-ci, n'avait-il pas tout tenté pour nous offrir en adoption au plus offrant? De même, n'avait-il pas par la suite essayé de nous placer dans un orphelinat? Emprisonné dans ma réalité, je ne peux me souvenir avec exactitude de son comportement avec les plus jeunes. Par contre, je les considérais choyés d'avoir leur mère auprès d'eux, laquelle pouvait leur éviter de vivre ce que nous vivions. Un jour, je me souviens lui avoir dit de ne jamais accepter que mon père traite ses enfants comme il traite ceux de son premier mariage.

Liés par le sang, nous nous protégeons dans le silence. Nous vivons dans l'insécurité, dans la peur de la violence physique et verbale. Nous sommes suspendus dans le temps, à la recherche de soutien, d'attention, d'affection, d'amour, de valorisation et de sécurité. Eh oui... dans le milieu où je vis, il ne me reste qu'à espérer qu'un jour, ce cauchemar sera terminé et que j'aurai une vie meilleure. En voyant ce qui se passe autour de moi, j'ai souvent l'impression d'avoir perdu ma jeunesse et d'être plus vieux que les autres enfants de mon âge. Je vis dans l'insécurité et redoute ce qui m'arrivera demain. Je vois, j'observe, je pense et réfléchis, mais ne comprends toujours pas. Heureusement, je m'accroche à mes rêves.

Durant ce temps, ma mère, qui peut rarement intervenir en notre faveur, se réfugie dans la prière. Un jour, pour se protéger, elle dit à mon père que s'il la frappe à son tour, elle le quittera en nous amenant avec elle. Mais, où pourrait-elle bien aller? Prisonnière de son milieu, elle se retrouve au centre d'un problème sans solution. Son cœur s'endurcit graduellement, et puis... elle ravale son impuissance, ses peurs et ses sentiments. Quelle tristesse! Afin de maintenir une relation équitable avec chacun de ses enfants, elle s'est engagée à faire preuve d'une neutralité affective dans ses rapports avec nous. Son sens strict du devoir la guide à travers les événements pénibles que nous traversons. Il influence à tout jamais sa personnalité, de même que le niveau de contact et d'intimité qu'elle a avec ses enfants. Elle qui était si radieuse, si ouverte, si chaleureuse et si épanouie, semble maintenant s'être refermée, confrontée à sa propre réalité.

La fin de mes études secondaires

Nous sommes en septembre 1966. À seize ans, j'entame ma onzième année, soit ma dernière année du secondaire. Durant la saison estivale, la direction de la commission scolaire nous a informés que la construction de l'école polyvalente de Deux-Montagnes était enfin terminée. Comme elle est située à plusieurs kilomètres de chez moi, il me sera dorénavant impossible de prendre mes repas du midi à la maison. Ce qui engendrera des dépenses additionnelles que je devrai payer.

Le premier matin, anxieusement, nous sommes tous au coin de la rue à attendre le bus scolaire qui est déjà en retard. Finalement, nous voilà arrivés à l'école. Le cadre moderne de celle-ci contraste beaucoup avec les vieux immeubles que j'ai fréquentés depuis mon jeune âge, particulièrement avec celui de l'an dernier. Quoiqu'impersonnel, l'environnement me permet de passer inaperçu et de poursuivre mon chemin. Un jour, de manière imprévue, je suis propulsé publiquement par une nouvelle chanson qui s'intitule «Le téléfon» de Nino Ferrer. Plusieurs étudiants, effectivement, se mettent à fredonner «Gaston y a le téléfon qui son» dès qu'ils me voient arriver. Flatté au début par cette petite marque d'attention, ce refrain devient rapidement harcelant, certains l'entonnant dans le seul but de se moquer de moi. Ce qui est très désagréable. Mais outre cet épisode embarrassant, mon année scolaire se déroule normalement.

Dans le but de poursuivre mes études universitaires, je m'inscris auprès de plusieurs établissements d'enseignement postsecondaire pour faire ma douzième année préparatoire avant de me diriger au CÉGEP. Je suis finalement admis au collège Lionel-Groulx de Ste-Thérèse. J'en suis fort heureux, car ce n'est pas très loin de la maison.

Été 1967

Après avoir travaillé à temps partiel chez le petit épicier du coin de la rue durant toute l'année scolaire, celui-ci m'offre un travail à temps plein pour la période estivale. Je suis privilégié d'avoir encore cette année un boulot qui me permettra d'avoir tout l'argent nécessaire pour payer mes dépenses. J'adore ce milieu de travail. Une ambiance familiale et de soutien y prévaut. Avec le temps, j'ai développé avec les propriétaires une relation très étroite. Je me sens également très apprécié.

En cet été 1967, Montréal est l'hôte de l'exposition internationale. À l'instar de tous mes amis, pour me distraire, même durant les soirs de semaine, je me rends régulièrement sur le site de l'exposition, soit sur l'île Ste-Hélène et l'île Notre-Dame. Un site extraordinaire où il m'est permis de découvrir l'univers en visitant les pavillons de tous les pays du monde. C'est aussi l'occasion de me faire de nouveaux amis avec qui je fréquente les discothèques, même si je n'ai que dix-sept ans. Je passe un été sensationnel, au cours duquel je fais plein de rencontres.

Vers la fin de la saison, suite à l'ouverture d'un supermarché Steinberg dans notre municipalité, la petite épicerie où je travaille perd graduellement sa clientèle. L'attrait pour la nouveauté me direz-vous! Le chiffre d'affaires étant à la baisse, le propriétaire doit réduire ses dépenses et abolir tous les postes temporaires. Je perds ainsi mon emploi et me retrouve de nouveau à la case départ. Ayant besoin d'argent pour payer mes sorties et mes dépenses en vue de la prochaine année scolaire, je dois absolument me trouver un autre travail.

Avec l'expérience que j'ai acquise dans le domaine de l'alimentation, je pose ma candidature pour obtenir un poste à temps partiel chez Steinberg, nouveau concept d'épicerie grande surface. Après plusieurs suivis auprès de l'agent assigné à l'embauche, j'apprends que les candidats doivent avoir au moins dix-huit ans pour être considérés pour un poste. Or, je n'ai que dix-sept ans. Mais je n'abandonne pas mes démarches pour autant. Je me permets d'insister en me présentant devant le gérant tous les samedis matin pour réitérer une demande d'emploi. Finalement, en raison de mon expérience et sur une base exceptionnelle, on fait fi de mon âge et m'offre un poste syndiqué. Je serai emballeur à temps partiel. La rémunération étant régie par une convention collective, elle est supérieure à la moyenne et à ce que je gagnais dans le passé. Je suis donc très heureux.

Par contre, avant même de commencer, je dois investir dans ma tenue vestimentaire pour me conformer aux exigences de l'entreprise. Je devrai porter un pantalon noir, une chemise blanche et un nœud papillon rouge vin pour servir la clientèle. Je considère cette dépense comme un investissement, car je travaillerai tous les week-ends, de même que durant les congés scolaires et les vacances d'été.

Dès le départ, mon travail est remarqué et très apprécié. Aussi, après seulement quelques semaines, on m'offre la responsabilité de superviser les emballeurs durant certains week-ends et les jours fériés. Je remplacerai ainsi le superviseur lorsqu'il sera en congé ou en vacances. En très peu de temps, ma rémunération passe de un dollar à un dollar vingt-cinq l'heure. C'est plus que le double de ce que je gagnais l'an passé. Je suis très fier de moi, j'aime beaucoup ce que je fais et j'y passe un très bel été.

Un Nouveau Monde

L'été étant déjà terminé, c'est le début de l'année scolaire. Je commence ma douzième année au collège Lionel Groulx. Dans ce nouvel environnement, je développe un nouveau réseau d'amis provenant de milieux favorisés et vivant dans la région. Bien que le problème esthétique de mes yeux n'ait jamais été corrigé, le fait que je porte des verres teintés m'évite les railleries. Je suis donc très bien accepté. Voilà qui est rassurant et qui m'aide à bâtir ma confiance.

Influencé par mes nouveaux amis, je découvre le vrai cinéma en participant aux différentes activités culturelles organisées par le collège. Un jour, lors d'une présentation sur le cinéma français, on projette un film de Claude Lelouch qui s'intitule: «Un homme et une femme». Après les discussions qui s'ensuivent, je suis fasciné par la critique de film et développe un certain intérêt pour l'art cinématographique.

Lors de soirées littéraires auxquelles je participe, on nous initie à la littérature d'expression française en introduisant les œuvres de Balzac, Nelligan, Zola, Rambaud, Camus, St-Exupéry, Verlaine, Baudelaire et d'autres écrivains. Je viens de découvrir un nouveau monde, soit celui de la culture littéraire. Outre cela, j'assiste également à des soirées où on nous présente des concerts visant à nous faire découvrir les plus grands chefs d'œuvres classiques de Mozart, Beethoven, Chopin, etc.

Soudainement, je suis propulsé dans un environnement qui m'était jusque-là inconnu. Certains événements auxquels j'assiste m'amènent à réaliser que l'art, voire même la culture québécoise, me sont étrangers. Je ne connais ni les chansons, ni les paroles ni les refrains de nos auteurs québécois que tous chantent pourtant allégrement. Cela est sûrement dû au fait que je viens d'un milieu où seul le quotidien a de l'importance.

Comme la majorité de mes amis entend exercer une profession un jour, ils influencent grandement mon choix de carrière. Malgré mes revenus modestes, je suis déterminé plus que jamais à me diriger en droit lorsque je serai à l'université. Mais, une rencontre fortuite avec un ancien confrère du primaire bouleverse mes projets. Celui-ci m'informe qu'il a profité de la transition du système d'éducation en s'inscrivant immédiatement à l'école des Hautes Études Commerciales après avoir terminé sa onzième année. Il n'a eu ni l'obligation de faire sa douzième année préparatoire ni son CÉGEP, ce qui fait qu'il lui faudra trois années de moins pour obtenir son baccalauréat. Sachant que j'ai de très bons résultats scolaires, il m'indique qu'il est fort possible que je puisse moi aussi être accepté à l'université après ma douzième année et ainsi, sauver deux années de CÉGEP. Je dois réfléchir sérieusement et étudier les options qui s'offrent à moi. Je veux aussi savoir si j'aurai les mêmes avantages en m'inscrivant en droit.

Afin d'obtenir des conseils et déterminer les démarches à entreprendre, je consulte un conseiller en orientation dont les services sont offerts par le Collège. Lors de l'entretien final, après avoir passé quelques tests et entrevues, celui-ci me déconseille fortement d'aller à l'université. Selon lui, le fait que je provienne d'un milieu francophone non nanti et sans aucun réseau de contacts m'empêchera d'arriver à mes fins. Toujours selon lui, même si je réussissais à terminer mes études universitaires, lesquelles me coûteraient une fortune, le monde des affaires me serait fermé. Du coup, je deviendrais un diplômé sans emploi. Il me recommande donc de m'inscrire dans un cours spécialisé de niveau collégial qui ne requiert que trois ans d'études. Je suis ébranlé, car en quelques secondes, cet homme vient de détruire tous mes rêves. Je suis profondément déçu.

Ce n'est pas évidemment ce que je voulais entendre. J'étais avant tout à la recherche de conseils pour me rendre à l'université et réaliser mes rêves, non pour les anéantir. Je remets donc en question les compétences de l'orienteur et rejette ses recommandations. Étant d'avis qu'il est pratiquement impossible d'obtenir l'appui de qui que ce soit, je conclus que je suis et serai dorénavant le seul à décider de mon avenir. Étant dans l'incertitude quant à la façon de procéder pour atteindre rapidement mes objectifs de carrière, je complète une demande d'inscription, tant à la faculté de droit qu'à l'École des Hautes Études Commerciales. Nous verrons bien ce qui en découlera.

Finalement, les dés sont joués. La faculté de droit accepte mon inscription. Par contre, pour y accéder, je dois terminer mes deux années d'études collégiales. Quant aux HEC, ils acceptent mon inscription sans condition, dès la fin de ma douzième année. J'obtiendrai ainsi un diplôme universitaire deux ans plus tôt. Tout en faisant un compromis dans mon choix de carrière, je choisis cette dernière option dans le but d'obtenir un diplôme le plus rapidement possible. Je remets donc à plus tard le cours de droit, que j'ai l'intention de suivre après l'obtention de mon premier diplôme. Je désire devenir un jour avocat spécialisé en droit commercial. Avec un premier diplôme en poche, il me sera aussi plus facile d'obtenir des prêts et bourses du gouvernement, ce qui me permettra de financer mes études en droit. Mon avenir sera ainsi assuré. Un projet à la hauteur de mes rêves! Comme j'adore aller à l'école et apprendre, ce n'est vraiment pas un fardeau pour moi. Alors, je poursuis mes démarches auprès des HEC pour commencer mon B.A.A. en ventes et marketing dès septembre prochain.

Nous sommes au printemps 1968 et je viens de célébrer mes dix-huit ans. Je termine ma douzième année avec d'excellents résultats, ce qui me permet de répondre aux exigences de base requises par les HEC.

Un premier départ

À la maison, rien ne va plus. Ma sœur aînée, qui a toujours idéalisé notre père, vit des moments dramatiques. Depuis qu'elle a atteint l'adolescence, papa n'a jamais accepté qu'elle ait des copains. Il a continuellement des commentaires dénigrants envers elle. De plus, du fait qu'il ne croit pas à l'éducation et que les filles n'ont aucune valeur ajoutée, elle a quitté l'école secondaire. Elle travaille maintenant au salaire minimum, sur une chaine de production. Pour demeurer à la maison et satisfaire aux exigences du paternel, elle doit payer une pension alimentaire, ce qu'elle a accepté d'emblée.

Au début du mois de mars 1968, quelques semaines avant de fêter son vingtième anniversaire de naissance, elle nous annonce qu'elle est enceinte de six mois. En modifiant sa tenue vestimentaire, elle avait réussi à garder ce secret tout ce temps, craignant avec raison la réaction virulente de notre père. Dès que celui-ci apprend la nouvelle, dans un éclat de colère indescriptible et avec un mépris inimaginable, il lui demande de faire ses valises et de quitter la maison sur-le-champ. Il va même jusqu'à lui donner trente minutes pour disparaître à jamais de sa vie. Puisqu'une grande partie de ses revenus a été versée en guise de pension alimentaire et qu'elle aime aussi dépenser, elle n'a aucune économie. En quittant la maison aussi abruptement, elle n'a ni argent ni endroit pour se réfugier.

Le père de son enfant, dont l'épouse a été internée récemment, est plus âgé et a déjà trois jeunes enfants. Il est travailleur autonome et fait du porte-à-porte pour offrir un service d'entretien de couches recyclables pour bébés. Ses revenus sont très limités. À l'instar de notre père, il a un problème d'alcool et montre occasionnellement un comportement violent. Manque de maturité, il s'accroche partout où il passe. Il était par contre un de mes meilleurs clients lorsque je travaillais à la station-service, me donnant un généreux pourboire de vingt-cinq sous chaque fois qu'il s'y présentait.

Même si la situation nous semble injuste, nous ne pouvons rien faire. Les premiers jours, nous n'avons aucune nouvelle d'elle. Et puis, une semaine plus tard, elle revient discrètement à la maison, pendant que mon père est au travail, pour demander à notre mère de l'abriter durant quelques jours, ne serait-ce que pour dormir. Nous sommes toujours en hiver et les nuits sont encore très froides. La pauvre est maintenant devenue itinérante, situation qu'elle ne réalise pas encore. Maman accepte de lui venir en aide, mais pour quelques jours seulement. Non seulement redoute-t-elle la réaction de son mari, mais elle veut à tout prix éviter une nouvelle dispute avec lui. Dès la tombée de la nuit, à l'insu de ce dernier, pendant qu'il dort, elle ouvre la porte arrière pour que ma soeur puisse se rendre dans sa chambre et dormir dans son lit. Par contre, pour ne pas empirer la situation ou risquer d'éveiller les soupçons, malgré qu'elle soit enceinte, elle doit quitter les lieux très tôt le matin, et ce, en sortant par la petite fenêtre de sa chambre, sise au sous-sol. Ce stratagème dure quelques jours. Finalement, ma mère, qui craint toujours une confrontation avec mon père, l'avise qu'elle n'est plus en mesure de l'aider et qu'elle doit absolument trouver une autre solution.

Après quelques jours, étant sans nouvelle d'elle, nous croyons tous qu'elle a enfin trouvé un refuge. Mais non! Le samedi suivant, comme elle ne veut plus incriminer notre mère davantage, elle sollicite mon aide. Me sachant sur les lieux de mon travail, elle vient me voir très tôt le matin dans l'espoir d'obtenir mon aide pour accéder à sa chambre le soir même. Elle est sans argent, n'a rien à manger et n'a aucun endroit pour passer la journée. J'aimerais bien passer quelques heures avec elle, mais malheureusement, je ne peux pas me permettre de perdre des revenus. Je lui demande donc de m'attendre jusqu'à la pause où nous irons au restaurant. Là, nous aurons tout le temps de discuter. Une fois sur place, je la rassure en lui confirmant que je prendrai les moyens nécessaires pour qu'elle puisse avoir accès à sa chambre dès ce soir. Elle devra par contre attendre que je termine ma journée de travail. Aussi, pour éviter que mes parents soient au courant, il est entendu qu'elle devra entrer et sortir par la fenêtre de ma chambre, qui est également au sous-sol. Je l'invite également à dîner au restaurant et aussi, à venir me rejoindre durant ma pause de l'après-midi. Entre-temps, comme elle n'a aucun endroit où aller, elle m'attend toute la journée au chaud dans le centre commercial, soit en faisant les cent pas devant les vitrines de magasins ou encore, en s'essayant devant la fontaine, seule et perdue dans le temps.

À la fin de la journée, je l'invite à prendre un repas au restaurant avant de retourner avec elle à la maison. Mais après quelques jours, notre mère découvre notre petit manège et nous somme d'arrêter immédiatement. Elle a trop peur d'être accusée de connivence par mon père. Aussi, prie-t-elle ma sœur de ne plus revenir. Celle-ci n'a alors d'autre choix que de se trouver très vite un toit pour dormir. Quelle tristesse! Je suis peiné de la voir dans une telle situation et suis incapable de comprendre comment un père peut agir ainsi envers sa propre fille. Dès lors, je développe un sentiment de haine envers lui.

N'ayant pas le choix, ma pauvre sœur se tourne vers le père de l'enfant qu'elle porte. Puisqu'il traverse actuellement une crise familiale, elle a jusque-là évité de le contacter. Eh oui, depuis que sa conjointe a été internée, ses parents sont chez lui pour prendre soin de ses jeunes enfants. Dans les circonstances, il est impensable qu'il puisse l'héberger chez lui. Il n'a pas non plus les moyens financiers pour lui offrir une chambre d'hôtel, pas même un petit studio. En fait, il n'a qu'une seule solution à lui proposer, soit celle de dormir dans la boîte de son camion de livraison, à travers les couches souillées ramassées chez ses clients. Puisque c'est l'hiver et que la température extérieure est en dessous du point de congélation, il lui installera un petit calorifère électrique pour qu'elle puisse se réchauffer. Et puis voilà qu'un jour, nous n'avons plus aucune nouvelle d'elle. Elle a disparu, alors qu'elle était dans des conditions misérables.

Un deuxième départ

Durant cette même période, mon frère Yvon décide d'abandonner ses études pour se diriger sur le marché du travail. Je trouve ça dommage pour lui, car je me souviens que lorsqu'il a commencé l'école, ses notes étaient excellentes. En fait, ma tante me le citait toujours en exemple, en me disant que je devais faire comme lui. Quand j'avais cinq ans, il était mon modèle. Intelligent, il avait tout pour réussir. Avec toutes les perturbations familiales que nous avons connues au cours des dernières années et dans le contexte où nous vivons actuellement, tout a basculé pour lui. Son intérêt et sa motivation pour poursuivre ses études se sont estompés. Lorsqu'il signifie à mon père qu'il désire quitter l'école, il est évident qu'il ne rencontre aucune objection. Pour ce dernier, c'est même une chance inouïe de boucler son budget, car bien sûr, mon frère devra payer une pension. Sauf qu'à compter de ce jour, je me fais répéter continuellement qu'à mes dix-huit ans, je devrai moi aussi abandonner mes études et commencer à payer une allocation mensuelle.

Grâce à l'intervention de papa, Yvon obtient un emploi chez son employeur. Moi qui rêve de grandeur, de réussite sociale et d'une carrière professionnelle, des objectifs de vie si différents de ceux de mon frère, je me distance peu à peu de lui. Et puis, malheureusement, influencé par le milieu, il suit les traces du paternel et commence à consommer. La relation entre eux devient tendue au point où nous sommes parfois témoins d'altercations physiques. Au grand désespoir de ma mère qui n'y peut rien, chaque fois que notre père est en état d'ébriété, ça se termine habituellement par une bagarre.

Un jour, après une querelle, il disparaît pendant plusieurs jours sans laisser de trace. C'est la consternation. Inquiète de ce qui pourrait lui être arrivé, maman contacte le poste de police pour lancer un mandat de recherche. Elle a dû rappeler à quelques reprises, car pour ouvrir un dossier et lancer un tel mandat, le règlement exige qu'un délai de quarante-huit heures soit respecté. Tous les jours, en vélo, je me promène un peu partout en ville pour tenter de le retrouver. Mais en vain! Quelques jours plus tard, la police finit par le retracer. Comme sa relation avec mon père est dans une impasse, il refuse de revenir à la maison, préférant se rendre chez un copain. Après négociation, il accepte de revenir, tel un enfant prodigue. Je me sens néanmoins soulagé que rien ne lui soit arrivé.

Quelques mois seulement après avoir chassé ma sœur du domicile familial, voilà que mon père expulse mon frère Yvon, qui vient tout juste d'avoir dix-neuf ans. C'est dans la controverse et en furie que celui-ci quitte abruptement la maison. Mais contrairement à ma sœur, il a au moins la chance d'avoir un bon emploi et de bons revenus pour lui permettre de subsister. Pendant les mois qui ont suivi cet affrontement, nous n'avons aucune nouvelle de lui, comme s'il avait tout simplement disparu dans la nature.

Ayant été témoin de ces perturbations familiales et des gestes qui ont été posés, je suis bouleversé. Je ne me souviens pas de la réaction des plus jeunes, mais je me rappelle que ma mère, malheureuse, ne parvenait pas à comprendre l'attitude de son époux à l'égard de ses enfants. Mais, n'y pouvant rien, impuissante, elle se réfugiait dans sa chambre pour prier.

Alors que j'entends continuellement mon père me dire que je perds mon temps sur un banc d'école et qu'ayant atteint l'âge de dix-huit ans, je devrais lui verser une pension, je crains d'être la prochaine cible. Pourtant, il connaît mes intentions qui sont celles de poursuivre mes études jusqu'au niveau universitaire. Je ne crois pas que je pourrais lui verser une allocation, d'autant plus que je paie moi-même toutes mes dépenses. Mes relations avec lui ne s'améliorent guère. Nos contacts et nos conversations sont très limités. Disons que je l'évite le plus possible. Quand il est en état d'ébriété, je me sauve de la maison pour n'y revenir que très tard le soir. Entre nous, aucune discussion n'est possible. De le voir humilier constamment tout le monde me chagrine et me déconcerte.

Après m'être inscrit aux HEC, lorsque je lui annonce que j'ai été accepté, il s'assure de me faire comprendre encore une fois que les parents n'ont plus aucune obligation envers leurs enfants lorsqu'ils ont atteint l'âge de dix-huit ans. Cela veut tout dire, mais, je fais comme si je n'ai rien entendu.

Pour payer mes frais scolaires, je compte sur mes revenus d'emploi. Durant la période estivale, l'entreprise m'a confirmé que je pourrai travailler un minimum de quarante heures par semaine et que pendant l'école, je serai engagé tous les week-ends. Si jamais mon horaire de cours me le permet, il me sera aussi possible de faire des heures supplémentaires. Outre cela, j'ai l'intention de compléter une demande de prêt et bourses auprès du ministère de l'Éducation. Les coûts de transport et ceux reliés à l'achat du matériel scolaire étant élevés, il est évident que mes revenus ne seront pas suffisants pour me permettre de payer une pension alimentaire. Je garde donc le silence sur le sujet, espérant pouvoir m'en sortir.

Mes études universitaires

En septembre 1968, je suis toujours sans nouvelle de ma sœur et de mon frère. Même si je suis encore bouleversé par ce qu'il leur est arrivé, je suis excité de commencer ma première journée de classe aux HEC. Je vis sur un nuage. Dans quatre ans, j'obtiendrai mon diplôme en administration des affaires. Après quoi, je pourrai enfin étudier en droit. J'ai dix-huit ans, je mesure un mètre soixante-treize et pèse près de cinquante kilos avec mes chaussures. Enfin, je passe presque inaperçu. Chétif, inquiet, timide à en mourir et avec mon apparence de jeune adolescent à peine pubère, je me présente à la porte de mon école. À l'arrivée, je suis rapidement désenchanté lorsque la sécurité me refuse l'accès. «Ce n'est pas un parc d'attractions!», me dit-on sévèrement.

Ma corpulence, qui ressemble plus à un enfant émanant tout droit d'un pays sous-développé, n'impressionne personne. Élancé comme une échalote, comme le dit si bien mon père, je suis trop menu pour me dissimuler parmi les étudiants. Avec mes cheveux blonds bouclés et mes lunettes teintées, j'ai davantage l'air d'un jeune adolescent qui se dirige vers la plage qu'un étudiant qui commence son cours universitaire.

Comme je ne connais pas Montréal, j'ai l'impression de ressembler à un villageois qui fait ses premiers pas dans une grande métropole. Par contre, rien ne peut m'arrêter. Après avoir insisté auprès de la sécurité, celle-ci m'escorte impatiemment jusqu'au bureau de la direction pour vérifier si effectivement, j'étais un nouvel étudiant. Mon premier grand pas venait d'être franchi. Je vois encore le regard surpris du gardien lorsque le commis lui confirme la véracité de mes allégations. Pour éviter que le problème se répète, on me remet aussitôt une carte d'identité avec photo pour que je puisse la présenter tous les jours à la sécurité.

La première journée est réservée à l'initiation des nouveaux. Parmi les activités, il y a le fameux défilé au centre-ville. Alors qu'on nous a dépouillés de nos vêtements, nous devons nous promener en caleçons dans les rues de Montréal, nos sous-vêtements étant uniquement cachés à l'aide d'une serviette de bain. Ensuite, durant l'après-midi, je me retrouve pour la première fois dans une taverne pour participer à un concours. Celui qui réussit à boire une bière en un temps record est l'heureux gagnant.

Le jour suivant, alors que je commence mes cours, je réalise que le nombre d'élèves inscrits excède largement la capacité physique de l'immeuble et que l'environnement ne se prête guère à la communication. Plusieurs d'entre nous doivent suivre leurs cours dans une salle, à partir d'un moniteur-télé à circuit fermé. Une façon géniale pour éviter aux professeurs les questions qui pourraient être embarrassantes! Même si le contenu de certaines matières est complexe, particulièrement en mathématique aléatoire, il y a des professeurs qui livrent leur contenu en faisant preuve d'un manque évident d'engagement. En revanche, dans d'autres matières, nous avons droit à d'excellents professeurs dont les théories ne sont plus secrètes. Jacques Parizeau, qui deviendra plus tard premier ministre du Québec, en fait partie.

Dès les premiers jours, lors d'une conférence, on nous avise que plusieurs d'entre nous quitteront l'établissement dans les prochaines semaines et que très peu termineront leur baccalauréat. En entendant ce message, nous sommes tous surpris. Par conséquent, on nous indique qu'il est très important d'assister à tous les cours, de faire tous les travaux requis, de les remettre à temps et de participer aux réunions de groupe. C'est là l'unique façon de réussir.

Moi qui suis timide et qui vis en solitaire, il m'est très difficile d'entrer en contact et de communiquer avec les autres. C'est peut-être mieux ainsi, car je n'ai pas à partager mes secrets avec quiconque; dire qui je suis, ce que je vis et d'où je viens. En regardant les autres, j'ai l'impression d'être unique. Enfin, ce qui est vrai pour tout le monde. Comme toujours, j'observe attentivement mon environnement et les réactions de mes confrères avant de m'aventurer. J'envie particulièrement ceux qui se démarquent par leur forte personnalité et qui propagent un grand sentiment de sécurité intérieure… ceux qui semblent vivre en harmonie avec la vie, quoi!

Tous les jours, je maintiens les habitudes vestimentaires que j'avais lorsque j'étais au collège. Je me présente toujours à mes cours vêtu d'un complet bien pressé, ou pantalon et veston assorti, d'une chemise blanche et d'une cravate. Par souci d'économie, ce sont les mêmes pantalons et les mêmes chemises que je porte au travail. Mon budget étant ce qu'il est, je n'ai tout simplement pas les moyens de m'acheter autre chose. Ma pauvreté est ainsi dissimulée derrière des vêtements qui me servent en toute occasion. Dans ce milieu fréquenté par les plus nantis, nul ne se doute de ma situation financière et pas un n'est à même de s'imaginer qu'il m'est impossible de m'acheter des vêtements décontractés.

L'image que je projette prend toute sa place, compensant largement ma fragilité. Après quelques jours, comme je suis à la fois bien vêtu, élégant, renfermé et très gêné, on me catégorise dans le clan des snobs et bourgeois qui ne souhaitent pas se mêler aux autres. Un jugement paradoxal qui pourtant, me plaît bien! Je viens de comprendre que l'image que je projette favorisera grandement mon adaptation et mon intégration sociale.

Quand vient le temps d'acheter le matériel scolaire, je réalise que mon budget m'empêche de me procurer les livres essentiels, lesquels sont hors prix. Mais, puisque je ne parle que le français et que plusieurs bouquins sont uniquement rédigés en anglais, ils me seraient de toute façon inutiles. Bien que l'établissement soit francophone, je ne peux que constater que le monde des affaires est anglophone. Afin d'exécuter mes travaux, je vais parfois à la bibliothèque pour consulter certains documents que je peux trouver en français. S'ils ne sont pas disponibles, je les emprunte à un collègue qui a la générosité de me les prêter. Je suis toutefois privilégié d'avoir une mémoire extraordinaire, ce qui me permet d'apprendre très rapidement. Si je n'ai pas réussi à mettre la main sur un livre dont j'ai besoin, il m'arrive parfois de l'acheter la veille de l'examen et de le retourner le jour suivant en demandant un remboursement. Malgré tout, je réussis très bien et j'obtiens d'excellents résultats. Pour compenser ma lacune en anglais, je m'inscris à contrecœur à des cours qui me donnent des maux de tête. J'ai l'impression de ne pas avoir d'aptitudes pour apprendre les langues.

Pour payer toutes mes dépenses, je m'assure de travailler le maximum d'heures durant les week-ends et les jours de congé. De plus, ayant fait parvenir une demande de prêts et bourses au ministère de l'Éducation, j'espère grandement recevoir une réponse positive.

Puisque l'école est située au centre-ville de Montréal, plus précisément sur la rue Viger, cela fait que je dois parcourir tous les jours le trajet St-Eustache-Montréal. Je profite de ce temps, qui varie entre 1h30 et 2 heures, pour faire mes devoirs.

Lors des cours de français, étant assis à un bureau à deux places, nous sommes automatiquement jumelés à une autre personne. À mes côtés se trouve une jolie blonde bien vêtue prénommée Monique. Je fais donc sa connaissance. Elle a une personnalité flamboyante, est à la fine pointe de la mode et s'exprime dans un très bon vocabulaire. Avec sa chevelure blonde qui caresse ses épaules, elle se présente quelques fois dans la classe avec des lulus et une robe en bandoulière. Il ne lui manque que son suçon. Quand elle se déplace, on dirait qu'elle danse. Vraiment, elle me fascine.

Grâce à elle, je m'intègre graduellement dans un nouveau cercle d'amis avec lesquels nous partageons les sessions d'études et participons aux réunions de groupe de travail. Nous nous rencontrons aussi pour préparer les examens. Comme il m'arrive parfois de manquer un cours ou deux en raison d'un retard dû à la congestion du trafic, moyennant mon soutien pédagogique, mes camarades m'aident volontiers en me remettant une copie de leurs notes de cours. La relation devient par contre un peu tendue lorsqu'avec leurs notes, j'obtiens d'excellents résultats alors qu'eux échouent magistralement. Malgré tout, nous réussissons à maintenir une belle amitié.

Aussi, dès les premiers jours de classe, je rencontre deux de mes anciens confrères du secondaire, Claude et Jean Pierre, qui habitent tout près de chez moi. Eux aussi se sont inscrits en septembre, mais dans des spécialisations différentes de la mienne. Occasionnellement, il nous arrive de nous retrouver tous les trois dans la même classe et de renouer contact.

Rapidement, devant l'ampleur des travaux, la complexité des matières, l'environnement désuet et la rigueur exigée, plusieurs étudiants sont confrontés à l'échec. Aussi, comme prédit par les professeurs, sont-ils contraints d'abandonner leurs études. Jean-Pierre est de ceux-là. Cela laisse présager qu'effectivement, très peu d'étudiants obtiendront leur baccalauréat.

Claude, surnommé le beau charmeur par la gent féminine, maintient le cap. Bien qu'il habite sur la même rue que moi, et ce, depuis notre tout jeune âge, nous n'avions jamais eu d'affinité. Je me souviens qu'au secondaire, il était la coqueluche des filles. D'un social inouï, il se faisait remarquer par tous et jouissait d'une grande popularité partout où il passait. Sa présence m'intimidait; je l'enviais pour son assurance et sa personnalité. Un jour, alors que je portais un très vieux manteau d'hiver bleu marine aussi usé que stylé trouvé dans un coffre au sous-sol de la maison, il m'approcha pour me proposer de l'échanger avec le sien le temps d'un week-end. Ce que j'ai accepté. Depuis lors, il m'estime et me respecte beaucoup. Un jour, pour rédiger un projet commun dans le cadre d'un cours, nous nous retrouvons au sein d'un même groupe de travail. Nous développons ainsi graduellement une certaine complicité et collaborons étroitement pour effectuer notre travail. Malgré l'écart immense qui sépare nos personnalités, une grande amitié se bâtit. J'ai maintenant l'impression d'avoir franchi une autre barrière quant à mes capacités à établir des relations avec les autres.

Vient un moment où il décide de me présenter à son père qui travaille depuis plusieurs années au magasin Archambault Musique, localisé dans un immeuble commercial au coin des rues Berri et Ste-Catherine, soit à deux pâtés de maisons de notre école. Lors de cette rencontre, il m'offre généreusement de me prendre à bord de sa voiture, en compagnie de son fils, pour me conduire à l'école. Il va de soi que j'accepte. C'est donc terminé pour moi le transport en commun. Le trajet ne dure maintenant que quarante-cinq minutes. À plusieurs occasions, pour le remercier, je tente de lui remettre des sous, mais il refuse chaque fois. Un homme extraordinaire, sympathique et d'une grande bonté. Je suis impressionné par ses rapports courtois avec les gens, son empathie, et particulièrement par la complicité exceptionnelle qu'il a su développer avec son fils Claude.

Un mercredi soir, ils m'invitent à souper chez eux, en compagnie des autres membres de la famille, pour un repas spaghetti. Avant de passer à la table, Claude m'initie au billard, dans le sous-sol qui a été aménagé spécialement pour les activités familiales. Les semaines suivent et les soupers du mercredi deviennent un rituel. Il est évident que Claude prend un malin plaisir à me battre au billard. Chaque fois que je m'y rends, c'est une découverte gastronomique et la fête pour tous. Toutes les semaines, sa mère invente une nouvelle recette de pâtes. Génial! Une semaine, c'est un spaghetti à la viande, la semaine suivante, aux côtes levées… et puis aux fruits de mer, aux crevettes, aux légumes, à l'ail, etc. C'est toujours une surprise. Quelle joie pour moi, de pouvoir ainsi souper en harmonie et d'être accueilli si chaleureusement dans une telle famille! Je découvre ce que j'aurais aimé vivre chez moi. Un contraste évident avec mon environnement! C'est à ce moment que je réalise qu'avec le temps, notre mode de vie à la maison devient pour nous une normalité, même s'il diffère grandement de celui des autres.

Vers la mi-septembre, je reçois un appel téléphonique de ma sœur aînée, de laquelle je suis sans nouvelle depuis longtemps. Elle m'apprend qu'elle a accouché d'une petite fille à la fin juin et qu'elle lui a donné le nom de Nathalie. Afin de voir le bébé, je m'absente de mes cours et, après lui avoir donné rendez-vous, rejoins ma sœur à la station de métro Berri-de-Montigny. Tout l'après-midi, nous nous promenons sur la rue Ste-Catherine Ouest pour visiter quelques magasins de vêtements à rabais situés à proximité de la rue St-Laurent. Provenant d'un milieu rural, c'est la première fois que nous avons l'occasion de nous promener au centre-ville. Puisque je remarque que ma sœur a entrevu, dans une vitrine, une belle robe rouge pour sa petite fille, je décide, malgré mon budget serré, de lui faire plaisir et de la lui offrir en cadeau. Le soleil est radieux. Je suis très content de la revoir et vis avec elle un moment privilégié. C'est à ce moment qu'elle me demande d'être le parrain de sa petite Nathalie. Sa demande me touchant particulièrement, j'accepte avec grand plaisir.

Le dernier départ

Le 4 novembre 1968, tout bascule très vite. Ce lundi-là, étant donné que c'est le long week-end de la fête de la Toussaint, mon père s'est offert une journée de congé pour se remettre de sa consommation excessive d'alcool des derniers jours. Il est présent, mais dans un état lamentable. Dans la cuisine, il se berce sur sa chaise afin de reprendre ses esprits, pendant que je déjeune en vitesse avant de partir pour l'université.

D'un ton agressif et désabusé, il entame un nouveau monologue sur ses finances, en prenant bien soin de me faire réaliser que depuis qu'ils sont partis, il ne recevait plus les pensions de ma sœur et de mon frère. Évidemment… il les a mis à la porte! Il poursuit en me disant qu'il n'arrive plus à boucler son budget et que la vie coûte très cher. Tout de suite, je pense en mon for intérieur: «s'il diminuait sa consommation d'alcool et ses absences au travail, sûrement qu'il résoudrait son problème!». Il a donc un manque à gagner. J'aurais dû m'attendre à ce qu'il ouvre cette discussion. Eh oui… dans les minutes qui suivent, il me demande et puis m'exige de lui verser une pension alimentaire dès ce mois-ci. Je tente de discuter avec lui pour qu'il comprenne où j'en suis, mais en vain. Je lui fais savoir qu'avec mon maigre revenu, je dois déjà payer toutes mes dépenses universitaires, en plus de mes livres, mon transport, mes vêtements et mes sorties. Je termine en disant que je ne sais vraiment pas comment je pourrai acquiescer à sa demande.

Sa réaction est spontanée. Il m'ordonne d'abandonner mes études sur-le-champ et sur un ton agressif, ajoute que j'ai maintenant dix-huit ans et qu'il n'a pas l'intention de me torcher le reste de ses jours. Je n'ai d'autre choix que de me conformer à sa demande. En fait, ce n'est pas une demande, mais un ordre. Je dois arrêter mes études et me trouver un emploi permanent, comme l'ont fait mon frère et ma sœur. Pour clore la discussion, j'ai droit à quelques minutes de dénigrement durant lesquelles il me lance hargneusement que je suis un bon à rien, un «pousseux» de crayons et un paresseux sans cervelle n'ayant aucun avenir devant lui. C'est trop! Je suis blessé d'entendre encore une fois ces mots sortir de sa bouche. Je réalise qu'il n'y a rien à faire avec lui et qu'il me sera impossible de lui faire entendre raison. Dans ma tête, je me dis que c'est terminé le dénigrement et la dévalorisation. Avec tout mon courage, je lui réponds de façon directe et franche en lui signifiant que je n'ai pas l'intention d'abandonner mes études pour lui. Cela me vaut une expulsion immédiate et permanente du domicile familial. «Tu fais tes valises immédiatement et tu ne reviens pas!», m'ordonne-t-il. «La porte, et vite! Dépêche-toi!»

À cela, je réponds: «Effectivement, je suis un pousseux de crayons et je gagnerai ma vie ainsi. Vous n'avez jamais été un modèle pour moi et vous ne le serez jamais!» Puis, quand je lui demande: «Considérez-vous avoir réussi votre vie?», la tension monte d'un cran. Sans pouvoir me retenir, je termine en lui disant que son mode de vie ne m'a jamais inspiré. Il n'en faut guère plus pour provoquer son agressivité. En colère, il se lève brusquement de sa chaise dans l'intention de me frapper. Pour me protéger, je cours rapidement vers la cage d'escalier pour descendre dans ma chambre. Dans sa furie, il s'empare d'une chaise de cuisine et la lance dans ma direction. Heureusement, comme je dévale les escaliers à toute vitesse, j'évite de justesse de la recevoir derrière le dos. Le verdict est final. D'une voix trahissant une rare agressivité, il me crie que j'ai une demi-heure pour plier bagage et quitter sa maison. C'est terminé. Je n'ai plus le choix! Les dés sont jetés.

Rapidement, je ramasse mes effets personnels et les dispose dans la même valise que j'utilisais pour aller au collège. Comme mon frère et ma sœur l'ont fait avant moi, je quitte les lieux en espérant ne jamais y revenir. La pauvre relation que j'avais avec mon père vient de se rompre à jamais.

Je suis si bouleversé et perdu, qu'il m'est impossible de me rendre à l'université. Avant de partir, je n'ai guère eu le temps de réfléchir sur ce que je dois faire. Tout ce que je sais, c'est qu'il me faut trouver un toit pour ce soir. Puisque je viens d'utiliser mes dernières économies pour payer mes frais scolaires, il ne me reste que cinq dollars en poche et une passe mensuelle d'autobus. Certes, j'aurai un chèque de paie jeudi prochain, mais en attendant, je dois trouver un peu d'argent pour payer mes repas et mon hébergement. Sans savoir où je vais, je me dirige en tremblant au terminus d'autobus, ma valise et ma mallette contenant tous mes effets scolaires en main. Où vais-je aller?

CHAPITRE 7

LIBERTÉ ET SOLITUDE

Novembre 1968 — Décembre 1970

Dans un état de panique indescriptible, alors que je parcours à pied le kilomètre et demi qui sépare notre maison du terminus d'autobus, je réfléchis et tente de trouver un endroit où je pourrais me réfugier ce soir. Où puis-je bien aller? Dans ma réflexion, je me dis qu'il se peut que ma mère ait les coordonnées de ma sœur Ginette. Si tel est le cas, elle me les communiquera sûrement. À première vue, c'est la seule qui pourrait m'aider, mon unique bouée de secours. Par naïveté ou par inconscience, je ne peux même pas m'imaginer que cette solution n'est pas la bonne.

Arrivé au terminus, je me dirige à la cabine téléphonique pour appeler ma mère. Je suis soulagé d'apprendre que j'avais raison! Elle a effectivement un numéro de téléphone à me transmettre! C'est celui de la voisine, car mon beau-frère n'a pas les moyens de s'offrir une ligne téléphonique. Ma sœur habite maintenant avec le père de son enfant dans un appartement à Montréal. Donc, en passant par la voisine, je la contacte pour lui demander de m'héberger, ne serait-ce que pour ce soir. Sans que j'aie à en dire davantage et sans même hésiter, elle accepte de m'accueillir le temps que je puisse me trouver un toit.

J'arrive finalement chez elle, rassuré. Ils occupent un petit deux pièces meublé, loué mensuellement et situé dans un complexe de plusieurs logements sur la rue Henri-Bourassa Est, près du boulevard St-Michel. Il n'y a qu'une seule chambre à coucher, dans laquelle se trouvent un lit à deux places et un lit de bébé. Le comptoir de cuisine est adjacent au salon qui lui, est meublé à l'aide d'une table, quatre chaises et un sofa visiblement très fréquenté. C'est là que je dormirai. Comme j'ai peu d'effets personnels, j'utilise le placard de l'entrée pour les ranger. Il s'agit tout simplement d'un complet, d'un pantalon, de chemises blanches et de quelques chandails. Malgré tout, dans un élan d'optimiste, je suis heureux de constater que la bouche de métro est située à seulement dix minutes en autobus. Le temps pour me rendre à l'école sera au plus de trente-cinq minutes, ce qui me permettra de m'y présenter avec assiduité et ponctualité. Car plus que jamais, je suis déterminé à poursuivre mes études. Entêtement, me diront certains, mais pour moi, c'est avant tout mon avenir que je joue.

Le lendemain, je suis de retour en classe, comme si rien ne s'était passé. J'annonce mon déménagement à Claude, non sans lui expliquer, mais avec beaucoup de réserve, ma situation familiale. Il est déconcerté. Durant la même semaine, après avoir finalement encaissé mon chèque de paie, pour remercier son père de m'avoir gentiment offert le transport soir et matin, je me rends à son travail pour lui remettre un cartouche de cigarettes. Ému, il me prend aussitôt dans ses bras, comme si j'étais son fils. Je suis touché par cette chaleur émanant d'un homme que je ne connaissais pas il y a encore quelques mois. Mais finalement, considérant que je suis dans un état précaire et que j'ai besoin de mes sous, il m'oblige à accepter le montant d'argent que j'ai déboursé pour son présent. Que de générosité et de compassion!

Perdu dans cet univers

Évidemment, depuis mon départ de la maison, ma vie a basculé. Je dois réorganiser mon quotidien en fonction de ma nouvelle réalité. Ne voulant pas être un fardeau pour ma sœur et dépendre de la bonne volonté et de la générosité de mon beau-frère que je connais très peu, ma priorité se limite à dénicher un toit permanent. De plus, du fait que ses revenus sont très modestes, ma sœur doit composer à la dernière minute avec les gains de sa journée de travail pour préparer les repas. Nous devons donc nous rendre plusieurs fois par jour à l'épicerie, située à côté de l'immeuble, pour y acheter le strict nécessaire. Malheureusement, comme mes propres revenus se limitent à quinze dollars par semaine, je ne peux l'aider, mon argent servant à payer mes frais de transport, mes repas du midi et mon matériel scolaire. Ce que je gagne n'est même pas suffisant pour acquitter les versements trimestriels exigés par l'université.

Le temps passe et je suis toujours chez ma sœur. Je n'ai pas d'argent et je n'ai nulle part où aller. Durant cette période difficile, fidèle à mon éducation religieuse, je prie tous les soirs pour demander à Dieu de me sortir de cette impasse. Je fais aussi de l'imagerie mentale. Dans mes pensées, j'imagine un avenir prospère. Je rêve que j'aurai un jour une immense demeure avec une entrée majestueuse, accessible en traversant une immense barrière en fer forgé. Elle est ornée de chaque côté d'un tapis de fleurs qui me guide vers l'entrée principale. Une fois la porte traversée, je suis immobilisé dans le gigantesque portique d'où je peux voir, devant la propriété, un accès en forme de U. C'est l'endroit où mon chauffeur me prend tous les matins et me dépose tous les soirs. Pourrais-je un jour réaliser ce rêve?

Même si j'habite maintenant Montréal, je ne peux quitter mon emploi à St-Eustache, car c'est mon unique source de revenus. Ainsi, tous les jeudis et vendredis en soirée, ainsi que le samedi, j'effectue le trajet pour me rendre assidûment sur les lieux de mon travail. Dans les circonstances, cet exercice m'épuise beaucoup. Je prends donc les démarches nécessaires pour demander un transfert dans un supermarché situé sur l'île de Montréal. Occupant un poste temporaire, je ne suis pas convaincu que ma demande sera une priorité pour l'administration.

Mes malheurs ne sont pas terminés pour autant. Non seulement je dois me trouver un nouveau toit, mais il me faut aussi réorganiser ma vie, m'intégrer dans un nouveau milieu social et me faire de nouveaux amis. De plus, il sera important de trouver les ressources financières qui me permettront de poursuivre mes études durant les quatre prochaines années. Ayant déjà fait parvenir une demande de prêts et bourses, j'attends impatiemment la réponse du ministère de l'Éducation. Voilà qui réglerait une partie de mes problèmes.

Le mois suivant, je reçois finalement un avis du ministère, lequel m'avise que je ne suis pas admissible à une bourse d'études. Eh oui! Selon eux, je demeure officiellement chez mes parents et la distance, entre l'établissement et notre domicile, ne justifie pas une dépense d'hébergement. Après les avoir contactés, on m'avise qu'aucune révision de dossier n'est acceptée. Les décisions sont finales. Lorsque je constate que certains de mes confrères issus de milieux très aisés ont droit à une bourse, du simple fait qu'ils proviennent de régions éloignées, je suis très déçu. Où est notre justice sociale? Seul un prêt de sept mille dollars m'est consenti, ce qui ne sera pas suffisant pour payer toutes mes dépenses. Je me retrouve donc en situation d'urgence et dois vite trouver de nouvelles sources de revenus.

À la recherche d'une solution

Dans les circonstances, je crois que le temps est venu de contacter mes tantes pour obtenir de l'aide. Elles ont les ressources financières en plus d'avoir toujours fait preuve de beaucoup de générosité envers les membres de leur famille qui se trouvaient dans le besoin. Aussi, lorsque j'étais jeune, elles m'ont toujours dit qu'elles paieraient mes études si je désirais les poursuivre un jour. Malgré cette promesse, tout ce que je désire, actuellement, c'est qu'elles m'accordent un prêt que je leur rembourserai à la fin de mes études. Il n'est surtout pas question de leur demander la charité et de me donner cet argent durement gagné. Puisque je ne réclame qu'un prêt, j'espère avoir droit à un peu d'ouverture et de compréhension.

En premier lieu, je contacte ma tante Lucie, qui, selon les racontars, m'a toujours considéré comme son favori. Elle habite toujours dans sa petite maison de St-Eustache. Elle est seule, célibataire depuis toujours et isolée du monde. Elle est particulière, avaricieuse et est atteinte d'un problème d'audition sévère. Elle vit avec son chien saucisse qu'elle nourrit strictement avec des restants de table. Elle est curieuse, fait des mots croisés, se mêle de la vie des autres et vit complètement en dehors du temps. Comme elle est au courant de notre situation familiale, le moment est venu de la contacter. Mais voilà! Contre toute attente, elle refuse, sous prétexte qu'elle a eu une discussion avec mon père et que celui-ci lui a strictement défendu de m'aider. Voulant éviter tout conflit avec lui, elle se sent obligée de respecter sa demande. Là, je suis anéanti.

Par contre, à ma grande surprise, elle me fait une contre-proposition. Eh oui! Elle m'offre de m'héberger gratuitement dans son sous-sol qui n'est ni fini ni isolé. Selon elle, je règlerais ainsi mon problème. En acceptant son offre, je devrai en contrepartie entretenir sa propriété. De plus, du fait qu'elle est nerveuse et inquiète, je devrai obligatoirement lui rendre compte de mes allées et venues, comme à l'époque où elle était notre gardienne. Finalement, devant mon hésitation, elle m'indique que si j'accepte de demeurer chez elle, elle me léguera sa propriété en héritage.

Après un bref moment de réflexion, j'ai le sentiment qu'elle m'utilise pour combler sa solitude. Je suis trop fier pour être manipulé et acheté de la sorte, sans compter que pour moi, il n'est surtout pas question de demeurer à deux pas de la maison familiale. Je refuse donc sa proposition et quitte amèrement les lieux. Ceci fait, je contacte les autres sœurs de mon père. Habitant à Verdun, elles ont toujours eu un peu plus en recul face à notre quotidien et ce que nous vivions à la maison depuis le mariage de notre père. Je m'attends donc à une plus grande ouverture de leur part. «Elles seront sûrement moins contraignantes», me dis-je. Sachant que dernièrement, elles ont vendu tous leurs immeubles à revenus et que de ce fait, elles ont les ressources financières, je ne vois pas pourquoi elles refuseraient de m'aider.

Mais voilà que le même scénario se répète. Mon père les a déjà contactées pour les informer de mon départ et les sommer de refuser toute demande d'aide financière de ma part dans l'éventualité où je les contacterais. Comme elles ne veulent pas être en brouille avec lui, elles n'ont d'autre choix que de me servir un refus définitif, tout en prenant bien soin de me répéter le message de mon père: j'ai dix-huit ans et donc, je dois assumer mes choix et m'organiser seul. Quelle déception! J'aurais cru que leur sagesse aurait dépassé celle de mon père. Je découvre malheureusement que ce n'est pas le cas.

Je suis ébranlé par la tournure des événements. Je n'aurais jamais pensé que mon père aurait pu aller si loin et mettre tant de barrières devant mes projets d'avenir. Je dois maintenant faire un deuil de ces relations familiales pour qui support, valorisation et réconfort sont inexistants. Dans le chagrin et la contrariété, me sentant plus isolé que jamais, je décide dès lors de couper tout contact avec elles. Serait-ce le prix de la liberté et de l'épanouissement? J'ai l'impression que tout disparaît autour de moi.

La dernière option qui s'offre à moi est de demeurer où je suis actuellement, et ce, jusqu'à la fin de l'année scolaire. Même si les conditions ne sont pas idéales, cela me donnera du temps pour accumuler l'argent nécessaire pouvant me permettre de louer un petit studio. Planifiant trouver un emploi bien rémunéré durant la saison estivale, je pourrai alors faire des choix sensés. Heureusement que ma sœur et son copain, malgré la situation précaire dans laquelle ils vivent, acceptent de m'héberger et de me nourrir gratuitement. Merci encore!

Lors de mon arrivée, en novembre dernier, nous étions quatre personnes à vivre dans ce petit appartement. Et puis un jour, mon beau-frère, dont l'épouse est malade, se voit forcé d'assurer la garde de leurs trois petits enfants. Nous nous retrouvons donc sept personnes, soit trois adultes,

114

trois enfants et un bébé de six mois dans un petit deux et demi. Le soir, on endort les enfants dans le seul lit disponible. Ensuite, avant d'aller nous-mêmes au lit, nous les transportons par terre sur le tapis du salon. Quant à moi, je continue de dormir sur le sofa usé par le temps. Inconfortable, me direz-vous, mais beaucoup plus confortable que de dormir dans la rue.

Le soir, la télévision et les cartes sont nos principales activités. Le jour, lors de mes temps libres, j'aide occasionnellement mon beau-frère dans la vente de croustilles et de boissons gazeuses à domicile. La situation n'est pas pour autant reluisante. Je me vois encore traverser les bancs de neige en souliers, car je n'ai pas les moyens d'acheter des bottes d'hiver. Parfois, je dois attendre de trente à quarante-cinq minutes dans le camion avant qu'il revienne. Ceci me rappelle l'époque où mon frère et moi étions assis dans la voiture, à attendre des journées entières que notre père sorte de la taverne pour nous ramener à la maison. Mon beau-frère, quoique généreux, a aussi un problème d'alcool et se bagarre régulièrement. Il arrive parfois qu'il revienne complètement amoché à la maison.

Au début du mois de mars 1969, la veille du printemps, j'habite chez eux depuis maintenant cinq mois. Nous sommes toujours sept personnes à y vivre. C'est dans cet environnement restreint que je dois étudier et faire mes travaux scolaires. Ce qui n'est pas évident! Bien que je sois reconnaissant envers mes hôtes pour leur geste de générosité, je réalise que je dois absolument trouver un endroit plus calme et plus approprié pour préparer mes examens de fin d'année.

À la recherche d'un toit temporaire

Durant mes cours de français, Monique, qui est fidèlement assise à mes côtés, est devenue une amie. Elle est très à l'écoute des gens. Avec beaucoup de réserve, je décide de lui parler de ma situation. Avant même que j'entre dans les détails, dès qu'elle apprend que j'ai un problème, sa réaction est spontanée. Lorsqu'elle me demande: «Ne serait-ce pas que le chauffeur de ton père ne peut venir te chercher ce soir à la fin de tes cours?», j'éclate de rire. Étonné de sa réaction et de la perception qu'elle a de moi, je réalise que personne ne me connaît vraiment. Enfin, tout est une question d'image, me dis-je. Je partage avec elle quelques-uns de mes secrets et la mets au courant de mon problème d'hébergement. «Dans le contexte actuel, lui dis-je, j'aurai sûrement de la difficulté à me concentrer sur mes examens, l'environnement ne s'y prêtant pas».

Elle est à son tour très étonnée. Elle m'indique que jamais elle n'aurait pu soupçonner un tel état de détresse. Dans un grand élan de générosité, elle s'empresse de me dire qu'elle vient d'emménager avec un nouveau copain dans un appartement où il y a une chambre d'invité de libre. Elle prend bien soin de m'indiquer que son ami à un emploi permanent, de bons revenus et une bonne sécurité financière. Elle m'invite aussitôt à me joindre à eux, le temps de terminer mon année. Sa spontanéité me renverse. Suite aux expériences que j'ai vécues, je suis à la fois sceptique face à son offre et bousculé par ce qui se passe. C'est que je ne le connais pas, moi, son copain. Y a-t-il un piège? Dans quelle situation vais-je me retrouver? Après quelques minutes de discussion, nous convenons qu'elle en discutera ce soir avec lui. Déjà, selon elle, il n'y aura aucun problème. Alors qu'elle est convaincue qu'il acceptera, de mon côté, je suis très perplexe.

Le jour suivant, de retour en classe, elle m'annonce que son copain a accepté de m'héberger pour quelque temps. Il ne pose aucune condition et n'exige aucune compensation financière. Il est entendu que je pourrai demeurer le temps qu'il me faudra et que je ne repartirai que lorsque j'aurai trouvé une solution permanente à mon problème d'hébergement. Comme je ne le connais pas, je suis préoccupé. Il m'est difficile de croire à tant de générosité de la part d'une personne que je n'ai jamais rencontrée. Afin de dissiper mes craintes, je demande à faire sa connaissance avant d'accepter sa proposition. Nous convenons donc que jeudi prochain, nous nous rencontrerons lors d'un souper qui aura lieu chez eux. Après cet entretien, j'aurai le loisir de prendre une décision et clarifier les modalités de mon déménagement.

Le jeudi soir, après les cours, j'accompagne nerveusement Monique chez elle. Je vais de surprise en surprise. Ma collègue aux cheveux blond doré, âgée d'à peine dix-huit ans, conduit une belle voiture neuve convertible de marque Camaro. Celle-ci appartient à son ami qui l'a mise à sa disposition pour qu'elle puisse se rendre à l'école. Je découvre ensuite qu'ils habitent dans un immeuble somptueux de l'île Pâton, à Laval, en bordure de la rivière. Tous les services y sont disponibles. En visitant les lieux, je constate qu'il y a une piscine intérieure chauffée, un stationnement intérieur avec porte électrique, un petit magasin d'alimentation au rez-de-chaussée et un coiffeur. De plus, aux heures de pointe, il y a un service d'autobus privé pour se rendre à Montréal. Quel luxe! Ils ont comme voisins des célébrités sportives et artistiques. Je me demande dans quoi je vais m'engager. Timide, curieux et incrédule, je suis de plus en plus nerveux de rencontrer son compagnon de vie. Je n'y crois tout simplement pas. Je me sens pris au piège entre le rêve et la réalité. On est très loin du petit studio de ma sœur.

En attendant cet inconnu qui me fascine déjà, nous nous installons au salon et buvons un bon verre de vin. En discutant de choses et d'autres, je deviens de plus en plus inquiet et m'interroge. Voilà un scénario pour le moins inattendu. Monsieur se fait toujours attendre. Le temps passe et je deviens inconfortable, même si nous entamons notre troisième verre de vin. Comme il est déjà vingt heures, Monique devient contrariée et contient mal sa déception. Afin de disculper son copain, elle me précise qu'il est très occupé et qu'il a probablement eu un contretemps à son travail. Elle m'invite donc à passer à table. «On n'est pas pressé par le temps», dit-elle. Effectivement, j'avais déjà accepté de passer la nuit chez eux. Ce qui se passe est complément incompréhensible et me rend de plus en plus stressé. Le temps s'envole. Monique semble de plus en plus soucieuse, car elle n'a reçu aucun appel pour justifier ce retard. Je ne l'avais jamais vue dans un tel état. Finalement, vers vingt-et-une heures, alors que nous sommes attablés et que nous avons commencé à manger, j'entends la porte de l'appartement qui s'ouvre et Monsieur entre sans nous prévenir.

En le voyant, je suis abasourdi! Le copain de mon amie Monique n'est nul autre que Marc, notre fameux professeur de français. Nous nous voyons tous les jours depuis le début de l'année. Monique s'était bien gardée de m'en parler. Je comprends mieux, maintenant, pourquoi il était si disposé à m'aider.

Calmement, je reprends mon souffle pendant que mes craintes se dissipent peu à peu. Nous terminons le repas et convenons que je pourrai emménager dans les prochains jours, dès que je serai prêt. Leur proposition me permettra de terminer mon année scolaire dans un environnement beaucoup plus calme. Je suis à la fois fou de joie, incrédule et exténué face à tous ces changements qui surviennent dans ma vie. Je savais qu'une bonne étoile me guidait. Merci encore, Monique et Marc, de m'avoir tendu la main.

Le jour de mon déménagement, Marc est au rendez-vous, à l'heure convenue, devant la porte de l'immeuble où habite ma sœur. Je ne peux faire autrement que de me sentir nostalgique en la quittant. Je pars reconnaissant pour son soutien inconditionnel, tout en sachant qu'elle sera toujours là pour moi.

Habitant dorénavant une région mal desservie par le transport en commun, j'envisage de quitter mon boulot au supermarché de St-Eustache. C'est que malheureusement, le service de navettes offert par l'immeuble n'est disponible qu'aux heures de pointe. Actuellement, après mon quart de travail, pour retourner à l'île Paton les jeudis et vendredis soirs, je dois faire le trajet St-Eustache-Cartierville et de là, reprendre l'autobus jusqu'à Chomedey. J'arrive à la maison vers minuit. Cela devient long et épuisant. Pour pallier ce problème, je fais un suivi sur ma demande de mutation vers un supermarché de Montréal. Grâce à l'appui du gérant du magasin, ma demande est finalement acceptée. Je suis muté au marché situé au centre commercial Normandie, sur la rue Salaberry, à Cartierville.

Alors que l'année scolaire est pratiquement terminée, je reçois finalement mon prêt étudiant par la poste. Seuls des problèmes inattendus au niveau de la distribution des prêts par le ministère justifient un tel retard. Je reçois donc un prêt de sept mille dollars, ce qui me permet de payer mes comptes et de survivre jusqu'à la fin de l'année scolaire, prévue dans un mois. Mieux vaut tard que jamais! Enfin, un peu de répit et assez d'argent pour continuer. Pour mieux me concentrer sur mes études et favoriser la réussite de mes examens de fin d'année, je démissionne de mon travail, espérant trouver un emploi d'été bien rémunéré qui me permettra de subsister durant la prochaine année scolaire. J'entame donc immédiatement des démarches auprès du centre d'emploi de l'école.

Malgré tous mes déboires et une vie tourmentée, je termine ma première année aux HEC avec succès. Je suis très content d'avoir réussi cet exploit pendant que je traversais une période de perturbations intenses. Tout est derrière moi, ou du moins, je l'espère.

Un été mouvementé

Nous sommes en avril et c'est en solo que je fête seul mes dix-neuf ans. C'est le début de la période estivale et je rêve de pouvoir m'installer dans un petit studio et ne plus dépendre des autres. Tous les soirs, je prie. Seule ma croyance en Dieu, qui jusqu'à ce jour a su me procurer le réconfort intérieur dont j'avais besoin, me permettra de combler mes ambitions.

Je n'ai pas encore réussi à dénicher un des emplois saisonniers offerts par le bureau de l'école. Ces emplois sont pour la plupart très rémunérateurs et me permettraient de résoudre mes problèmes. Finalement, par l'entremise des petites annonces parues dans le journal, je réussis à décrocher un emploi d'aide-serveur dans un petit Steak House du quartier Ahuntsic, fréquenté par des hommes d'affaires. Le restaurant en question est situé sur la rue Fleury, dans le nord de la ville. Tout le décorum y est: nappes blanches, chandelles, porcelaine anglaise et décanteurs de vin, sans parler des paniers en osier pour présenter le pain frais venant d'être livré par la boulangerie. L'endroit se trouvant tout près de chez ma sœur, je quitte l'appartement de Laval et retourne habiter temporairement chez elle, le temps de stabiliser mes finances.

J'ai beaucoup apprécié la générosité sans pareil de Monique et Marc durant cette période importante de ma vie. Leur hospitalité n'avait d'égal que la grandeur de leur âme. Un beau moment dans ma vie. Cette période de transition, chez ma sœur, ne durera que le temps d'encaisser mes premiers chèques de paie. Dès que j'aurai économisé suffisamment d'argent pour louer un appartement, je partirai. Ce qui est bien, c'est qu'avec mon nouvel emploi, j'aurai des revenus constants durant toute l'année, car à la reprise des cours, il me sera possible d'y travailler les soirs et les fins de semaine. Quelle opportunité! Enfin un peu de stabilité devant moi.

Mes tâches se résument à faire le ménage et dresser les tables. Il y a aussi un petit côté valorisant dans ce travail qui consiste à offrir et servir aux clients le café et le thé à la fin du repas, ce qui me permet de combattre ma timidité. Je suis fort impressionné par ces hommes d'affaires qui semblent peu préoccupés par leur budget. Ils consomment plusieurs apéritifs, commandent des steaks anormalement épais, s'enivrent sur l'heure du lunch avec une et parfois même, deux bouteilles de vin. Je découvre une autre facette de la vie. Le monde des affaires représente pour moi un exemple d'abondance et de réussite, autant sociale que professionnelle. J'espère un jour être assis à l'une de ces tables.

Après trois semaines, pour me remercier de mon excellent travail, mon patron m'invite à visionner un film en sa compagnie dans un cinéma du centre-ville. Il conduit une superbe voiture Peugeot, d'une propreté impeccable. Dans la trentaine, professionnel, toujours bien vêtu, il est marié avec une infirmière qui travaille de soir à l'Hôtel Dieu de Montréal. Ils ont deux enfants en bas âge, dont un nouveau-né. Il est convenu qu'après le film, nous passerons chercher Madame qui termine son quart de travail vers vingt-trois heures. Il va de soi que je me sens privilégié d'avoir reçu une telle invitation.

Mais voilà! Durant cette soirée, tous mes beaux projets s'évanouissent. Derrière cette invitation se dissimulait une tout autre intention chez mon patron. À maintes reprises, durant le visionnement du film, il tente sa chance en glissant sa main sur ma cuisse. Il insiste et essaie de me convaincre d'accepter ses attouchements sexuels. Eh oui! Monsieur le propriétaire est homosexuel et adore s'amuser avec les jeunes garçons. Ceci me rappelle des souvenirs douloureux remontant à l'époque du collège. Incapable de tolérer cette situation davantage, je décide de quitter abruptement la salle, avant même la fin du film. Aussitôt, il me suit à l'extérieur. Très déçu, je lui indique que je retournerai à la maison en métro. Désolé et inquiet, il me signifie que son épouse s'attend à me rencontrer après son travail et qu'elle se posera sûrement des questions si je n'y suis pas. Il me demande donc d'oublier un moment ce qui s'est passé et m'offre de me raccompagner chez moi avec son épouse, non sans me prier d'être discret sur les événements de la soirée. Pour ne pas envenimer la situation, j'accepte. Par contre, dans ma naïveté, et sans réserve, je lui fais la morale en lui indiquant qu'il m'a dupé, au même titre qu'il dupait son épouse.

De retour à la maison, il m'est impossible de dormir, tellement je suis tourmenté. Le problème est que je dois me présenter au travail demain matin et que je suis inconfortable à l'idée de le revoir. En fait, j'ai peur qu'il m'agresse à nouveau. Je ne sais pas comment réagir. Il m'est aussi difficile d'envisager de quitter ce travail dans lequel j'avais mis tous mes espoirs.

Puis, le jour suivant, de peur d'être assailli de nouveau, je décide de donner ma démission par téléphone et de ne plus jamais retourner sur les lieux. Je demande tout simplement à ce que mon dernier chèque de paie me soit expédié par la poste. Encore une fois, tous mes rêves s'écroulent subitement et je suis de retour à la case départ. Mon projet visant à louer un petit studio s'en trouve compromis. Où est donc passée ma bonne étoile? Le même jour, je retourne au centre d'emploi de l'école, dans l'espoir de mettre la main sur un emploi en administration des affaires, ce qui pourrait éventuellement favoriser mon intégration sur le marché du travail lorsque j'aurai terminé mes études. Pour compléter ma recherche, j'achète chaque jour tous les quotidiens et parcours toutes les petites annonces.

Et voilà! Mes efforts me récompensent. Grâce au soutien du centre de recherche d'emploi des HEC, je décroche, au début du mois de mai, un poste de commis-comptable dans une librairie connue, Granger et frères, une institution montréalaise sise sur la rue Crémazie, près de St-Laurent. Dès mes débuts, j'ai l'impression de retourner dans le temps. L'immeuble est désuet. Les gros bureaux en chêne foncé datent des années 1920 et contrastent avec la modernité du moment. Les espaces de travail sont très sombres, tandis que les outils sont dépassés, sinon inexistants. Il n'y a ni calculatrice ni aucune trace de technologie informatique. Tout est calculé à la main. Heureusement que je suis bon en mathématique. Les transactions sont inscrites à la main dans le journal et sont reportées dans le grand livre. Il en est de même pour les conciliations et les rapports financiers.

Ma tâche consiste à ouvrir le courrier, séparer les comptes à payer des comptes clients et effectuer les écritures manuelles du journal comptable de l'entreprise pour enregistrer les entrées et les sorties de fonds. Enfin, je dois préparer les dépôts bancaires et remplir les chèques pour payer les factures. Comme nous recevons aussi des paiements de l'étranger, je dois faire la conversion des sommes en devises canadiennes. À la fin de chaque semaine, je balance les débits et les crédits puis soumets un mini bilan financier. Une très belle expérience, selon moi, même si l'environnement laisse à désirer.

Je m'adapte rapidement à cet environnement quelque peu archaïque. Graduellement, on me confie de nouvelles tâches. À la fin de ma deuxième semaine de travail, on me demande de coordonner les dépôts bancaires devant être effectués à la Banque de Montréal, basée sur la Rue St-Laurent, près de la rue des Pins, au centre-ville. Tous les jours, vers quatorze heures, je me déplace en autobus avec un petit sac en papier brun contenant la modique somme d'au moins cinquante mille dollars en chèques et en argent comptant.

La première fois, je me présente timidement au comptoir de l'institution financière. Je suis étonné de constater que le personnel est unilingue anglais, ce qui tranche avec mon cadre de travail qui est strictement francophone. Comme je ne parle pas la langue de Shakespeare et que les commis ne me connaissent pas, cela m'occasionne quelques difficultés. Après les vérifications d'usage auprès du bureau et un temps d'attente ridicule, on accepte finalement le dépôt.

L'aspect sécurité ne fait pas partie de mes préoccupations. Étant tellement candide à ce sujet, je suis même étonné que la direction me demande avec insistance de ne pas adresser la parole à qui que ce soit durant mon trajet! Je ne comprends tout simplement pas leur appréhension. Mais après quelques jours, suite à une discussion avec d'autres employés, je découvre que la librairie n'a pas les moyens de se payer une entreprise de sécurité pour faire ses dépôts bancaires, et cela, malgré qu'un de ses employés s'est fait récemment braquer en se rendant à la banque. Rien pour me rassurer!

Comme à mes débuts, à l'époque où je travaillais dans un casse-croûte, mon salaire n'est que de cinquante sous l'heure. N'ayant reçu aucune autre offre d'embauche, malgré cette modeste rémunération, j'ai accepté ce poste dans le but d'acquérir un peu d'expérience. Par contre, je suis suffisamment réaliste pour savoir qu'avec ce simple revenu, je ne serai pas en mesure de louer un studio. C'est pourquoi je décide de poursuivre mes recherches auprès du service de placement des HEC.

Quelques semaines plus tard, vers la fin mai, je reçois une offre pour occuper un emploi saisonnier très bien payé en tant que commis à la production pour le compte de la Brasserie O'Keefe, sur la rue Notre-Dame. Quoique le travail ne cadre pas avec mes études, les revenus très alléchants qu'il propose font que j'accepte l'offre avec plaisir. Le poste étant syndiqué, je gagnerai deux dollars et cinquante l'heure. Bientôt, je vais finalement pouvoir louer un petit appartement.

Mon travail consiste à remplacer les ouvriers de la ligne d'emballage ou d'inspection durant leurs vacances. Je travaille tous les jours de 16h00 à 24h00. Puisque je travaille de soir, j'ai droit à un boni additionnel atteignant dix pour cent de mon revenu. Je reviens à la maison vers 1h30 du matin. Avec les enfants en arrière-plan, il est difficile de pouvoir dormir le matin. Il va sans dire que mes activités quotidiennes sont bousculées. Même si cet horaire est fatigant, pour ne pas dire perturbant, je suis très heureux, car il me permettra d'arriver à mes fins.

Les déménagements

Dès la réception de mon premier chèque de paie, je me mets à la recherche d'un petit appartement au centre-ville. Je pourrai ainsi éviter les frais de transport et réduire mes déplacements, tant pour me rendre au travail qu'à l'école. Après quelques jours de recherche, je constate que les prix des appartements du centre-ville sont très élevés. Tenant en compte l'ensemble des frais que je devrai engager pour assurer la prochaine année, j'ai de la difficulté à accepter de devoir débourser une telle somme d'argent par mois. Je poursuis donc mes recherches tout en espérant trouver un logis à prix modique.

Un samedi matin, après avoir visité un studio meublé dans un immeuble à étages situé sur la rue Berri, je suis assis dans le hall d'entrée complètement découragé. Le studio en question est très bien situé, mais trop cher. Pendant que je réfléchis, un autre jeune homme de mon âge venant de terminer une visite s'installe aussi dans le hall, sans broncher. De prime abord, je n'y porte pas tellement attention. Et puis, il m'adresse la parole et s'empresse de me demander si je suis aussi à la recherche d'un appartement. Après m'avoir entendu lui répondre par l'affirmative, il m'informe qu'il n'a pas les moyens de payer les frais de loyer demandés. Et comme ça, il me demande tout bonnement si je serais ouvert à l'idée de louer un appartement avec quelqu'un afin de réduire les mensualités. «Pourquoi pas?», me dis-je dans un élan d'insouciance. Enfin une solution rapide! Le type me semble honnête et est à la recherche d'un toit, tout comme moi. J'accepte donc sa proposition. Il est entendu que nous visiterons une unité comportant une chambre à coucher et que l'un de nous devra dormir sur le sofa-lit du salon. Ensemble, nous retournons voir le concierge pour qu'il puisse nous faire visiter un plus grand appartement.

Après la visite, nous acceptons de louer conjointement le seul trois et demi qui était disponible. Par contre, lors de la signature du bail, puisque je suis étudiant et que je n'ai aucun dossier de crédit, le concierge refuse de négocier avec moi. Je suis vite ramené à la réalité. Par contre, mon nouveau colocataire ayant un emploi permanent, le concierge accepte de finaliser la signature du bail, mais uniquement avec lui. Puisque j'ai sur moi l'argent nécessaire, je verse tout de suite cinquante pour cent du loyer alors que mon colocataire versera la différence au moment du déménagement. Il est entendu qu'il sera celui qui coordonnera le paiement du loyer le premier jour de chaque mois avec le propriétaire. Tout s'arrange pour le mieux. Même qu'après mûre réflexion, cette situation me rassure, car en cas de conflit, je pourrai ainsi quitter les lieux sur-le-champ. C'est ainsi que le 1er juin, avec l'aide de mon beau-frère, je déménage enfin mes effets personnels dans mon nouvel appartement.

Je suis soulagé d'avoir trouvé enfin un toit permanent. Mes projets se concrétisent et une nouvelle vie commence. Pour mes repas, je mange au restaurant. J'ai adopté le Da Giovanni de la rue Ste-Catherine, lequel offre d'excellents repas à bon prix. Le premier mois se passe tel que je l'avais espéré. Comme je travaille le soir et mon colocataire le jour, nous nous rencontrons très peu. Il n'y a donc aucune possibilité de discorde entre nous. La situation parfaite. Tout est simple et harmonieux. Même si nous n'avons ni la télévision, ni la radio et ni le téléphone, je me sens bien et libre. J'ai enfin réglé mon problème d'hébergement et j'en suis fort heureux.

Mais voilà que je suis de nouveau pris dans une controverse! Après mon quart de travail, le vendredi 11 juillet, je retourne chez moi vers une heure du matin. Surprise! Je constate que tous mes effets personnels ont disparu: mes vêtements, mes livres et mes notes de cours. Mon colocataire aussi a disparu, ainsi que tout ce qui lui appartenait. Il ne reste plus rien. Je suis complètement désespéré. Que s'est-il passé? Étant donné qu'il est tard, je n'ai d'autre choix que de passer la nuit dans l'appartement et attendre au lendemain pour contacter le propriétaire. Dès mon réveil, je le rejoins par téléphone pour lui demander s'il savait où était passé mon co-locataire. En furie, il m'annonce qu'il n'a reçu que cinquante pour cent du premier mois de loyer et que le paiement du deuxième mois accuse déjà un retard de onze jours. Il nous a donc mis la porte en plus de saisir tout ce qui se trouvait dans l'appartement. Ainsi donc, mon colocataire s'est volatilisé dans la nature avec l'argent que lui avait versé pour le second mois de loyer. Comme un enfant pris au piège, énervé, j'informe le propriétaire que j'avais payé ma part du premier mois au concierge et qu'en fonction des directives de ce dernier, j'avais remis l'argent du deuxième mois à mon colocataire. Je suis donc très étonné par cette situation. Je demande alors à récupérer mes affaires. Suite à un refus, dans un échange qui n'est pas nécessairement amical, je réitère le fait que je n'ai aucun bail avec lui, et qu'il doit absolument me rendre ce qui m'appartient. Je lui explique ma situation et lui promets que s'il accepte ma requête, je quitterai immédiatement les lieux. Finalement, il accepte et me confirme qu'il me rapportera mes effets vers seize heures dans le hall d'entrée. Voilà qui me soulage. J'ai devant moi six heures pour me trouver un logement convenable. Encore une fois, je suis plongé dans la tourmente. Décidément, rien n'est facile!

Quel défi! Une course contre la montre qui commence. Trouver un appartement et y emménager la journée même n'est pas une mince affaire. Grâce aux journaux, je trouve un petit studio meublé, lugubre, attenant à un petit balcon commun et donnant sur une ruelle non entretenue. Il n'y a pas de télévision, pas de radio et pas de téléphone. L'endroit, enfin, est tout juste en face du parc Lafontaine. La location se fait mensuellement, sans aucun engagement à long terme. Quoique le prix du loyer soit au-dessus de mon budget, je n'ai pas d'autre choix que d'accepter... il faut bien que j'aie un toit pour dormir ce soir. Que de stress!

Ce problème étant réglé, je retourne, anxieux, à l'appartement de la rue Berri afin de récupérer mes affaires. J'espère que le propriétaire tiendra parole. J'attends impatiemment plus de trois heures dans le hall d'entrée, mais en vain. Je suis au désespoir. Tout ce que je souhaite, c'est de récupérer au moins mes notes de cours et quelques vêtements. Enfin, le voici! Quoiqu'il soit en retard, je réalise qu'il est un homme de parole. Pourvu qu'il ne me réserve pas une nouvelle surprise. Mais non! Il me remet tous mes biens, mais ne manque pas l'occasion de me faire la morale. Il a raison. Mais, est-ce ma faute? Pour la cinquième fois depuis novembre dernier, je déménage d'urgence, encore une fois avec l'aide de mon beau-frère.

Me voici plus seul que jamais dans mon nouvel appartement. Aucun engagement à long terme, aucun bail, aucune signature. Je peux quitter les lieux avec un simple préavis de deux semaines. Je suis là et j'ai l'impression de n'être nulle part. Je me sens perdu et suspendu dans le temps. J'ai un petit frigidaire et pour préparer mes repas, puisqu'il n'y a pas de poêle, je dois utiliser une casserole électrique. Le strict minimum!

Les jours suivants, je découvre avec consternation que mon nouveau quartier est dépravé. C'est l'anarchie sociale! Il n'y a aucune règle de vie. Les gens, y compris ceux qui habitent mon immeuble, n'ont aucune morale. Tout est permis. Puisque je suis jeune et naïf et que je n'ai jamais vécu une telle expérience, je deviens très craintif. Jour après jour, on me harcèle. Je reçois des invitations immorales de la part des locataires, des voisins et des passants. Ils veulent coucher avec moi, me peindre nu ou fumer des joints et absorber d'autres substances. Certains me demandent même de participer à leur partouse. Lorsque je descends du bus, après mon quart de travail, vers une heure du matin, je suis craintif. Un monde pervers, me dis-je, moi qui ai toujours recours à la prière pour demander l'aide de Dieu.

Je vis une période de questionnement intense. Je regarde les gens vivre autour de moi, j'analyse mon environnement et suis surpris par la complexité des gens que je rencontre. Malgré leurs comportements inusités, je réalise qu'ils semblent heureux. Même qu'ils projettent une confiance inébranlable en la vie. Pourquoi est-ce si différent pour moi? Je ne comprends toujours pas. Actuellement, je suis coupé du monde; je n'ai ni famille ni amis, personne avec qui simplement discuter. C'est la solitude absolue, mais dans une liberté totale où il n'y a aucun encadrement. Je ne sais vraiment pas ce que je fais là.

Quelques jours après mon déménagement, je me rends à une cabine téléphonique pour contacter ma sœur Liette, qui habite toujours à la maison. Très contente d'avoir de mes nouvelles, elle m'annonce qu'elle désire me visiter prochainement. Quel plaisir de revoir un membre de ma famille, particulièrement ma sœur dont j'étais si proche! Son contact me manque.

Au jour convenu, nous nous rencontrons au centre-ville. Afin de ne pas l'inquiéter, je lui indique que tout va très bien. Fidèle à moi-même, je refuse de m'apitoyer sur mon sort. Que pourrait-elle en faire? Malgré mon budget restreint, je l'invite à manger dans un petit restaurant dont les tables sont recouvertes de nappes blanche et rose. Elles sont aussi éclairées par une chandelle placée au pied d'un petit vase contenant une belle fleur. Je veux lui faire plaisir et c'est réussi. Sans compter que cela m'a aussi permis de bien manger. Cette pause me permet de reprendre mes esprits et découvrir que le monde est beau. Un moment de bonheur que je garderai dans mon cœur pour la vie. Un baume de beauté dans cet univers perdu qui m'a permis de vivre une journée enchantée avec ma petite sœur qui se soucie toujours de moi.

En louant mon studio, je savais bien que les mensualités étaient trop élevées pour que je puisse compter y rester durant la période scolaire. Je n'ai fait que pallier une situation d'urgence. Deux semaines se sont déjà écoulées et je dois malheureusement faire face à la réalité. Je dois absolument me remettre à la recherche d'un toit plus abordable. J'aimerais vraiment trouver une solution à long terme, car je suis fatigué de déménager ainsi tous les mois.

Afin de régler mon problème, il me vient à l'esprit l'idée de contacter mon frère aîné dont je n'ai pas eu de nouvelle depuis très longtemps. Comme nous vivons la même situation, peut-être pourrions-nous partager le même toit? Même si nous n'avons plus rien en commun depuis plusieurs années, je crois que nous partageons néanmoins la même solitude, la même détresse et le même passé. Puisqu'il a un travail permanent, acceptera-t-il de cohabiter avec moi? Cela me rassurerait, en plus de me permettre de vivre dans un environnement connu et stable.

Sachant qu'il a toujours maintenu une relation particulière avec Ginette, je réussis à obtenir ses coordonnées par l'entremise de cette dernière. En lui parlant, je réalise qu'il vit exactement les mêmes difficultés que les miennes, soit la solitude et la détresse. Nous n'appartenons plus à rien et n'avons aucun point d'ancrage. Nous sommes suspendus dans l'univers. Après une brève discussion, dans sa grande générosité, il accepte de partager un appartement avec moi. Il n'en fallait guère plus pour me rassurer.

Le 1er août, nous emménageons dans un petit deux et demi. Celui-ci se trouve dans un immeuble en hauteur de la rue Jean-Talon, en face du Centre hospitalier. C'est l'endroit où ma mère est décédée en 1955. C'est aussi le même quartier que nous habitions à l'époque et que nous avons quitté précipitamment après le mariage de mon père. Quelle coïncidence! Non sans amertume, mes souvenirs d'enfance rejaillissent dans mes pensées. Enfin... c'est le destin.

Mon horaire de travail demeurant inchangé, je dors le jour et travaille le soir. Quant à mon frère, il travaille le jour, boit le soir et dort le restant de la nuit. À la brasserie, je suis maintenant affecté en permanence à l'emballage des bouteilles de bière. C'est l'étape finale avant que celles-ci soient acheminées vers l'entrepôt. J'aime ce que je fais, car ce travail me garde actif physiquement et m'empêche de dormir. Un jour, la direction décide d'accélérer le rythme de production à un point tel, que la machinerie ne supporte plus la cadence. Du coup, les bouteilles éclatent les unes après les autres avant de tomber un peu partout en morceaux, laissant derrière elles un merveilleux nuage de brou. C'était à prévoir.

Dans l'énervement, alors que nous essayons de maîtriser la situation, une bouteille qui a éclaté en mille morceaux perce mon gant de sécurité. Je me blesse sérieusement à un pouce. Puisque la plaie est profonde et que je saigne abondamment, je suis transporté d'urgence à l'hôpital St-Luc où le médecin doit me faire plusieurs points de suture. Considéré comme un accident, je tombe momentanément en arrêt de travail. Mais dès qu'on retire mes pansements, je réalise malheureusement que j'ai perdu la sensibilité et la mobilité de mon pouce de la main gauche.

Après deux semaines de convalescence, comme il m'est impossible de retourner à mon poste de travail initial, on me confie la tâche d'inspecteur. Après le remplissage et le capsulage, je dois vérifier chaque bouteille qui défile devant moi sur une courroie et soustraire celles qui ne satisfont pas aux critères de qualité. Quoique le travail ne soit pas épuisant physiquement, il demande une grande acuité visuelle, ce que je n'ai pas. Le fait que je doive alterner continuellement l'usage de mes yeux pour examiner ces milliers de bouteilles m'épuise complètement. Mais craignant de perdre mon emploi, je décide de ne pas en parler. Je me soumets donc quotidiennement à cet exercice, et ce, durant huit heures.

Lorsque je retourne à l'appartement, ce n'est guère plus reluisant. Je retrouve la même atmosphère qui régnait jadis à la maison. C'est que malheureusement, mon frère a un problème de consommation d'alcool qu'il ne parvient pas à résoudre. Je suis peiné pour lui. Une problématique familiale, un scénario de vie qui se perpétuent et dont j'ai toujours voulu m'éloigner. Étant donné que nous vivons dans un espace très restreint, il m'est difficile de l'ignorer. Et comme nous nous engueulons régulièrement sur tout, nos relations deviennent de plus en plus tendues. Certes, je me sens en sécurité, mais en même temps, le climat m'est insupportable.

Un soir, en arrivant à la maison après mon travail, je constate que le tapis de l'appartement est mouillé à la grandeur. Il a décollé du plancher de béton et est soulevé tout le long des murs. Mon frère s'étant endormi, j'ouvre discrètement la lumière de la salle de bain pour constater l'ampleur des dégâts. Dans l'ombre de la nuit, je vois en plus qu'un côté de la tringle du rideau installée au plafond de la chambre est arraché et que le rideau est suspendu dans les airs. Ayant l'intention de faire le ménage, mon cher frère, qui était en état d'ébriété, a renversé accidentellement la chaudière d'eau, laquelle s'est par la suite répandue sur le tapis. Finalement, il a trébuché et est tombé sur les rideaux. Évidemment, je ne suis pas très content. Conscient des dommages et redoutant les répercussions, je me demande comment nous arriverons à réparer les dégâts. C'est suite à des situations comme celles-ci que mes commentaires et mon intransigeance ont l'art de heurter mon frère.

La semaine suivante, ce dernier m'annonce qu'il a l'intention de déménager seul. Notre relation a pris un tournant irréversible. Comme il a un emploi permanent, il peut se le permettre. Aucune discussion n'est possible. L'espace que nous occupons est trop restreint pour deux personnes et ne nous permet pas de prendre du recul. Le fait que nous ne partageons pas la même vision de la vie, un fossé immense nous sépare.

Je dois maintenant planifier mon septième déménagement en neuf mois. Je n'ai pas de mots pour décrire mon désarroi. Je suis complètement déstabilisé. Puisque nous sommes à la mi-août et que mes cours commenceront à la fin du mois, c'est encore une fois l'impasse. Étant incapable d'offrir la moindre garantie pour qu'on accepte de me consentir un bail à long terme, je dois me résigner à visiter des immeubles insalubres où l'on propose des locations temporaires à des gens qui passent, viennent et disparaissent.

Durant cette même période, je suis régulièrement malade. Après plusieurs semaines, le médecin diagnostique une amygdalite aiguë qui ne peut se résorber malgré les médicaments prescrits. Il me recommande de subir une ablation des amygdales. Après l'intervention durant laquelle sont survenues quelques complications, dont une hémorragie difficile à contrôler, on me conseille de ne pas rester seul à la maison au cours de la prochaine semaine. Dans un moment de désespoir, il me vient à l'idée de demander à mes parents de retourner à la maison, le temps que je récupère. Je contacte donc ma mère pour la prier d'intervenir en ce sens auprès de mon père. Même si la première est d'accord, je reçois du deuxième un refus catégorique. Une tentative désespérée qui n'aura abouti qu'à agrandir le fossé relationnel entre nous.

Un jour, de retour du travail, mon frère m'informe qu'il a loué un grand trois et demi, avec chambre, salon et cuisine complète, dans le sous-sol d'une maison privée située à Montréal-Nord, à l'est de la rue Pie IX. Il y emménagera le 1er septembre. Je suis désemparé, car de mon côté, je n'ai encore rien trouvé qui est à la fois propre et abordable.

Me sentant vraiment coincé, il me vient à l'idée de lui faire une contre-proposition. Aussi, je tente par tous les moyens de le convaincre que notre conflit est probablement dû à l'espace trop restreint dans lequel nous vivons. Je lui suggère donc de refaire un nouvel essai et de déménager ensemble dans son nouvel appartement, lequel est beaucoup plus spacieux. Après m'avoir écouté attentivement, il accepte ma proposition. C'est pour moi un dénouement heureux. C'est ainsi que le 1er septembre, nous emménageons dans un appartement sombre d'un sous-sol bien aménagé, dans un quartier résidentiel du nord de la ville mal desservi par le transport en commun. Nous sommes loin de tout. Les fenêtres sont si hautes qu'il nous est impossible de regarder à l'extérieur. Nous devons entrer par l'arrière de l'immeuble et n'avons pas d'adresse officielle. L'endroit n'est pratique ni pour mon frère, qui travaille à ville St-Laurent, ni pour moi qui étudie au centre-ville. Par contre, c'est spacieux et le prix du loyer est modique.

Une nouvelle année scolaire

En septembre, à dix-neuf ans, j'entame ma deuxième année universitaire. Je réalise que vingt-cinq pour cent des étudiants ont déjà abandonné leurs études, ce qui est alarmant. Je dois donc m'accrocher pour éviter de connaître le même sort.

En raison de l'accident survenu à mon travail, je dois maintenant subir une opération afin de retrouver la mobilité et la sensibilité de mon pouce meurtri. Malheureusement, comme je suis sur la liste des accidentés, je me vois dans l'impossibilité de pouvoir travailler à temps partiel à la Brasserie durant l'année scolaire.

Désespérément, je me mets à la recherche d'un petit boulot temporaire pour de boucler mon budget. Par contre, le problème de mobilité de ma main gauche fait qu'il m'est impossible de travailler comme serveur ou main-d'œuvre. Je dois donc concentrer mes efforts pour dénicher un poste clérical.

Après quelques semaines de cohabitation avec mon frère, notre relation demeure aussi fragile. Sûrement sommes-nous trop ancrés dans nos habitudes du passé, et influencés par nos personnalités si divergentes. Malheureusement, cet appartement, même s'il est plus grand, ne nous a pas permis de nous rejoindre, ce qui fait que nous nous retrouvons à nouveau dans l'impasse. Comme nous n'avions signé aucun bail, sans me prévenir, mon frère avise le propriétaire que nous quitterons les lieux le 30 septembre, sous prétexte qu'il veut se rapprocher de son lieu de travail.

Je n'ai donc que deux semaines pour trouver un nouveau toit et planifier mon huitième déménagement en moins de dix mois. Un scénario qui se perpétue et qui me déplaît. Je ne peux croire que je suis encore pris dans la même situation. Que d'instabilité! Afin de réduire le temps et les coûts de transport, je consulte la section «appartements à partager» dans le centre-ville à même les petites annonces des journaux. C'est l'unique façon de pouvoir respecter mon budget. Mais aurais-je déjà oublié ma première expérience de cohabitation? La prochaine fois sera peut-être plus positive. Nous verrons bien. Je visite plusieurs endroits se trouvant à distance de marche de l'école. Ou l'appartement est dans un état insalubre, ou les gens qui veulent le partager sont complètement tordus. Je rencontre même plusieurs pédophiles d'âge mûr à la recherche d'un petit canari pour leur chanter une chanson. À maintes reprises, on va jusqu'à m'offrir l'hébergement gratuit en échange de ma gentillesse et de ma contribution aux tâches ménagères. Me voilà encore plongé dans un milieu immoral! Une solution que je rejette rapidement. Pour trouver le support nécessaire et l'aide de Dieu, je fais ma prière tous les jours et prie Marie neuf fois par jour. Comme il est indiqué dans les journaux, je crois qu'en procédant ainsi, mes souhaits seront exaucés.

Le temps passe très vite. Nous sommes déjà à la fin du mois. Ayant été incapable de dénicher un endroit satisfaisant, je décide de louer un studio localisé sur la rue Berri, dans l'immeuble se trouvant juste à côté de celui que j'ai habité en début de saison. Il est meublé, mais sans télévision, radio et téléphone. Par contre, il est moins cher. Je pourrai ainsi réduire mes dépenses du fait que je n'aurai pas à utiliser le transport en commun pour aller à l'école et que le midi, je pourrai manger à la maison plutôt qu'au resto. Pour le déjeuner, je me contente d'une tranche de pain rôti au beurre d'arachide avec un verre d'eau. Pour le midi, c'est un sandwich grillé, jambon, tomate, salade, mayonnaise, et d'un coca-cola.

Malheureusement, je suis incapable de me trouver un emploi. Je suis donc de plus en plus à la merci de la décision du ministère de l'Éducation relativement à ma demande des prêts et bourses. Dans la solitude et une liberté totale, mes seuls passe-temps sont la lecture et mes devoirs. Pour me rendre à l'école, je presse mes pantalons tous les matins, histoire de bien paraître. Étant toujours vêtu de façon impeccable, je garde le moral et évite de laisser transparaître mes problèmes.

Les frais trimestriels que j'ai déboursés, incluant les dépenses pour le matériel scolaire, sont supérieurs à ce que j'avais anticipé. Et, ce qui ne m'aide guère, c'est qu'après une vérification auprès du ministère de l'Éducation, les décisions quant à l'octroi des prêts et bourses en vue la prochaine année ont été remises à une date ultérieure.

Vaincu par la vie

Après avoir payé la location du mois de novembre, me voilà coincé. Un beau matin, je me réveille dans mon studio sans un seul sou. Il m'est donc impossible d'acheter quoi que ce soit pour manger. Je suis désespéré. J'ai l'impression que je suis rendu à un tournant de ma vie. Il est temps de prendre une pause et de réfléchir. Amèrement, je dois admettre que dans les circonstances, il me sera impossible de poursuivre mes études. Je suis déchiré. Je me sens suspendu à une ficelle à travers les nuages. Une situation catastrophique que je n'avais jamais envisagée. Pour me sortir de ce merdier, je n'ai d'autre choix que d'abandonner mes études et me mettre immédiatement à la recherche d'un emploi à temps plein. Peut-être qu'un jour, je pourrai poursuivre mes études le soir. Seul l'avenir me le dira. Avec beaucoup de chagrin, je me sens vaincu par la vie. Mes illusions font place au désespoir et je suis dans un piètre état. Mais, je dois faire face à la réalité. Finalement, mon père aura eu raison de moi!

Début novembre, sans avoir déjeuné, mais élégamment vêtu avec un complet bien pressé, une chemise blanche et une cravate et sans laisser paraître ma détresse, c'est avec la mort dans l'âme que je me dirige vers le bureau du directeur de l'école pour remettre ma lettre de démission. Comble de la bureaucratie, la secrétaire m'annonce qu'il est occupé. En fait, j'ai l'impression qu'elle filtre tout simplement les demandes de rencontre. Après qu'elle m'ait demandé de lui indiquer le motif de ma présence, je lui remets ma lettre de démission. Elle prend connaissance du contenu puis me demande soudainement d'attendre quelques instants, le temps que son patron puisse se libérer. «Il est au téléphone», me dit-elle. Impatient, je ne vois pas l'utilité de perdre mon temps davantage dans ce bureau. N'ayant aucune autre alternative devant moi, ma décision est finale. Malgré tout, elle me convainc de rester, ne serait-ce que quelques minutes. Pendant que j'attends, elle se rend dans le bureau du directeur avec ma lettre de démission en main. Souhaitant commencer au plus vite ma recherche d'emploi, l'attente me semble insupportable.

Voilà, c'est à mon tour! Ce dernier souhaite me rencontrer, sauf que je ne vois vraiment pas la pertinence. Timidement, j'entre dans son bureau et il m'invite à m'asseoir. Après avoir vérifié mon dossier académique, il souhaite ouvrir une discussion sur les motifs de ma décision. J'ai l'impression d'être au confessionnal et suis très inconfortable. Je dois lui avouer ce que je ne veux pas admettre ou accepter. Je suis intimidé à l'idée de devoir dévoiler à un inconnu mes déboires familiaux, personnels et financiers. Il est par contre très attentif à mes doléances. Soudain, il m'avise qu'il a un dossier prioritaire à régler et que pour ce faire, il doit passer quelques appels téléphoniques. Du coup, il me demande gentiment de revenir le voir dans trente minutes pour terminer cette conversation. Je suis très surpris, tout autant qu'ennuyé et préoccupé par sa demande.

Un cadeau de Dieu

Néanmoins, je retourne à son bureau. Je m'assois inconfortablement sur une chaise de bois, immobile, sans rien dire. Finalement, il prend la parole. Il s'excuse du temps d'attente et me dit:

-«Mon cher garçon, tes notes sont excellentes, ton dossier académique est impeccable, et tu as un grand avenir devant toi».

Perplexe, je suis complètement perdu. D'un seul coup, sans dire un mot de plus, il déchire ma lettre et la jette à la poubelle. Puis, il me signifie qu'il ne peut accepter ma démission, avant de m'avouer tout bonnement que durant la dernière demi-heure, il a fait quelques appels pour trouver une solution à mon problème. C'est là qu'il m'annonce que l'Université de Montréal a accepté de me verser sur-le-champ une somme de deux mille cinq cents dollars. Ce chèque est un don, et je n'ai aucun autre engagement que d'accepter de poursuivre mes études. Je suis dans un tel état de choc que je suis incapable de réagir. Je ne le crois pas et en même temps, dans ma tête, je me dis: «Par la prière, mes vœux ont été exaucés. C'est sûrement le fruit de ma foi, de mon recueillement et de ma confiance en la vie. Merci mon Dieu!»

Le directeur me précise que le chèque sera prêt dans une heure, le temps d'obtenir les deux signatures nécessaires et me remet gentiment une note m'indiquant l'adresse du bureau où je dois me présenter pour le récupérer. Celui-ci est situé sur le boulevard Édouard-Montpetit, dans l'ouest de la ville. Par la même occasion, il m'annonce qu'il y a un concours organisé par la Société Hudon Deaudelin pour l'octroi d'une bourse d'études de deux mille dollars par année pour une période de quatre ans. Il me confirme que j'y suis inscrit d'office et que l'épreuve aura lieu dans deux semaines. On me communiquera au moment voulu les modalités de participation. En terminant, il m'offre un poste à temps partiel à la bibliothèque de l'université, poste que je pourrai occuper en fonction de mon horaire de cours. J'ai l'impression d'avoir gagné à la loterie. Une journée renversante, fabuleuse et extraordinaire qui va changer à tout jamais le cours de ma vie.

Avant que je ne quitte son bureau, il remarque que je suis anxieux et me demande s'il y a un problème non résolu. Je suis plus qu'embarrassé lorsque je lui avoue que je ne connais pas le trajet pour me rendre à l'Université de Montréal et que par surcroît, je n'ai pas un sou en poche pour prendre le métro ou l'autobus. Quelle honte! J'aurais aimé être une taupe et me camoufler dix pieds sous terre. Généreusement, et sans le moindre mot, il met la main dans sa poche et me remet trois billets de métro et deux dollars. Inutile de vous dire comment je me sens. Après le désespoir, c'est l'euphorie. Je suis étourdi tant les événements se succèdent rapidement. Je suis perdu dans mes émotions, dans mes rêves, et ne peux réaliser ce qui vient de se passer. À partir de ce jour, j'ai toujours eu beaucoup d'admiration et de reconnaissance envers cet homme extraordinaire qui a cru en moi.

Juste avant de quitter les lieux, sa secrétaire me remet gentiment une lettre cachetée. Elle contient une carte de souhaits et une coupure de vingt dollars. Voici son message: «Je vous souhaite bonne chance. Que ce petit présent puisse vous permettre de vous payer un bon repas ce midi». Je suis ému et très inconfortable d'accepter ce cadeau. Devant son insistance, je l'accepte finalement, non sans lui promettre de lui remettre un jour.

Empressé, nerveux et sceptique, je prends le chemin de l'Université de Montréal. Je suis encore incrédule et ne peux m'imaginer que ce sera aussi facile. Je n'y crois tout simplement pas. On dirait un conte de fées! En arrivant sur les lieux, le personnel du bureau administratif connaît déjà mon nom et m'attend pour me remettre le fabuleux chèque. En prenant possession de l'enveloppe que je m'empresse d'ouvrir, je constate qu'il y a effectivement un chèque de deux mille cinq cents dollars libellé à mon nom, accompagné d'une lettre du recteur de l'université. On me félicite d'être le récipiendaire de cette bourse, tout en reconnaissant mes talents et mon engagement à vouloir poursuivre mes études et bâtir mon avenir. Quelle valorisation provenant de personnes qui ne me connaissent même pas et qui ont vu en moi un potentiel de réussite! Merci à Dieu et à Marie. Je recommence à croire à ma bonne étoile.

Je suis énervé comme je ne l'ai jamais été. Fou de joie et étourdi par les derniers événements, je retourne allègrement à l'école pour assister aux cours de l'après-midi. Sur mon passage, je rencontre ma belle Monique, ma complice, qui me demande où j'étais passé ce matin. Après lui avoir raconté ce que je venais de vivre, elle se montre très heureuse pour moi et s'empresse de me dire qu'il fallait célébrer ce revirement spectaculaire. La voiture de son copain étant à sa disposition, elle m'invite à me rendre avec elle à St-Adèle, dans les Laurentides, pour partager un excellent repas dans un cadre exceptionnel. Pour ce qui est des cours, nous aurons amplement le loisir de récupérer les notes de nos collègues de classe. Sur la route, nous rions à nous en éclater. Ensemble, nous crions et sommes au septième ciel. C'est la fête et le bonheur total! En cette belle journée ensoleillée, nous nous évadons dans les Laurentides comme des gamins qui viennent de gagner le gros lot. Arrivés sur place, nous nous installons sur la magnifique terrasse d'une pizzéria ayant pignon sur la rue principale. Moi qui consomme très peu, je me dis pourquoi ne pas commencer par un bon verre de vin? Après tout, je l'ai bien mérité! C'est là une journée extraordinaire qui restera gravée à jamais dans mes souvenirs.

Grâce à Monique, je déguste la vie, le bonheur et le partage. Enfin, l'univers de demain s'ouvre devant moi. Cette fille est devenue ma confidente et j'apprécie beaucoup sa compagnie. Aucun jugement de sa part, aucune observation susceptible de me blesser. Seulement de la compassion, de l'empathie à revendre et un brin de folie pour égayer ma vie.

Le jour suivant, c'est le retour à la réalité. Très tôt, je me présente à l'école pour entreprendre les démarches en vue de l'emploi qui m'attend à la bibliothèque. Mon travail consistera à reproduire à la dactylo, sur des petites fiches, les actes notariés faisant partie des archives du Québec et remontant au début de la colonie. Le fait que j'ai déjà suivi un cours de doigté me facilitera grandement la tâche. Cet emploi me permettra de travailler entre les cours, selon mon horaire. Le nombre d'heures est à ma discrétion. Tout ce que j'ai à faire se résume à enregistrer mes heures d'entrée et de sortie.

Un nouveau toit

Je dois maintenant trouver un nouveau toit à prix modique afin de réduire mes dépenses et ainsi, éviter de me retrouver encore une fois dans une situation sans issue. On m'a informé qu'il y avait, dans le salon des étudiants, des babillards sur lesquels se trouvaient des annonces placées à l'intention des étudiants à la recherche d'un colocataire. Pour la première fois, je me rends à ce salon toujours bondé où les étudiants ont l'habitude de se rencontrer entre les cours. Je ne reconnais personne. Les gens sont en groupe et semblent se connaître depuis longtemps. Quelques-uns écoutent avec passion les monologues d'Yvon Deschamps qui sont diffusés à travers la salle à l'aide de haut-parleurs suspendus. Le monde s'amuse tant, que j'ai l'impression d'être dans un bar. Quel contraste avec mon mode de fonctionnement et ma façon de vivre si austère! Sur un des babillards fixés au mur du coin et camouflés derrière une porte, j'aperçois des annonces placées par des personnes qui sont à la recherche d'un co-locataire. «Et si je partageais un appartement avec un autre étudiant, la situation serait peut-être complètement différente?» me dis-je. En réfléchissant, je m'assois sur un fauteuil venant d'être libéré. Alors que je suis perdu dans mes pensées arrive un groupe d'étudiants. L'un d'eux affiche sur le babillard une nouvelle annonce précisant qu'il est à la recherche d'une personne pour partager un logement à compter du 1er décembre. Il en discute avec ses amis qui se montrent curieux. En écoutant discrètement la conversation, j'apprends qu'il vient tout juste de louer un appartement avec un ami d'enfance et qu'ils souhaiteraient avoir un troisième locataire pour partager les coûts. Coincé entre ma timidité et le désir d'en savoir davantage, je décide de me lever et de me présenter naïvement à lui pour obtenir plus d'informations.

Effectivement, son copain et lui ont loué un appartement chauffé comportant trois chambres à coucher situé dans un immeuble venant tout juste d'être construit à Montréal-Nord, près de la rue Lacordaire. Son ami a un travail permanent, et ensemble, ils ont signé un bail d'un an. Et effectivement, ils sont à la recherche d'un colocataire. Puisqu'il s'agit d'un nouvel immeuble, il m'annonce qu'ils ont profité d'une promotion de l'entrepreneur et que les trois premiers mois sont gratuits. Trois mois sans avoir à payer de loyer? Je ne peux y croire! La chance me sourit à nouveau.

Même si l'appartement est situé à Montréal-Nord et que le transport pour me rendre à l'école sera ardu, le fait de pouvoir m'exempter de payer un loyer pour les trois prochains mois fait bien mon bonheur. Nous prenons rendez-vous afin que je puisse rencontrer son copain avant de conclure une entente. Je dois avouer que je suis pressé, car nous sommes déjà rendus à la troisième semaine du mois et je dois quitter mon appartement pour le 1er décembre. La rencontre a lieu comme prévu. Certes, ce n'est pas la situation parfaite, mais pour l'instant, elle est de loin la meilleure qui s'offre à moi. Dans les circonstances, je me sens privilégié d'avoir finalement trouvé cet appartement. C'est ainsi que je dois planifier mon neuvième déménagement depuis que j'ai quitté le nid familial l'an dernier.

Encore avec l'aide de mon beau-frère, j'emménage le 1er décembre dans cet appartement non meublé et non insonorisé, situé au quatrième étage d'un immeuble neuf qui n'a aucun ascenseur. Seuls les électroménagers sont inclus. Pour meubler ma chambre, j'achète quelques coussins, des draps, un oreiller et un matelas simple que je dépose par terre dans un coin. Ceci me servira non seulement de lit, mais également de fauteuil. Et puis, je superpose des boîtes de carton l'une par-dessus l'autre en m'assurant que les ouvertures sont sur le devant, car elles me serviront de bureau de rangement. Comme rideau, un drap blanc dans la fenêtre pour écarter les regards indiscrets fera l'affaire. Pour ce qui est du reste de l'appartement, mes colocataires ont récupéré de leurs parents de vieux meubles tels une table de cuisine, quatre chaises, un sofa et un téléviseur.

Les compromis font partie de ma nouvelle réalité. Le premier week-end, je trouve étrange de faire pour la première fois l'épicerie à trois. Après quelques jours de cohabitation, je découvre que j'ai beaucoup plus d'affinité avec le copain de mon collègue universitaire. Par contre, comme ils sont de vieux amis d'enfance, je me sens parfois exclu. Je dois avouer que je ne suis pas tellement ouvert aux étrangers, ce qui n'aide pas à m'intégrer. Alors, je m'enferme dans ma petite chambre et profite de ces moments de solitude pour étudier, lire et me retrouver dans mes pensées.

Et voilà que je suis confronté à une situation que je n'avais pas prévue. Mes deux colocataires consomment de la marijuana et du haschich. Durant les week-ends, ils invitent occasionnellement des amis pour partager leurs activités et fumer. Ceci me déplaît et perturbe mes valeurs personnelles. Même s'ils ont l'amabilité de m'inviter à me joindre à eux, je n'ai pas les moyens financiers d'accepter, sans compter que la crainte de consommer de la drogue est encore plus importante que le plaisir qui pourrait en découler. Je décline donc toute invitation de leur part, préférant me confiner dans ma chambre jusqu'à la fin de la petite fête.

Au début de décembre, pour soigner mon pouce gauche, le médecin procède à une intervention chirurgicale. Malgré cela, je garderai des séquelles à long terme. La Commission de santé et sécurité au travail me fait alors parvenir un document médical m'informant que l'incapacité permanente de mon pouce a été évaluée à près de douze pour cent. Je reçois donc une compensation financière de mille huit cents dollars et obtiendrai un versement de quarante-cinq dollars par mois. Une réévaluation du dossier sera réalisée tous les trois mois. Dans les circonstances, loin de considérer cette situation déplorable, j'en conclus que le ciel vient encore une fois de me donner un coup de pouce pour me permettre de poursuivre mes projets.

C'est quoi le bonheur?

Nous voici déjà à la mi-décembre et finalement, je reçois une invitation officielle de la compagnie Hudon Deaudelin pour participer, au même titre que soixante-quinze autres étudiants, au concours pour l'obtention d'une bourse d'études de deux mille par année, et ce, pour les trois prochaines années. La pression est immense. Seuls trois lauréats se verront accorder un prix méritoire. Sans connaître les règles du jeu, je me présente sans prétention au concours tout en rêvant de gagner. Dès le départ, je réalise que l'exercice est éprouvant et que les exigences sont très élevées. Les participants doivent composer pendant trois longues heures une dissertation philosophique sur le bonheur. Je ne m'y attendais pas. Moi qui suis toujours dans l'action, que vais-je faire d'un sujet si philosophique?

Quelques secondes plus tard, je me dis de façon ironique: «Sujet que je connais très bien, n'est-ce pas?» Au départ, je suis aussi perplexe que perdu. Avant même de commencer, il me faut réfléchir longuement sur le thème et sa signification. Après plusieurs minutes d'interminable réflexion, en songeant à mes expériences vécues, ma pensée me dirige vers une piste à laquelle je n'avais jamais réfléchi. Pour moi, le bonheur, c'est de partager avec les autres ce que l'on a. C'est aussi de les aider et de les réconforter. Plongé dans mes pensées, tout autant que subjugué, j'écris en fonction de cette inspiration du moment. C'est là une expérience épuisante et stressante, mais à laquelle je me prête volontiers.

Une semaine plus tard, la liste des gagnants est affichée sur les tableaux de l'institution. Craignant une déception, je n'ose pas m'y approcher. Finalement, à ma grande surprise, je découvre que je suis l'un des trois lauréats. Je suis stupéfait. Je reçois cette nouvelle tel un cadeau du ciel. Mon message, sur ce que je considérais être le bonheur, a sûrement été entendu et compris. Situation paradoxale, étant donné qu'actuellement, je reçois beaucoup plus que ce que je donne. Rêve ou réalité qui contrastent fortement avec mon expérience de vie. Je me sens comblé.

Fin décembre, mon opération au pouce est un succès. En plus de l'indemnité touchée grâce à mon accident de travail, je recevrai bientôt ma première bourse d'études. Ma situation financière s'est grandement améliorée. J'ai reçu aussi par la poste une confirmation du ministère m'avisant que j'obtiendrai un second prêt étudiant de sept mille dollars au cours des prochains mois. De plus, il y a aussi mon emploi à la bibliothèque de l'école qui me procure un revenu d'appoint. Que demander de plus? Nous sommes à la fin du trimestre et mes résultats scolaires sont toujours excellents. Côté hébergement, mon loyer ne me coûtera rien jusqu'à la fin du mois de février. Il ne me reste qu'à payer les droits universitaires et le matériel scolaires. Enfin, un peu de stabilité et de sécurité dans ma vie!

La fin d'une année difficile

Ma sœur aînée attend son deuxième enfant, dont la naissance est prévue à la fin du mois. Elle assume toujours la garde des trois enfants de son conjoint et toute la famille habite maintenant un petit cottage modeste à Pointe-aux-Trembles. À cette époque, le régime d'assurance maladie n'existe pas et chacun doit payer pour les services médicaux rendus. L'an dernier, afin de régler les frais encourus lors de l'accouchement de ma filleule, mon beau-frère avait dû recourir à une entreprise de financement. Il va sans dire que les taux d'intérêts qu'il doit payer sont excessifs en plus de s'accumuler de façon exponentielle. Étant incapable de faire face à ses obligations, des procédures légales ont été intentées contre lui. Par surcroît, celui-ci doit aussi envisager de payer les frais du second accouchement. Au courant de mes dernières rentrées d'argent, il sollicite mon aide en me demandant de bien vouloir lui prêter l'argent requis pour mettre un terme à ses problèmes juridiques. Le bonheur n'est-il pas d'aider les gens qui en ont besoin? J'accepte donc de lui consentir un prêt de mille quatre cents dollars, sans intérêt, lequel me sera remboursé dès que sa situation financière se sera stabilisée. Homme de parole, un jour, mon cher beau-frère m'a finalement remboursé la totalité de ce prêt.

Étant donné qu'ils n'ont aucun soutien familial, car les liens parentaux sont coupés, ma sœur et lui me demandent si j'accepterais de garder les enfants lors de l'accouchement. Les trois plus vieux sont dans une situation très précaire. L'an dernier, ils ont perdu leur mère et se sont soudainement retrouvés dans un nouveau milieu familial, avec une nouvelle maman d'à peine vingt ans et sans expérience. Malgré tout, à l'image de notre mère, celle-ci a accepté l'entière responsabilité. Il va sans dire que les petits sont quelque peu perturbés par tous ces changements.

Même si je n'ai que dix-neuf ans et ne jouis d'aucune expérience dans l'éducation des enfants, j'accepte la garde, mais à la condition de bénéficier du soutien de mon beau-frère. Donc à la fin des cours, une fois les examens terminés, j'emménage chez eux quelques jours avant la date prévue de l'accouchement. À mon arrivée, je constate que mon beau-frère a fait l'acquisition d'un gros berger allemand. Ayant une peur atroce des chiens, je dois insister pour que celui-ci reste dans sa niche, à l'extérieur de la maison, et ce, durant tout mon séjour. Les quelques jours avant son départ à l'hôpital, ma sœur me familiarise avec les habitudes de la maison et me montre comment cuisiner les plats que je devrai préparer pour les enfants. Du coup, je réalise rapidement l'ampleur de la tâche.

Dans des circonstances difficiles, ma sœur accouche d'un garçon le 22 décembre. Mais en raison de complications médicales, son état de santé se détériore rapidement. Son moral est complément à plat et elle n'a pas l'énergie pour se battre. Le lendemain, je reçois un appel téléphonique du centre hospitalier pour m'informer que le prêtre lui a administré les derniers sacrements. Par la même occasion, on me demande les coordonnées de nos parents pour les prévenir et leur demander de se rendre à son chevet. Évidemment, le personnel n'est pas au courant de nos conflits familiaux. Selon mon beau-frère et le médecin, la seule chance de sauver Ginette serait que mon père accepte de venir la voir. Sans que cela soit une garantie de guérison, sa présence l'aiderait sûrement à se battre et à garder un peu d'espoir en la vie. Ceci me rappelle étrangement ma mère, décédée dans des circonstances similaires. Accaparé par les enfants et n'ayant aucune autre ressource, il m'est impossible de me déplacer pour aller la voir à l'hôpital.

Initialement, mon père refuse catégoriquement de se déplacer. C'est la consternation! Plusieurs intervenants contactent alors ma mère pour la prier de le convaincre de se rendre à l'hôpital avant qu'il ne soit trop tard. Une crise familiale inimaginable. Puis, il finit par acquiescer! Suite à sa visite inattendue, ma sœur retrouve graduellement l'énergie qui lui permet de se battre et finalement, de survivre. Selon le médecin, n'eût été l'intervention perspicace de ma mère auprès de notre père, ma sœur serait probablement morte.

De mon côté, je suis complètement dépassé. C'est Noël et je suis émotionnellement pris entre l'état de santé de ma sœur et la garde des enfants. Je dois préparer les repas, nourrir les enfants, laver la vaisselle, changer la literie, changer les couches et faire le ménage. Comme ils souillent leurs lits, je dois faire la lessive quotidiennement. Pour la préparation des repas, je dois composer avec ce qu'il y a dans la maison. Je n'ai aucun budget et n'ayant pas de voiture ni permis de conduire, je ne peux pas me rendre à l'épicerie. Seul, je dois faire face à toutes ces responsabilités. Probablement attribuable à un grand état de détresse, mon beau-frère est absent. Tous les soirs, très tard dans la nuit, il revient à la maison complètement ivre pendant que moi, je suis épuisé.

Les enfants, eux, se sentent délaissés et perdus. Ils pleurent pour un rien et les réprimandes ne font qu'aggraver la situation. Sur les conseils du père, seule une fessée peut leur faire comprendre qu'ils doivent se taire. Comme je n'y connais rien, je suis d'abord ces instructions. Mais après quelques jours de ce régime, je réalise que les enfants ont beaucoup plus besoin d'amour et de contacts qu'une raclée. Une atmosphère intenable pour nous tous. Je dois me retenir pour ne pas quitter les lieux. Dans les circonstances, il est vrai que je serais incapable d'abandonner les enfants. Moi qui ne devais rester que quelques jours, je dois modifier mes plans et demeurer sur place jusqu'au retour de ma sœur. Je suis exténué, et me sens complètement dépassé. Que faire?

Tous les jours, je communique avec ma sœur par téléphone, taisant mon désarroi, mes frustrations et l'absence de son conjoint. Elle revient finalement le 30 décembre. Afin de la soutenir, je reste quelques jours de plus, car elle n'est pas suffisamment en forme pour rester seule et prendre soin de cinq enfants. Dans un environnement perturbé et ébranlé par l'état de santé de la nouvelle maman, je célèbre avec eux le passage à la nouvelle année.

Mes cours devant reprendre le 5 janvier, je retourne chez moi le 2, afin de me ressourcer quelques jours. Je suis toutefois ennuyé de laisser ma sœur seule, sans soutien, avec ses cinq enfants, alors qu'elle était tout près de la mort il y a encore quelques jours.

Jeté à la rue

Je me retrouve dans ma petite chambre, avec mes affaires, en compagnie de mes colocataires qui ont célébré allégrement la période des Fêtes. Je suis complètement crevé. Le samedi soir 3 janvier, je me repose tranquillement dans ma chambre pendant que mes colocataires se défoncent avec leurs amis. Vers 23h30, je me réveille en sursaut, alors qu'on entend un bruit infernal en provenance de la cage d'escalier. Le système d'alarme a été déclenché. Une alerte au feu! Comme c'est un immeuble neuf, personne ne panique. Il s'agit sûrement d'une défectuosité du système d'alarme. Tout à coup, j'entends un bruit assourdissant; quelqu'un essaie de défoncer la porte d'entrée. En ouvrant, les pompiers nous demandent d'évacuer rapidement les lieux et de tout laisser derrière nous. Ceux-ci portent leurs masques à gaz et circulent entre les étages pour s'assurer qu'il n'y a plus personne dans l'immeuble.

Ils nous apprennent que le feu a déjà fait des ravages au rez-de-chaussée. La fumée a envahi les corridors et s'est déjà propagée à tous les niveaux. La situation est critique. On nous recommande de nous mettre une serviette mouillée sur la tête et de partir immédiatement. Nous avons quinze secondes pour enfiler un manteau d'hiver et sortir. À l'extérieur, il fait près de vingt degrés sous zéro et on prévoit que la température chutera sous les trente degrés.

Nous sommes tous pantois, debout sur le banc de neige de l'autre côté de la rue. Nous regardons les flammes, ce feu d'artifice inattendu, en espérant que le feu sera vite maîtrisé afin que nous puissions regagner nos unités. Mais le temps glacial fait que les pompiers ont de la difficulté à manipuler les boyaux d'incendie. Le temps passe et les flammes semblent avoir pris le dessus. Complètement frigorifié, vêtu légèrement et en souliers, je regarde les flammes qui partent maintenant du sous-sol pour aller caresser la toiture. On dirait un gigantesque feu de camp. En écoutant les gens, on comprend rapidement que personne n'est assuré contre les incendies. Des pleurs et une grande détresse s'ensuivent. Seule une âme charitable, un voisin du quartier, sert du café aux sinistrés. Il est maintenant trois heures du matin. Toujours aussi frigorifié, je reste immobile sur le banc de neige, attentant de pouvoir mettre la main sur quelques effets personnels. Quelques locataires ont déjà quitté les lieux, dont mon collègue d'école qui sans dire un mot, est retourné chez ses parents, lesquels habitent tout près. Quant à son copain, à qui les meubles appartiennent en grande partie, il est toujours là à attendre, espérant pouvoir les récupérer.

Ce n'est qu'au petit matin que les pompiers réussissent finalement à combattre les flammes. On nous annonce que l'immeuble est considéré comme une perte totale et que pour des raisons de sécurité, personne ne peut y accéder. Même qu'on le barricade sous nos yeux. Nous avons tout perdu, et je dis bien tout perdu. J'ai l'impression que le malheur me suit. Démoralisés, les gens quittent tranquillement les lieux. À 5h30 du matin, désespéré et songeur, je suis dans la rue et je ne sais pas où aller.

CHAPITRE 8

ET SI C'ÉTAIT ÇA LE BONHEUR?

De janvier 1970 — décembre 1971

En découvrant que je n'avais nulle part où aller, dans un élan de compassion, mon colocataire m'invite à le suivre chez sa mère qui habite à Ahuntsic. Veuve, la dame âgée vit seule dans une vieille maison d'époque à deux étages qui visiblement, n'a pu échapper à l'usure du temps. Par contre, l'intérieur est très propre. J'y reçois l'accueil chaleureux dont j'avais bien besoin. Par contre, la mésentente qui règne entre la mère et son fils est palpable, ce qui refroidit un peu l'atmosphère. En arrivant, il est convenu que je dois me coucher pour récupérer de ma nuit blanche. Aussi épuisé moralement que physiquement, je me réveille vers seize heures. Madame m'offre de m'accueillir une journée de plus, le temps de me trouver un nouveau toit. Vingt-quatre heures pour dénicher un nouveau gîte? Voilà qui m'occasionne un immense stress. Il me faut vite réfléchir pour trouver une solution.

Au point de départ, je pense à ma sœur Ginette. Mais étant donné son état de santé et sa situation familiale, il est impensable que je puisse y retourner. Quant à mon frère Yvon, je n'ai plus ses coordonnées. Du coup, c'est la panique. Non seulement je n'ai plus rien, mais je suis découragé. Finalement, le jour suivant, faisant fi de mon orgueil, il me vient à l'idée de contacter mon père pour lui demander timidement de m'héberger temporairement, le temps que je parvienne à me réorganiser. Puisqu'il a fini par accepter de se rendre au chevet de ma sœur, je me dis qu'il est possiblement dans de meilleures grâces. À tout le moins, je le souhaite! Aura-t-il un peu de compassion? M'écoutera-t-il? Je n'ai d'autre choix que de tenter le coup, car c'est là mon unique porte de sortie.

Sachant qu'il revient du travail vers 16h15 et que ma mère n'a aucun pouvoir décisionnel, j'attends le moment propice pour le contacter. Pour que notre conversation reste confidentielle, de peur que mes hôtes découvrent notre relation tordue, je me rends à une cabine téléphonique au coin de la rue. Je dois avouer que j'ai peur de sa réaction. Nous y voilà! Il répond au téléphone. En entendant le son grave de sa voix, je suis inquiet, car je viens de le déranger dans son souper. Lorsque les gens appellent à la maison à l'heure des repas, il n'est jamais content. Chaque fois, ça le rend furieux. Après lui avoir décrit brièvement ma situation, je lui demande s'il est possible de me recevoir quelques jours, le temps de trouver un nouvel endroit pour habiter. Avec agressivité et sarcasme, sur un ton ferme, il me somme de ne pas me présenter chez lui, et cela, sous aucun prétexte. Même qu'il me prie de ne plus le déranger. Puis, il raccroche sans rien ajouter. Il n'en faut guère plus pour que je me sente stupide d'avoir pensé qu'il aurait pu m'aider et coupable de l'avoir dérangé.

Plusieurs années plus tard, alors que j'ai renoué avec ma famille et que mon père est décédé, ma mère m'avouera que suite à cet appel, il l'avait informée de mon dernier malheur. Elle a ensuite admis que même si elle était en désaccord avec sa décision, elle n'avait pu intervenir.

Je suis là, dans une cabine téléphonique, en petits souliers et avec le seul manteau que j'ai pu récupérer, à me demander où je vais bien pouvoir aller. Je suis dévasté et un immense chagrin m'envahit. Je ne sais plus si c'est à cause de mon père, de moi ou de la vie, mais je fonds en pleurs et suis inconsolable. La seule certitude que j'ai, c'est que je suis bel et bien dans la rue.

Je dois me ressaisir rapidement, car autrement, je vais m'écrouler sur le banc de neige. Le découragement serait la pire des avenues. J'en suis rendu à mon dixième déménagement en quatorze mois. Pour me remonter le moral, je me dis que cette fois ce sera plus facile, car vu les circonstances, je ne crois pas que je pourrai récupérer quoi que ce soit dans mon appartement. Ce qui me facilitera au moins la tâche. Enfin! Je retourne chez mes hôtes pour réfléchir et fais de mon mieux pour camoufler ma détresse.

Une bouée de secours

Après quelques minutes de réflexion, je pense à Monique et Marc, ceux-là mêmes qui m'avaient si gentiment accueilli l'an dernier. Bien que gêné de les déranger à nouveau, je ne vois pas d'autre solution. Par contre, je me sens comme un mendiant! J'hésite, car je ne veux surtout pas abuser de leur générosité. Et puis, «ils auront toujours le choix de répondre non», me dis-je. Pour survivre dans ce froid hivernal, je me dois de mettre ma fierté de côté, car sinon, c'est dans la rue que je dormirai demain soir. Au premier appel, je n'obtiens aucune réponse. Puisque nous sommes le lundi soir cinq janvier et que les gens festoient encore, il est normal qu'ils ne soient pas à la maison. S'ensuit une attente interminable durant laquelle les minutes semblent des heures. Après plusieurs tentatives, je réussis finalement à les joindre. J'ai une telle peur qu'il refuse de m'héberger… ils sont mon dernier recours et s'ils ne peuvent m'aider, je ne sais pas ce que je ferai.

Avant même que j'aie terminé de parler, ils m'offrent aussitôt de m'héberger, en précisant qu'ils viendront me chercher demain soir. Un dénouement heureux! Je suis par contre mort de fatigue, malade, et moralement épuisé. Ayant passé toute la nuit dehors sans être adéquatement vêtu, j'ai contracté une très mauvaise grippe que je dois soigner rapidement.

Le lendemain soir, ils se présentent comme convenu à la porte de la résidence de mes hôtes. Aussitôt, nous nous dirigeons sur les lieux de l'incendie dans l'espoir de récupérer quelques effets personnels. On ne sait jamais! Une fois sur place, les pompiers autorisent les sinistrés à se rendre dans leur appartement respectif… du moins, ceux dont le feu n'a pas tout détruit sur son passage. Enfin, la chance me sourit. Je retrouve quelques vêtements. Bon… ils sont trempés et sentent la fumée, mais ils ont néanmoins été épargnés par le feu. De plus, je réussis à entasser dans une boîte quelques livres et des notes de cours pris dans un pain de glace.

Complètement exténué et atteint d'une très mauvaise toux, je me mets au lit dès que j'arrive à l'appartement de l'île Paton. Pour l'occasion, Monique devient mon infirmière et prend soin de moi avec beaucoup d'attention. Elle s'assure de plus de laver mes vêtements. Quant à Marc, en raison de son écoute, il est en quelque sorte devenu mon thérapeute. Grâce à leurs bons soins, je retrouve rapidement la vitalité nécessaire pour poursuivre mon quotidien. De retour à l'école, après m'être rendu compte que mes notes de cours étaient irrécupérables, je photocopie celles de mes collègues.

Le mois de janvier s'écoule rapidement. Appréciant leur compassion, leur écoute et leur confiance, je peux dire que Monique et Marc sont devenus ma famille d'adoption. Même si leur présence est pour moi une grande source de réconfort, je suis conscient que ceci n'est que temporaire et que je dois me mobiliser pour trouver un nouveau toit. Je ne voudrais surtout pas abuser de leur générosité.

À la recherche de stabilité

Au début février, après plus de quatre semaines, je suis encore là, vivant sous leur toit. Je dois à tout prix me prendre en charge, même si je suis aussi exténué par tous ces déménagements successifs et ces nombreux problèmes qui ont perturbé ma vie au cours des quinze derniers mois.

La période scolaire étant déjà très avancée, j'écarte la possibilité de cohabiter avec d'autres étudiants. Puisque j'ai déjà exclu les membres de ma famille pour des raisons évidentes, que me reste-t-il comme choix?

J'essaie d'identifier des personnes rencontrées dans le passé avec qui je me suis toujours bien senti. Puis, un soir, je pense à mon parrain, oncle Edgard, le frère de ma mère biologique, et à son épouse, ma marraine, tante Alice. Après le décès de notre maman, du fait que leur relation avec notre père ne se limitait qu'à de la simple courtoisie, nous avons fini par les perdre de vue. À l'époque, ils étaient gentils et me démontraient beaucoup d'intérêt. Pourquoi n'y avais-je pas pensé plus tôt?

En consultant l'annuaire téléphonique, je réussis à trouver leur numéro de téléphone. Mais les connaissant très peu, je suis gêné et me sens incapable de leur préciser le but de mon appel. Très heureux de recevoir de mes nouvelles, ils m'invitent à partager avec eux un repas à la maison. J'accepte bien sûr leur invitation, espérant trouver le courage de leur expliquer le but réel de ma visite.

À l'instar de ma mère biologique, tous les deux sont originaires de St-Basile au Nouveau-Brunswick. Ils ont un fils adoptif, Jean Guy, qui est maintenant marié et père de deux enfants. Depuis plus de vingt ans, ils habitent un cinq et demi situé au deuxième étage d'un duplex de ville St-Michel. Ils ont une colocataire qui en fait, est une cousine de ma tante. Elle s'appelle Lilly Cyr et habite les lieux depuis son arrivée à Montréal, soit depuis plusieurs années. Elle est célibataire et travaille comme serveuse dans le chic restaurant qui occupe le neuvième étage du Centre Eaton de Montréal. Mon oncle, qui est bossu de naissance, travaille dans une quincaillerie bien connue. Il est responsable des soumissions pour des projets de construction. Quant à ma tante, elle est très élégante. Pour boucler leur budget, elle travaille comme femme de ménage chez des gens riches habitant des maisons cossues de ville Mont-Royal et Westmount.

Durant la soirée, après avoir discuté avec eux de ma situation, je leur demande avec beaucoup de réserve s'il pouvait m'accueillir jusqu'à ce que j'aie terminé mes études. En découvrant le milieu au sein duquel nous, les enfants d'Éva, avons grandi, ils sont à la fois bouleversés et choqués. Étant religieux et pratiquants, ils se sentent concernés et responsables de ne pas avoir maintenu le contact avec nous après le décès de notre mère. Par contre, ils ne sont pas réellement surpris d'apprendre tout ce qui s'est passé, car il va sans dire qu'ils connaissaient déjà la personnalité de notre père.

Bien qu'ils aient déjà une colocataire, c'est sans hésiter qu'ils acceptent de m'héberger. Le petit boudoir de musique qu'utilise la cousine sera converti en chambre juste pour moi. Pour couvrir le coût des repas, nous convenons que je débourserai une pension alimentaire de douze dollars par semaine. Ce que je m'empresse d'accepter, évidemment. Le ciel m'a enfin exaucé… j'ai finalement trouvé un foyer!

Donc, en ce début de février, je deviens un nouveau résident de ville St-Michel. Quoique le transport, pour me rendre au centre-ville, soit long et qu'il me faut prendre plusieurs correspondances, je suis très content d'avoir enfin trouvé un toit stable et sécuritaire. C'en est terminé des déménagements!

Il y a longtemps que je ne me suis pas senti ainsi. Je suis bien entouré et je me sens protégé. Je vis maintenant dans un cadre familial structuré et harmonieux, sans compter que j'y suis accepté et apprécié pour ce que je suis. Du fait que mon oncle et ma tante croient en l'éducation, je représente pour eux un bel exemple pour ma génération. J'ai l'impression que je suis devenu un fils pour eux et qu'ils seraient prêts à tout pour me voir réussir.

Je développe avec ma tante une grande complicité. Avec le temps, s'établit entre nous une belle communication. Elle me partage ses états d'âme, et moi, mes problèmes quotidiens. Je suis son confident et elle, une complice. Elle devient en sorte une mère, m'offrant tout ce qui m'a tant manqué sur le plan relationnel. Tous les jeudis et vendredis soirs, alors que mon oncle et la cousine travaillent, nous en profitons pour faire la fête et discuter philosophie devant un bon verre de vin. Ces discussions se terminent parfois à deux heures du matin, heure à laquelle mon oncle et la cousine dorment depuis longtemps. Nous rions, plaisantons et échangeons tout bonnement. Tout ce que nous nous disons me confirme que je suis sur la bonne voie pour réaliser mes rêves et atteindre mes ambitions. Que puis-je désirer de plus? Je suis choyé par la vie qui peu à peu, me fait redécouvrir ce que signifient l'espoir, le bien-être et le sentiment d'être aimé.

Dans le cadre d'une promotion offerte par la compagnie émettrice de la carte de crédit de ma tante, je fais l'acquisition d'une chaîne stéréo que j'installe dans ma chambre pour écouter ma musique préférée. J'ai la chance de profiter de son crédit pour étaler le paiement sur les douze prochains mois. Enfin un peu de divertissement et la possibilité de suivre l'actualité. Mon univers s'agrandit. Les week-ends, comme je suis casanier, je passe la nuit à lire, parfois jusqu'à cinq heures du matin, tout en écoutant de la musique classique avec mon casque d'écoute. Je suis au septième ciel! Mes repas sont préparés tous les jours, mes vêtements sont lavés et repassés et je vis finalement dans un milieu où règnent l'harmonie et la paix.

Une rencontre imprévue

Que le temps passe vite! Il y a déjà trois semaines que j'ai emménagé chez mon oncle et ma tante et nous sommes déjà à la fin du mois de février. Ce week-end, j'ai reçu une invitation de ma sœur Liette. Elle veut que je l'accompagne mardi soir prochain pour faire du patin à roulettes à la récréathèque de Laval. Il s'agit d'une activité organisée par son école. Comme je n'ai pas l'habitude de sortir et qu'il fait un froid de canard, j'hésite à accepter. Sans compter que pour m'y rendre, je devrai emprunter le transport en commun, ce qui me déplaît quelque peu. Mais, puisque nous ne nous rencontrons que trop rarement, pour ne pas dire jamais, j'accepte son invitation.

Autour de la piste, nous échangeons brièvement sur nos vies respectives tout en en écoutant nos chansons préférées. Et puis, sans m'y attendre, ma sœur me confie qu'elle est follement amoureuse d'un garçon de sa classe. Elle me précise qu'il s'appelle Robert et qu'il participe à l'activité. Elle aurait bien aimé partager la soirée avec lui, mais malheureusement, il est accompagné par sa petite amie Carole, qu'elle jalouse au plus haut point. Tous les commentaires sont bons pour la dénigrer: elle est hautaine, trop bien habillée pour son âge, toujours trop maquillée, trop bien coiffée... elle ne cadre tout simplement pas avec les autres étudiantes de l'école. Enfin, selon ma sœur, elle est très prétentieuse. Il semble que tout lui soit permis, ce qui agace ses collègues de classe.

Et puis, voilà! Une idée folle lui traverse la tête pour tenter de s'approcher de Robert. Pendant qu'il s'absente pour aller aux toilettes, elle me demande d'entamer une conversation avec Carole, de lui faire du charme et de l'occuper quelques instants en l'invitant à faire un tour de piste. Ceci lui permettra d'entrer en contact avec lui et peut-être même, s'il le veut, faire un tour de piste en sa compagnie. Comme elle me plaît bien, cette Carole, j'accepte de jouer le jeu et me dirige vers elle. Je me présente et entreprends une conversation anodine, le temps que ma sœur invite son cher Robert à patiner avec elle. Comme ils se connaissent déjà, il accepte l'invitation, ce qui me laisse le temps de faire connaissance avec celle qui attire tant de regards. Elle est jolie et a une belle personnalité. Et bien sûr, elle est bien vêtue. Pour une jeune femme de seize ans, elle a un beau corps bien moulé. En plus d'être sympathique, elle aime rire. Mon strabisme, bien camouflé derrière des verres teintés, ne semble pas la déranger outre mesure. Elle est affable, ouverte et d'une approche inouïe. Je suis à la fois surpris et enchanté. N'eût été la manigance de ma sœur, je ne crois pas que j'aurais eu l'audace de l'approcher. La musique se termine, tout autant que le tour de piste de ma sœur au bras de son compagnon. Mission accomplie! À l'arrivée de Robert, je m'empresse de clore la conversation avec sa copine et de rejoindre ma sœur. Réussira-t-elle un jour à le conquérir? À la fin de l'activité, je retourne chez moi en me disant que j'ai passé une soirée très agréable. Aussi, je ne puis m'empêcher de me demander si je reverrai un jour cette belle demoiselle...

Liette, qui n'a que dix-huit ans, m'invite ensuite à l'accompagner lors de ses sorties du samedi soir, histoire de me faire découvrir les discothèques les plus branchées de Montréal. L'âge légal, à cette époque, est de vingt-et-un ans et je n'ai que dix-neuf ans. Le fait que je réside maintenant chez mon oncle et ma tante me permet de m'offrir quelques sorties. Lors de ces soirées, j'ai l'occasion de développer un nouveau réseau d'amis que je rencontre dorénavant chaque week-end. Le casanier que j'étais découvre un autre monde. Je recommence à vivre et à avoir du plaisir.

Les mois qui suivent sont relativement calmes. Je termine ma deuxième année universitaire, mais malheureusement, mon amie Monique est disparue dans la nature. Elle est au nombre des étudiants qui ont décidé de quitter l'université. Il en est de même pour Claude, mon copain de St-Eustache, pour Jean-Pierre, mon collègue du secondaire, et pour mon ex-colocataire. Je me retrouve donc seul. À ce jour, environ cinquante pour cent des étudiants ayant commencé leurs études en septembre 1968 ont décidé de quitter l'école. Les professeurs avaient bien raison de nous mettre en garde.

Par chance, il me reste les amis que j'ai rencontrés grâce à ma sœur. Ceux-ci proviennent de divers milieux et je continue de les rencontrer tous les week-ends. Nous sommes en mai et donc, au début de l'été. Bien que la réalité, d'un étudiant à un autre, s'avère différente, il y en a une qui nous rejoint tous: l'interminable attente des résultats de nos examens de fin d'année, lesquels décideront de notre sort en vue la prochaine année. Tout semble tellement aléatoire et arbitraire.

Un été de transition

Dans le but de trouver un emploi d'été, je me suis inscrit, il y a quelques semaines, au centre d'emploi de l'université. Ayant une certaine expérience à l'intérieur d'une brasserie, je réussis cette fois à décrocher un poste de commis au département de crédit de la Brasserie Labatt. L'entreprise se trouve dans un endroit perdu, dans un nouveau quartier industriel de ville LaSalle. Il est compliqué de s'y rendre à l'aide du transport en commun, mais puisque la rémunération est excellente, j'accepte l'emploi. J'en suis très heureux, résolu à trouver une solution au problème de transport.

Après quelques jours de formation, on m'affecte à mes nouvelles fonctions. Je suis responsable de l'approbation de crédit pour les nouveaux comptes, ainsi que de la gestion et la collection des comptes en souffrance. Une expérience administrative valorisante, qui se marie bien avec mes études. De ville St-Michel, je dois voyager au moins deux heures pour me rendre à la brasserie, ce qui me vaut quatre heures de transport par jour. À la longue, cela devient exténuant. Puisque je m'endors durant le trajet, j'ai toujours peur de manquer mes correspondances. Lorsque j'arrive au bureau, je suis crevé avant même d'avoir commencé ma journée. Je ne sais pas combien de temps je pourrai maintenir ce rythme. Afin de garder mon emploi, je crois qu'il serait souhaitable de me trouver un gîte à proximité. Même si ce n'est que pour l'été, je dois prévoir un autre déménagement.

Il me vient l'idée de contacter mon oncle Henri, le beau-frère de mon père, qui habite à ville LaSalle, et donc, tout près de mon bureau. Après le décès de Maman, je me suis souvent retrouvé chez lui lorsqu'il n'y avait pas d'école et je me souviens que je m'y sentais comme chez moi. Mais, depuis le décès de son épouse Éva, suite à un cancer, une certaine distance s'est établie entre lui et mon père. Je l'appelle donc et c'est volontiers qu'il accepte de me louer une petite chambre située au sous-sol de son duplex. Cette fois, mon père ne peut s'interférer, car il n'a pas été mis au courant. La pension que je dois payer est minime et respecte parfaitement mon budget. Mon oncle s'empresse toutefois de m'aviser que depuis le décès de sa femme, personne n'est responsable de la préparation des repas, de l'entretien de la maison et du lavage. Chacun doit s'organiser à sa façon. Appréciant grandement sa franchise et son ouverture, j'emménage chez lui pour l'été.

À mon arrivée, alors que j'ai en mémoire les bons souvenirs du passé, je réalise que l'atmosphère de la maison n'est plus la même. Au décès de ma tante s'est envolée l'âme du foyer. C'est triste. Mes cousins étant plus vieux, ils sont maintenant sur le marché du travail et sont impliqués dans plusieurs activités. Conséquemment, ils brillent par leur absence. Je ne les vois jamais. Je suis finalement seul, sans personne à qui parler, ce qui me déçoit beaucoup. Et puisque les horaires d'autobus en dehors des heures de pointe et durant les week-ends sont très limités, il est impensable de planifier des sorties au centre-ville. Je me résous à rester seul à la maison et je m'ennuie à mourir. Oui, j'ai résolu mon problème de transport, mais en contrepartie, je me retrouve dans un milieu déprimant.

Pour retrouver plus de gaieté, je retourne donc à ville St-Michel, en me disant qu'il y a sûrement une autre solution pour résoudre mon problème de transport. Le jour suivant, en arrivant au bureau, j'en discute avec mon patron. Celui-ci m'informe qu'il a un ami qui occupe un poste de chef de département et qui habite dans le quartier Ahuntsic. Aussi, voyage-t-il tous les jours avec sa voiture pour se rendre à la brasserie.

Peut-être pourrait-il me prendre avec lui? Mon patron me promet de lui en parler et de me revenir rapidement.

Trois jours plus tard, il m'annonce que son copain accepte d'assurer mon transport. Il y a toutefois une condition très claire à respecter: je dois être à sa porte tous les matins à 7h50 précisément. Si je n'y suis pas, il partira sans moi. Mais étant une personne assidue et disciplinée, je n'y vois aucun problème. Mon problème est enfin résolu. Dès lors, je vais au travail tous les matins, assis confortablement dans une Camaro convertible. Je suis très content, mais par contre, je suis un peu intimidé par mon chauffeur qui n'est pas ce qu'on peut appeler une personne volubile. Cela fait que les échanges se limitent au strict minimum. Mais bon… cela me sauve un temps fou et en plus, ça ne me coûte rien.

Durant cette même période, je reçois un appel de Liette qui m'annonce qu'elle a terminé ses études et qu'elle a réussi à obtenir un emploi de secrétaire pour une entreprise de financement qui offre des prêts personnels à taux élevés. N'ayant pas les moyens de s'acheter de nouveaux vêtements pour commencer son nouvel emploi, elle me demande si je pourrais lui prêter un peu d'argent, ce que j'accepte d'emblée et bien sûr, sans condition.

J'ai enfin trouvé mon équilibre. Loin de focaliser sur mon passé que je veux oublier, je canalise mes énergies sur mes projets d'avenir. Je peux enfin profiter entièrement de l'été et m'offrir d'agréables sorties avec mes copains.

Et si c'était ça le bonheur?

En ce beau samedi ensoleillé du mois d'août, mes amis m'invitent à les accompagner à la plage du parc d'Oka. Il est convenu que nous passerons la soirée dans la région pour nous amuser et faire la fête. Nous nous retrouvons finalement dans une discothèque située sur la rue principale à St-Eustache, fortement recommandée par ma sœur Liette. À notre arrivée, cette dernière est déjà sur les lieux en compagnie de ses copains et copines, qu'elle prend soin de me présenter. Je n'ai jamais été aussi heureux. Sans souci, inconscient et naïf, je peux enfin m'amuser normalement.

Plus tard, ma chère petite frangine vient me voir pour m'annoncer que la jeune fille que j'ai rencontrée l'hiver dernier à la récréathèque est présente dans la discothèque. Elle en profite en même temps pour me faire savoir qu'elle a réussi à sortir quelques semaines avec Robert, mais que c'était maintenant terminé. Donc, puisque Liette est sortie avec lui, c'est qu'il n'est plus avec Carole… la belle demoiselle qui ce soir, semble-t-il, porte une robe blanche décolletée, est donc libre comme l'air.

Comme ma première rencontre avec elle avait été très agréable, je pars à sa recherche. L'endroit est obscur, surpeuplé de jeunes à moitié ivres qui dansent dans une atmosphère un peu euphorique. Je tente de repérer une tache blanche dans cet épais brouillard, car les gens fument comme des cheminées. Enfin, je l'aperçois, assise au bar, parmi tous ces gens, dans ce noir saisissant qui met en évidence sa beauté et son bon goût. Je vois qu'elle est toujours aussi souriante et élégante. Discrètement, sans laisser paraître mon excitation à l'idée de la revoir, je m'en approche. Je veux à tout prix poursuivre notre conversation de l'hiver dernier.

Je reçois un accueil à la fois chaleureux et distant. Je peux comprendre, car elle est très sollicitée et je ne suis pour elle qu'un pur étranger. Après avoir refusé quelques-unes de mes invitations à danser, elle accepte finalement une première danse, puis une deuxième… tant et si bien que nous passons le reste de la soirée ensemble, à rire et à nous amuser. Quelle belle rencontre! «C'est peut-être ça le vrai bonheur?» me dis-je. Hélas, il est très tard et la soirée est terminée. Nous devons nous quitter, car son père viendra la chercher dans quelques minutes. Sans démontrer ni enthousiasme ni attente, et avec beaucoup d'hésitation, elle accepte, grâce à ma persévérance, de me donner son numéro de téléphone. Je la sens craintive. En fait, elle m'avoue avoir été très déçue, dans le passé, par la façon dont certains de ses prétendants se sont comportés avec elle. Bien que consciente de son charme, elle est aussi à la recherche de l'amour avec un grand A. Je dois vous avouer que sur le coup, j'ai un peu de difficulté à comprendre. Étant gêné, pudique et sans prétention, jamais il ne me serait venu l'idée de porter des gestes qui auraient pu lui déplaire. Je suis aussi à la recherche de l'absolu. Même que je suis un grand rêveur. Je m'intéresse à elle pour sa joie de vivre, sa beauté, son charme et sa candeur. C'est ainsi que j'ai retrouvé la jolie Carole, celle-là même qui deviendra un jour mon épouse.

Impatiemment, j'attends quelques jours pour la contacter. Regrettera-t-elle de m'avoir donné son numéro de téléphone? Eh non! Elle semble par contre surprise de mon appel.

Propulsé dans un autre univers

Petit à petit, je découvre qui elle est, ses goûts et les activités qu'elle aime. Carole, dont le nom de famille est Meunier, vient de terminer son cours de secrétariat et est actuellement à la recherche d'un emploi. Étant donné qu'elle habite à Fabreville et qu'elle n'a pas de voiture, le problème de transport lui complique la vie. J'apprends aussi qu'elle passe habituellement tous ses week-ends chez une amie d'enfance, Ginette, laquelle habite Ahuntsic, ce qui n'est pas très loin d'où j'habite. Ceci leur permet de sortir ensemble et de participer à plusieurs activités organisées sur l'île de Montréal. Elles se sont connues à l'âge de deux ans alors que leurs parents habitaient le même duplex. Elles sont aujourd'hui de bonnes complices et de grandes confidentes. Leurs parents sont également de proches amis et se côtoient eux aussi tous les week-ends.

Sans prétention, je l'invite un samedi soir à m'accompagner dans une discothèque de l'île Notre-Dame. Elle accepte, mais à la condition que son amie Ginette vienne avec nous. Pas question, pour elle, de laisser sa meilleure copine en plan. Pourquoi pas?

Puisque je suis étudiant, il est convenu que chacun paiera pour ses dépenses. Nous passons tous les trois une agréable soirée et depuis, nous sortons ensemble tous les samedis soir pour aller danser. Cela me donne l'occasion de présenter Ginette à mes amis, dont certains auront la chance de se voir accorder une sortie. Un samedi soir, alors que je reconduis ces demoiselles à Ahuntsic, nous nous retrouvons soudainement dans la rue en train de danser la danse du canard. Nous avons tellement ri, que ces petits pas de danse deviennent notre rituel du samedi soir. Un brin de folie et de plaisir à l'état pur.

C'est là que débute ma relation avec Carole. Je suis heureux que la vie m'apporte autant de joies et de bonheur, tout comme je suis aussi rassuré par le fait que ma copine ne semble guère importunée par mon strabisme. Elle m'accepte comme je suis.

Au bout de quelques semaines, elle m'invite, à la fin d'une soirée, à rencontrer ses parents. Ceux-ci ont été invités par les parents de Ginette pour jouer aux cartes avec d'autres amis. Je suis également invité pour le petit gueuleton qui sera servi. Je suis intimidé à l'idée de devoir rencontrer à la fois les parents de Carole, de Ginette et tous leurs amis. Finalement, tout se déroule à merveille et je suis très bien accueilli.

Avant de quitter les lieux pour retourner chez moi, les parents de Carole m'invitent à me joindre à eux le lendemain, à leur résidence de Fabreville, pour participer aux activités du dimanche qu'ils organisent avec leurs amis. J'aurai aussi l'occasion de rencontrer les deux frères aînés de la famille.

Puisque Ginette et ses parents ont aussi été invités, ils m'offrent gentiment de m'emmener. À la fois flatté et étonné de recevoir une si belle invitation, j'accepte avec plaisir. Les deux complices que sont Carole et Ginette profitent alors de ma naïveté pour me laisser sous-entendre que les parents de Carole viennent d'un milieu social très modeste et que de ce fait, je ne dois pas m'imaginer qu'ils vivent dans un palace. Étant donné qu'ils sont très bien vêtus, ces commentaires, tout autant que la description négative qu'elles me font de la maison, me laissent quelque peu perplexe. Je verrai bien!

Puis, en ce beau dimanche après-midi ensoleillé, je débarque à Fabreville en compagnie de Ginette et ses parents. Les hôtes nous accueillent chaleureusement dans ce qui finalement, s'avère être une somptueuse maison, richement meublée et décorée avec goût, en plus d'avoir paru dernièrement dans le magazine Décormag. Une belle voiture, un bateau à moteur amarré au quai dans la rivière située à quelques pas de la maison et un terrain de badminton sur la propriété complètent le tout. Le cadre est magnifique.

Plusieurs amis sont déjà sur place. Quelques-uns jouent au badminton, certains se préparent à faire du ski nautique et d'autres misent tout simplement aux cartes pendant que plusieurs se font dorer au soleil sur le patio. Verre à la main, tous s'amusent. Il y a de la bière, du vin, des boissons fortes et du champagne pour tous. J'ai l'impression d'être dans un petit hôtel de luxe. Les plateaux en argent garnis de hors-d'œuvre circulent continuellement, comme dans une réception ou un mariage. Pour rehausser l'atmosphère, on entend, à travers les haut-parleurs installés partout, autant à l'intérieur qu'à l'extérieur de la maison, les musiques préférées de Monsieur. Il a une préférence particulière pour le Jazz et le soul. Son chanteur favori est indéniablement James Brown. C'est ainsi que je découvre peu à peu la musique américaine et les plus grands artistes de l'époque. Les portes-fenêtres avant et arrière de la demeure sont grandes ouvertes pour favoriser les allées et venues des invités. Je ne sens aucune controverse, aucune malice et aucun dénigrement de la part de ces gens, même qu'ils m'accueillent très bien. Le fait d'être étudiant à l'université les impressionne. Pour moi comme pour eux, l'ambiance est à la détente et au plaisir.

Je découvre que Monsieur et Madame sont des hôtes extraordinaires. Je n'aurais jamais cru qu'une famille pouvait se permettre de vivre ainsi. Ce qui me surprend, c'est lorsque j'apprends qu'ils invitent chez eux entre vingt et trente personnes chaque week-end. Ayant longtemps travaillé dans le domaine de l'hôtellerie, le père de Carole adore recevoir.

Pour moi qui suis issu d'un milieu très modeste, c'est l'abondance! Un monde et un style de vie qui m'étaient jusque-là inconnus et qui tranchent avec mon vécu. Que ce soit un rêve ou la réalité, je suis ébloui par ce que je vois. Je me sens propulsé dans un univers qui se rapproche de mes désirs imaginaires.

Seuls les frères de Carole, qui n'habitent plus là, tardent à arriver. Selon les commentaires que m'adressent les invités, les deux fréquentent les discos jusqu'aux petites heures du matin. De ce fait, il arrive fréquemment qu'ils se présentent plus tard dans la journée. Chaque fois, ils sont accompagnés par une nouvelle conquête. Ils prennent plaisir à venir les présenter, car elles sont toujours plus jolies les unes que les autres. Ils conduisent des voitures de sport et font grande impression devant les invités. Après avoir entendu tout cela, je suis un peu inquiet et redoute leur réaction lorsqu'ils me verront. Je ne cadre vraiment pas avec leur style de vie. Je ne suis pas un Don Juan, je ne conduis pas de voiture, je suis sans emploi, pauvre, très timide et par surcroît, j'ai les yeux croches. Je ne suis qu'un simple étudiant universitaire, ambitieux et rempli d'espoir…

L'aîné, qui s'appelle Robert, arrive quelques heures plus tard, accompagné d'une très jolie demoiselle qui a l'allure d'un mannequin. Ils sont tous les deux très beaux, bien mis et à la mode. Ils sont de plus très gentils. Ils auraient pu figurer en première page d'un magazine de mode. Mon premier contact avec eux s'avère positif et très chaleureux. Robert m'apprend qu'il est coiffeur dans un salon que possèdent ses parents à Montréal.

Le deuxième fils, Jean, arrive quelques minutes plus tard dans sa corvette vert foncé. Lui aussi est accompagné par une fort jolie demoiselle, laquelle semble sortir directement d'un défilé de mode. Mais son approche et son attitude contrastent avec les autres membres de la famille.

De prime abord, il ignore ma présence, ce qui me rend inconfortable. Il me semble prétentieux et imbu de lui-même. Il n'occupe pourtant qu'un simple poste de commis dans un garage, emploi qu'il a obtenu grâce aux relations de son père. Lorsqu'il finit par remarquer ma présence, il ne se cache même pas pour montrer sa surprise à Carole et lui exprimer sa désapprobation. C'est que Monsieur aurait espéré un meilleur parti pour sa sœur de dix-sept et ne se gêne pas pour le lui faire comprendre. C'est lors d'une de ces premières rencontres dominicales qu'il n'hésite pas à me demander avec arrogance si j'espérais devenir un jour quelqu'un avec ma petite valise et mon diplôme universitaire. Inutile de vous dire que ces commentaires ne sont pas de bons augures pour nos relations futures. À l'instar de Carole, je ne fais qu'ignorer ces propos aussi dévalorisants qu'humiliants. Pour moi, le plus important, c'est ma relation avec elle et l'accueil chaleureux que ses parents m'ont réservé.

Je découvre en Carole une femme affable, empathique, d'un caractère doux, d'une sociabilité inouïe, d'une compréhension extraordinaire et très ouverte sur le monde. Elle est à l'écoute des gens. Son attitude envers moi me valorise. Je me sens comme un petit prince. C'est la première fois que j'ai l'impression d'être quelqu'un d'important. Nés tous les deux sous le signe du bélier, nous avons beaucoup de points en commun. Elle est née le 17 avril 1953 alors que ma date d'anniversaire est le 16 avril. Quoique mes rencontres antérieures aient été de très courtes durées, cette fois j'ai le sentiment que notre relation prendra une autre direction. Ce que je peux dire, c'est que j'adore être en sa compagnie.

Le rituel du dimanche, chez ses parents, s'installe peu à peu dans ma vie et notre relation se solidifie graduellement. Les dernières années ayant été pour moi très difficiles, ce milieu familial me permet de découvrir que la vie peut être aussi agréable. Je vis enfin de beaux moments.

Peu à peu, j'en découvre davantage sur ces gens et leurs origines. Le père, Elzéar Meunier junior, est le cadet de cinq enfants. Il a été élevé dans un hôtel, car ses parents, Elzéar Meunier et Aurore Meunier, dit Lagacé, étaient propriétaires d'un établissement hôtelier très connu à Laval. Elzéar senior s'impliquait aussi en politique et occupait la fonction de Président de la commission scolaire. C'est avec fierté que Monsieur Meunier m'apprend qu'à l'époque, dans la région que l'on nommait L'Abord à Plouffe, sa famille était la première à posséder une voiture. Malheureusement, son père est mort très jeune, dans la quarantaine, laissant derrière lui son épouse et ses cinq enfants. Suite à cela, sa mère a pris la direction de l'hôtel, qu'elle a administrée pendant plusieurs années. Enfin, Monsieur Meunier me signifie que les amis de la famille sont tous propriétaires de commerces, en plus de faire partie d'un réseau de gens d'affaires bien établis dans la région. Un contraste évident avec mon milieu.

Quant à la mère de Carole, Rita Zuanetti, originaire de La Malbaie, elle est issue d'une famille de quatre filles. Sa mère, Irma Forgues, est québécoise et son père, Luigi Zuanetti, est un ressortissant italien dont les parents habitaient la région de Venise. Au début du 20e siècle, l'Italie, qui vivait de grandes perturbations politiques, était au seuil de la guerre. Alors qu'il avait dix-huit ans, Luigi reçut de son père, qui était bijoutier, de l'argent et un diamant pour qu'il puisse quitter l'Italie et venir s'installer au Canada. Il s'établit donc à La Malbaie et épousa Irma quelques années plus tard. Dans cette région, il devint propriétaire d'une importante entreprise de construction, spécialisée dans le réseau routier et dont la majorité des contrats provenait des différents paliers gouvernementaux. Pour des raisons que j'ignore, il est évident que les liens réunissant la famille de Monsieur sont beaucoup plus serrés que ceux existant au sein de la famille de Madame.

Après la vente de l'hôtel, Monsieur Meunier, grâce au soutien de sa mère, a ouvert dans le quartier d'Ahuntsic, plusieurs petits commerces tels une biscuiterie, un magasin de chaussures, une pharmacie et enfin, un restaurant. Par la suite, il a acquis l'immeuble dont il occupait les locaux commerciaux au premier étage avant de faire, du deuxième étage, sa résidence familiale.

Sa déception profonde, résultant de la vente de l'hôtel où il a travaillé pendant tant d'années, est encore très palpable. Il aurait tant aimé que cet établissement lui soit légué. Mais, les membres de la famille en avaient décidé autrement…

Aujourd'hui, les Meunier sont toujours propriétaires de l'immeuble d'Ahuntsic. Après qu'ils aient cessé de l'habiter pour déménager à Fabreville, ils ont converti le deuxième plancher en maison de chambres. Le premier niveau, quant à lui, est occupé par un restaurant, un fleuriste, un salon de barbier et un salon de coiffure qui leur appartient. Madame gère l'établissement et son fils y travaille comme coiffeur.

À mes yeux, ces gens sont des entrepreneurs menant un style de vie très particulier. Pendant que Madame passe ses journées au salon de coiffure, Monsieur profite de son temps pour faire quelques travaux de maintenance et rencontrer ses amis. Il n'a aucune autre activité. Âgé de seulement cinquante-et-un ans, il peut déjà profiter de la vie.

Arrive le 1er septembre et la fin de l'été. Une saison aussi exceptionnelle qu'inoubliable. Non seulement ai-je trouvé une petite amie extraordinaire, mais j'ai découvert, au sein de sa famille, une autre façon de vivre. Durant cette courte période, les paradoxes se sont succédé à un rythme effarant. J'ai été exposé à l'abondance après avoir connu la misère. J'ai reçu l'admiration et le soutien après avoir connu le rejet et l'abandon. Je me suis intégré socialement après avoir été longtemps isolé. Enfin, après une vie terne et casanière, j'ai vécu une vie trépidante. Ma vie vient de se transformer. Pas de doute, ma bonne étoile me suit toujours!

Le retour en classe

C'est le retour en classe. L'école a quitté le carré Viger pour installer ses locaux sur le flanc du Mont-Royal, sur un terrain adjacent au campus de l'Université de Montréal. Un immeuble en béton moderne et sans fenêtres qui tranche avec celui que nous occupions. Bâti avec de la pierre taillée, ce dernier était beau, mais désuet. Quoique les nouveaux locaux soient modernes et adaptés en fonction des besoins de l'époque, je me retrouve seul dans ce bâtiment froid. Tous les amis qui ont fait partie de mes groupes de travail ainsi que ceux que je fréquentais occasionnellement ont abandonné leurs études: les exigences pédagogiques ont eu raison d'eux. Finalement, de ce groupe d'amis, je suis l'un des seuls survivants de la cuvée 1968.

Le fait que j'aie travaillé durant les trois derniers mois relègue mes problèmes financiers loin derrière moi. De plus, mon poste de commis-dactylo à la bibliothèque a été maintenu, ce qui m'assura un revenu constant tout au long de la prochaine année.

Dès la rentrée, je fais la connaissance d'une jeune fille qui elle aussi, a perdu tous ses amis suite à la dernière purge. Eh oui… eux non plus n'ont pas survécu aux examens de fin d'année. Son nom est Michelle. Le hasard veut qu'elle habite Ahuntsic, dans l'immeuble situé juste en face de celui des Meunier. Avec sa mère, qui est veuve et secrétaire administrative, elle y occupe un petit logement modeste au quatrième étage. Le monde est petit. Même que sa mère est une cliente régulière du salon de coiffure! Comme cette dernière voyage en métro pour se rendre à son lieu de travail, elle laisse sa voiture à sa fille, jugeant qu'il est plus facile, pour elle, de se rendre ainsi à l'université. Cela, effectivement, lui évite les longues correspondances imposées par le transport en commun. Comme nous avons le même horaire de cours, elle me propose de m'amener tous les jours avec elle, sans rien exiger en retour. Il va soit que j'accepte son offre. De ville St-Michel, je prends donc l'autobus tous les matins pour me rendre chez elle. Du coup, nous voyageons et étudions ensemble, assistons aux mêmes cours et faisons partie des mêmes groupes de travail. Nous sommes si souvent ensemble que nos collègues de classe croient que nous formons un couple. Elle est toujours bien mise, sérieuse, a de très bonnes manières, une excellente éducation et est une intellectuelle plutôt réservée. Avec le temps, elle devient une amie extraordinaire. Cette relation incommode quelque peu Carole, en particulier lorsqu'à travers la vitrine du salon de coiffure, elle me voit partir chaque matin avec elle.

Malgré tout, les mois passent et ma relation avec Carole se bâtit au gré du temps. Nous avons beaucoup de plaisir ensemble. Comme des enfants, nous adorons nous amuser, rire et faire de belles sorties. Gêné et pudique, il est évident que je n'ose jamais poser des gestes susceptibles de nuire à notre relation. Cela fait qu'elle se sent en confiance. Nous passons pratiquement tous les week-ends chez elle, avec l'assentiment de son père et de sa mère. J'ai maintenant ma chambre au deuxième étage, à l'opposé de la sienne. Étant donné que je reçois beaucoup d'attention de la part de ses parents, j'ai l'impression d'être chez moi, un peu comme s'ils m'avaient adopté. Je me sens très bien. Je n'aurais jamais cru que la vie pouvait être ainsi.

Selon les saisons, les activités familiales changent. L'automne constitue le moment propice pour les soirées mondaines du samedi soir et les parties de cartes du dimanche après-midi. Carole et moi sommes toujours invités à accompagner ses parents lors de réceptions organisées par différents organismes ou entreprises. Parfois, ces réceptions se déroulent dans des endroits huppés comme le château Windsor ou l'hôtel Reine Élisabeth ou encore, dans des sous-sols d'église. Ces soirées dansantes sont somptueuses. Accompagnées de leurs époux vêtus de leurs plus beaux habits de soirée, les dames, toujours en robe longue, sont élégantes. Durant l'hiver, le ski dans les Laurentides et les glissades en traîneau remplacent le ski nautique et le badminton. Ces activités du dimanche se terminent toujours par un souper au resto, suivi d'une partie de cartes à la demeure familiale. Chaque fois, les parents de Carole se font un plaisir de payer pour nous. Intimidé au début, je réalise qu'ils le font, car ils sont très heureux qu'elle et moi prenions part à leurs activités.

Je suis privilégié d'avoir rencontré Carole et de pouvoir partager toutes ces activités avec elle. Ses parents sont d'une gentillesse extraordinaire. Ils font partie de ces gens dont le statut social et l'apparence ont toute leur importance. Comme je poursuis des études universitaires, ils n'ont que de l'admiration pour moi. À ce chapitre, leur encouragement est exceptionnel. Selon eux, il n'y a aucun doute que je réussirai. Même qu'ils me voient déjà avec mon diplôme en main. Ils auraient tant souhaité que leurs fils, les seuls à pouvoir perpétuer le nom de la famille, aient eu la même motivation que j'ai. Mais en vain! Même si la grand-mère avait offert de payer pour leurs études, ils ont refusé.

En comparant ce milieu familial au mien, je considère que ces frères ont été très privilégiés. L'aîné s'étant orienté vers la coiffure pour dames, ses parents ont acheté un salon de beauté pour s'assurer qu'il ait un bon emploi. De plus, au deuxième étage de l'immeuble, un beau petit studio a été aménagé spécialement pour lui. Pour ce qui est du deuxième fils, qui vit aussi à Montréal, le père n'a pas hésité à user de ses relations pour lui trouver un emploi.

Carole est donc la seule qui demeure encore au domicile familial. Cadette de la famille, elle a su établir un contact spécial avec ses parents, en plus de développer, avec sa mère, une complicité extraordinaire. Elle est l'enfant désirée, la sœur, l'amie et la confidente. Puisque sa mère a du goût et qu'elle est toujours élégamment vêtue, elle n'hésite pas à porter ses chaussures, ses robes et ses bijoux… avec le consentement de celle-ci, évidemment. Ce qu'elle porte lui va à merveille.

Nous sommes maintenant en décembre 1970 et je termine mon premier trimestre. Pour la première fois, j'ai eu droit à une période d'accalmie. Aucun événement majeur n'est venu perturber ma vie. Inutile de vous dire que j'en suis fort heureux.

Pour la période des Fêtes, à la demande des parents de Carole, compte tenu de l'achalandage, j'accepte volontiers de travailler au salon de coiffure durant les week-ends. Robert a une excellente réputation comme maître-coiffeur et attire une clientèle prisée. Quant aux autres coiffeurs, plusieurs de leurs clientes les ont suivis lorsqu'ils ont décidé de se joindre aux Meunier. Carole agit comme hôtesse pendant que sa mère contrôle les activités du salon. Comme il y a un buffet, elle s'assure que chaque cliente puisse être servie durant le temps d'attente, qui peut parfois être très long. De mon côté, je travaille à la réception où je prends les appels et fixe les rendez-vous. Étant aussi responsable de la caisse et de la comptabilité, à la fin de la journée, je m'assure de rémunérer les coiffeurs en fonction du chiffre d'affaires qu'ils ont généré. Puisque les parents de Carole paient toujours pour mes repas au restaurant et parfois pour mes sorties avec leur fille, il va de soi que je travaille pour eux à titre gracieux.

Ébloui par l'opulence

Cette année, mes activités de fin d'année vont contraster de beaucoup avec celles de l'an dernier. Eh oui! À l'occasion du souper de Noël organisé chez sa grand-mère Meunier, Carole souhaite me présenter à toute la famille, c'est à dire aux oncles, aux tantes et aux cousins. L'idée de les rencontrer m'intimide, surtout après avoir entendu les commentaires élogieux sur le déroulement et la splendeur de ces réceptions familiales.

Ce soir, pour le réveillon de Noël, nous avons été invités chez des amis de Monsieur et Madame Meunier. Ces gens habitent aux appartements Bellerive, un immeuble somptueux situé aux abords de la Rivière-des-Prairies. En fait, il s'agit de l'oncle de Ginette, que j'ai déjà eu la chance de rencontrer. Il est président des encyclopédies Grolier. Puisque les dernières clientes ont quitté le salon de coiffure vers vingt-trois heures, nous sommes en retard pour la réception. Malgré tout, nous passons une soirée enivrante qui se termine au petit matin. Durant celle-ci, j'ai été propulsé dans un tout autre univers.

Le matin du 25 décembre, à la résidence des Meunier, je me réveille comme dans un conte de fées. Après le petit-déjeuner, durant lequel je pouvais ressentir la joie et l'allégresse de Noël, je vois soudainement Carole et ses parents qui se préparent avec beaucoup de minutie pour être à la hauteur des autres membres de la famille. Alors que le son de la musique de Noël se fait entendre dans toute la maison, Monsieur Meunier nous offre un verre de champagne. Coiffées comme des mannequins,

Carole et sa mère portent des robes somptueuses, rehaussées de bijoux parfaitement assortis. Carole porte une robe longue en velours noir, qui en plus d'être révélatrice, met en évidence sa beauté et ses cheveux blonds. Son père est vêtu d'un beau complet neuf, avec chemise et boutons de manchettes. Quelle élégance! Quant à moi, j'ai toujours mes complets passe-partout et les chemises blanches que je porte pour aller à l'école.

Avant de partir, nous procédons à la remise des cadeaux. Carole et moi avions prévu de faire un petit échange. Durant les dernières années, n'ayant jamais reçu quoi que ce soit de la part de mes parents en guise de cadeau de Noël, je suis fort surpris lorsque Monsieur et Madame me remettent une boîte cadeau. Un geste qui me flatte et qui veut tout dire. Je me sens réellement choyé. Le 25 décembre 1970 est donc la date officielle de mon entrée au sein de la famille Meunier.

Lorsque nous arrivons à la résidence de la grand-mère paternelle, du fait que sa voiture n'est pas aussi belle que celles des autres membres de la famille, Monsieur Meunier s'empresse de la stationner un peu plus loin pour ne pas qu'elle soit vue. Je suis très surpris de ce geste. Mais, en approchant de la propriété, je commence à comprendre. Devant la porte d'entrée, j'aperçois des voitures luxueuses qui s'amènent et qui mettent en évidence l'aisance des invités. Les dames qui en descendent sont vêtues de manteaux de vison camouflant une longue robe stylée. Elles sont tellement élégantes, que j'ai l'impression d'assister à l'ouverture d'un gala.

Lorsque j'entre dans la maison, je suis plus qu'impressionné en voyant l'intérieur et la très belle décoration. La verrerie en cristal, l'argenterie et les chandelles se marient à un buffet digne d'un hôtel de luxe. Comme sur un plateau de tournage, toute la journée, des amis, des membres de la famille, des connaissances et des relations d'affaires viennent visiter la famille pour lui offrir les meilleurs vœux. Ils bavardent et après une consommation ou deux, repartent.

À un certain moment, il y a tant de monde que j'ai l'impression d'être à la première d'un spectacle. Et puis, vers la fin de l'après-midi, arrivent un clown et ses lutins accrochés à des ballons pour amuser les petits-enfants pendant que les parents festoient. C'est aussi la remise des cadeaux. Tous ont apporté un présent pour chaque enfant présent. Il y a tant de cadeaux qu'on se croirait dans un magasin de jouets, ou encore, dans un cirque où tout est permis. Les enfants, bien évidemment, sont fous de joie. Finalement, le buffet est servi. On y retrouve un assortiment de pâtisseries qui feraient l'envie des plus grands restaurants. Encore une fois, je suis franchement impressionné! Décidément, ce milieu rejoint en tous points mes rêves les plus fantaisistes.

À mon arrivée, j'étais inconfortable. J'avais l'impression de ne pas être à ma place. Suis-je en train de jouer un rôle qui ne m'appartient pas? Un écart immense sépare cette réalité de la mienne. Et puis, après quelques consommations et un accueil chaleureux, je finis par m'y plaire et conclure que ce milieu me convient très bien. Sans que je le réalise encore, il nourrira mes rêves tout autant que mes ambitions.

Donc, c'est ainsi que je découvre la famille de Monsieur Meunier. Le fils aîné, Gérald, a été membre de la direction chez Dupuis & frères. Suite à une restructuration qui a conduit à la fermeture de cette chaîne, il a récemment ouvert un magasin de meubles classiques très connu grâce au soutien financier de sa mère. Sa femme et lui ont deux enfants, Suzanne et Francine. Deux des sœurs de Monsieur Meunier, Fernande et Christine, ont marié les deux frères d'une même famille. L'aînée, Fernande, gère, en tant que franchisée, le vestiaire du Holiday Inn de Dorval, dont l'établissement appartient au mari de sa sœur Jeannette. Quant à son mari, après avoir ouvert une mercerie pour hommes financée par sa belle-maman, il a déclaré faillite. Il travaille actuellement comme tailleur chez Bovet et frères, mercerie connue et fréquentée par le monde des affaires. Eux aussi ont deux filles, Ginette et Nicole. Quant à Christine, qui n'a pas d'enfant, elle prend soin de sa mère en compagnie de son mari qui lui, est comptable. Les deux vivent dans la maison familiale que la grand-mère a fait construire par un architecte après la vente de l'hôtel. Je suis tout à fait étonné lorsque je constate qu'ils se vouvoient. J'ai l'impression d'être au Moyen-Age.

Et, il y a Jeannette. Celle-ci est mariée avec Charles Édouard, de la famille Lagacé, anciennement propriétaire des carrières de Laval, lieu où l'on produit des pierres taillées en calcaire. Encore aujourd'hui, il est très connu dans la région. Tout le monde s'empresse de me dire qu'ils sont millionnaires et qu'ils sont non seulement les propriétaires d'un Holiday Inn, mais aussi, d'un restaurant renommé du centre-ville. Ils habitent dans une magnifique résidence située de l'autre côté de la rue, sur le bord de la Rivière-des-Prairies. Ils ont adopté deux enfants, Sylvie et Gilbert.

Les cousines sont accompagnées de jeunes hommes provenant de familles connues du monde des affaires. Bref, il y a un peu de tout pour épater la galerie! J'ai devant moi des gens pour qui le style, l'apparence, la tenue vestimentaire, les relations, les échanges et les bonnes manières font partie de leur vie. Pour moi, étranger à ces habitudes et tous ces protocoles, c'est une initiation. Voilà longtemps que je n'ai pas passé un aussi beau Noël. Entouré de Carole, que j'aime, et de ses parents qui me couvrent d'attention, je vis un moment inoubliable.

Pour le Jour de l'An, le même scénario se répète. Donc, encore une fois, toute la famille est invitée chez la grand-mère et sa fille Christine. Cette fois, il y a encore plus de gens qui s'arrêtent durant la journée pour venir les saluer. Un tourbillon sans cesse de va-et-vient. Durant la réception qui suit en soirée, après avoir aidé tante Christine, l'hôtesse, elle me remercie et s'empresse de me signifier qu'elle est impressionnée par mon sens du devoir et de la débrouillardise. À cela elle ajoute qu'elle est convaincue que je réussirai très bien dans la vie. Je suis flatté de recevoir un aussi beau compliment de la part d'une personne appartenant à un niveau social aussi élevé. Je viens de franchir mes premiers pas dans la famille et déjà, je me sens apprécié pour ce que je suis. Par la suite, chaque fois que nous nous rencontrerons, elle me réitèrera ces mêmes impressions avec la même conviction en me disant: «Tu vas aller très loin».

Les mois passent si vite que je n'ai pas le temps de réaliser où j'en suis. Nous sommes déjà au printemps 1971, je fréquente toujours Carole et je suis très heureux. Je passe maintenant tous mes week-ends chez elle où je suis très choyé. Durant la semaine, je continue d'habiter chez mon oncle et ma tante. Durant la dernière année scolaire, j'ai été comblé, car j'ai vécu une période de grande stabilité. Enfin! Je vais bientôt avoir vingt-et-un ans et mes cours sont presque terminés. Plus qu'une seule année pour atteindre mon objectif et obtenir mon Baccalauréat en administration des affaires. Je n'ai pas mis mon autre projet de côté pour autant. J'entends toujours poursuivre des études en droit et devenir un jour avocat. J'adore étudier, m'instruire et découvrir ce que le monde peut m'apporter.

À la recherche du bonheur

Je suis en pleine période d'examens de fin d'année. Comme je passe beaucoup de temps à étudier avec Michelle, cela dégénère en conflit avec Carole, qui ne voit pas cette amitié d'un bon œil. Elle va même jusqu'à prêter à Michelle des intentions à mon égard, ce à quoi je ne m'attendais pas. La situation devenant intenable, je décide de prendre mes distances et de rompre avec elle. Je dois toutefois avouer que je suis bouleversé.

Suite à cette rupture, il ne s'écoule que quelques jours avant que Michelle me fasse une déclaration d'amour, ce qui me prend par surprise. Comme nous avons partagé beaucoup de temps ensemble, il est évident que je me sens bien avec elle. Elle est gentille, douce, toujours bien vêtue, très intelligente et professionnelle... que faire? Je choisis de laisser aller les choses comme elles doivent se passer. Maintenant, nous allons au cinéma, au restaurant et occasionnellement, je suis invité par sa mère pour partager le repas familial. C'est pour moi un milieu tout simple qui favorise les discussions, mais qui laisse peu de place aux plaisirs et à la folie.

Par un magnifique dimanche après-midi, puisque sa mère n'a pas besoin de la voiture, Michelle et moi décidons de nous rendre dans les Laurentides pour y passer la journée. Le trafic est si lourd qu'à mi-chemin, nous nous retrouvons immobilisés sur l'autoroute. Quelle n'est pas ma surprise lorsque j'aperçois soudainement Carole et son amie Ginette dans la voiture juste devant nous… en compagnie de copains que je ne connais pas! Bien que la situation soit plutôt embarrassante, nous nous saluons poliment.

C'est lors de cette randonnée que je réalise que Carole avait vu juste au sujet de Michelle. Elle avait effectivement bien perçu ce qui se tramait autour de moi. Aujourd'hui, de la voir ainsi en compagnie de quelqu'un d'autre me fait un pincement au cœur.

De retour à la maison, je me mets à réfléchir sur ma relation avec Michelle et celle que j'avais avec Carole. Je tente de découvrir qui je suis et ce que je recherche, avant tout, dans une relation amoureuse. Qu'est-ce qui me permettrait de m'épanouir entièrement? Même si Carole et Michelle ont des personnalités très différentes, je me sens aussi bien avec l'une qu'avec l'autre. Par contre, leur milieu familial et leur mode de vie sont si distincts et si opposés. Pour Michelle, qui est intellectuelle et pragmatique, tout est pensé et réfléchi, ce qui me rejoint. Par contre, elle a un mode vie sans éclat. Il n'y a pas de place pour l'improvisation, les plaisirs et les surprises. Dans l'environnement de Carole, c'est différent. Son milieu en est un d'image, de contact et de socialisation au sein duquel le rêve, la magie, le plaisir de vivre et de découvrir le monde font partie du quotidien. Un monde de fantaisies sans limites, sans contraintes, sans soucis où tout est possible. Moi qui suis terne, pragmatique et gêné, j'en conclus que Carole est celle avec laquelle je me sentirais bien, la femme qui pourrait m'aider à réaliser mes rêves.

Finalement, guidé par mes vibrations, je rappelle Carole, qui a bien voulu me reprendre. J'opte pour un nouveau scénario de vie, différent de ce que j'ai toujours connu. Je veux vivre des moments magiques qui me permettront de m'évader à jamais de mon passé. Je discute de la situation avec Michelle et voyant qu'elle comprend très bien ce que je recherche, je garde une excellente relation avec elle. Même si elle est déçue, elle n'est pas surprise.

Carole, qui vient d'avoir dix-huit ans, a enfin obtenu un poste de secrétaire administrative pour une petite entreprise située à Montréal. Mais étant harcelée par son patron, elle quitte son emploi après seulement quelques mois, complètement désenchantée de son expérience. Elle craint maintenant la proximité qui prévaut dans les petits bureaux. Au salon de coiffure, lors d'une discussion avec une cliente qui est cadre au département des ressources humaines chez Imperial Tobacco, celle-ci lui demande si elle ne serait pas intéressée par un poste de commis à la production. Elle serait bien rémunérée et ceci lui permettrait de postuler pour un poste de secrétaire dès qu'il y aurait une ouverture. Elle lui offre la possibilité de toucher le double de ce qu'elle gagnait auparavant. De plus, elle la rassure en lui affirmant que les règles concernant le harcèlement au sein de l'entreprise sont bien claires. Enfin, puisque Carole fume, ses cigarettes lui seraient fournies gratuitement. Après quelques jours de réflexion, elle accepte la proposition sans savoir où cela la conduira. Pourquoi pas? se dit-elle!

Mon année scolaire étant enfin terminée, j'attends impatiemment mes résultats. Ce qui sera déterminant, car il ne me reste qu'une seule année à compléter pour obtenir mon diplôme. Durant la période estivale, j'ai la chance de pouvoir retourner au département de crédit de la Brasserie Labatt. Outre mon travail régulier, l'entreprise me confie de plus en plus de tâches afférentes au département des finances. Après seulement quelques semaines, alors que je ne m'y attends pas, l'entreprise m'offre un emploi permanent. Par contre, je dois m'engager à continuer mes cours de comptabilité le soir et obtenir mon baccalauréat. En contrepartie, la brasserie s'engage à payer pour le matériel scolaire et les frais de session. Le salaire qui m'est offert est supérieur à la moyenne et les avantages sociaux sont extraordinaires. Du fait que je vis avec un budget relativement serré et que mon niveau d'endettement, en raison des prêts étudiants qui m'ont été consentis, s'accroît année après année, je me dis que cette offre mérite réflexion. De plus, on m'offre la possibilité d'une carrière à long terme.

Finalement, quoique l'offre me semble très alléchante, je la refuse, mon objectif initial étant d'obtenir une spécialisation en marketing et non en comptabilité. De plus, comment arriverai-je à concilier mon travail avec mes études alors qu'actuellement, je suis épuisé à la fin d'une simple journée de travail? Me rendre à l'université le soir en recourant au transport en commun m'inquiète également, d'autant plus qu'à ce chapitre, le secteur où se trouve la brasserie est mal desservi. Enfin, je suis si près mon but qu'il est préférable de poursuivre ce que j'ai déjà commencé.

Quelques jours plus tard, je reçois un avis par la poste m'indiquant que j'ai échoué à mon examen d'économie par seulement quelques points. C'est mon premier échec en trois ans. Mes notes ayant toujours été excellentes, il va sans dire que je suis aussi déçu que déconcerté. Pour éviter d'hypothéquer ma prochaine année scolaire, je n'ai d'autre choix que de refaire l'examen avant la reprise des cours. C'est pourquoi je m'inscris aux cours de rattrapage qui seront donnés tous les soirs de l'été. Plus que jamais, je suis déterminé à réussir cet examen, histoire de compléter mon BAC dès l'an prochain, comme prévu.

Ma relation avec Carole prend de plus en plus d'importance, au point que je passe maintenant tous mes temps libres avec elle. Même les samedis, lorsqu'elle se rend au salon de coiffure pour aider sa mère, je m'y rends avec elle pour travailler à l'accueil et préparer la paie des employés. Nous participons de plus à toutes les activités familiales et sorties qu'organisent ses parents. À l'occasion, les samedis soir, nous accompagnons son frère Robert lorsqu'il nous invite à nous joindre à lui pour faire la tournée des discothèques des Laurentides. Et puis, comme Carole passe quelques fois ses week-ends chez son amie Ginette, nous terminons la soirée dans le sous-sol de cette dernière pour écouter des chansonniers français comme Aznavour et Bécaud, pendant qu'au premier étage, ses parents jouent aux cartes avec des amis.

Me sachant constamment avec leur fille, Monsieur et Madame Meunier m'offrent un jour la possibilité de louer une chambre au deuxième étage du salon de coiffure, et cela, pour la modique somme de cinq dollars par semaine. Ils me proposent de plus de repeindre la pièce et de refaire la décoration en fonction de ce que j'aurai choisi. Le seul ennui est que sur l'étage, il n'y a qu'une salle de bain. Je devrai donc la partager avec les cinq autres locataires, dont le frère de Carole. Par contre, cela me rapprocherait de Carole, sans compter que je n'aurais plus à prendre l'autobus pour me rendre au salon ou à l'université, du fait que je serais à quelque dix minutes de marche de la station de métro. Enfin, comme je passe pratiquement tous mes week-ends à Fabreville, ses parents m'offrent également la possibilité d'y faire mon lavage et mon repassage.

Après une certaine hésitation, et sans réaliser l'impact de ma décision, je finis par accepter leur proposition, non sans avoir auparavant reçu l'assentiment de ma tante et mon oncle. Ayant rencontré les parents de Carole à maintes reprises, ils ne sont guère surpris de la tournure des événements. Je ne pourrai jamais les remercier suffisamment pour tout ce qu'ils ont fait pour moi. Tout au long des dix-huit derniers mois, ils m'ont offert un toit, une stabilité, une sécurité et beaucoup d'amour. Ils sont pour toujours dans mon cœur. Ému de partir, mais plus confiant que jamais en l'avenir, c'est en juillet 1971 que j'emménage dans mon nouvel habitat. Ce n'est pas parce que je les ai quittés que je cesserai de voir mon oncle et ma tante. Au contraire, je maintiendrai un contact constant avec eux et une excellente relation. Que dire de plus, sinon que j'ai été réellement chanceux de les trouver sur ma route.

Un mois plus tard, je réussis brillamment mon examen en économie. Ouf!

L'épuisement

Un dimanche soir, alors que je suis chez Carole et que ses parents jouent aux cartes en compagnie de quelques invités, je ressens un malaise et souffre d'étourdissements. Discrètement, je monte à l'étage pour m'étendre et reprendre mon souffle. Après quelques minutes, suite à des engourdissements ressentis dans les jambes, voilà que je me retrouve paralysé de la tête aux pieds. Du coup, c'est la panique. Je ne comprends pas ce qui se passe. Non seulement je ne peux plus bouger, mais je ne ressens même plus mes membres. Carole, qui m'avait suivi, est bouleversée et prie ses parents de monter aussitôt. Personne ne sait quoi faire et tout le monde est pris de panique, ce qui évidemment, ne m'aide pas du tout. Ils appellent finalement l'urgence. Après m'avoir installé un masque à oxygène pour me permettre de respirer librement, on me transporte en ambulance à l'hôpital Sacré-Cœur de Cartierville.

Lorsque j'arrive sur place, le médecin me met sous médication et décide de me garder vingt-quatre heures en observation pour suivre l'évolution de mon état de santé et découvrir les raisons qui ont provoqué cette paralysie. Je prie très fort pour que tout redevienne normal et espère pouvoir me lever bientôt. Finalement, on me met sous intraveineuse et me prescrit des tranquillisants.

Durant la nuit, je reprends des forces et retrouve graduellement ma mobilité. Le jour suivant, le médecin m'annonce que je suis dans un état d'épuisement total et que je devrai annuler toutes mes activités prévues au cours des prochaines semaines. Il m'est difficile de comprendre que le corps est incapable de suivre la pensée. Pour m'aider à me détendre, on me prescrit des médicaments, de même qu'on me conseille de manger un peu plus pour gagner du poids, de faire des marches de santé et d'éviter toute activité qui pourrait me placer sous pression. Enfin, on me recommande de boire occasionnellement un petit verre de gin, de bien respirer et de me laisser aller. Selon ce qui m'est expliqué, jumelés aux efforts extraordinaires que j'ai dû faire pour les surpasser, tous les événements qui ont perturbé ma vie ces dernières années ont eu raison de ma santé. Quant à la pression engendrée par la reprise de mon examen d'économie et les cours de rattrapage... ce fut là l'élément de trop.

Le médecin m'ayant mis au repos complet pour un mois, je m'inquiète maintenant des revenus que je perdrai. Cela risque de me plonger à nouveau dans une situation financière précaire. Mais, je n'ai pas le choix. Je dois me résigner et respecter cette période de convalescence. En y pensant bien, je crois que je pourrai compenser en travaillant plus d'heures à la bibliothèque en septembre prochain. Enfin... une fois le moment venu, je verrai bien.

Constatant que je suis très affaibli, le docteur m'avise de plus que durant les prochains jours, je ne pourrai rester seul. C'est pourquoi il me conseille de trouver un foyer qui pourra m'héberger durant mon rétablissement. Évidemment, il est impensable de faire appel à mes parents. Sûr que j'essuierais encore une fois un refus.

Dans un grand élan de générosité, les parents de Carole, parfaitement au courant de ma situation familiale, m'offrent le gîte. Aussi, pour éviter de me laisser seul avec sa fille, Madame Meunier restera à la maison durant quelques jours pendant que son époux assurera la gestion du commerce. Je suis à la fois mal à l'aise et touché par tant d'égards, considérant qu'encore l'an dernier, ces gens m'étaient totalement inconnus. Je réalise que ces derniers sont des êtres extraordinaires, toujours prêts à aider et soucieux du bien-être des autres.

Ma relation avec eux vient de prendre une toute nouvelle dimension. Mon appréciation est à la hauteur de leur générosité. Suite au geste qu'ils viennent de poser, j'ai plus que jamais l'impression qu'ils m'ont adopté. Non seulement je suis choyé et aimé par Carole, mais je le suis tout autant par ses parents. Je suis comblé!

Après avoir été soigné aux petits oignons et bien récupéré, je retourne dans ma petite chambre. Pour obtenir un peu plus d'espace et de luminosité, je déménage dans une plus grande pièce, laquelle offre une vue directe sur le boulevard Henri-Bourassa.

À la fin du mois d'août, après un été mouvementé, c'est déjà le retour en classe. J'entame ma dernière année, celle qui me permettra d'obtenir enfin mon fameux diplôme. Pour assurer mes dépenses, je peux compter sur la troisième bourse d'études émise par la Société Hudon et Deaudelin, que je recevrai d'ici quelques semaines, de même que sur le salaire que je toucherai grâce à mon travail à la bibliothèque. Outre cela, j'aurai droit à un nouveau prêt de sept mille dollars de la part du ministère de l'Éducation.

Une soirée inoubliable

Pour célébrer le vingt-cinquième anniversaire de mariage de leurs parents, les frères de Carole ont organisé une fête surprise qui aura lieu le samedi 18 septembre à la résidence familiale. Pour l'occasion, quatre-vingt-cinq personnes ont été invitées, ce qui me permettra de rencontrer tous les membres de la famille. Si je connais déjà celle de Monsieur Meunier, je n'ai pas encore eu la chance de rencontrer celle de son épouse.

Le jour venu, alors qu'ils sont tous les deux au salon de coiffure, une limousine vient les y cueillir à la fermeture pour les conduire sur les lieux de la réception, dont ils ignorent encore tout. Parents et amis, tout le monde les attend. Pour la circonstance, la maison a été décorée avec beaucoup d'élégance. Un traiteur est sur place et le personnel engagé fait preuve d'une courtoisie exemplaire. Carole porte une robe longue qui a été confectionnée sur mesure par son amie Ginette et qui au grand plaisir de son grand-père, met en évidence son charme et ses plus beaux atouts. Elle est belle comme un bouquet du printemps que l'on ne cesse de regarder et dont le parfum ensorcelle l'esprit. Je suis très content et heureux d'être avec elle. Je tombe sous son charme.

Un buffet digne des plus grandes occasions a été préparé. La musique est au premier plan, ce qui fait bonheur des amateurs de danse. C'est une fête réussie, où tout le monde s'amuse, boit et mange. Peu habitué à de telles célébrations, je suis ébloui et envoûté par tout ce que je vois.

C'est lors de cette soirée que je rencontre le grand-père maternel de Carole, Luigi Zuanetti, alors âgé de quatre-vingt-deux ans, ainsi que son épouse Irma et deux autres de leurs filles, Louise et Irlande, lesquelles sont accompagnées par leurs conjoints respectifs. Curieusement, il m'est très difficile d'en découvrir davantage sur leur vie. Tout semble un mystère. Et puis, durant la soirée, j'entends une rumeur voulant que le grand-père ait eu une maîtresse. Il semblerait même qu'il n'habite plus avec son épouse depuis longtemps. S'ils sont ensemble ce soir, c'est uniquement pour la forme.

À le voir, Monsieur Zuanetti est encore sans contredit un grand séducteur. Je découvre en lui un homme plein de vivacité et de charme, qui malgré son âge, aime bien plonger son regard dans les corsages des jeunes demoiselles. Il s'amuse avec élégance et courtoisie, a un sens de l'humour inouï et passe plus de temps avec les jeunes filles, qui semblent charmées par lui, qu'avec les gens de son âge. Bien vêtu et d'une personnalité imposante, il est chauve et parle le français avec un accent italien. Quant à son épouse, elle est très discrète, en recul, et ne s'impose pas. Tout compte fait, je passe une soirée inoubliable.

Le lundi matin, je retourne à ma réalité de tous les jours. Afin d'équilibrer mon budget, je suis forcé de travailler davantage à la bibliothèque, ce qui m'oblige à m'absenter occasionnellement de certains cours. Mais heureusement, pour compenser, Michelle me remet chaque fois une copie de ses notes.

Une demande en mariage

Les jours, les semaines et les mois passent si rapidement que je ne m'étais pas rendu compte jusqu'à quel point Carole avait accaparé mon cœur et mes pensées. Même qu'elle a réussi à capter toute mon attention. Je me sens bien à ses côtés et me sens tout à fait à l'aise avec son milieu social et sa famille, que je considère maintenant la mienne. En novembre, après mûre réflexion, je la demande en mariage. La célébration aura lieu l'an prochain, soit le 15 juillet 1972, dès que j'aurai terminé mes études. Carole aura alors dix-neuf ans et moi, vingt-deux. Ceci me donnera suffisamment de temps pour trouver un emploi permanent. Quant à Carole, elle travaille toujours chez Impérial Tobacco et gagne un très bon salaire.

Pour respecter la coutume, je demande à son père de venir me rencontrer dans ma petite chambre pour lui demander la main de sa fille. Je le vois encore, pris de surprise et émotif, alors qu'il est inconfortablement assis sur une petite chaise en bois. Ému, il accepte notre union et profite de l'occasion pour me dire que je suis un excellent garçon et qu'il est persuadé que je prendrai bien soin de sa fille. Sa confiance en moi est entière et me valorise beaucoup.

À Noël, pour faire une surprise à Carole, j'ai l'intention de lui remettre une bague de fiançailles. Aussi, en compagnie de mon amie Michelle, je me rends dans une bijouterie du quartier. Juste avant d'y aller, comme je viens de recevoir ma bourse d'études et que je n'ai pas de carte de crédit, je retire mille dollars en petites coupures de mon compte bancaire pour régler l'achat.

Mais voilà! Rendus sur place, nous sommes pris dans un imbroglio! En sortant de la bijouterie, deux voitures de police arrivent pour nous interpeller. Et puis, ils nous arrêtent en nous disant que le propriétaire a porté plainte contre nous pour vol à l'étalage. Ils nous accusent d'avoir dérobé un bijou dans le coffret de présentation pendant qu'ils servaient d'autres clients, ce qui est totalement faux! Par contre, nous devons le prouver. Nous nous retrouvons donc au poste de police, comme de vulgaires voleurs. On doit se déshabiller pour subir une fouille. Quelle humiliation! Évidemment, ils n'ont rien trouvé. Je dois par contre justifier la provenance de l'argent que j'ai dans les poches. Heureusement que j'ai gardé le bordereau de retrait. Après plusieurs heures, nous retrouvons notre liberté et recevons des excuses de la part des policiers. L'un d'entre eux nous signale que nous pourrions porter plainte contre le commerçant, du fait que nous avons un motif sérieux de le poursuivre pour fausse accusation. Nous apprenons de plus que durant les derniers mois, plusieurs accusations sans fondement ont été formulées par ce même propriétaire. Tant et si bien, qu'ils suspectent ce dernier d'être aux prises avec des difficultés financières. Mais, ils ont le devoir de répondre à chaque plainte, même si certaines leur semblent douteuses. Jamais nous n'aurions cru vivre une telle expérience. Finalement, quelques mois plus tard, nous apprenons que la fameuse bijouterie a fermé ses portes.

Comme prévu, au moment de l'échange de cadeaux, nous nous fiançons le 25 décembre 1971, en présence des parents de Carole. En ces fêtes de fin d'année, elle et moi participons à toutes les réceptions qui sont organisées par la famille et les amis. Tant à Noël qu'au jour de l'an, l'opulence est toujours au rendez-vous à la résidence de la maman de Monsieur Meunier. Nous adorons ces journées qui nous semblent magiques. Comme nous nous marions bientôt, il est évident que l'on reçoit beaucoup d'attention. Aussi, quelle n'est pas notre surprise lorsque son oncle Charles Édouard vient nous voir pour nous offrir gracieusement sa nouvelle Cadillac vert foncé en guise de limousine pour le jour de notre mariage! Offre que nous nous empressons d'accepter, cela va de soi. Une nouvelle année pleine de promesses, de projets et de bonheur qui commence. Je suis heureux, je suis amoureux et bien entouré au sein d'une nouvelle famille qui prend soin de moi. C'est peut-être ça, le bonheur?

Les mois suivants, nous sommes absorbés par les préparatifs du mariage. Monsieur et Madame Meunier nous offrent d'organiser une réception champêtre à leur résidence. Ils ont l'intention de faire appel au même traiteur qui avait été retenu pour leur vingt-cinquième anniversaire de mariage et pour lequel ils n'ont eu que des éloges. Lorsque nous en arrivons à la liste des invités, il est forcément question des témoins. Il va de soi que Monsieur Meunier sera le témoin de sa fille, mais en ce qui me concerne, comme je n'ai plus aucune relation avec mon père, je tente d'identifier celui qui pourrait jouer ce rôle. Après réflexion, j'informe mes futurs beaux-parents que j'ai l'intention de faire appel à mon frère aîné. Sûrement qu'il acceptera un tel honneur. Sauf que la famille de Carole, pour qui les valeurs familiales et sociales comptent pour beaucoup, est inconfortable à l'idée que mes parents ne soient pas présents au mariage.

Donc, suite à une longue discussion avec ma fiancée, celle-ci me suggère de contacter mon père et de lui demander de me servir de témoin. Selon elle, non seulement sera-t-il fier, mais c'est de plus l'approche idéale pour favoriser une réconciliation. Il est évident que s'il refuse, notre relation père-fils sera terminée à jamais. À ce stade-ci, je ne suis pas très ouvert à l'idée de le contacter; néanmoins, j'accepte d'y réfléchir.

Peu importe ma décision, je me demande quelles en seront les conséquences...

CHAPITRE 9

UN NOUVEAU REGARD

Janvier 1972 — Juin 1974

Il est incroyable de réaliser la force d'un lien parental. Contre vents et marées, celui-ci est toujours présent et prêt à resurgir pour prendre sa place, peu importe le passé. Pour la dernière fois, j'accepte de tourner la page sur mes relations tendues avec mon père et de rétablir un contact avec lui.

À ma grande surprise, après avoir entendu ma demande au téléphone, il accepte d'être mon témoin, même qu'il semble content à l'idée de rencontrer celle qui sera bientôt mon épouse. Par contre, il ne se gêne pas pour exprimer son étonnement et son scepticisme en regard avec cette union. «Nous verrons bien ce qui arrivera le matin de ton mariage!», me dit-il. Je n'avais vraiment pas besoin de ce commentaire. Quand même, ce geste que je viens de poser parvient à calmer les esprits échaudés par les souvenirs du passé. Encore une fois, Carole avait vu juste.

Le week-end suivant, sans les prévenir, je me présente chez mes parents avec elle. À notre arrivée, mon père est confortablement assis au salon et ne bronche pas, pendant que ma mère, qui est dans la cuisine, ne s'est pas rendu compte de notre arrivée. De l'entrée, nous percevons tout juste un petit regard de papa, qui nous faire comprendre que nous le dérangeons. Mais grâce à son entregent exceptionnel, Carole parvient à le conquérir en lui demandant en souriant: «Puis-je avoir ma bise?» Aussitôt, mon père se lève pour la saluer. Un premier contact est établi et un grand pas vient d'être franchi. Quant à moi, incapable d'oublier l'enfer que j'ai vécu, je n'arrive tout simplement pas à tourner la page aussi facilement.

Les préparatifs du mariage, tels la liste des invités, l'impression des faire-part et le choix du menu se poursuivent sous la gouverne de mes beaux-parents qui en guise de cadeau, nous ont offert de payer tous les frais afférents à la cérémonie.

Jusque-là, lorsque nous sortions, Carole et moi utilisions le beau cabriolet Camaro jaune de sa mère. Mais puisque nous sommes à la veille de nous marier et que je me retrouverai prochainement sur le marché du travail, je décide de puiser trois cents dollars dans mes économies pour faire l'acquisition d'une voiture usagée de marque Acadian. Cela me permettra d'assurer mes déplacements, tant pour le travail que pour les sorties. Même si cette voiture est loin de respecter les standards de mes beaux-frères, je suis très content de mon achat.

Puis, en avril 1972, je décroche mon baccalauréat en administration des affaires, concentration marketing. Je suis fou de joie. Enfin, mon rêve se concrétise. Voilà qui clôture en beauté quatre années de dur labeur et de controverses. Mais comme je me le dis souvent: «Ce qui importe, dans la vie, ce n'est pas de savoir où l'on est, mais bien de savoir où l'on va!»

Je commence enfin une nouvelle vie pleine de promesses et d'espoir. Je me sens plus riche que jamais! J'ai la tête remplie de projets qui enterrent peu à peu mes douloureux souvenirs et qui font disparaître au gré du temps les cicatrices de ma jeunesse. Enfin, je viens tout simplement de modifier mon parcours de vie.

Le total de mes prêts étudiants qui est de 28,000.00 $ sera remboursé entièrement le 2 janvier 1980 en fonction des paiements mensuels étalés sur huit ans. En 1972, cette somme représente environ cinq fois le salaire moyen annuel d'un nouveau diplômé. Tenant en considération ce niveau d'endettement élevé, je dois remettre à plus tard mon inscription à la Faculté de droit.

Au cours des quatre dernières années, les études m'ont à ce point accaparé qu'il m'apparaît difficile, aujourd'hui, de faire la transition entre la vie étudiante et le monde du travail. Mentalement, je ne suis pas prêt. De plus, j'aurais tellement aimé poursuivre mes études en droit… je réalise soudainement que je devrai travailler comme tout le monde durant les quarante ou quarante-cinq prochaines années de ma vie, ce que je trouve très aliénant. Quelle dure réalité! En réfléchissant sur mon avenir, je me fixe l'objectif de cesser toute activité professionnelle dès l'âge de quarante-cinq ans. Cela fait qu'à compter de ce jour, j'ai vingt-trois ans devant moi pour accumuler l'argent devant me permettre de réaliser ce projet de retraite. Rêve, inconscience ou déni de réalité? Je ne saurais le dire.

À la recherche d'un emploi

Dès la fin de l'année scolaire, la majorité des étudiants ont déjà reçu une confirmation d'emploi. De mon côté, malgré les nombreuses démarches entreprises depuis le début de l'année, je constate que ma candidature se voit rejetée aussitôt passée la première entrevue. Pour en découvrir les raisons, je décide de rencontrer le coordonnateur du service de placement de l'école, espérant que cette démarche saura me guider et me permettre d'améliorer ma performance. Ce qui résulte de cette consultation est tout aussi productif que dévastateur, puisque mon interlocuteur éveille mes frustrations les plus profondes et me place devant une tout autre réalité. Aussi, me fait-il comprendre que malgré mes efforts des six derniers mois, mes chances de décrocher un emploi en ventes et marketing sont pratiquement nulles. Et cela, m'explique-t-il, parce que trois obstacles majeurs se dressent devant moi.

Premièrement, il semble que mon strabisme embarrasse les intervieweurs. Je dois donc composer avec cette dure réalité et accepter d'être considéré comme un candidat ayant un handicap important. Mais que puis-je y faire? Je dois réfléchir sérieusement à la question.

On me fait aussi comprendre que malheureusement, mon physique ne correspond pas aux critères d'emploi exigés. Même qu'il nuit à ma crédibilité. Comme je n'ai que vingt-et-un ans et que je ne pèse que cinquante-trois kilos, donnant ainsi l'impression d'avoir tout juste dix-huit ans, je n'ai pas la prestance requise. J'ai l'air trop jeune, à ce qu'il paraît.

Finalement, moi qui suis unilingue, j'apprends que dans mon domaine, il faut impérativement maîtriser l'anglais, car la majorité des cadres d'entreprises sont unilingues anglophones. Moi qui viens d'un milieu ouvrier francophone, je découvre le véritable portrait de ce qu'est le monde des affaires au Québec!

Suite à ce constat, loin de me laisser abattre, je réévalue mon plan de carrière à court terme et modifie mes critères de recherche d'emploi en y allant de grands compromis au niveau de mes attentes. Je tente aussi désespérément de déterminer les moyens à prendre pour qu'un jour, tous les obstacles qui s'opposent à ma réussite soient chose du passé.

Dès lors, je postule pour des emplois administratifs où le contact avec la clientèle d'affaires est pratiquement inexistant. C'est ainsi que je finis par décrocher un poste de stagiaire chez Zellers, chaîne de magasins à grande surface spécialisée dans le commerce à rabais. On m'affecte à la succursale de Repentigny. Quoique ce travail soit peu valorisant et bien mal rémunéré, je l'accepte malgré tout, car aucun autre choix ne s'offre à moi pour le moment. Avant que la direction m'assigne officiellement à un poste, je dois occuper différentes fonctions, chacune pour une période indéterminée. Il en sera ainsi durant toute la période de formation, laquelle durera entre six et neuf mois.

En premier lieu, on m'affecte à la réception de la marchandise et ensuite, au département de l'entretien. Après quelques semaines, on me transfère au département de lingerie pour bébés afin d'assister la gérante du département dans ses fonctions. En dehors des heures régulières, je dois être disponible sur le plancher tous les jeudis et vendredis, en soirée, ainsi que le samedi de jour, pour assister les clients. Ainsi donc, pour un salaire de cent dollars, je travaille plus de soixante-cinq heures par semaine. Ce n'est vraiment pas ce que j'avais envisagé comme carrière...

Avec un horaire aussi rempli, il m'est impossible de m'inscrire à des cours du soir pour apprendre l'anglais. Je dois donc me montrer autodidacte. En consultant un dictionnaire, j'inscris chaque jour dix mots en anglais sur une feuille que je glisse dans la poche de ma chemise. Ensuite, à différents moments de la journée, je la relie pour mémoriser ce qui s'y trouve. D'ici la fin de l'année, j'aurai donc appris plus de trois mille six cent cinquante mots. Voilà qui devrait sûrement m'aider à parler la langue de Shakespeare.

Pour trouver une solution à mon apparence physique, je recherche sur le marché tous les produits susceptibles de m'aider à gagner du poids. Successivement, j'achète des suppléments alimentaires, des protéines, des produits contenant des gras et aussi, de la levure de bière. Tout y passe. Au début, puisque je travaille très fort, je ne gagne aucun kilo. Voyant que mon organisme ne semble pas réagir, j'accrois graduellement les doses. Et puis, lors d'une rencontre familiale, je profite de l'occasion pour consulter l'oncle de Carole. Étant donné qu'il évolue dans le domaine des affaires, il pourra certes me guider. D'un ton solennel et de sa voix grave, il me dit tout simplement: «Tu as l'air d'un gamin». Pour me vieillir et paraître plus crédible, il me suggère de me faire pousser une moustache. Je suis donc son conseil, mais étant pratiquement imberbe, il me faut compter au moins six mois avant de réussir.

Puisque mon strabisme nuit à ma carrière, je consulte plusieurs spécialistes dans le but de subir une intervention chirurgicale qui saura mettre un terme à ce handicap. Malheureusement, tous refusent de m'opérer, sous prétexte que je l'ai déjà été à l'âge de six ans. Aucun ne veut se compromettre en prenant un tel risque. On m'explique qu'en raison de cette première opération, les muscles de mes yeux sont trop cicatrisés, en plus d'être complètement atrophiés. Il m'est donc fortement déconseillé d'envisager une nouvelle intervention. Mais, je refuse d'abandonner pour autant. Qui m'a dit que la vie serait facile? Je veux avoir un nouveau regard sur la vie et souhaite garder espoir. Je reste fidèle à mes habitudes et continue de croire. Je prie Dieu tous les soirs pour lui demander d'enrayer ce mauvais sort qui me suit depuis ma naissance.

Carole travaille toujours chez Impérial Tobacco. Malgré que je sois détenteur d'un diplôme universitaire, elle gagne beaucoup plus que moi. Très mauvais pour mon orgueil! À l'occasion, elle aime bien me taquiner sur ce sujet. Maintenant que nous avons tous les deux un emploi, nous louons un bel appartement de soixante-quinze mètres carrés, dans un immeuble neuf, insonorisé, avec un stationnement, piscine intérieure et offrant un service de transport privé pour nous rendre au métro. Nous en prendrons possession le 1er juin. Avec l'aide et les conseils avisés de ses parents, nous achetons un ameublement de style futuriste moderne. Le coût total des meubles s'élève à sept mille huit cents dollars, somme que nous rembourserons à tempérament tout au long des cinq prochaines années. À titre de nouveau diplômé universitaire, et en dépit de mon niveau d'endettement élevé, les institutions financières se pressent de nous offrir du crédit. Ayant toujours désiré vivre une vie de rêve, j'en profite.

Le 1er juin 1972, je quitte donc ma petite chambre pour emménager seul dans notre somptueux appartement. Il est convenu que Carole viendra m'y rejoindre le 29 juillet, au retour de notre voyage de noces.

Notre mariage

Comme le veut la tradition, la veille de la cérémonie, je vais coucher chez mes parents. Depuis que mon père m'a chassé, c'est la première fois que je dors chez lui. Durant la soirée, il me fait à nouveau part des doutes qu'il entretient relativement à mon mariage. Il en rajoute en me disant: «Tu es bien le dernier que je croyais voir se marier». Restons-en sur ces quelques mots pour éviter d'éveiller les mauvais esprits du passé et ébranler une relation déjà trop fragile.

Le mariage a lieu le lendemain, soit le samedi matin 15 juillet, à 11 heures, à la chapelle de la paroisse St-Léopold sur le Boulevard Ste-Rose à Laval, juste au coin de la rue où habite la famille Meunier. Sur le parvis, j'aperçois la mariée qui arrive, vêtue d'une robe en dentelle somptueuse, confectionnée par son amie Ginette. Elle porte également un parapluie de dentelle fleurie, garnie de marguerites jaunes et blanches qui s'agencent parfaitement aux couleurs pastel de sa robe. Elle est tout à fait exquise. Nous sommes escortés jusqu'à l'autel par mon petit frère Sylvain, âgé de huit ans, et sa mignonne princesse, ma filleule Nathalie, qui a maintenant quatre ans.

La cérémonie et la séance photo étant terminées, la Cadillac de l'oncle de Carole nous conduit à la maison familiale où se tient la réception. Pour l'occasion, plus de quatre-vingts invités sont présents. Heureusement que la température est au rendez-vous, car il s'agit d'une fête champêtre. Disposées dans le jardin de la propriété, les tables recouvertes de nappes blanches effleurent le gazon parfumé fraîchement coupé. Un somptueux buffet est servi alors que le champagne coule à flots. Même s'il y existe une disparité sociale, entre ma famille et celle de Carole, l'atmosphère est à la fête. La soirée terminée, Carole et moi sommes ravis que nos invités aient pu contrôler leurs consommations d'alcool, évitant ainsi les débordements un peu trop fréquents dans ma famille. Bref, ce fut une journée mémorable qui s'est déroulée dans l'harmonie, le partage et les petites attentions.

.

Notre voyage de noces

Comme nous partons très tôt le lendemain matin pour notre voyage de noces, nous passerons notre première nuit au Hilton de Dorval. À notre arrivée, Carole, qui désire porter ses nouveaux vêtements de nuit, réalise soudainement que la fermeture éclair de sa valise est endommagée et qu'il nous sera impossible de l'ouvrir ce soir. Comme c'est la première fois que nous passerons la nuit ensemble, elle est très déçue. Nous devons donc nous résigner à tout remettre au lendemain soir... je parle évidemment du décorum.

Le jour suivant, nous prenons un vol d'Air Canada pour nous rendre aux Bahamas. Nous y passerons une semaine et de là, nous irons à Miami, également pour sept jours. Dès notre arrivée sur l'ile, l'inquiétude nous gagne. La conduite dangereuse du chauffeur de taxi, au volant d'un 4x4, n'a rien de rassurant. Non seulement conduit-il à l'anglaise, mais il se permet des dépassements inusités en plus de chevaucher à travers champs pour ensuite revenir sur la route. Malgré tout, nous arrivons sains et saufs à l'hôtel qu'a réservé pour nous notre agence de voyages. En fait, il s'agit d'un vieux motel de deux étages érigé dans l'arrière-cour d'un immeuble commercial et offrant une vue sur un… entrepôt. Un endroit où le mot sécurité n'existe pas. Les portes n'ont pas de serrure, ce qui fait que quiconque pourrait entrer en tout temps. Pour nous rendre à la plage, nous devons passer à travers le stationnement de l'entrepôt qui débouche sur la route principale. Celle-ci traversée, nous devons sillonner un petit chemin de buissons pour finalement arriver à la mer. Nous qui rêvions d'un magnifique séjour au bord de la mer sommes franchement déçus! Je fais de mon mieux pour rassurer Carole qui se met à pleurer. Il nous est difficile de croire que notre agent de voyage ait pu nous mettre dans un tel embarras. Désenchanté, j'essaie de le joindre pour le prier de nous reloger dans un hôtel plus convenable, mais puisque c'est dimanche, l'agence est fermée. Du coup, je tombe sur répondeur où on me demande de laisser mes coordonnées afin que quelqu'un puisse me rappeler lundi.

Inutile d'y penser! Je négocie donc avec le préposé à la réception du motel pour annuler la réservation et obtenir un remboursement, ce qui nous permettrait de trouver un endroit plus convenable. Mais ce dernier me signale que l'établissement n'accepte aucune annulation et n'émet aucun remboursement. Nous sommes pris au piège! Inquiets et déçus, nous voulons coûte que coûte quitter cet endroit miteux. Finalement, vu le désarroi de Carole, même si nous sommes conscients que nous perdrons notre argent, nous quittons les lieux et prenons la direction de l'aéroport pour prendre le prochain vol vers Miami. N'ayant aucune réservation, nous faisons inscrire nos noms sur la liste d'attente, espérant que des sièges se libèreront. Dans le cas contraire, j'ignore ce que nous ferons. Finalement, nous obtenons deux billets pour un vol qui atterrira à l'aéroport de Miami aux environs de 23h00. Lorsque nous arrivons là-bas, puisque nous n'avons aucune réservation d'hôtel, nous nous rendons à celui où nous avons une réservation pour la semaine prochaine.

Vers minuit, en arrivant sur place, nous constatons que la réception est fermée depuis 23h00. Par contre, il y a un numéro de téléphone qui est affiché et que nous pouvons composer en cas d'urgence. Mais, comme nous ne parlons pas anglais, la situation se complique. Pour nous simplifier la tâche, nous nous rendons dans des hôtels avoisinants pour constater qu'eux aussi sont fermés. Nous n'avons d'autres choix que de trouver une cabine téléphonique pour appeler le premier hôtel. Après en avoir repéré une dans un centre commercial situé de l'autre côté de la rue, nous composons le numéro d'urgence. Une grande partie de la clientèle de cet établissement étant francophone, je réussis à me faire comprendre. Nous apprenons que des chambres sont disponibles. Quelle chance! On me dit que quelqu'un se présentera dans environ quarante minutes, le temps que cette personne puisse se rendre sur place. Il est plus de minuit et nous sommes sur le trottoir avec nos quatre grosses valises et nos deux sacs de voyage, à attendre impatiemment le préposé. Lorsqu'il arrive, sans même se soucier des détails administratifs, il nous alloue une chambre pour une seule nuit, avant de nous préciser que le gérant nous en assignera une autre pour toute la durée du séjour dès le lendemain. Nous sommes complètement exténués. Quelle lune de miel! Le jour suivant, nous obtenons finalement une unité avec terrasse donnant sur la mer, le tout dans un environnement plaisant, agréable et sécuritaire.

Par souci d'économie, et pour compenser l'argent perdu aux Bahamas, nous acceptons de participer à deux séances d'information traitant sur la vente de condos à temps partagé, ce qui nous permet d'obtenir cinq nuitées gratuites, applicables lors de la deuxième semaine. Mais qu'importe, car le site est enchanteur et il fait très beau. Nous y passons deux semaines extraordinaires, à nous prélasser sur la plage et à découvrir tous les plaisirs de la vie. En fait, pour respecter nos convictions religieuses et notre sens moral, nous nous étions réservés ces derniers pour notre voyage de noces.

Celui-ci terminé, nous devons retourner à notre quotidien. Pour la première fois, Carole quitte le domicile familial et emménage avec moi. La décoration de l'appartement est terminée et respecte en tous points ce que nous souhaitions: des couleurs vives dans un style futuriste. Quant aux meubles, ils nous ont tous été livrés à la date prévue. Nous sommes comblés et en amour. Que demander de plus à la vie?

Un début de carrière cahoteux

Carole retourne à son travail et moi à mon poste de stagiaire. Affecté au département de vêtements pour bébé, je me lie d'amitié avec la gérante qui a une personnalité attachante. Elle nous invite occasionnellement chez elle, Carole et moi, pour un souper en famille. Adorant les animaux, son mari et elle élèvent des caniches depuis plusieurs années. Un soir, alors que nous nous apprêtons à passer à table, ils nous annoncent que leur chienne est enceinte et offrent à Carole la possibilité d'adopter l'un des petits chiots. Je suis perplexe, car je n'aime pas les animaux, particulièrement les chiens qui jappent. Quand j'étais jeune, après m'être fait mordre sévèrement par un berger allemand, j'ai développé une peur incontrôlable des chiens. Mais puisque Carole les adore, j'accepte de lui faire plaisir et d'adopter une petite chienne que l'on appellera Fancy. Il est toutefois convenu que c'est elle qui en aura l'entière responsabilité.

Les mois passent et je ne me plais pas du tout à mon travail. Je suis exaspéré par les tâches ingrates qui me sont assignées et le nombre d'heures que je dois travailler. De plus, comme je dois faire tous les jours le trajet séparant Bois-de-Boulogne de Repentigny, je crains que ma voiture ne tienne pas le coup. En effet, je me présente plus souvent à la station-service pour faire le plein d'huile que d'essence. N'ayant pas les moyens financiers d'acheter un nouveau véhicule, celui que j'ai devra me servir jusqu'à ce qu'il arrête d'avancer.

Puis, en novembre 1972, par un beau lundi matin, je me réveille et me mets à réfléchir sur mon avenir professionnel. Cela m'amène à conclure que les fonctions que j'occupe actuellement sont très dévalorisantes. De plus, elles ne correspondent pas à mes attentes. Aussi, dès que j'arriverai chez Zellers, ce matin, je remettrai ma démission à la direction sans aucun autre préavis. Cela me donnera le temps de partir à la recherche d'un emploi plus gratifiant. La semaine dernière aura été ma dernière semaine de frustration. Avant de me rendre au magasin pour rencontrer le responsable des ressources humaines, ne serait-ce que pour donner à ma décision un caractère plus officiel, je décide de revêtir mon habit de noces.

Puisque Carole gagne un excellent salaire, elle assumera temporairement nos dépenses. Je suis toutefois conscient que mes contraintes physiques et linguistiques sont toujours aussi présentes. Peut-être ai-je commis une erreur en quittant aussi vite mon travail? Qu'importe... je fais confiance à la vie.

Ne sachant pas si je pourrai trouver un emploi convenable, avec l'appui de Carole, je fais parvenir une demande d'inscription à la Faculté de droit. Puis, je consulte les journaux, tout autant que le service de placement des HEC dans le but de me dénicher un travail en administration.

Au bout de six mois, j'ai enfin réussi à me faire pousser une moustache, ce qui me vieillit et me rend plus crédible. Malheureusement, étant blond châtain et pratiquement imberbe, elle ne se remarque presque pas. Pour remédier à la situation, sur les conseils de Carole, je grossis ma moustache à l'aide d'un crayon à sourcils chaque fois que je dois me présenter à une entrevue. Et ça fonctionne!

N'étant pas encore parvenu à trouver un spécialiste qui accepterait de corriger mon strabisme, je me suis fait prescrire des verres encore plus teintés, espérant ainsi masquer mon problème visuel. En ce qui concerne mon ignorance de la langue anglaise, je tente de remédier au problème en m'inscrivant de soir à l'institut linguistique provincial. J'espère que ces gestes m'aideront à décrocher un emploi digne de ce nom.

En même temps, je reçois une réponse positive de la part de la Faculté de droit. J'en suis bien sûr ravi, mais en raison de mes nombreuses dettes, j'hésite à me lancer dans cette aventure. Je dois aussi penser à Carole qui pour un long moment, devrait assurer à elle seule nos responsabilités financières. Enfin... nous verrons bien ce qui adviendra au cours des prochaines semaines.

Quelques semaines plus tard, grâce au service de placement pour diplômés des HEC, j'obtiens un emploi au département du personnel d'une importante raffinerie dont les locaux sont situés dans l'est de Montréal. Cette offre est conditionnelle à ce que je poursuive mes cours d'anglais, lesquels me seront remboursés par l'entreprise sur présentation d'un certificat de réussite. Je dois aussi m'inscrire aux HEC pour y suivre des cours en ressources humaines, ce qui me permettra d'obtenir un certificat en recrutement et sélection de cadres. Avec regret, j'annule mon inscription à la Faculté de droit, une décision que je crois sage vu les circonstances. Cette offre constitue pour moi une opportunité extraordinaire. En plus d'être une excellente porte d'entrée, ce sera sûrement une expérience enrichissante qui saura me servir dans ma carrière. Il va de soi que la rémunération et les avantages sociaux sont de loin supérieurs à ce que j'avais chez Zellers. Je suis très content, même si ce n'est pas nécessairement le genre de travail que j'espérais.

J'entre en fonction le 2 janvier 1973. Ce matin, je dois remettre l'original de mon diplôme et fournir toutes les informations requises pour l'ouverture de mon dossier. Malheureusement, en me rendant à ma voiture, après avoir déposé l'enveloppe contenant tous les documents sur le toit, le temps d'ouvrir la portière, une rafale l'emporte. Tout s'y trouvait: mon diplôme, ma photo de groupe de fin d'année et l'original de mon extrait de naissance. Je me vois encore courir dans la rue, à travers les bancs de neige, en espérant qu'elle retombe par terre. Elle s'envole dans tous les sens, comme une feuille d'automne soufflée par le vent. Je suis ennuyé et me sens très inconfortable à l'idée de me présenter au bureau sans les documents exigés. J'ose espérer que mon nouveau patron comprendra.

Dans cet emploi, en coordination avec les chefs de département, je suis responsable de la sélection et de l'embauche du personnel de l'usine, de la présentation des avantages sociaux aux employés, de la rédaction du journal interne et de la coordination des stages pour étudiants en ingénierie de l'université de Sherbrooke. Enfin un poste d'envergure!

Dès les premiers jours, je suis sidéré lorsque je constate que tous les membres de la direction et les chefs de département sont unilingues anglophones. Tous, sauf deux cadres œuvrant au département des ressources humaines. Par contre, les employés qui travaillent à la production sont francophones. Comme je ne parle pas anglais et que je dois coordonner les besoins en main-d'œuvre avec les chefs de département, la communication est ardue et mes débuts fort difficiles. Heureusement, la relation extraordinaire que j'ai développée avec les employés de l'usine compense largement. Il s'agit d'un environnement complexe qui m'était inconnu et au sein duquel on me donne ma chance. Pour la rédaction des articles en anglais devant être publiés dans le journal interne, on m'offre les services du département de traduction pour faciliter ma tâche, ce que j'apprécie beaucoup.

Cependant, lors du processus de présélection des cadres intermédiaires ou des ingénieurs, je rencontre quelques difficultés au moment des rencontres. Puisque la majorité des candidats qui postulent pour ces emplois sont unilingues anglais, il m'est difficile de communiquer avec eux. En me servant du matériel bilingue qui m'a été fourni lors de mes cours en technique de recrutement, je développe un questionnaire d'embauche adapté que j'utilise lors de mes entrevues de sélection. Pour ne pas me perdre dans le déroulement, je dois absolument suivre la séquence des questions et ne pas y déroger. Je n'ai aucune difficulté à comprendre les réponses directes, comme oui ou non. Par contre, si le candidat se permet de préciser sa réponse, ou que celle-ci sort du cadre de mon questionnaire, il m'est impossible de comprendre. Lorsqu'il a terminé son énoncé, je reprends tout de suite le contrôle de l'entretien en y allant avec la prochaine question. Ma présélection des cadres repose donc essentiellement sur la qualité professionnelle des documents présentés et fortement sur mon intuition et mes impressions au moment de l'entrevue. C'est ce qui me permet de recommander certains dossiers aux chefs de département. Ces derniers vont même jusqu'à me féliciter pour la qualité des candidats que je leur propose. Je m'en sors très bien et en même temps, j'apprends la langue de Shakespeare.

Comme j'avais commencé à le faire l'an dernier, tous les matins, en arrivant au bureau, j'inscris dix nouveaux mots anglais sur un bout de papier, que je consulte ensuite plusieurs fois par jour. Et bien entendu, je poursuis mes cours à l'Institut linguistique provincial. Comme certaines personnes de mon entourage se plaisent à me dire chaque fois qu'elles me voient: «JE VEUX!»

Je suis toutefois désenchanté lorsque je réalise que certains privilèges accordés aux employés le sont en fonction de leur langue maternelle. Alors que les anglophones suivent des cours de français durant leurs heures de travail, les francophones, eux, doivent apprendre l'anglais le soir, sur leur temps personnel. Par surcroît, ces derniers doivent payer leurs cours de leur propre poche, pour n'être remboursés que sur présentation d'un certificat attestant de leur réussite. Ce qui n'est pas le cas pour les anglophones. Plutôt frustrant. J'ai beau représenter l'entreprise et être cadre aux ressources humaines, je considère qu'il s'agit d'une discrimination et d'une injustice inacceptable, particulièrement dans un milieu où la majorité des employés de l'usine sont francophones. C'est à partir de ce moment que je constate la primauté exclusive du milieu anglophone dans la gestion des affaires au Québec, et ce, en dépit de leur minorité. Pour moi qui suis issu d'un milieu ouvrier purement francophone et qui ai découvert à seulement dix-huit ans qu'il existait, sur le marché, un quotidien anglophone, c'est une dure réalité. Cela dit, il est clair que je ne suis pas en position de contester les politiques mises en place par la direction ou de mettre en évidence ces iniquités sociales.

Les relents du passé

Un jour, au retour du travail, je prends connaissance d'un message qui a été laissé sur le répondeur, me demandant de contacter dans les plus brefs délais un notaire dont le nom m'est inconnu. Apparemment, celui-ci veut finaliser un dossier légal. Croyant à une erreur, je ne donne pas suite à la demande. La semaine suivante, le même bureau me laisse un nouveau message, lequel, cette fois, s'adresse à Monsieur Gaston Leclerc. C'est bien moi! Lors de mon retour d'appel, la secrétaire me demande de me présenter au bureau pour signer les documents devant finaliser la succession de ma mère. N'ayant jamais été avisé qu'un dossier de succession était en suspens depuis toutes ces années, je ne comprends rien à la situation. Incapable d'obtenir plus de précision de la part de mon interlocutrice, je la prie de demander au notaire de me rappeler pour me transmettre les détails de sa démarche. Voici le compte rendu de notre conversation:

-«M. Leclerc, comme vous savez, votre mère est décédée, en 1955, et a légué l'immeuble où vous résidiez à l'époque, soit un triplex situé sur la rue Chambord à Montréal, à ses quatre enfants, à savoir Ginette, Yvon, Gaston et Liette. Dans le testament, il est dit que le montant de la succession doit être versé aux héritiers lorsque tous auront atteint leur vingt-et-unième année. Sous l'appui du conseil de famille, dont ses frères et sœurs faisaient partie, votre père a été désigné tuteur de ce legs, afin qu'il puisse subvenir à vos besoins personnels et assurer votre éducation. Malheureusement, suite à une fraude commise par le notaire, il ne reste qu'un petit pourcentage du montant de cet héritage, lequel a été récupéré par la chambre des notaires. Maintenant que votre sœur cadette a atteint l'âge de la majorité, nous pouvons procéder, et ainsi, finaliser le dossier. Cependant, votre père nous a demandé de vous rencontrer afin que vous renonciez à ce legs, car il souhaiterait que le montant résiduel soit utilisé pour payer son hypothèque sur sa résidence de St-Eustache».

En terminant, il m'indique que mes frères et sœurs sont d'accord avec la procédure et qu'il ne manque que ma signature. Après avoir raccroché, inutile de vous dire que je suis fou de rage. Je m'interroge à savoir pourquoi mon père n'a pas pris le temps de me contacter pour m'informer de cet héritage et me demander lui-même d'y renoncer. En même temps, je ne peux pas croire que durant toutes ces années, celui-ci, en tant que tuteur, ait eu en sa possession une somme d'argent devant servir à payer notre éducation, alors qu'il a tout fait pour que j'abandonne mes études. Cela n'est pas sans me rappeler l'humiliation que fut la mienne lorsque je fréquentais le collège et qu'on devait m'apprendre que mes frais de scolarité n'avaient pas été acquittés. Je revois aussi le jour où il nous a jetés sur le pavé, ma sœur, mon frère et moi, en nous demandant cruellement de quitter la maison familiale. Je me remémore certains achats, dont celui d'une voiture neuve, et tout l'argent qu'il a investi en beuveries, alors qu'il avait l'obligation de voir à notre bien-être.

Incapable de comprendre, je refuse d'approuver une telle absurdité. Et que dire de ses sœurs? Bien qu'elles étaient membres du conseil de famille et qu'elles savaient que la succession de maman prévoyait une somme d'argent pour assurer notre éducation, elles ont refusé de m'aider à poursuivre mes études.

Je contacte mes sœurs pour vérifier si effectivement, elles avaient consenti à la demande de mon père et signé les documents chez le notaire. Et la réponse est oui! Elles ont officiellement renoncé au legs, considérant que cet argent ne nous a jamais appartenu et qu'il est légitime qu'il soit versé à notre père. Comme nous n'avons jamais été informés de l'existence de cet héritage, je ne peux m'expliquer leur façon de penser.

Je me demande si ce montant n'est pas le fruit d'une assurance hypothèque versée suite au décès de notre mère ou celui résultant de la vente de la propriété. Si tel est le cas, d'où provenaient les fonds au moment de l'acquisition? De ma mère ou de mon père? Comment conclure que cet argent appartenait à ce dernier alors que nous n'avons aucun détail? Il est évident que ma position incommode mes sœurs qui ne voient pas ma décision d'un bon œil.

Après en avoir longuement discuté avec Carole, celle-ci me suggère de renoncer à la succession afin de préserver de bonnes relations avec ma famille. Elle considère que je dois tourner la page sur cette époque de ma vie, étant d'avis que j'ai un brillant avenir devant moi et que de ce fait, plusieurs opportunités se présenteront à moi. «Tu en sortiras gagnant», termine-t-elle. À contrecœur, je me présente chez le notaire pour signer les papiers. Le dossier est clos.

Durant cette même période, tel que je m'y attendais, ma voiture rend l'âme alors que je suis en route pour le travail. Disposant d'un budget relativement serré, j'achète aussitôt une voiture d'occasion Mustang vert bouteille pour la modique somme de huit cents dollars. Bien que je ne m'y connaisse pas en mécanique, je me rends très vite compte que ma nouvelle voiture n'est pas vraiment en bonne condition et que j'aurai sûrement de sérieux problèmes à court terme.

Les interventions chirurgicales

Pendant que j'essaie toujours de trouver un spécialiste pour enrayer mon strabisme, Carole m'informe qu'elle souhaiterait subir une chirurgie esthétique pour embellir son nez, lequel est plutôt prédominant. En fait, il ressemble à celui de Barbara Streisand. Même si avec ses beaux yeux bleus, cela lui donne un charme étonnant, elle a toujours eu un complexe. Il faut dire que ses frères n'ont jamais rien fait pour l'atténuer. Comme elle travaille et qu'elle peut s'offrir pareil luxe, ce n'est surtout pas moi qui vais l'en empêcher. Elle est donc opérée et devient plus séduisante que jamais. Maintenant, épanouie et confiante, elle est plus qu'heureuse de sa décision.

Après avoir discuté de mes yeux avec son chirurgien, celui-ci me transmet le nom d'un jeune ophtalmologiste, le docteur De Groot, qui procède à des interventions médicales autant qu'à des chirurgies esthétiques. Il est attaché à l'hôpital Maisonneuve Rosemont et a la réputation d'être un avant-gardiste dans son domaine. Il m'avise toutefois qu'il me sera difficile d'obtenir un rendez-vous à son bureau et c'est pourquoi il me suggère de passer par le département d'ORL du centre hospitalier Rosemont.

En m'y présentant, suite à une première évaluation effectuée par le médecin en service, vu la complexité de mon cas, on me propose une autre rencontre au cours de laquelle je pourrai rencontrer le docteur de Groot. C'était là mon objectif… obtenir un rendez-vous avec ce spécialiste de renom.

Lors d'un premier examen, voyant que mes muscles sont anormalement atrophiés, Dr Groot hésite à m'opérer, du fait qu'il lui est difficile de prévoir le résultat. Par contre, il entend soumettre mon dossier à un comité d'évaluation dont il est membre. La semaine suivante, j'ai droit à une excellente nouvelle lorsqu'il m'annonce qu'il accepte le défi. Non seulement souhaite-t-il corriger mon strabisme, mais il se fixe comme objectif de me permettre de voir en trois dimensions.

Lors de ce même entretien, il m'avise toutefois qu'il ignore si les frais de cette chirurgie seront couverts par l'Assurance maladie du Québec, ne sachant trop si elle sera considérée comme une intervention médicale. Si elle devait être considérée comme une intervention esthétique, je devrai alors assumer tous les frais. Quoi qu'il en soit, il lui faut présenter mon dossier au ministère qui lui, devra trancher.

Dans le but de bien préparer ce dossier, nous avons une longue discussion sur l'impact psychologique de ce strabisme et de ses répercussions sur moi. À cela, je réponds tout bonnement que je ne peux plus supporter de voir les gens avec qui je discute, que ce soit dans la vie de tous les jours ou au travail, tourner la tête à gauche et à droite pour tenter de déterminer ce que je regarde pendant que je leur adresse la parole et que je les regarde dans les yeux. Une humiliation au quotidien! Cela, sans compter que ce handicap m'empêche de décrocher un emploi en vente et marketing, domaine dans lequel j'aimerais poursuivre une carrière et où l'image joue un rôle important.

Malheureusement, après avoir pris connaissance du dossier, le ministère de la Santé refuse de payer pour mon intervention, jugeant qu'elle est d'ordre esthétique. Je devrai donc débourser tous les frais. J'accepte tout de même de poursuivre, espérant régler définitivement mon problème de vision et vivre enfin une vie normale. Après avoir obtenu mon consentement, le docteur m'annonce qu'il a l'intention de demander au gouvernement de réviser sa décision, bien que cela ne modifie en rien la suite des procédures à prendre pour planifier l'intervention chirurgicale.

Et puis finalement, quelques jours avant l'opération, je reçois une nouvelle extraordinaire. Mon médecin m'annonce que ma chirurgie fera partie d'un protocole de recherche et que les coûts seront entièrement défrayés par la Régie de l'assurance maladie. Puisque j'avais déjà pris des engagements pour rembourser mes prêts étudiants, c'est pour moi un énorme soulagement.

Avant de procéder à l'opération, le Dr Groot me rappelle qu'en raison d'importantes séquelles laissées par ma première intervention chirurgicale, il lui est impossible de garantir le résultat final. La situation est fort complexe, d'autant plus que j'ai une presbytie majeure sur un œil et une myopie sévère sur l'autre, sans parler de la divergence de vision à courte et longue distance. Malgré tout, puisque je n'ai rien à perdre, j'accepte de poursuivre l'aventure.

La date de l'intervention étant fixée, j'en avise mon patron, en plus de lui faire savoir que je devrai prendre entre dix et quinze jours de congé-maladie. Étant dans l'obligation de trouver très vite un remplacement durant cette période, il n'est pas du tout content. Voilà un manque d'empathie évident de sa part. Même si sa réaction est décevante, elle ne change en rien ma décision. Je me ferai opérer comme prévu.

À la maison, Carole m'encourage et appuie ma démarche, alors que ses parents font preuve d'un soutien extraordinaire. Quant aux miens, ils ne se sentent nullement concernés. C'est l'indifférence totale et je n'en suis guère surpris.

Et c'est en février 1974 qu'on m'opère à l'œil droit au centre hospitalier Maisonneuve-Rosemont, dans l'espoir de m'offrir un nouveau regard sur le monde. Les jours suivants, pour prévenir tout problème de haute pression dans les yeux et favoriser une récupération complète, je suis alité pendant dix jours consécutifs. Il m'est de plus défendu de me pencher.

Au bout de ces dix jours qui m'ont semblé une éternité, je suis aussi inquiet qu'excité. C'est demain qu'on retirera mon pansement et que je saurai enfin si la chirurgie a réussi. Je rêve que cet instant magique saura me débarrasser de mon éternel fardeau.

Nous y voilà! Rapidement, le médecin constate que l'intervention est un échec total. La dégradation des muscles entourant mon œil en est la cause. Mon œil, qui était excentré vers l'extérieur, s'est déplacé vers l'intérieur. De plus, j'ai une infection postopératoire, due à un rejet de la greffe d'artère d'agneau qui a été faite lors de la chirurgie. Il va de soi que cela doit être soigné rapidement. En fin de compte, étant donné que cette intervention a éveillé au cerveau une vision bilatérale des deux yeux, je souffre dorénavant de diplopie, ce qui signifie que je vois double. J'ai donc des problèmes d'équilibre, ce qui m'empêche de marcher librement. Lorsque je me déplace, je dois longer les murs pour éviter de tomber. Moi qui misais tant sur cette chirurgie, je suis aussi déçu que découragé.

Rapidement, le médecin m'annonce qu'il devra procéder à une nouvelle chirurgie. Dès que l'infection de l'œil sera guérie, en fait, et que mes muscles auront cicatrisé. Je ne m'attendais vraiment pas à un tel cauchemar!

La situation se complique lorsque j'informe mon patron que je ne pourrai pas revenir au bureau, et cela, pour une période indéterminée. C'est avec beaucoup de scepticisme que celui-ci accueille la nouvelle. Le jour suivant, alors que je suis couché, c'est avec un préavis de quinze minutes qu'il se présente à la maison pour constater par lui-même la véracité de mes dires. Je ne peux pas le croire! Bien qu'il ait reçu une attestation médicale, il exige que je me présente au bureau du médecin de l'entreprise pour un examen médical. Il va sans dire que son attitude vient de mettre un terme à notre relation d'affaires. Ne pouvant ni conduire ni me déplacer seul, l'entreprise m'envoie une limousine avec chauffeur pour que je puisse me présenter au rendez-vous.

Et puis mon médecin me demande de rencontrer un spécialiste pour commencer une séance de rééducation de mon œil. Le tout se fait par des exercices d'étirement musculaire, qui, semble-t-il, pourraient favoriser une correction partielle de ma vue. Tout au long des prochaines semaines, je devrai impérativement me soumettre à ces exercices, et ce, toutes les demi-heures. Une réévaluation médicale sera faite chaque semaine dans le but de mesurer les progrès et de planifier la prochaine chirurgie qui devrait avoir lieu dans un mois. Les détails de celle-ci me seront fournis la semaine prochaine, dès que le dossier aura fait l'objet de discussions au sein d'un comité dont font partie plusieurs ophtalmologistes du centre hospitalier.

Cela étant fait, le médecin m'apprend que la veille de l'opération, un examen complet sera fait pour déterminer les actions à prendre durant celle-ci. Lorsqu'il me fait savoir qu'il sera impossible de recourir à l'anesthésie générale, je suis en état de choc. Non seulement la chirurgie se fera à froid, mais je devrai de plus y participer activement en déployant mes yeux pour assurer le chirurgien que les réactions musculaires sont bien celles qu'il souhaite. Cela devrait éliminer toute probabilité d'erreur. Moi qui ai peur des injections, je ne sais pas comment je vais faire. Lorsqu'on ajoute qu'on devra du même coup sortir l'œil de son orbite pour rejoindre les tendons et les muscles et que par surcroît, cela provoquera des saignements, la peur s'installe. Le docteur tente de me rassurer en me disant qu'il me prescrira un tranquillisant et qu'aussi, je ne verrai rien puisque mon champ de vision se situera à l'extérieur du champ opératoire. Sur ces mots, il émet un faux rire qui me paralyse. J'ai un mois pour me préparer mentalement à vivre cette expérience terrifiante. Si je n'accepte pas par écrit ces modalités, l'opération ne pourra pas avoir lieu.

Le froid dans le dos et la sueur au front, je suis plus angoissé que jamais. Je ne peux pas m'imaginer étendu sur une table d'opération tout en étant conscient de ce qui se passe. Je dois y réfléchir sérieusement et donner ma réponse la semaine prochaine. Je peux renoncer si je le veux, mais en contrepartie, quelle autre solution ai-je pour régler mon problème?

Complètement bouleversé, je retourne à la maison. Les jours suivants, je fais des cauchemars et me réveille en sueurs froides en plein milieu de la nuit. Je rêve que mon œil tourne au-dessus de mon lit et que le sang gicle sur ma figure. Et puis, peu à peu, mon côté pragmatique revient graduellement à la surface, et fait taire mes craintes. Bien qu'à contrecœur, j'accepte de me prêter à cette dernière intervention, non sans prier pour voir enfin la fin de ce cul-de-sac.

Entre-temps, mon employeur m'oblige à me présenter au bureau trois jours par semaine pour exécuter quelques tâches cléricales. Sauf que l'infection est toujours présente et que j'éprouve encore des problèmes d'équilibre. Pour me permettre de satisfaire à cette demande, et pour éviter une aggravation de l'infection, mon médecin me recommande de couvrir mon œil avec un bandage médical. Cela me permet au moins de me déplacer sans perdre l'équilibre. Aussi, puisqu'il m'est interdit de conduire, l'entreprise m'offre le service de limousine soir et matin pour assurer mes déplacements.

Impatiemment et dans la tourmente, j'attends le jour «J». Un mois plus tard, on me contacte très tôt le matin pour m'aviser que l'intervention aura lieu dès le lendemain. Je dois donc être hospitalisé le jour même pour passer une série d'examens devant permettre de réévaluer le degré de déviation de l'œil, ce qui déterminera la marche à suivre durant l'opération. J'espère plus que tout que ce sera la dernière!

CHAPITRE 10

PRENDRE SA PLACE

Mars 1974 — Décembre 1976

Je me présente au bureau d'admission de l'hôpital pour remplir le formulaire de consentement avant de rencontrer le médecin. Lors de l'examen, ce dernier constate que grâce aux exercices que j'ai faits de façon assidue, la déviation oculaire a beaucoup diminué. L'amélioration est si importante, qu'il suggère de reporter l'opération à une date ultérieure, le temps que je poursuive mes exercices thérapeutiques. Une réévaluation sera faite toutes les semaines, et selon ce qui en résultera, il sera permis de fixer la date définitive de la chirurgie. Toujours aussi angoissé par celle-ci, c'est avec plaisir que j'accepte la proposition. Pour moi, c'est tout un soulagement! Enfin... pour l'instant.

Je retourne donc à la maison, déterminé à poursuivre avec assiduité une nouvelle série d'exercices thérapeutiques. Qui sait? Peut-être que cela fera en sorte que l'opération n'aura jamais lieu. Et puis, avec le temps, les médecins commencent à croire qu'il est possible que l'œil puisse se repositionner graduellement et que mon strabisme disparaisse.

Après quelques semaines, suite à une nouvelle réévaluation, le médecin constate que mon œil est pratiquement au point central de son orbite. En apparence, mon strabisme a été corrigé et ne se voit plus. Par contre, cette amélioration est purement esthétique; mon problème de divergence visuelle est toujours présent et donc, il m'est toujours impossible de voir en trois dimensions. Il y a aussi mon problème de double vision qui reste à résoudre. Maintenant que la question d'ordre esthétique est pratiquement réglée, le médecin me suggère d'annuler définitivement l'intervention, laquelle représente toujours un risque. Ainsi, puisque le problème affectant la convergence visuelle persistera, je devrai, comme par le passé, commander au cerveau d'annuler toute instruction relative à la vision simultanée des deux yeux. Pour éviter que la cécité atteigne l'un d'eux, comme par le passé, je dois me conditionner à les utiliser en alternance, en fonction des tâches que j'exécuterai. Cela, en ayant à composer avec le fait que je suis myope d'un œil et presbyte de l'autre. Le plus difficile, pour moi, sera de trouver un optométriste qui saura fabriquer des verres capables de corriger tous ces problèmes à la fois. Mais, qu'à cela ne tienne… même si la vue en trois dimensions restera à jamais une énigme pour moi, je ne serai pas opéré à froid, et ça, c'est un réel soulagement.

De plus, étant donné que mon problème visuel n'est plus apparent, je considère que j'ai gagné une partie de mon pari. Les gens cesseront enfin de me regarder comme un handicapé et de chuchoter: «C'est dommage pour lui». Ma vision n'est peut-être pas meilleure qu'avant, mais au moins, esthétiquement parlant, je passerai inaperçu. Du coup, plus rien ne peut m'empêcher de poursuivre ma carrière dans le domaine que j'ai choisi.

Après plusieurs mois de convalescence, je reprends le travail. Ce faisant, toutefois, je demande à être muté dans une autre division, car je ne veux plus être sous les ordres de mon patron actuel. L'expérience vécue durant ma convalescence a entaché nos relations professionnelles, en plus de faire disparaître à jamais la confiance et le respect que j'avais pour lui. Je fais donc une demande pour être affecté au département de ventes, dont les bureaux sont situés au centre-ville. Au bout d'un certain temps, voyant que la réponse tarde à venir, je décide d'envoyer mon curriculum vitae à des entreprises nationales renommées ainsi qu'à des chasseurs de têtes, dans le but d'obtenir un poste de représentant. J'ai maintenant une apparence normale, je poursuis toujours mes cours d'anglais et aussi, j'ai vieilli de deux ans. Enfin, j'ai une moustache qui me donne du caractère… alors pourquoi pas? J'ai droit à ma chance!

Pour me préparer aux entrevues de sélection, je mets à profit l'expérience que j'ai acquise en tant que recruteur. Puisque les entretiens se déroulent en anglais, j'utilise le questionnaire de base que j'ai développé et apprends par cœur chacune des réponses. Plus que jamais, je suis déterminé à décrocher l'emploi dont je rêve.

Le tout finit par donner des résultats, car en juin 1974, on m'engage à titre de représentant en cautionnement pour le bureau montréalais d'Aetna Life and Casualty, une multinationale américaine dont le siège social est au Connecticut. Je serai responsable du développement des affaires. Je devrai établir un réseau de contacts dans le domaine du courtage en assurance et travailler de concert avec des entreprises impliquées dans le domaine du cautionnement, que ce soit au niveau des détournements de fonds, des garanties d'exécution de contrats de construction ou pour satisfaire les exigences de garanties requises par la loi. Enfin, il me faudra obtenir un certificat en finance pour me permettre de compléter l'analyse des états financiers des clients avant de soumettre mes recommandations pour l'émission du cautionnement exigé lors de soumissions publiques.

Le salaire est de trente pour cent supérieur à ce que je gagnais chez mon employeur précédent et les avantages sociaux sont imbattables. En deux ans, soit depuis l'obtention de mon diplôme, mon revenu annuel a quadruplé. Mais par-dessus tout, lorsque j'aurai terminé ma formation, l'entreprise me fournira une voiture de fonction. Non seulement j'irai moi-même la choisir chez le concessionnaire, mais de plus, toutes les dépenses afférentes à celle-ci me seront remboursées. Voilà qui réglera mes problèmes de voiture!

Durant ma période de formation, une des deux poutres centrales de ma Mustang se rompt en deux. Je dois l'envoyer à la fourrière. En attendant de prendre possession de celle qui me sera fournie par l'entreprise, j'achète d'un ami une auto usagée qui me semble en bon état pour rouler, mais dont la rouille a déjà perforé la carrosserie. Comme je n'y connais rien en mécanique et que je ne compte l'utiliser que pour quelques mois, j'accepte d'emblée ses recommandations. Une erreur magistrale!

Quelques jours après la transaction, le plancher rouillé, du côté chauffeur, s'effrite tellement, que lorsque je conduis, je peux compter les cailloux sur la route. De plus, le câble reliant la pédale à essence au carburateur se rompt. J'ai l'impression d'avoir acheté une voiture abandonnée par son propriétaire sur le bord de la route dans un quartier de La Havane! Comme les frais de réparation dépassent de beaucoup sa valeur marchande et qu'elle ne me servira que pour un très court laps de temps, je fais place à mon imagination pour résoudre le problème.

Pour ce qui est du plancher, je me contente de placer mes pieds de chaque côté du trou et voilà tout. Ce n'est pas pratique lorsqu'il pleut, mais bon! Quant au bris du câble, je règle le problème en achetant un fil en cuivre dans une quincaillerie. Je l'attache directement au carburateur en le faisant passer par le trou du plancher, puis l'enroule autour d'une rondelle de carton que je peux manipuler de l'intérieur à l'aide de ma main gauche, me réservant la droite pour conduire. Et voilà pour mon nouveau système d'accélération! Si mon plan est ingénieux et fonctionnel, il est fort peu sécuritaire. Dans les accélérations, il est très difficile à manipuler, particulièrement lorsque je passe aux postes de péage, où j'ai besoin de ma main gauche pour descendre la fenêtre et lancer la monnaie. Avec le temps, le plancher s'effrite de plus en plus et le fil de cuivre se rompt sur la paroi du plancher. Je dois donc trouver une nouvelle façon de procéder. Cette fois, je décide de faire passer le fil de cuivre sous le capot de la voiture, du côté du chauffeur, et de le glisser par la petite fenêtre triangulaire qui se trouve devant la fenêtre principale. Il va de soi que chaque fois que je me rends au travail, ce système me demande beaucoup de force et d'énergie. J'espère simplement que ce mécanisme fonctionnera jusqu'à l'arrivée de ma nouvelle voiture.

Lors d'une rencontre avec mon nouveau patron, j'apprends qu'en octobre, je devrai participer à un cours de formation en anglais. Il s'échelonnera sur une période de huit semaines et sera donné au siège social de l'entreprise, à Hartford au Connecticut. Je viens de réaliser qu'au moment de l'entrevue, qui s'est déroulée en anglais, bien sûr, je suis passé à côté de cette information. Du coup, je suis pris de court. Car même si je comprends ce que je lis et que je contrôle la grammaire, mon niveau d'anglais est insuffisant pour communiquer adéquatement. Puisqu'il me semble impensable d'avouer à mon supérieur que mon anglais est plutôt limité, je n'ai d'autre choix que de me rendre aux États-Unis. Dans le pire des scénarios, ces huit semaines là-bas seront pour moi un cours d'immersion en anglais.

Notre vie familiale

C'est déjà l'été. Je tente de faire un bilan de ma vie pour savoir où j'en suis, conscient que j'ai déjà réalisé une grande partie de mes projets. En dépit des embûches, j'ai terminé, il y a déjà deux ans, mes études universitaires. Je me suis marié à une femme extraordinaire, qui me soutient inconditionnellement. Je suis heureux. Grâce à l'attention, la valorisation et l'amour que j'ai reçus des parents de Carole, sa famille a fini par devenir la mienne. Aussi, cette année, même si ce n'est qu'au plan esthétique, je me suis enfin libéré de mon strabisme, ce qui m'a permis d'obtenir l'emploi que j'occupe actuellement. Que demander de plus? J'ai enfin droit au bonheur!

En août, Carole m'appelle au bureau pour m'annoncer qu'elle attend un enfant, dont la naissance est prévue à la fin d'avril 1975. Debout à côté de mon bureau, je m'évanouis presque en apprenant cette nouvelle, et dois vite m'asseoir. Quoiqu'elle ait déjà exprimé le désir d'avoir des enfants, nous n'avions jamais pris de décision définitive à ce sujet. Même que jusque-là, jamais nous n'avions déterminé le moment approprié pour en avoir. Mais je me rappelle tout à coup que pour des raisons médicales, elle avait dû arrêter momentanément de prendre la pilule anticonceptionnelle...

Avant même de terminer mes études, alors que j'étais encore célibataire, je rêvais d'avoir des enfants. Mais maintenant que je suis sur le marché du travail, je réalise l'ampleur des responsabilités qui incombent aux parents, ainsi que le coût associé à l'éducation des enfants. Conséquemment, j'aurais peut-être souhaité attendre un moment plus opportun pour mettre un enfant au monde: étant très endettés, j'aurais souhaité avoir une meilleure stabilité financière. De plus, puisque je vis actuellement des moments privilégiés avec Carole, j'aurais voulu en profiter davantage. Mais voilà qu'aujourd'hui, elle me place devant une tout autre réalité.

J'espère que je serai à la hauteur, que je saurai protéger mes enfants et leur inculquer l'amour, la valorisation et l'estime d'eux-mêmes. Cela leur évitera de connaître la même enfance que j'ai vécue.

Un imprévu

Un soir, en retournant à la maison, nous prenons connaissance du contenu d'une lettre recommandée qui nous a été envoyée par le propriétaire de l'immeuble. Celui-ci nous demande de quitter les lieux à la fin du mois, sous prétexte que nous n'avons pas respecté les conditions du bail en ce qui concerne les animaux. Selon ce qu'il a écrit, des voisins se seraient plaints du fait que notre caniche jappe lorsque nous sommes absents. Aussi, si nous souhaitons continuer à occuper notre logement, nous devons nous en défaire immédiatement. Nous sommes très surpris, car c'est la première fois que l'on entend dire que des plaintes ont été portées contre nous. Malheureusement, lorsque nous avons décidé d'adopter ce petit chien, il ne nous est pas venu à l'idée de vérifier si le bail le permettait. Mais une chose demeure certaine, c'est qu'il jappe en toute occasion, particulièrement lorsque quelqu'un passe devant notre porte, ce qui est très désagréable. Pour Carole, il n'est surtout pas question de s'en départir, car elle y est très attachée. De plus, comme elle est enceinte et que nous aurons besoin d'une chambre supplémentaire l'an prochain, nous décidons de nous conformer à la demande du propriétaire et de quitter les lieux.

Lors de nos recherches pour trouver un nouveau toit, nous constatons que le prix demandé pour un deux chambres à coucher sur l'île de Montréal est très élevé. Nous décidons donc de regarder du côté de Laval. Nous sommes toutefois en dehors de la période de location et de ce fait, il est très difficile de trouver un appartement convenable dont le prix respecte notre budget. Finalement, en lisant les journaux, nous apprenons qu'un promoteur ayant construit une série d'immeubles à Laval-des-Rapides offre un mois gratuit si nous louons l'un de ses appartements pour une durée d'un an. Puisque les animaux sont acceptés, nous profitons de cette promotion en louant un quatre et demi situé au rez-de-chaussée d'un de ces immeubles dont la construction sera terminée vers la fin du mois.

En même temps, Carole, qui a porté les chaussures de sa mère durant plusieurs années alors qu'elles étaient un demi-point en bas de sa taille, se retrouve avec des oignons aux pieds qui la font souffrir. Après avoir consulté un spécialiste, même si elle est en début de grossesse, elle accepte de se faire opérer.

Malheureusement, elle éprouve beaucoup de difficulté à s'en remettre. Les douleurs postopératoires sont si intenses qu'elle a de la difficulté à marcher. Même si elle ne s'est pas encore rétablie, je dois me rendre aux États-Unis pour suivre mes cours de planification financière, lesquels dureront huit semaines. Durant mon absence, ses parents se relaieront tous les jours pour venir la visiter à la maison. Après plusieurs semaines, ses douleurs finissent par disparaître et, soulagée, elle apprend finalement que l'opération est un succès.

Une incursion au pays de l'Oncle Sam

Avant de me rendre au siège social de Hartford, je crains la réaction des cadres de l'entreprise lorsqu'ils réaliseront que j'ai du mal à communiquer en anglais. D'autant plus que le cours est réparti sur deux mois, ce qui est très long. Il est convenu que si je souhaite revenir à Montréal durant cette période, ne serait-ce que le temps d'un week-end, ce sera à mes frais.

Lors de cette formation, j'aurai l'occasion de passer en revue tous les types de cautionnements légaux existant sur le marché nord-américain et de me familiariser avec les techniques d'analyse financière. Cela me permettra éventuellement de faire des recommandations pour l'émission de garanties reliées à l'exécution de travaux de construction ou l'émission de garanties financières requises pour les entreprises.

Évidemment, je suis le seul francophone. Non seulement je dois apprendre un nouveau travail, mais je suis noyé dans une nouvelle culture, au milieu de gens qui parlent une langue qui m'est pratiquement étrangère. Les premiers jours sont excessivement pénibles.

Quelques jours après le début des cours, après avoir constaté que j'ai du mal à communiquer avec mes collèges et le personnel enseignant, la direction me convoque à une rencontre privée pour me soustraire de l'obligation de poursuivre ces cours et pour discuter d'un possible retour au Canada. Comme j'ai une mémoire visuelle exceptionnelle et que j'arrive à lire en anglais, je leur demande de m'accorder un temps d'adaptation. Cela étant accepté, il est toutefois convenu que nous nous rencontrerons à nouveau dans une semaine, dès que les résultats du premier examen d'évaluation seront connus. Tous les soirs, je travaille très fort pour apprendre une terminologie que je ne connaissais guère jusque-là, que ce soit en français ou en anglais.

Malgré mon silence et mon manque d'intervention dans les cours, lors du premier examen hebdomadaire, j'obtiens l'une des meilleures notes de la classe, obtenant ainsi le droit de poursuivre la formation. Encore une fois, j'ai gagné mon pari. Je continue de travailler tous les soirs très tard pour terminer mes travaux de recherche et apprendre les termes en anglais. Parallèlement, je m'efforce de communiquer avec mes confrères américains. Ceux-ci font preuve de beaucoup d'empathie et m'offrent continuellement leur support. Avec le temps, je me fais de nouveaux amis qui font tout pour m'apprendre l'anglais, même si, à l'occasion, ils se moquent un peu de mon accent. Enfin bref, ils m'aident à m'intégrer. Ils m'invitent même à me joindre à eux pour prendre part à leurs activités sociales et prendre un verre. Compte tenu de la faiblesse de mon anglais, ils sont forcément très surpris des résultats que j'obtiens lors des évaluations hebdomadaires.

Après quatre semaines de cours, sachant que Michel et Ginette se marient, je reviens chez moi pour un long week-end. Il aurait été impensable que je n'assiste pas à ce mariage. Inutile de dire qu'à mon arrivée, je suis complètement exténué. Le week-end terminé, je prends le train pour retourner à Hartford, espérant que mon séjour au pays de l'oncle Sam se termine bientôt.

À la fin de ma formation, je réussis tous les examens et obtiens un certificat en cautionnement et analyse financière. En dépit du fait que je suis complètement crevé, je suis très fier de ma performance. Non seulement j'ai obtenu les meilleurs percentiles de la classe, mais je me suis fait de nouveaux amis et j'ai appris à mieux maîtriser l'anglais. J'ai sauvé mon emploi et développé des connaissances faisant partie de mon nouveau champ d'activités commerciales. Pour compléter ma formation, je m'inscris à un cours du soir à l'école des Hautes Études commerciales pour obtenir un certificat en finance.

Ma formation terminée, je prends possession de la voiture Ford que j'avais commandée chez le concessionnaire juste avant mon départ. Il était temps, car la mienne était sur le point de me laisser tomber. Au volant de mon véhicule neuf, j'ai l'impression de flotter sur un nuage. Quel contraste avec les tacots que j'ai conduits jusqu'ici!

Un autre déménagement

Il y a déjà trois mois que nous habitons dans notre nouvel appartement et alors que l'hiver arrive à grands pas, les travaux de construction ne sont pas encore terminés. Les maçons viennent tout juste d'arriver sur place avec le matériel pour recouvrir les murs extérieurs. Les escaliers de sortie avant et arrière n'ont pas encore été installés, ce qui rend l'accès à l'immeuble difficile et fort peu sécuritaire. Tout cela, sans parler de la finition intérieure qui est loin d'être une priorité pour l'entrepreneur, malgré nos demandes répétées. Nous finissons par apprendre que le propriétaire, un notaire de Laval, a retardé l'échéancier des travaux, car il a de la difficulté à louer ses appartements dont les revenus servent à financer la fin des travaux. Qui plus est, les matériaux utilisés sont de piètre qualité et les appartements sont très mal insonorisés. Plus il y a de nouveaux locataires, plus nous les entendons parler, discuter, et même... faire leurs besoins. On a nettement l'impression de se retrouver dans un HLM. Vu sa grossesse, Carole ne peut en supporter davantage et c'est pourquoi nous devons envisager de quitter les lieux. Après quelques discussions et beaucoup de pression exercée sur le propriétaire, celui-ci nous propose finalement d'annuler notre bail si nous réussissons à trouver un autre appartement. Il va sans dire que nous acceptons son offre avec grand plaisir!

Jugeant que le quartier est magnifique, nous nous lançons à la recherche d'un logement situé dans le même secteur, sauf que cette fois, nous regardons davantage du côté des duplex. Plus question de vivre dans un immeuble à multi-logements. Un soir, lors d'une promenade, nous apercevons une affiche annonçant la disponibilité d'un cinq et demie. Celui-ci se trouve au deuxième étage d'un luxueux duplex, dans un croissant tranquille où il n'y a aucune circulation automobile. En frappant à la porte des propriétaires, qui habitent au rez-de-chaussée, nous apprenons que le locataire a déjà quitté les lieux et que le logement est libre immédiatement. Ils acceptent aussi les animaux. Au moment de la visite, nous sommes enchantés de constater la propreté des lieux et la grandeur des pièces. De plus, on y trouve un très grand balcon, accessible par la cuisine, pouvant accueillir un BBQ et un ensemble patio. Nous acceptons donc de signer un bail de deux ans, contents d'avoir déniché un appartement correspondant exactement à ce que l'on recherchait. Avec l'aide des parents de Carole, nous y emménageons dès le début du mois de décembre.

Soutien familial

Quelques semaines plus tard, nous acceptons d'héberger Robert, le frère de Carole. Âgé de vingt-huit ans, celui-ci est perturbé après avoir traversé une période difficile. L'an dernier, ses parents lui avaient proposé d'acheter le salon de coiffure où il travaillait et qui leur appartenait. Sans tenir en considération les investissements effectués par ces derniers, Robert croyait qu'ils lui auraient tout simplement transféré le titre de propriété, sans aucune compensation financière. Comme il était bon coiffeur et qu'il jouissait d'une excellente clientèle, il était convaincu que le commerce devait lui revenir d'office. Durant toutes ces années, jamais il n'a fait preuve d'un réel intérêt pour assurer la gestion du commerce et aussi, a-t-il refusé d'investir la moindre somme lorsque ses parents lui ont offert de l'acheter. Ce qui a dégénéré en conflit. Le salon a donc été vendu à une employée pour laquelle il a refusé de travailler.

Il a par la suite décidé de réorienter sa carrière et d'offrir ses services comme représentant auprès d'une entreprise de produits de beauté avec laquelle la famille traitait depuis longtemps. Sans qu'on en connaisse les motifs, il s'est retrouvé quelques mois plus tard à travailler comme vendeur à commission pour le compte d'une autre entreprise évoluant dans le domaine de la coiffure. Là encore, n'ayant pas su supporter la pression engendrée par l'atteinte des objectifs mensuels, il a démissionné. Outre cela, il a essuyé plusieurs échecs amoureux. Du coup, il souffre d'une dépression nerveuse sévère. Puisque Carole et moi avons toujours eu une excellente relation avec lui et que nous l'aimons beaucoup, nous avons accepté de l'aider à traverser cette période de turbulences.

Sans vouloir le condamner, je crois qu'il a été trop gâté par ses parents. Jamais il n'a eu à se battre pour obtenir ce qu'il voulait. À l'époque où ses parents étaient propriétaires du salon, il établissait lui-même son horaire de travail et refusait de s'impliquer dans la gestion. L'après-midi, en période de grande affluence, il était fréquent de le voir se prélasser au soleil, sur la terrasse, alors que des clientes attendaient de se faire coiffer. Aussi, parce qu'il sortait tous les soirs dans les discothèques, il lui arrivait très souvent de se pointer en retard, faisant ainsi attendre ses clientes qui avaient déjà des rendez-vous. Ce qui me surprenait toujours.

Cela dit, c'est dans la tourmente qu'il emménage chez nous. Nous sommes prêts à l'héberger, le temps qu'il puisse se ressaisir et se prendre en main. Malheureusement, plus les semaines passent, plus il devient paranoïaque et invivable. Même qu'il nous fait vivre un stress inimaginable. Convaincu qu'il est poursuivi par un tueur à gages, il refuse de sortir de la maison. Lorsqu'il regarde à l'extérieur, par la fenêtre, il se cache derrière les rideaux. Il se révolte et se plaît à dénoncer les parvenus, les riches, les prétentieux et tous ceux qui refusent de partager avec lui ce qu'ils ont ou de lui donner ce qu'il veut. Voilà maintenant six longues semaines qu'il habite chez nous. Avec Carole qui est enceinte, la situation devient si préoccupante, que nous craignons pour notre sécurité. Avec mes beaux-parents, nous cherchons un moyen de le faire partir le plus rapidement possible. Finalement, ceux-ci le convainquent de s'installer chez eux en acceptant qu'il emporte avec lui les meubles et effets personnels qui se trouvent dans son studio. Même si nous tentons de leur dire qu'il serait important que Robert consulte un psychologue, ils ne réalisent pas l'ampleur de son problème. Ils croient que son état est temporaire et que tout entrera bientôt dans l'ordre. Hélas, il n'y a rien que nous puissions faire pour leur faire entendre raison. Malgré tout, lorsque nous sommes invités à souper chez eux, nous nous efforçons de maintenir une bonne relation avec lui.

Mes premiers succès professionnels

Mon nouveau poste me plaît beaucoup et correspond exactement à mes attentes. Rapidement, je développe un important réseau de contacts, aussi bien dans le domaine de l'assurance que dans le secteur financier, de la construction, des petites entreprises et des multinationales.

Tous les jours, je rencontre des gens, analyse les risques financiers associés à l'émission de cautionnement et évalue les primes requises avant de les soumettre pour approbation à la direction. Initialement, l'entreprise me fournit une procuration me permettant de signer tout document légal comportant une garantie financière allant jusqu'à un million de dollars. C'est là une marque de confiance inestimable de la part de l'administration! Après peu de temps, dans l'industrie, mon nom circule partout et ma réputation se bâtit rapidement. Je me démarque particulièrement grâce à mon sens de l'analyse et à ma rapidité d'intervention. Aussi, on m'invite à participer aux différents groupes de travail impliqués dans les plus grands chantiers de construction que le Québec ait connus, soit ceux de la Baie-James, de l'Université du Québec à Montréal et des installations olympiques. Je participe activement aux ouvertures de soumissions publiques et autres projets d'envergure gérés par des consortiums internationaux. Un jour, on me demande de me rendre dans le Grand Nord pour survoler en hélicoptère l'étendue du territoire qui sera submergée par la mise en marche du barrage hydroélectrique de la Baie-James. Enfin, je participe étroitement à l'ouverture des bureaux de la Banque Canado-Italienne à Montréal en fournissant les garanties financières requises par le gouvernement canadien. Je suis maintenant convié dans tous les clubs privés et les meilleurs restaurants, découvrant ainsi la bonne gastronomie, que ce soit dans la région de Montréal ou de Québec.

J'ai trouvé ma place et suis finalement devenu quelqu'un. Depuis que je n'ai plus à me soucier des problèmes d'esthétique causés par mon strabisme, j'ai découvert que notre personnalité est le reflet du regard que les gens nous portent et que notre image en dépend. Débarrassé de toute barrière sociale, je n'ai jamais eu autant de plaisir à rencontrer et côtoyer les gens de tous les milieux, sans faire l'objet de compassion et de pitié.

En 1975, alors que mon objectif annuel est de générer cent mille dollars de revenus provenant de nouvelles affaires, j'atteins un total d'un million de dollars en primes additionnelles provenant de nouveaux clients. Suite à ces résultats, j'obtiens du siège social une procuration générale illimitée, me donnant ainsi l'autorisation de signer tous documents légaux au Canada.

Je reçois continuellement des appels de clients potentiels ou de courtiers désireux de recevoir des conseils ou des recommandations. On me contacte également pour m'offrir un emploi et même, pour me soumettre une entente de partenariat, que ce soit en courtage ou en construction. Lors d'un dîner d'affaires avec un client, celui-ci m'offre la direction d'une nouvelle division de son entreprise pour laquelle il désire investir plus de trois cent mille dollars qui seraient mis à ma disposition. Quoique flatté par ces propositions, je les refuse toutes, entendant poursuivre ma carrière au sein de grandes entreprises.

Un jour, plus confiant que jamais, je me permets une extravagance en changeant mon style et ma coupe de cheveux, jusque-là très conservateurs. Ce que je ne me serais jamais permis dans le passé. Je me fais pousser les cheveux aux épaules. Comme ils frisent naturellement, je me retrouve avec une coupe afro à la Robert Charlebois. Un contraste énorme avec ma personnalité et l'image que je projetais. Le premier jour, en arrivant au bureau, alors que j'appréhende une réaction de la part de la direction, je n'entends aucun commentaire. Finalement, ma nouvelle image décontractée et à la mode est très bien acceptée et ne crée aucune controverse. Ce qui bien évidemment, me rassure. Cette fois, j'ai osé!

Les nouveaux parents

À la maison, tout se déroule à merveille. Carole et moi avons développé une grande complicité et un support mutuel indéfectible. Nous adorons passer nos temps libres ensemble et comme nous nous aimons, tout semble très simple.

Malgré que ses jambes enflent de façon démesurée et qu'elle doive porter une attention particulière à son alimentation, sa grossesse se déroule normalement. À cette époque, puisqu'il est impossible de connaître le sexe de l'enfant avant la naissance, ce sera pour nous une surprise. Par contre, nous sommes si excités par sa venue que nous décidons de décorer sa chambre dès à présent. Nous y allons avec des teintes de bleu, rose et jaune, couleurs qui s'harmonisent parfaitement bien et qui conviennent à une fille autant qu'à un garçon. Au plafond, nous avons suspendu l'ombrelle que Carole portait à notre mariage. Pour l'agrémenter, nous l'avons recouvert d'un plein jour blanc retombant par terre et encerclant le panier en osier qui servira de berceau.

Du fait que je dois souvent m'absenter en raison de mon travail, et qu'à cette époque, le cellulaire n'existe pas encore, je crains que Carole n'arrive pas à me joindre à temps lorsque le moment sera venu, pour elle, de se rendre à l'hôpital. Elle qui devait accoucher à la fin d'avril, voilà qu'elle accuse déjà une semaine de retard. Je m'inquiète tellement que je souffre d'insomnie. Tous les matins, je pars au bureau complètement épuisé. Puisqu'il s'agit d'une première grossesse, on nous dit que c'est normal. Aussi, avant d'intervenir, le gynécologue préfère attendre deux semaines complètes. Quant à Carole, elle aimerait bien accoucher avant la fête des Mères, soit le 11 mai, date qui se rapproche rapidement. Puis, dans la nuit du 8 au 9 mai, elle se réveille vers deux heures en pleines contractions. Elle tente de me réveiller, mais en vain. Je suis si fatigué que sans m'en rendre compte, je me suis rendormi aussitôt. Elle attend patiemment jusqu'à sept heures pour m'annoncer que ses eaux ont crevé et qu'il faut rapidement nous rendre à l'hôpital. Pris de panique, nous prenons la route, en pleine heure de pointe, pour gagner l'hôpital Juive de Montréal.

Quelques minutes après notre arrivée au département d'obstétrique, Carole me demande d'assister à l'accouchement. Même si je suis toujours ébranlé lorsque je me rends dans un hôpital et que j'ai horreur de voir du sang ou une simple cicatrice, je ne peux pas lui refuser. Il est toutefois entendu que je resterai derrière elle pour ne pas m'évanouir. De son côté, le médecin me signifie qu'en cas de faiblesse, je devrai quitter la salle le plus discrètement possible. Finalement, le 9 mai 1975, vers onze heures, j'ai vu naître notre premier bébé… une belle petite fille. Son nom étant déjà choisi, nous l'appelons Cindy. La nouvelle maman a alors vingt-deux ans, et moi vingt-cinq.

Malheureusement, il y a eu certaines complications durant l'accouchement et Carole a fait une hémorragie. Le jour suivant, le médecin lui annonce que tous les muscles internes se sont déchirés, ce qui a créé des lésions importantes au niveau de son utérus. Elle devra être opérée dans un an. Nous apprenons de plus qu'il est actuellement impossible de savoir si elle pourra enfanter de nouveau et que pour l'instant, toute relation intime demeure exclue. Au moment précis où j'entends cela, je suis hanté par la triste histoire de ma mère. Mais au moins, Carole, elle, est encore en vie.

Ses parents n'attendaient que ce moment. Les jours suivants, nous avons la chance de présenter notre poupon à presque tous les membres de ma famille, incluant mes parents qui se sont spécialement déplacés pour l'occasion. Malgré les complications, nous sommes plus qu'heureux. Cette naissance représente pour nous un grand moment de bonheur.

En bâtissant ainsi une famille, je me retrouve dans un environnement plein d'amour, de passion, de tendresse et d'attention. Tout ce que j'avais tant souhaité et cherché dans ma jeunesse s'offre maintenant à moi. C'est la réalisation d'un rêve qui semblait autrefois inaccessible et dont je suis très fier.

Même si nous sommes peu pratiquants, puisque Carole et moi sommes catholiques, nous décidons d'un commun accord de faire baptiser notre enfant. Pour tenir les rôles de parrain et marraine, nous optons évidemment pour mes beaux-parents, lesquels sont très près de nous. Au jour du baptême, nous convions tous les membres de nos familles pour célébrer dignement ce grand événement.

Un espace pour nous

Depuis l'accouchement, les parents de Carole font preuve d'un appui indéfectible. Ils effectuent les tâches quotidiennes et préparent les repas pour permettre à leur fille d'allaiter son enfant, de retrouver ses forces et de s'adapter à son nouveau rôle de maman. Étant donné que je suis souvent à l'extérieur, ils sont de plus en plus présents à la maison. Ils sont si heureux d'être grands parents que tous les jours, ils achètent un petit présent, soit pour le bébé, soit pour la maman, parfois même pour moi. Mais, même si leurs intentions sont à la hauteur de leur générosité, il n'en demeure pas moins qu'ils envahissent notre demeure. Non seulement quittent-ils la maison très tard le soir, après une partie de cartes, mais ils ont littéralement pris le contrôle des lieux. Cela fait maintenant quelques mois qu'ils font le ménage, le lavage, déplacent les meubles à leur convenance et rangent nos effets personnels. Depuis la naissance de Cindy, il m'est impossible de la prendre dans mes bras, car ils sont toujours autour d'elle. Ils agissent comme s'ils étaient les parents et qu'ils étaient chez eux, ce qui m'agace de plus en plus. Jusqu'à ce jour, Carole n'a pas osé dire un mot même si elle aussi souhaiterait avoir un peu de temps pour être seule avec sa fille et se reposer. De mon côté, lorsque je reviens à la maison après une dure journée de travail, j'aimerais bien retrouver un peu de calme et de sérénité, tout comme j'aimerais me retrouver seul avec ma petite famille et prendre ma fille dans mes bras.

Exaspérés, nous discutons longuement sur ce que nous devrions faire pour régler cette fâcheuse situation avec les principaux intéressés. Mais ceux-ci étant généreux et bien intentionnés, il nous est difficile de trouver une façon d'aborder le sujet avec eux. Nous ne voudrions surtout pas les blesser et risquer d'entacher notre relation. Carole étant leur fille, il est finalement convenu que c'est elle qui devra leur parler, et ce, dès que l'occasion se présentera.

Sauf que les jours passent et les semaines défilent, et elle n'a pas trouvé le bon moment. Lorsque je reviens du bureau, ils sont toujours là et continuent de repartir très tard le soir. Vraiment, la situation est devenue insupportable.

Un soir, n'en pouvant plus, je somme Carole de leur parler dès le lendemain, allant jusqu'à lui dire que si je les trouve encore là demain soir, je serai forcé d'aller dormir à l'hôtel, car j'ai trop besoin de sommeil. Tout aussi épuisée que moi, elle consent à ma demande et promet de s'exécuter.

Le lendemain, en arrivant à la maison, je suis renversé en voyant que la voiture de mes beaux-parents est toujours garée devant notre porte. Hors de moi, je me rends à une cabine téléphonique pour appeler Carole et lui demander s'ils ont l'intention de partir bientôt. Elle est coincée et je le sens très bien. Mais la situation est devenue à ce point pénible que je lui fais part de mon intention d'aller à l'hôtel si ses parents sont encore là dans trente minutes.

Elle me rassure en me promettant qu'elle va leur parler et me demande d'attendre quelques minutes avant de retourner à la maison. Après avoir attendu impatiemment, je reviens chez moi pour me rendre compte qu'ils sont enfin partis. Les aimant bien, je trouve vraiment dommage que nous ayons dû nous rendre jusque-là pour leur faire comprendre que nous avions besoin de préserver notre intimité. M'inquiétant tout de même, je demande à Carole comment ils ont réagi lors de cet échange. Celle-ci me rassure très vite en me disant qu'ils ont très bien compris et qu'ils sont partis sans aucune rancœur. Nous pouvons donc réapproprier nos rôles de conjoints, de parents et notre vie privée. Puisque Carole a un tact exceptionnel, ils ont effectivement bien compris. Dorénavant, ils ne viennent plus que sur invitation. Leur comportement envers nous demeure inchangé, ce qui fait que nous avons toujours droit aux mêmes petites marques d'attention de leur part.

Notre intimité retrouvée, Carole m'offre pour la première fois de prendre la petite dans mes bras. C'est à ce moment que je réalise vraiment que je suis papa, avec toutes les joies et les plaisirs que cela comporte. Très vite, je me transforme en un papa gâteau et vois ma fille comme une princesse. Tous les soirs, j'ai hâte de rentrer à la maison pour la prendre dans mes bras pendant que Carole prépare le repas ou s'affaire à d'autres tâches. Je suis émerveillé de la voir grandir aussi vite. Les week-ends, je m'amuse à prendre des photos d'elle dans des poses amusantes. Nous passons beaucoup de temps ensemble. Maintenant qu'elle peut marcher, elle court vers moi dès que j'arrive à la maison, ce qui me remplit de bonheur. C'est pour moi un véritable cadeau de la vie.

Un an plus tard, soit vers la fin de 1976, Carole subit une opération majeure pour reconstituer ses muscles internes. Outre le fait qu'elle doit encore s'abstenir de tout rapport intime pour au moins six mois, il lui est recommandé de ne plus avoir d'enfant, car une nouvelle grossesse pourrait mettre en danger sa vie. Elle qui désirait ardemment avoir d'autres enfants, il va de soi qu'elle est déçue. Cette nouvelle la démoralise au point que j'ai peur qu'elle tombe en dépression. Mais elle retrouve très vite sa joie de vivre quand plus tard, on lui apprend qu'elle pourrait tomber à nouveau enceinte si elle acceptait d'envisager une césarienne. On la prévient malgré tout que les risques de complications restent toujours présents.

L'équité salariale

Déjà novembre. Au travail, tout fonctionne à merveille. Depuis 1974, ma réputation enviable m'a permis de surpasser tous mes objectifs annuels et de battre tous les records de ventes de l'entreprise. Mon patron vient d'abandonner son poste pour ouvrir son propre bureau de courtage. Bien sûr, il m'a offert un poste. Mais j'ai refusé. Comme toutes les autres offres qui m'ont été adressées, d'ailleurs. En raison de son importance et de son excellente réputation, je souhaite rester au sein de l'entreprise où je suis actuellement.

Pour gérer le volume d'affaires du département et développer davantage le marché, mon nouveau patron crée un nouveau poste de représentant. Par opportunisme, et pour éviter des frais de formation, il contacte une personne d'expérience travaillant pour le compte d'un compétiteur et lui offre des conditions d'emploi exceptionnelles, faisant fi de l'échelle salariale établie par l'entreprise.

Malgré l'entregent de ce nouveau représentant, aucun de ses anciens clients n'a accepté de le suivre et de transférer leurs comptes chez nous. De plus, comme il ne respecte pas ses échéanciers, mon patron me demande à plusieurs reprises d'effectuer les suivis de certains de ses dossiers. C'est là une situation qui ne me plaît guère, d'autant plus que le salaire de mon confrère surpasse le mien de vingt-cinq pour cent. Considérant que mes performances des trois dernières années ont été exceptionnelles, je considère cela comme une injustice.

Après lui avoir adressé une demande pour que mon salaire soit réévalué et porté au même niveau que celui de mon collègue, mon patron me renvoie au département des ressources humaines. On m'informe aussitôt que l'échelle salariale est fixée selon des barèmes déjà établis, lesquels tiennent compte de l'âge, du nombre d'années d'expérience et des diplômes obtenus. Aussi, les augmentations annuelles sont les mêmes pour tous, sans exception. Seules les négociations salariales entamées au moment de l'embauche peuvent différer. Puisque j'insiste, le Directeur général me convoque pour me faire savoir que par souci de justice et d'impartialité, il me sera impossible d'obtenir une révision salariale, même si les compétiteurs sont prêts à m'offrir des conditions plus avantageuses. Ma demande est donc rejetée. Mécontent, j'étudie alors les différentes options qui s'offrent à moi pour me permettre d'accroître mes revenus, en tenant compte de mon expérience et de mes résultats.

N'ignorant pas que les personnes qui se promènent d'un compétiteur à l'autre ont souvent très mauvaise réputation, je décide d'entreprendre des démarches pour trouver une carrière intéressante dans un autre secteur d'activité pouvant m'offrir de meilleures conditions salariales.

Quelques semaines plus tard, grâce à une agence de placement, je reçois une offre de la part de Surgikos, une nouvelle division commerciale de Johnson & Johnson U.S, qui souhaite m'embaucher à titre de représentant pour l'est du Canada. Cette division est impliquée dans le domaine de la santé et désire s'implanter au pays. Les conditions de travail sont exceptionnellement généreuses. Le salaire proposé est de trente pour cent supérieur à ce que je reçois actuellement et les avantages sociaux sont très avantageux. On m'offre également une voiture de fonction, avec toutes dépenses payées. J'obtiendrai de plus une carte de crédit pour payer mes frais de déplacement. J'établirai mon bureau d'affaires à la maison et bénéficierai ainsi des avantages fiscaux consentis en pareil cas par les deux paliers de gouvernement. Fier, et en même temps déçu de quitter mon emploi actuel pour une question d'ordre salariale, je remets ma démission à mon patron, ce qui a l'effet d'une bombe dans l'entreprise.

À nouveau, je suis convoqué au bureau du Directeur général. Acceptant cette fois de déroger à la structure salariale, celui-ci m'annonce qu'il est prêt à réajuster mon salaire selon mes souhaits si je reste avec eux. Étant donné que ma demande initiale a été rejetée, je ne comprends pas qu'aujourd'hui, il soit en mesure de prendre une telle décision. De plus, le fait qu'il m'ait forcé à entreprendre maintes démarches pour mettre fin à ce que j'appelle une injustice me vexe. Aussi, comme je n'ai qu'une parole et que j'ai déjà accepté l'offre de Surgikos, je me dis qu'il est trop tard pour revenir en arrière et changer de décision. Désemparé, mon patron me fait parvenir une lettre de trois pages dans laquelle il évoque les points essentiels que je devrais considérer avant de quitter, comme par exemple, mon excellente réputation et l'avenir prometteur que me réserve l'entreprise. Quoique flatté, je continue de croire qu'il est maintenant trop tard. Ce ne serait pas professionnel, de ma part, de revenir en arrière. Pour moi, les dés sont joués!

C'est en janvier 1977 que je débute dans mes nouvelles fonctions. Dans cette nouvelle entreprise, dont le siège social est établi au New Jersey, je suis responsable du développement des affaires pour le marché du Québec, de l'est de l'Ontario et des provinces maritimes, le tout en coordination avec les représentants d'un distributeur canadien ayant l'exclusivité de nos produits.

Mon travail consiste à présenter aux chirurgiens de nouvelles techniques pouvant accroître le niveau d'asepsie en salle d'opération par l'utilisation de produits jetables, à conduire des études de rentabilité dans les centres hospitaliers et finalement, à transmettre au personnel médical une formation pouvant leur permettre de découvrir les nouvelles techniques d'asepsie en bloc opératoire. Je suis très excité par ce nouveau défi.

Mais avant d'entrer officiellement en fonction, je dois compléter une formation de deux mois durant laquelle j'assisterai à différents types d'interventions chirurgicales. Pour ce faire, je dois me rendre dans un centre hospitalier de Détroit qui déjà, utilise nos produits, en plus d'avoir converti son système opératoire avec des champs jetables.

À nouveau, je dois me rendre au pays de l'oncle Sam et me préparer à cette formation en salles d'opération. Moi qui redoute toujours autant les hôpitaux, j'appréhende le moment! Mais, pour le bien de ma carrière, il me faut relever ce défi. Que de compromis à faire pour réussir!

Comme je voyagerai beaucoup, tant aux États-Unis que sur l'ensemble de mon territoire, j'espère simplement que ces exigences n'auront pas de répercussions sur ma vie familiale?

CHAPITRE 11

L'ENGAGEMENT ET L'IDENTITÉ

Janvier 1977 — Décembre 1979

Me voilà à Détroit, dans les salles d'opération du plus grand centre hospitalier universitaire de l'État du Michigan, pour observer les médecins mettre en place les nouvelles méthodes d'asepsie avec utilisation des champs stériles jetables devant servir à protéger les patients contre les problèmes d'infections microbiologiques postopératoires.

Durant les quatre prochaines semaines, afin de me familiariser avec l'utilisation de nos produits, je dois observer tous les types d'intervention qui se pratiquent en salle d'opération. Les premiers jours sont si bouleversants, que je dois sortir régulièrement de la salle pour reprendre mes esprits et ne pas m'évanouir. Pour le bien de ma carrière, malgré ma peur bleue des hôpitaux, du sang et des urgences, je me suis conditionné mentalement à côtoyer cet environnement.

Le stage terminé, je participe ensuite à des études de rentabilité dans d'autres centres hospitaliers de Détroit qui désirent se doter de nos produits. En compagnie du représentant local, je rencontre les directeurs généraux, les directeurs d'approvisionnement, les directeurs financiers et les plus grands spécialistes. J'assiste également aux présentations de nos produits faites aux médecins et à des séances de formation pour infirmiers et infirmières travaillant en salle d'opération.

Tout cela m'aide non seulement à me familiariser avec la terminologie médicale, ce qui est indispensable dans mon travail, mais aussi, à apprendre l'anglais. Bien que certains moments aient été bouleversants et que je suis exténué, l'ensemble de la formation s'est très bien déroulé. Mais que d'énergie il m'a fallu!

Étant donné que ce nouveau marché est en évolution constante, je dois me rendre régulièrement à New York pour assister à des séminaires de formation. C'est lors de la première séance, au printemps 1977, que je fais la connaissance de David, le nouveau représentant de l'entreprise qui couvre l'Ouest canadien et qui habite dans la Ville reine. Rapidement, nous développons une bonne relation et avons énormément de plaisir à travailler ensemble. Le mois suivant, lors d'une session de formation à Montréal, Carole et moi profitons de l'occasion pour l'inviter, en compagnie de son épouse, à passer un week-end à la maison. Durant leur séjour, ils nous annoncent qu'ils sont bisexuels et qu'ils aiment bien avoir des échanges amoureux avec les personnes du même sexe. Cela n'est pas sans nous surprendre, d'autant plus qu'ils viennent tout juste de se marier et de faire l'acquisition d'une nouvelle maison. Nous sommes renversés d'entendre de tels propos, particulièrement après les avoir entendus dire qu'ils avaient l'intention d'avoir des enfants. Nous avons nettement l'impression que leur aveu est une invitation à partager leur plaisir. D'un style très conservateur et pudique, nous sommes à la fois intimidés et troublés. Il n'est surtout pas question de nous laisser influencer. Aussi, nous ignorons leur propos et évitons de poursuivre la discussion sur le sujet.

Le mois suivant, David et moi sommes invités à participer à un séminaire de formation à New York. Un soir, il me demande de l'accompagner dans un club. En arrivant, je suis très surpris de constater qu'il s'agit d'un bar gai réservé exclusivement aux hommes. Je suis bousculé; j'ignorais que ce type de bar existait. De plus, suite à ce que j'ai vécu au collège, je suis presque devenu homophobe tellement j'ai peur d'être agressé. Je me sens donc très inconfortable à l'idée de me trouver là où je suis. Je crois qu'il aurait au moins dû me prévenir. S'il l'avait fait, sûrement que j'aurais refusé de me joindre à lui. Par contre, j'aurais dû y penser.

Comme nous sommes à New York, par mesure de sécurité, car le taux de criminalité est très élevé, il est hors de question que je retourne seul à l'hôtel. Je dois donc rester sur place et l'attendre. C'est ainsi que je me rends compte que c'est un habitué des lieux. Après avoir commandé une première bière, il disparaît soudainement, me laissant pantois au bout du bar. Après avoir consommé quelques bières, rassuré et curieux, je me mêle à la foule en parcourant les différents planchers de danses. Puis, faisant comme tout le monde, je me mets à danser seul. Je suis toutefois renversé de voir tous ces jeunes hommes danser partout autour de moi. Voilà que je découvre une autre réalité de la vie. Néanmoins, je ne me sens pas en situation de danger puisque les gens sont très respectueux. De retour à l'hôtel, où je partage une chambre avec mon collègue, je me sens inconfortable. C'est que ce dernier, qui a bu, devient entreprenant. Même si nous n'avons aucune aventure, cette proximité avec un homme me perturbe.

Au travail, quelques mois après mon entrée en fonction, je réalise que les contraintes budgétaires établies par les gouvernements et le rôle important que jouent les syndicats au sein des établissements publics rendent pratiquement impossible la conversion complète des centres hospitaliers à nos produits. Par contourner ces contraintes, je concentre donc mes efforts auprès des chirurgiens spécialisés en orthopédie, en cardiologie, en urologie et en oncologie, tous très soucieux de l'importance de la stérilisation en salle d'opération. Cette tactique m'assure une croissance constante du chiffre d'affaires, d'autant plus que je propose les produits spécialisés générant le plus de profitabilité.

La majorité de mes rencontres étant planifiées par les représentants de notre distributeur, je dois me déplacer chaque semaine dans les différentes régions comprises dans mon territoire, ce qui me permet de découvrir de nouveaux endroits, d'autres cultures et de nouvelles habitudes de vie. Même si socialement parlant, j'ai du mal à communiquer en anglais, lorsqu'il est question de discuter affaires, j'arrive très bien à me faire comprendre, dû au fait j'ai fait mon apprentissage aux États-Unis. Bien que je sois francophone, je suis très bien accepté et on me réserve toujours un accueil chaleureux.

Mes nombreux déplacements ne semblent pas perturber ma vie familiale. En ayant discuté avec Carole avant d'accepter ce travail, je bénéficie de son appui inconditionnel. En contrepartie, puisque mon bureau est à la maison, lorsque je suis à Montréal, je suis très présent. Aussi, je m'assure d'être chez moi tous les jeudis soir et vendredis après-midi pour faire ma planification. Je peux dire que j'ai le meilleur des deux mondes.

Notre première maison

Au printemps 1977, nous habitons toujours dans notre beau duplex de Laval. Cindy a maintenant deux ans, se déplace à l'aide de sa marchette et joue avec ses jouets par terre. Comme le plancher est en bois, le bruit généré par ses déplacements dérange la propriétaire qui passe ses journées à la maison. Chaque fois qu'elle entend un son ou qu'il y a trop d'animation à son goût, elle frappe au plafond avec un manche à balai. Un jour, alors que notre fille a une fièvre anormalement élevée et que nous sommes en panique, nous nous promenons constamment d'une pièce à l'autre, car nous devons la mettre dans la baignoire remplie de glace pour abaisser sa température avant de nous rendre à l'urgence. Pendant ce temps, Madame martèle le plafond. Il va sans dire que nous n'apprécions guère son comportement, d'autant plus que par égard pour leur vie privée, nous prenons toujours la peine de les aviser lorsque nous recevons des invités. Le jour suivant, je vais les voir pour m'excuser du bruit de la veille et leur expliquer la raison. Gênée de son intolérance, madame s'excuse.

Suite à cet événement, nous réalisons qu'avec un enfant, il est préférable d'avoir sa propre maison. Tenant en considération que j'ai maintenant mon bureau à domicile, je me dis que je pourrais avoir un plus grand espace pour travailler, et mieux aménagé. De même, les avantages fiscaux dont je bénéficierais pourraient nous aider à payer les frais d'entretien de notre propriété.

Puisque nous n'avons pas l'argent nécessaire pour payer la mise de fonds requise lors de l'achat d'une maison, avant de poursuivre les démarches, je contacte mon conseiller financier, celui-là même qui a coordonné le dossier de mes prêts étudiants et avec lequel j'ai un excellent rapport. Chaque fois que je le rencontre, il exprime toujours son admiration pour mes réalisations. Après m'avoir entendu lui expliquer notre projet, il consent à nous autoriser un prêt personnel pour régler la mise de fonds. Il nous donne ainsi un ordre de grandeur relativement à la valeur maximale que nous pouvons nous permettre. Cela étant fait, après avoir demandé au propriétaire de résilier notre bail, celui-ci accepte de le faire sans la moindre pénalité si nous achetons une propriété. Nous voilà mobilisés pour l'achat de notre première maison.

Comme nous désirons en acquérir une neuve, nous parcourons tous les nouveaux projets de construction de la région. Les prix demandés, tant sur l'île de Montréal qu'à Laval, étant beaucoup trop élevés, nous décidons d'explorer du côté de St-Eustache, là même où j'ai grandi et où tous les membres de ma famille habitent encore. Après plusieurs semaines de recherche, nous faisons finalement une offre d'achat pour une petite maison en construction située dans un nouveau projet domiciliaire. Tout près, il y a une épicerie et à deux minutes de marche, se trouve l'école que pourra fréquenter Cindy. Conforme à mes rêves de jeunesse, notre maison, en plus d'avoir une belle architecture, aura cinq belles colonnes sur la devanture tandis que l'entrée pour la voiture sera en demi-lune.

Celle-ci sera bordée d'une jolie haie fleurie, et un majestueux bouleau en éventail ornera son centre.

Dans le but de réduire les coûts d'acquisition, nous nous sommes engagés, auprès de l'entrepreneur, à faire la peinture et à terminer les planchers. Ces travaux doivent être exécutés avant de passer chez le notaire, car le prêt est assuré par la Société d'hypothèque et de logement. Avant d'emménager, grâce à l'aide des membres de ma famille et des parents de Carole, nous réussissons tant bien que mal à finaliser l'ensemble des travaux, c'est-à-dire la peinture, la pose des papiers peints, ainsi que l'installation des tapis et des rideaux. Il ne manque que les meubles.

Le 1er juin 1977, excités, nous emménagerons enfin dans notre nouvelle demeure. Si Carole est ravie d'avoir un terrain et une aire de jeu, au sous-sol, où Cindy pourra s'amuser en toute sécurité, moi je suis content de pouvoir installer mon bureau dans un grand espace, bien à l'écart du bruit. Nous sommes à l'apogée du bonheur. Je me souviens encore du premier réveil, à l'aube, alors que le soleil s'est levé pour projeter ses rayons lumineux sur la façade de notre maison. Quelle joie extraordinaire que de se retrouver ainsi chez soi et d'avoir pu réaliser ce rêve!

Mon identité

Peu avant les vacances estivales, l'entreprise a organisé une réunion d'affaires à Québec, après une séance de formation d'une semaine en Estrie. David et moi étant invités, mon patron me demande de lui offrir le transport. Durant le trajet, il se montre très entreprenant. Tellement, que j'en suis dérangé. De retour à la maison, durant mon sommeil, je rêve que je me fais agresser par un homme de couleur et que j'en tire un grand plaisir. Puisque ce rêve va à l'encontre de mes valeurs morales, je me réveille tout bouleversé. Je suis si ébranlé, que j'en arrive à me demander ce qui se passe dans ma tête. Pourquoi ai-je si peur? J'ai le sentiment d'être pris dans un carcan religieux et moral qui m'empêche de m'épanouir! Sachant que plusieurs cadres d'entreprises ont des relations extraconjugales et qu'ils ne sont pas troublés pour autant, je commence à me poser des questions sur la normalité des contacts intimes entre personnes consentantes.

Suite à cet événement, je découvre par hasard, lors d'un repas d'affaires au centre-ville, que juste à côté du restaurant où nous sommes, il y a un piano-bar réservé exclusivement aux hommes et qui s'appelle Chez Jean-Pierre. À la fin de la journée, avec toute la gêne et la curiosité qui m'ont toujours caractérisé, je décide de retourner sur place et d'entrer dans le fameux bar. Discrètement, je m'installe près de la porte de sortie pour ne pas me faire remarquer et commande une bière au serveur. Je suis très surpris de voir que la majorité de la clientèle porte un complet avec chemise blanche et cravate, me donnant l'impression d'appartenir au milieu professionnel. À la vue de tous ces gens qui ne sont ni délinquants ni adeptes de la drogue, je me demande si ce n'est pas normal que d'avoir une relation avec une personne du même sexe… si les partenaires sont consentants, évidemment! Serait-ce tout simplement les tabous de notre société et l'éducation religieuse que j'ai reçue qui contrôlent mes pensées? Je me sens à l'aise, dans ce bar, jusqu'au moment où le barman m'apporte une bière offerte par un inconnu qui est assis au bar. Surpris d'avoir été remarqué, car je n'ai nullement envie de converser avec qui que ce soit, je décide, inquiet d'avoir été vu, de quitter les lieux. Cependant, toujours piqué par ma soif de découverte, j'y retourne occasionnellement. Un jour, après avoir consommé quelques bières, ce qui efface ma gêne et mes inhibitions, j'accepte de suivre un homme qui m'a proposé une aventure. Vu qu'il m'est impossible d'avoir des relations intimes à la maison depuis plusieurs mois, je me dis pourquoi pas? Inutile de vous dire ce qui s'est passé. Par la suite, je retourne chez lui à quelques reprises, me permettant ainsi l'interdit. Je me sens par contre coupable d'avoir franchi cette barrière.

Comme cette aventure n'a rien de sérieux et que j'aime Carole, il n'est pas question de m'enliser dans ce milieu. Je mets donc fin à ces rencontres, déchiré entre le plaisir, la moralité et la responsabilité. J'essaie de me convaincre que je n'ai pas trompé mon épouse, car après tout, ce ne fut pas une aventure avec une autre femme. En réfléchissant au contexte dans lequel je me trouve, et qui me gêne profondément, je me demande si mes pulsions ont été le fruit d'une trop longue abstinence, dû à l'état de santé de Carole, ou bien si elles résultent de ce qui s'est passé au collège. Je ne sais pas et je préfère ne plus y penser. C'est trop complexe et de toute façon, je n'aurai jamais de réponse. Par contre, ayant toujours été responsable et intègre, je me sens aussi coupable que perdu dans cet univers de fous. Je n'y comprends plus rien. Moi qui croyais que tout était noir ou blanc et qui jusque-là, avais toujours fait preuve d'une morale parfaite, je suis perdu. Heureusement que la santé de Carole s'améliore. Il est temps qu'on se retrouve.

Retour à la réalité

Dans les mois qui ont suivi notre déménagement, nous revenons vite à la réalité lorsque nous réalisons que les coûts associés à l'achat d'une propriété sont élevés. Non seulement nous devons débourser pour la pose de la pelouse, l'aménagement paysager, l'installation d'une clôture et l'asphaltage de l'entrée, nous apprenons de plus qu'il nous faut payer une taxe de bienvenue à la municipalité. Même si nous misons sur l'avenir, il reste que nous sommes très endettés. Outre mes prêts étudiants, nous devons rembourser celui pour les meubles, la mise de fonds sur la maison et payer l'hypothèque. Avons-nous les moyens de vivre à la hauteur de nos rêves?

Chaque fin mois devient un cauchemar. Comme nous n'avons qu'une seule source de revenus, nous vivons maintenant sur nos cartes de crédit dont les taux d'intérêt sont excessivement élevés. À plusieurs reprises, pour respecter mes échéanciers, j'emprunte sur une carte pour payer l'autre. C'est ce qu'on appelle vivre à crédit! Nous en sommes rendus à anticiper des revenus potentiels, tel un bonus trimestriel que nous n'avons pas encore. La situation devient si alarmante qu'elle me stresse. Malgré mes déplacements continuels, je dois me résigner à trouver un emploi d'appoint. Eh oui! Pour faire face à nos obligations, je n'ai d'autre choix que de travailler les fins de semaine. Grâce à un voisin qui se trouve dans la même situation que moi, j'obtiens un poste de conseiller en décoration qui en fait, est un poste de vendeur à la commission dans un prestigieux magasin de meubles à Laval. Même si je suis à Terre-Neuve ou en Nouvelle-Écosse, je m'assure d'être de retour à Montréal dès 16h00 le jeudi, car je dois être au magasin pour 18h00. Au début, j'apprends les règles de base de la décoration intérieure et comment concevoir des plans graphiques relativement à la disposition des meubles dans une pièce. Outre le jeudi, je travaille ainsi le vendredi soir et toute la journée du samedi. Les magasins étant heureusement fermés le dimanche, il me reste au moins une journée pour me reposer.

Comme je veux à tout prix maintenir à flot notre bateau qui coule financièrement, je n'ai pas d'autre choix. Je me console en me disant qu'au moins, notre prêt pour payer les meubles sera remboursé dans quelques mois, ce qui me donnera une marge de manœuvre. Quant au prêt étudiant, il sera remboursé intégralement dans deux ans et demi. Quelle libération ce sera!

Pendant ce temps, Carole s'occupe de la gestion et de l'entretien de notre maison, ainsi que de l'éducation de Cindy. On a enfin réussi à trouver un équilibre dans le partage des tâches, même si malheureusement, je passe très peu de temps à la maison en raison de mes responsabilités.

Ma carrière

Malgré les contraintes du marché, je réussis à surpasser mes objectifs annuels de vente en concentrant mes efforts auprès des chirurgiens spécialistes de même qu'auprès de nouvelles cliniques ou nouveaux centres hospitaliers ouverts à toute innovation pour se démarquer.

Par contre, au Canada, le volume annuel des ventes et le niveau de profitabilité ne justifient pas la présence de deux représentants pour couvrir l'ensemble du pays. En 1978, après avoir modifié son plan de développement stratégique, la direction élimine les deux postes de représentants et m'offre celui de coordinateur des ventes et du marketing pour les activités commerciales canadiennes. Je suis maintenant responsable de la négociation du contrat de distribution au Canada, de la formation du réseau de vente de notre distributeur, de l'importation des produits, de l'élaboration du plan de marketing, en plus du budget annuel, de la structure de prix et des promotions. J'assiste également les représentants de notre distributeur pour la présentation de nos produits sur le territoire canadien, c'est-à-dire de la Colombie-Britannique à Terre-Neuve. Lors de mes déplacements, j'en profite pour découvrir notre pays et visiter les plus beaux sites touristiques. Toujours, je m'assure de revenir à la maison les jeudis après-midi pour être à l'heure au magasin de meubles. Malgré mon anglais déficient, je suis toujours très bien reçu par les gens que je rencontre, et ce, peu importe la province. Même si ces déplacements sont parfois épuisants, j'adore ce travail, car il me permet de me réaliser.

Notre famille grandit

Enfin remise de sa chirurgie, Carole peut retrouver un rythme de vie normal. Désirant un deuxième enfant, elle consulte son médecin à cet effet. Celui-ci lui signifie que dans son cas, une deuxième grossesse comporterait un risque imminent pour sa vie et que si elle accepte ce risque, l'enfant devra naître par césarienne. Rêvant réellement d'un autre enfant, elle en discute avec moi et décide de courir sa chance. Elle est tellement déterminée, que je me sens incapable de lui dire non. Quel courage exceptionnel! En même temps, je me demande si cette détermination à vouloir donner la vie à tout prix ne relève pas de l'inconscience et d'une confiance démesurée en la vie. Je pense toujours à ma mère qui est morte en accouchant. Naïf, j'essaie de me convaincre qu'en raison de la chirurgie qu'on lui a faite, il est fort possible qu'elle ne puisse plus tomber enceinte. Mais voilà! Quelques semaines plus tard, elle m'annonce fièrement qu'elle attend un enfant. Même si j'ai donné mon accord, je ne puis m'empêcher de craindre pour sa santé et surtout, pour sa vie. Mais heureusement, sa grossesse se déroule normalement, même si durant les dernières semaines, je la sens inquiète.

C'est ainsi que le 26 février 1979, en fin d'après-midi, à l'hôpital Sainte-Jeanne d'Arc de Montréal, elle donne naissance par césarienne à un petit garçon que nous appellerons Alexandre. Bien qu'elle se sente secouée par les effets de l'anesthésie générale, tout s'est très bien déroulé. Nous sommes fous de joie d'avoir un garçon, ce dont j'ai toujours rêvé. Décidément, la vie prend soin de nous et nous gâte!

Après l'accouchement, par un hasard invraisemblable, Carole se retrouve dans la même chambre que ma sœur Liette qui, ce même après-midi, a mis au monde une petite fille qu'elle a prénommée Sandra. Pour la famille, ce sera parfait, car ils pourront visiter les deux nouvelles mamans et les deux nouveaux poupons en même temps. Nous profitons de leur passage pour demander à ma sœur Ginette et son conjoint d'être les parrain et marraine de notre fils.

Un plan d'affaires

En avril prochain, à la demande du Président de l'entreprise, je devrai soumettre un plan d'affaires qui sera présenté au conseil d'administration. C'est la première fois qu'on me confie cette tâche. Après une description du marché canadien, je devrai identifier les contraintes du marché et les opportunités d'affaires, développer un plan marketing et présenter un budget pour les cinq prochaines années. Pour arriver à présenter un document complet et professionnel, je décide de suivre un nouveau cours en marketing aux HEC. Finalement, lors de ma présentation, je recommande de ne pas renouveler le contrat avec notre distributeur actuel et d'intégrer les activités commerciales au département des ventes de la division des produits médicaux dont les bureaux sont à Montréal. J'élimine ainsi mon poste, espérant être transféré dans cette division.

En septembre 1979, le Président canadien m'annonce que mon plan d'affaires a très bien été accueilli par le Conseil d'administration et que ma recommandation de ne pas renouveler notre contrat de distribution au Canada a été acceptée. Il m'avise que conséquemment, mon poste sera aboli et que je serai intégré à une autre division commerciale, ce qui assurera la continuité des affaires.

Mais voilà! Quelle n'est pas ma surprise lorsque je découvre que ma division ne sera pas intégrée à la division montréalaise, tel que je l'avais recommandé, mais bien dans une nouvelle entreprise de produits chirurgicaux qui s'établira à Peterborough en Ontario. Je suis en état de choc, car cela signifie que ma recommandation finale n'a pas été acceptée dans son intégrité. Même si j'ai appris beaucoup, en réalisant ce plan d'affaires, j'ai l'impression de m'être tiré une balle dans le pied!

La semaine suivante, le Conseil d'administration nous annonce la création de cette nouvelle entité commerciale et la construction d'une nouvelle usine à Peterborough, ajoutant que les travaux seront terminés au début de l'an prochain, soit en 1980. Du même coup, il annonce la nomination du nouveau Président, un Américain travaillant déjà pour le compte de l'entreprise, mais aux États-Unis. Sa famille et lui s'établiront dans la région dans quelques semaines.

Quelques jours après cette annonce, je reçois un appel de ce nouveau Président qui nous invite, Carole et moi, à le rencontrer pour discuter de la mutation de notre famille et de mon plan de carrière au sein de cette nouvelle division. Le premier soir, son épouse et lui nous invitent à dîner dans un club privé très select.

Le jour suivant, il m'offre le poste de «Coordonnateur des ventes, du marketing et de la formation» pour tout le Canada. Les conditions salariales et les avantages sociaux sont excellents. Il me présente de plus un plan de relocalisation généreux, selon lequel tous les frais de déménagement seront réglés par la compagnie. J'aurai également droit à une compensation financière et enfin, au remboursement de tous les frais associés à la vente de notre propriété et à l'achat d'une nouvelle maison. Le lendemain, un agent immobilier nous fait visiter les beaux quartiers de la ville. Comme le temps presse, le Président me demande alors de lui signifier ma réponse finale d'ici une semaine, afin que je puisse entrer en poste le plus rapidement possible.

Cette offre constitue bien sûr une opportunité de carrière intéressante, mais implique aussi d'énormes changements dans nos vies. Sommes-nous prêts à vivre tous ces bouleversements?

Tout cela rend Carole anxieuse, car elle ne parle pas anglais et considère qu'il lui sera très difficile de s'intégrer dans ce nouveau milieu, loin de sa famille et de nos amis. Après une longue réflexion, pour éviter de la placer dans une situation où elle serait malheureuse, je renonce à ce projet, espérant obtenir un emploi dans une division montréalaise. Puisque mon anglais est limité, je suis persuadé d'avoir pris la bonne décision.

Étant donné que mon poste sera aboli le 31 décembre et que nous sommes déjà en octobre, je réalise qu'il ne me reste que deux mois pour en trouver un autre et que cette période n'est pas nécessairement la plus propice de l'année pour entreprendre un changement de carrière.

À ma grande déception, la direction de l'entreprise m'apprend qu'il n'y a actuellement aucun poste disponible à Montréal. De plus, puisque mon poste est aboli et que j'ai refusé une promotion, on ne m'accordera aucune compensation financière, pas même une indemnité de départ, et ce, malgré une performance exceptionnelle. Je suis étonnamment déçu que la direction se libère ainsi de ses responsabilités et me place dans une telle situation. Le temps presse, et je dois trouver très vite un nouvel emploi.

Le 15 décembre, mes démarches n'ont pas porté leurs fruits, ce qui fait que le 1er janvier, je me retrouverai sans emploi, sans voiture et sans rémunération. Voilà qui entachera la période des fêtes. Puisque je suis le seul qui travaille au sein de la famille, je suis pris de panique lorsque je pense à nos obligations financières. Même si j'aurai terminé de rembourser mes prêts étudiants en janvier, il reste encore plusieurs dettes à régler, sans parler du prêt hypothécaire.

Dans mon esprit, même si c'est mon dernier recours pour l'instant, j'ai du mal à m'imaginer bénéficiaire de l'assurance-emploi. Je nage dans l'incertitude et ne sais pas quoi faire.

CHAPITRE 12

CONTRE VENTS ET MARÉES

Janvier 1980 — Juin 1981

Même si ce n'est pas la première fois que je suis confronté à une situation difficile, cette fois, je suis perturbé plus que jamais, du fait que je suis marié et père de deux enfants. Bien que je tente de dissimuler mon désarroi pour ne pas énerver Carole outre mesure, je suis en véritable état de panique.

En réfléchissant aux options qui s'offrent à moi, il me vient à l'idée de contacter un de mes voisins, Richard, lequel travaille pour Xerox, une entreprise bien connue, spécialisée dans la vente et location de photocopieurs professionnels. Celui-ci m'a déjà approché pour me proposer un poste de représentant au sein de cette organisation. D'une grande loyauté envers son entreprise, il a toujours su vanter la réputation de celle-ci et le niveau de revenu supérieur offert aux bons représentants. Mais le poste en est un à commission et de plus, aucune voiture de fonction n'est fournie. En toute autre occasion, j'aurais passé mon tour; le fait que le salaire ne soit pas garanti n'a rien pour abaisser mon niveau d'insécurité.

Or, dans les circonstances, puisque je n'ai aucune autre solution, je me dois de risquer le tout pour le tout. À la fin du mois de décembre, je me décide donc à contacter mon voisin pour sonder le terrain. Le jour suivant notre conversation, je reçois un appel d'un employé du département des ressources humaines qui me convoque à une entrevue. Je m'y présente en adoptant une allure professionnelle et en donnant l'air d'être au-dessus de mes affaires. Il n'en faut guère plus pour obtenir sur-le-champ un poste de représentant commercial. On me signifie que j'entrerai en fonction dès le 2 janvier prochain. Selon les contrats de vente ou de location de photocopieurs que je conclurai sur le territoire qui me sera alloué, je recevrai chaque mois une avance sur mes commissions. Par contre, je devrai assurer moi-même tous mes frais de déplacement et me procurer une voiture. Voilà ce qui s'appelle vivre par anticipation, ce qui ne me plaît pas du tout! Ce n'est vraiment pas ce que je recherchais. J'accepte, mais il est clair que je poursuivrai mes démarches pour obtenir un travail offrant des conditions sûres.

Avant d'être assigné à un territoire, je suis un cours de formation intensif de quatre semaines dans un hôtel de Longueuil. Comme je n'ai plus de voiture et que je ne suis pas en position d'en acheter une pour l'instant, j'emprunte celle de ma sœur aînée. Venant tout juste de se séparer, celle-ci, par souci d'économie, a maintenant recours au covoiturage pour se rendre au travail. En échange, je m'assure de lui verser une allocation substantielle, ce qui l'aide financièrement.

La formation se déroule comme prévu. Lors du dernier cours, chacun doit faire une présentation durant laquelle il simule la vente d'un photocopieur à un client, et ce, devant tous les employés et la direction du bureau. Moi qui suis à la fois timide, anxieux, perfectionniste et sans cesse à la recherche d'une certaine valorisation, je fais toujours tout pour éviter la critique. Seule la pensée d'être jugé par mes pairs et mes supérieurs me vaut un stress inimaginable. La veille de ma prestation, je suis si inquiet qu'il m'est impossible de fermer l'œil.

Les trente minutes de présentation me paraissent des heures. Dans ce contexte, je m'exécute en me laissant guider par mon excellente mémoire, ce qui rend ma présentation purement technique. Je ne parviens pas à y ajouter un peu d'humour ou à l'adapter en fonction de ma personnalité. Mais ce qui compte, c'est la description du produit et la conclusion de vente. Lorsque j'en ai terminé, c'est tout en sueur que je me dis que mon cauchemar est enfin terminé. À ma grande surprise, je reçois des félicitations inespérées de la part de mes supérieurs alors que mes pairs m'applaudissent à tout rompre. Maintenant que j'ai franchi la première étape, je dois prouver que je peux atteindre les objectifs de ventes. En plus d'être ambitieux, ceux-ci sont préétablis sur une base mensuelle, alors que les résultats journaliers de chacun seront affichés sur un tableau central, à la vue de tous. Que de pression!

Lors de ma première rencontre avec mon nouveau patron, ce dernier m'assigne le territoire couvrant la banlieue de Repentigny, là même où l'ancien représentant a obtenu les meilleurs résultats de vente de la succursale l'an dernier. Mon défi est de taille, surtout lorsque j'apprends qu'à sa propre demande, celui-ci a été transféré dans un autre secteur, sous prétexte que dans celui de Repentigny, il n'y avait plus aucun potentiel de croissance.

Jusqu'à tout récemment, l'entreprise, qui détient pratiquement le monopole du marché canadien, n'offrait à ses clients que la possibilité de louer ses équipements. Mais l'arrivée de nouvelles entreprises japonaises se concentrant sur la vente de produits compétitifs l'a forcée à changer sa stratégie pour maintenir sa part de marché. Dorénavant, nous devons donc offrir aux clients la possibilité de convertir leur contrat de location en contrat de vente. À ce chapitre, je dois admettre que je me sens un peu inconfortable à l'idée de leur vendre une pièce d'équipement qu'ils utilisent déjà depuis longtemps, parfois même depuis plus de vingt ans. En réalité, le montant qu'ils ont déjà déboursé depuis le début de leur contrat de location représente parfois dix et même, vingt fois le prix demandé à l'achat. Nous verrons bien. Ce qui est certain, c'est qu'ils n'ont pas avantage à renouveler leur contrat de location.

À la pensée de voir mon nom affiché sur le tableau des performances, accolé au mur et à la vue de tous, m'angoisse. Heureusement, dès le premier mois, je réussis à dépasser largement mes objectifs, obtenant un des meilleurs résultats de la succursale, et ce, dans un territoire que l'on croyait surexploité. Puisque ce scénario se reproduit à la suite du deuxième mois, la direction décide unilatéralement de me transférer dans le territoire du Vieux-Montréal, où se trouvent des bureaux d'avocats, de notaires, d'ingénieurs et d'architectes, ainsi que quelques entreprises manufacturières. Bien que le potentiel soit plus élevé dans ce secteur, je devrai par contre me rendre au centre-ville tous les jours, en plus de devoir composer avec le lourd trafic et les frais élevés de stationnement.

De plus, je suis désenchanté lorsque j'apprends que les commissions sur les contrats que j'ai déjà conclus ne me seront pas versées, car elles seront payées au représentant qui sera en place à la date du transfert du titre de propriété, soit à la fin du terme de location. Malgré une demande formelle selon laquelle je souhaiterais être rémunéré au moment de la signature des contrats, le Directeur des ventes m'indique que le système informatique est créé ainsi et qu'il est impossible de le modifier. Ainsi donc, je perds mes commissions. Ma frustration est à son comble lorsque je découvre que depuis le début de l'année, le territoire qu'on vient de m'assigner n'a été couvert par aucun représentant. Conséquemment, aucune rétribution ne me sera versée, car aucun contrat ne vient bientôt à échéance dans ce secteur. Pour moi, il est clair que leur système de rémunération est injuste. Tout ce que je comprends, c'est que je suis le grand perdant, ce que je trouve inacceptable.

Ayant suffisamment été victime d'injustices, depuis mon entrée sur le marché du travail, je me questionne sur l'éthique et la loyauté des entreprises envers leurs employés. Me sentant lésé, je décide que je serai dorénavant le maître d'œuvre de ma carrière et que je prendrai mes décisions en fonction des avantages que je pourrai en tirer. Puisque je considère que la situation que je vis actuellement me crée un préjudice sérieux, j'accentue mes démarches pour trouver un poste qui saura m'offrir un peu plus de stabilité, d'équité et de sécurité financière.

Une réflexion profonde

Ceci m'oblige à réfléchir sur mon avenir. Je suis sur le marché du travail depuis déjà huit ans. Constatant qu'il y a un monde entre l'université où l'on enseigne la saine gestion des ressources humaines et la réalité, le monde du travail me laisse très perplexe.

J'ai du mal à concevoir que je serai obligé de travailler dans un tel contexte durant les quarante prochaines années de ma vie. Je ne peux pas comprendre comment les gens peuvent travailler ainsi et garder leur équilibre. Je recherche une solution pour fuir cette aliénation et réfléchis sur les moyens que je dois prendre pour m'offrir une retraite à l'âge de quarante-cinq ans. Folie ou rêve? Je ne le sais pas encore.

Dans le but de réaliser cet objectif, je m'engage à investir tous les ans dans mon REER le montant maximum permis. Réalisant que ce ne sera pas suffisant, je pousse ma réflexion un peu plus loin. En songeant à mes tantes qui sans scolarisation et sans travail, vivaient tout de même très bien, loin de tout souci financier, j'en conclus qu'investir dans l'immobilier serait probablement la route à suivre. Mais comment faire pour accumuler l'argent nécessaire alors que nous croulons déjà sous les dettes? Ma priorité immédiate se résume donc à rembourser tous mes prêts, et ce, le plus rapidement possible. Par la suite, je verrai bien ce que la vie me réservera.

Malgré tous ces déboires professionnels, à la maison, je suis très heureux avec Carole et les enfants. Je vis de beaux moments de bonheur, étant sur l'impression que mon passé ne m'appartient plus et qu'il a complètement disparu derrière moi. Avec le temps, j'ai acquis de plus en plus d'assurance. J'évite d'être exploité, m'éloigne des mauvaises critiques et recherche avant tout la valorisation par le biais de la réussite.

Une nouvelle opportunité de carrière

Suite à ma recherche d'emploi, je reçois un appel d'un chasseur de têtes qui me propose un poste de gérant des ventes pour une multinationale bien connue dans la vente directe et dont le siège social est situé à Pointe-Claire. Même si je n'ai pas d'expérience en gestion, je décide de poursuivre. La veille de mon entrevue, soucieux de l'image et des tabous associés à ce type de vente, je songe sérieusement à tout annuler. N'eût été l'avis de Carole, qui favorise un échange initial pour en savoir davantage sur les enjeux de l'industrie et de l'emploi, je me serais sûrement désisté.

La première rencontre se veut constructive. L'opportunité qui se présente à moi me permettrait d'accéder à un poste de directeur des ventes, moi qui viens tout juste d'avoir trente ans. Je devrai par contre compléter une formation d'au moins six mois. Le hic, c'est que je doute que l'entreprise puisse m'offrir les conditions salariales et les garanties que je souhaite obtenir.

Puis, lors de l'entretien final, je suis complètement renversé lorsque le nouveau Vice-président des ventes m'offre l'emploi ainsi qu'un salaire supérieur à celui que je recherchais, soit vingt pour cent de plus que ce que je gagnais l'an dernier. Outre cela, il m'offre un boni annuel de performance intéressant, quatre semaines de vacances, une voiture de fonction et le remboursement de tous mes frais de représentation. Encore une fois, j'ai l'impression d'avoir gagné le gros lot. C'est avec plaisir que j'accepte de me lancer dans cette aventure qui débutera le 2 juillet 1980. Si plusieurs ont déjà réussi dans ce milieu, pourquoi pas moi?

Après une formation bien structurée, je serai nommé gérant de division et devrai superviser entre vingt-deux et vingt-six gérantes de district. Moi qui n'ai aucune expérience en gestion du personnel, je suis fier d'entreprendre ce nouveau défi, tout comme je suis curieux de savoir comment cela évoluera.

Après avoir traversé une période difficile et vécu beaucoup de changements qui ont grugé mon énergie, avant d'entrer en fonction, nous décidons, Carole et moi, de confier les enfants à une voisine et de prendre deux semaines de vacances à Miami. Durant ce séjour, nous rencontrons un couple de jeunes mariés de Québec, soit Claude et Richard, avec lesquels nous nous lions d'amitié et partageons des moments de plaisirs mémorables.

Ma formation

Les vacances terminées, je commence mon nouvel emploi à la date convenue. Afin de me guider à travers les différentes étapes, on m'associe à un parrain qui est unilingue anglophone et qui est reconnu pour son professionnalisme dans l'entreprise. Quoique surpris d'être associé à un anglophone, je suis en même temps d'avis qu'il m'aidera sûrement à améliorer mon anglais. Je devrai le rencontrer tous les vendredis après-midi pour discuter de l'expérience vécue durant les derniers jours et finaliser la planification de mes activités en vue de la semaine suivante. Comme il y a aussi un directeur francophone pour le marché du Québec, ce dernier ne semble pas se réjouir du fait que je ne serai pas sous sa responsabilité, ce qui crée déjà un peu de tension entre lui et moi.

Avant même de commencer ma formation, je dois prêter main-forte à l'équipe responsable de l'organisation d'une conférence nationale devant avoir lieu à l'hôtel Reine Elizabeth et à laquelle sont conviés tous les membres du département des ventes. Puisque je débute tout juste et que je n'ai encore aucun titre officiel au sein de l'organisation, que de compromis je dois faire pour accepter les tâches ingrates qui me sont assignées!

La conférence terminée, je commence enfin ma formation. Pour me permettre de découvrir les hauts et les bas de la vente directe, dès le départ, on me demande de faire du porte-à-porte dans mon quartier pour vendre des produits cosmétiques, et ce, pour une période de six semaines consécutives.

La première journée, pour ne pas dire la première semaine, est sans équivoque difficile. N'ayant jamais imaginé faire ce travail, je remets en doute ma décision et me demande si la vente directe est réellement faite pour moi. Je dois trouver en moi la motivation de poursuivre et me conditionner mentalement. Stressé et mal à l'aise, je sonne aux portes et n'attends même pas qu'elles s'ouvrent. Je disparais aussitôt. Et puis, après avoir eu une discussion avec mon parrain portant sur le sentiment que j'éprouve de déranger les gens, j'essaie de me détendre et de voir, dans cet exercice, la chance de rencontrer des clients potentiels et de discuter avec eux afin de connaître leur perception de l'entreprise. Pour me faciliter la tâche, il me vient à l'idée de simuler un sondage, le but étant de présenter le catalogue de produits et obtenir une commande. Après avoir changé mon approche et ma perception, je réalise que ma stratégie fonctionne à merveille. Tellement, qu'il m'est maintenant plus difficile de sortir d'une maison que d'y entrer. Parfois, il m'arrive même de devoir décliner les avances de certaines dames qui semblent s'ennuyer et dont les commandes sont de plus en plus importantes. La simple pensée de les revoir au moment de la livraison m'incommode. J'ai finalement compris que la vente porte-à-porte se base sur la confiance, l'assurance que l'on projette et la relation que l'on établit avec les gens. Fort de cet apprentissage, et de plus en plus confiant, je termine avec succès la première étape de ma formation.

Notre environnement familial

Carole m'appuie inconditionnellement dans tous mes projets. Au niveau de ma carrière, elle me conseille et à ce chapitre, ses observations s'avèrent souvent justes et pertinentes. En tant que mère, elle est épanouie et adore ses enfants à qui elle consacre beaucoup de temps. Cindy, qui a eu cinq ans en mai dernier, commence la maternelle. Comme elle aime être entourée d'enfants, tout se déroule très bien et la transition se fait sans peine. Quant à Alexandre, qui a tout juste un an et demi, il reste avec maman qui se préoccupe de sa réaction devant l'absence de sa sœur tandis que de mon côté, je me soucie davantage de celle de Carole qui voit son premier enfant partir pour l'école. Pour elle, ses enfants sont pratiquement le centre de son univers. Heureusement, l'école n'est qu'à six cents pieds de notre domicile...

En début d'année, ma sœur Ginette, qui s'est séparée, s'est installée avec ses deux enfants dans un immeuble à logements situé tout juste au coin de notre rue. Travaillant tout en tentant de refaire sa vie, elle s'absente souvent de la maison. Dans ces moments, Carole accepte avec plaisir de s'occuper de ses enfants, Stéphane et Nathalie, qu'elle affectionne particulièrement. Il y a entre eux une symbiose qui fait qu'elle les considère comme ses enfants. Elle ferait tout pour les protéger. En toute occasion, elle se porte à leur défense. Ce qui est extraordinaire, car ils font maintenant partie de notre vie.

Nos relations familiales

Nous maintenons toujours une relation étroite avec mes beaux-parents. Nous les voyons chaque week-end, soit pour un souper ou pour différentes activités sociales. Ils n'ont rien perdu de leur générosité. Occasionnellement et sans raison, ils décident de nous offrir un présent. Un jour, à ma grande surprise, ils m'offrent une paire de chaussures et une autre fois, une cravate en soie ou une chemise. Pour Carole, ce sont des bijoux qu'elles adorent, et pour les enfants, des jouets. Une fois, sans autre motif que celui de nous gâter, ils nous offrent un téléviseur couleur spécialement conçu pour les comptoirs de cuisine afin que Carole puisse continuer à regarder ses émissions pendant qu'elle cuisine.

Même si nous sommes heureux et que la vie nous gâte, Carole se montre préoccupée par la maladie de son frère Robert. Aux dires de ses parents, il souffrirait de schizophrénie. Il se lance toujours dans des discours inusités, parfois même délirants. Il est fréquent que ses parents doivent prendre des dispositions pour l'interner dans un centre psychiatrique pour traitement de longue durée. Quant à sa relation avec le plus jeune de ses frères, Carole est partagée, du fait qu'elle se sent continuellement dénigrée par ses commentaires et ses insinuations. Cette approche blessante qu'il a envers elle dure depuis leur enfance et ne semble pas vouloir s'atténuer. Mais, puisqu'il s'agit de son frère, elle n'entretient aucune rancœur et souhaite malgré tout maintenir un contact avec lui. Toutefois, depuis une altercation que nous avons eue chez lui la veille de Noël, nos rencontres se distancent de plus en plus. À la fin de la soirée, alors qu'il y avait encore beaucoup de plateaux de nourriture intacte sur le buffet, son épouse avait offert à Carole d'apporter quelques plats pour les enfants. En me voyant sortir de la maison avec des contenants dans les mains, voilà que son frère se met à nous traiter de pauvres radins. Il est même allé jusqu'à me dire que je ne venais de nulle part et qu'il n'était pas surprenant que nous ayons besoin de charité. Ces insultes laisseront des traces pour longtemps.

Quant à ma relation avec mes parents, et particulièrement avec mon père qui a vieilli, elle s'est grandement améliorée et se transforme avec le temps. Suite à des problèmes de santé, papa a réduit sa consommation d'alcool. Aujourd'hui, comme je représente un modèle de réussite tant sur le plan social que professionnel, il a changé radicalement d'attitude envers moi. Maintenant, c'est avec fierté qu'il parle de moi à tout le monde. Il prend le crédit de ma réussite, ce qui parfois me dérange. Comme toute la famille habite à St-Eustache, nous participons toujours aux fêtes organisées pour souligner différentes occasions, ce qui nous rapproche.

Sur le plan personnel, moi qui ai commencé à fumer à l'âge de treize ans et qui consomme actuellement au moins deux paquets de cigarettes par jour, je décide d'arrêter. Les lendemains de soirées bien arrosées où j'ai beaucoup fumé, il m'est de plus en plus difficile de récupérer. De plus, je peux difficilement contrôler une toux profonde qui me préoccupe de plus en plus. Les trois premiers mois sont très pénibles, car Carole fume beaucoup et n'a pas l'intention d'arrêter. Ce sevrage de la nicotine me fait gagner beaucoup de poids, soit plus de neuf kilos, ce qui fait que je fais maintenant osciller la balance à près de soixante-six kilos. Pas dramatique, me direz-vous! Sauf pour ma garde-robe! Voilà que j'ai de la difficulté à entrer dans mes complets. Il y a certes longtemps que je désirais prendre du poids, mais pas à ce rythme. Pour rééquilibrer mon organisme et pour perdre quelques kilos, je décide de recommencer à fumer, mais seulement quelques cigarettes par jour. Même si mon poids a cessé de grimper, je suis incapable de perdre un seul gramme. Je réalise soudainement que mon métabolisme a complètement changé. Après deux mois au cours desquels je suis parvenu à maîtriser mon poids, j'essaie à nouveau de cesser de fumer. À mon grand désarroi, je reprends neuf kilos supplémentaires. C'est donc dire que j'ai gagné dix-huit kilos en seulement six mois. De cinquante-sept kilos, je suis passé à soixante-quinze. Je n'ai d'autre choix que d'accepter cet état de fait. Ainsi donc, terminé pour moi les pilules à la levure de bière, les produits engraissant et cette obsession de vouloir prendre du poids. La nature s'est chargée de tout et j'ai récupéré mon bien-être.

Côté finance, puisque la majorité de nos prêts ont été remboursés, notre situation s'est grandement améliorée, ce qui a largement contribué à réduire l'anxiété, le stress et l'insécurité qui me possèdent et qui jusque-là, m'ont toujours poussé à dépasser mes limites.

Mes origines

Pour revenir à ma formation, histoire de me familiariser avec les activités journalières d'une gérante de territoire, on me confie ce poste pour les quatre prochains mois tout en m'attribuant l'un des quartiers les plus défavorisés de Montréal, soit Hochelaga Maisonneuve. Un défi de taille au cours duquel il me faudra démontrer que malgré ma personnalité et mon image, je peux m'adapter à différents marchés.

Je découvre rapidement que ce territoire a vu passer plusieurs gérantes qui ont été incapables d'en assurer la direction. Les ventes sont à la baisse depuis longtemps. Les représentantes en place sont agressives et ont pris l'entreprise en aversion. Les problèmes se sont accumulés sans que personne ne s'y soit attardé. Plusieurs chefs d'équipe responsables d'un petit groupe de représentantes et qui devaient coordonner certaines activités, telle la collecte des commandes, ont dernièrement démissionné. Le district est donc à la dérive.

Par où commencer? Pour me sortir de ce bourbier, il me faut faire preuve d'imagination. J'ai quatre mois devant moi pour démontrer que je peux réussir. Mon premier geste est de rencontrer toutes les personnes d'influence qui travaillent sur ce territoire. J'organise donc une réunion avec les chefs d'équipe, incluant celles qui ont démissionné, et les meilleures représentantes du quartier. Mon but est d'obtenir leur soutien pour rebâtir une équipe solide.

Me voilà! Je me présente au lieu qu'elles ont choisi, soit dans un petit logement se situant au troisième étage d'un vieil immeuble. En me retrouvant dans le milieu où je vivais lorsque j'étais jeune, j'ai l'impression d'effectuer un retour dans le temps. Moi qui suis diplômé universitaire, sans trop réfléchir, je me présente dans ce milieu défavorisé en complet, chemise blanche et cravate. Très vite, je remarque que l'atmosphère est à la confrontation, du fait que dans la dernière année, ces représentantes se sont senties délaissées par l'entreprise. Je constate de plus que plusieurs sont absentes, autant par manque d'intérêt que par lassitude.

Les premières minutes de la rencontre sont particulièrement houleuses, ces dames ayant des récriminations envers la direction. Se disant victimes de problèmes administratifs non résolus, elles affirment de plus se sentir utilisées par l'entreprise, laquelle s'est montrée incapable de recruter une gérante ayant les compétences requises pour faire un travail adéquat. Du fait qu'il y a eu une rotation constante de gérantes au cours de la dernière année, elles ont l'impression de tourner en rond et de recommencer chaque fois. Elles sont donc exténuées et désabusées. Et maintenant, elles sont en furie d'apprendre qu'elles devront former un gérant qui ne restera en place que quelques mois. J'essaie autant que possible de les rassurer, mais sans succès.

Et puis soudainement, elles me lancent des attaques personnelles à profusion. Mon âge, mon inexpérience, mon habillement, mon milieu... rien ne leur convient. Elles m'éclaboussent de plein fouet, tant sur le plan personnel que professionnel. Il est évident que je ne peux quitter les lieux, car ce faisant, je me placerais en situation d'échec. Je dois réagir rapidement pour reprendre le contrôle, car autrement, je serai foutu. Si je veux réussir à faire quelque chose de positif dans ce territoire, je dois avant tout pouvoir bénéficier de leur appui.

Dans un coup d'éclat, sans dire un mot, je me lève, défais ma cravate et enlève mon veston que je balance sur le dossier d'une chaise. Surprises de ma réaction, elles me prennent à partie et me narguent joyeusement. En reprenant difficilement la parole, je tente de les rassurer en leur indiquant que j'ai l'intention de résoudre chacun des problèmes, et que je rencontrerai individuellement chacune d'entre elles dès la fin de la réunion. Lorsque je leur signale que je suis un petit gars du quartier, que j'ai été baptisé à la paroisse de la Nativité d'Hochelaga, que je viens d'un milieu très modeste et que j'ai réussi par moi-même à décrocher un diplôme universitaire, leur comportement change de façon radicale.

Surprises et étonnées, elles souhaitent en connaître davantage sur ma famille et mon parcours. Elles sont heureuses d'apprendre qu'un jeune garçon du quartier est parvenu à se sortir de ce milieu et à terminer des études universitaires. Et elles sont encore plus impressionnées lorsque je leur signifie que j'occuperai un poste-cadre dans quelques mois au sein de l'entreprise.

Finalement, après plusieurs heures d'écoute et de partage, j'obtiens enfin leur appui. Puisque je suis ensuite parvenu à résoudre la majorité des problèmes concernant leurs comptes avec l'entreprise, elles acceptent d'organiser des petites rencontres de groupe avec des représentantes. Lorsque j'y suis invité, elles me remettent à chaque occasion un petit désert qu'elles ont cuisiné spécialement pour moi. Leurs délicatesses me touchent beaucoup. Il va sans dire que la réorganisation de ce district n'aurait jamais été possible sans leur appui.

Graduellement, elles s'impliquent dans les différentes activités, comme le recrutement des nouvelles représentantes, la cueillette des commandes et la préparation des réunions. J'ai enfin gagné leur confiance. Leur travail commence rapidement à porter des fruits et certains indices de performance s'avèrent positifs. Voilà qui me soulage!

Nous sommes en décembre 1980 et il y a déjà quatre mois que je fais ce boulot. Je compléterai donc ma formation à la fin du mois. L'entreprise a finalement recruté une gérante qui occupera ce poste de façon permanente dès janvier prochain. Avant mon départ, les chefs d'équipe ont organisé une fête en mon honneur. C'est une belle surprise, d'autant plus que je ne m'y attendais pas. Je suis ému et content. À la fin de cette rencontre, chacune me remet un désert qu'elles m'ont préparé, qu'il s'agisse d'un gâteau, d'une tarte ou de biscuits. C'est fièrement que je les apporte à la maison pour les partager avec Carole et les enfants.

J'ai donc réussi ce défi qui au départ, me semblait insurmontable. Certains cadres me percevant comme hautain, en raison de cette timidité que je dissimule, n'ont jamais rien compris à ce tour de force. Il est évident que je ne leur ai jamais avoué mes origines ni la façon dont je m'y suis pris.

Maintenant que j'ai complété ma formation, j'attends que l'on me confie la gestion d'une division. J'attends ce jour depuis mon arrivée. Mon anglais étant toujours très limité, je me dis qu'on m'assignera sûrement à une division au Québec, même si l'entreprise ne s'est jamais engagée en ce sens. Je crois que c'est l'évidence même, d'autant plus qu'il y a une rumeur qui circule voulant qu'il y ait une réorganisation du département des ventes du côté français.

Puisqu'il y a très peu de francophones au sein du département, depuis mon arrivée, plusieurs craignent de perdre leur emploi. Du fait qu'ils ont tous gravi ensemble les échelons de l'organisation, ils se connaissent très bien. Du coup, mon arrivée n'était pas nécessairement la bienvenue. De plus, durant mon programme de formation, le fait que j'aie été associé à un directeur anglophone plutôt qu'au directeur régional du Québec ne m'a pas aidé à établir des contacts avec les membres de ce groupe. Puisque c'est la première fois que la direction recrutait à l'extérieur de l'entreprise pour ce poste, sa décision de procéder ainsi n'a pas nécessairement été bien perçue par les employés. Tant et si bien que plusieurs d'entre eux ont déjà pris des paris quant à savoir combien de temps je resterai en poste.

Une surprise de taille

Contre toute attente, en janvier, on me nomme gérant des ventes pour l'est de l'Ontario, qui comprend Pembroke, Ottawa, Cornwall, Kingston et Peterborough, en banlieue de Toronto. Je suis responsable de vingt-et-une gérantes de district, cent cinquante chefs d'équipe et plus de trois mille cinq cents représentantes dans un territoire majoritairement anglophone. Je suis bouche bée, car je ne m'y attendais pas du tout.

Outre la barrière linguistique, cela implique des déplacements constants, puisque je devrai être dans mon territoire du lundi au vendredi. C'est donc dire que dorénavant, je vivrai dans des hôtels cinq jours par semaine, loin de ma famille. Que de sacrifices et de compromis je dois faire pour réussir! Mon travail consistera à accroître les ventes, assurer le recrutement constant de nouvelles représentantes, voir à leur formation et utiliser les outils de mise en marché.

Au cours des deux prochaines semaines, je dois organiser trois banquets annuels auxquels seront conviées près de quatre à cinq cents représentantes. Le but de l'exercice est de leur présenter de nouveaux produits et de reconnaître celles dont la performance s'est démarquée durant la dernière année. Même si je ne connais personne et que mon anglais est déficient, je serai le maître de cérémonie. Le seul fait d'y penser m'angoisse!

Heureusement que le département marketing prépare chaque année un programme pour cet événement spécial, en plus de rédiger le discours qui sera prononcé. Cela, afin de s'assurer qu'aucun point ne soit omis. Je serai au moins encadré.

Afin de me préparer, la direction m'invite à participer à plusieurs banquets organisés dans la région de Toronto. Réalisant tout à coup la piètre qualité de mon anglais, on me suggère de ne me limiter qu'au script qui me sera fourni. Pour s'assurer que l'auditoire puisse me comprendre, on m'invite de plus à m'exercer en lisant à haute voix le discours qui sera réparti sur trois heures. Ce faisant, chaque fois que je commets une erreur, on me demande de répéter. Je clarifie également les mots ou certaines phrases dans le texte que je ne comprends pas.

Enfin, histoire de garder le contrôle de la salle et de me permettre de reprendre mon souffle durant la présentation, on me suggère d'indiquer sur le document, à l'aide d'une barre oblique, les endroits où je devrai m'arrêter et aussi, de souligner les passages importants, c'est-à-dire ceux durant lesquels il me faudra modifier mon intonation et y ajouter un peu d'âme. Quelle corvée! J'ai l'impression que cet exercice va durer des heures et des heures!

En répétant, je réalise qu'il y a quelques mots que j'ai énormément de difficulté à prononcer, comme par exemple «success». On met une emphase particulière sur ces mots que je dois répéter, encore et encore. On me souligne continuellement que je dois faire très attention à mon intonation, ma prononciation et mon accent, tout en insistant sur le fait que je dois absolument éviter de prononcer «sucksex» au lieu de «success», ce qui serait complètement inapproprié devant un auditoire féminin. Que d'efforts pour un simple discours!

Nous y voilà! Je suis au Holiday Inn de Cornwall pour mon premier banquet qui aura lieu demain. Pour préparer la salle et coordonner les activités, je rencontre pour la première fois les gérantes avec lesquelles j'aurai à travailler et dont la majorité est anglophone. Tout un défi et toute une initiation! Demain sera de loin le plus gros banquet, car en plus des cinq cents représentantes attendues, y viendront quelques membres de la direction qui se déplacent toujours pour rencontrer les meilleures représentantes. Le fait de devoir animer une conférence en anglais devant cinq cents personnes me préoccupe beaucoup.

Tous les invités sont arrivés et je dois commencer. Je suis sur le podium les jambes paralysées, incapable de bouger. J'ai tellement peur que je transpire. Avant même de commencer, je tiens le lutrin à l'aide de mes deux mains pour ne pas m'écrouler. Mon corps tremble de partout et mes genoux se rencontrent toutes les vingt secondes. Que Dieu me bénisse!

Non seulement je dois maîtriser l'anglais et le discours, mais je dois me surpasser en contrôlant ma timidité.

Lentement, en respectant les pauses et les intonations, je commence à lire le discours. Sans le réaliser, je viens de laisser ma marque à jamais. Eh oui! Ce qui ne se dit pas, je l'ai dit et redit à plusieurs reprises. «Si vous voulez découvrir le sucksex» ou lieu de success a déridé la salle de façon inattendue. La première fois, je suis si nerveux que je ne comprends pas pourquoi les gens rient autant. Sans me préoccuper de leur réaction, je continue donc.

Je répète à nouveau le mot, avec la même erreur de prononciation. Cette fois, je perds complètement le contrôle de la salle. Comme je ne maîtrise pas la langue de Shakespeare et que je viens de réaliser ce que j'avais dit, je dois m'arrêter pour tenter de maîtriser un incontrôlable rire nerveux. Je suis momentanément immobilisé sur l'estrade, droit comme une momie, incapable de poursuivre. Je dois reprendre mon souffle et mes esprits et chercher une phrase du texte qui me permettra de reprendre la lecture, car bien entendu, mon niveau d'anglais ne me permet pas d'improviser. Et puis, je recommence en disant: «Let's go out for customer service», ce qui veut dire «Sortons pour servir nos clients».

En prononçant cette phrase, qui figure pourtant dans mon texte, il est déjà trop tard. Les rires enveloppent une nouvelle fois la salle et se font entendre dans tout l'hôtel. Je viens de réaliser la portée de mes mots. Je me mets à rire et à rire éperdument, sans pouvoir m'arrêter. J'ai beaucoup de difficulté à poursuivre. Cinq minutes plus tard, qui m'ont paru une éternité, je parviens à reprendre la lecture, non sans craindre les conséquences d'une telle bévue.

À la fin du banquet, inespérément, j'ai droit à des marques d'affection et de compréhension de la part des participantes, qui se sont bien amusées à mes dépens. Cette introduction spectaculaire m'a finalement valu la sympathie de tous, ce qui n'est pas sans me rassurer.

Le jour suivant, de retour au bureau, je me rends compte que j'ai fait une erreur majeure lors du tirage des cadeaux de présence, lorsque je reçois un appel de la gagnante du premier prix, laquelle m'indique que le magnifique candélabre qu'elle avait gagné était si gros qu'elle ne savait pas trop quoi en faire et qu'elle désirait l'échanger. En discutant avec elle, bouleversé, je réalise que je lui ai malencontreusement remis le lustre de l'hôtel qui avait été livré pour la décoration d'une nouvelle salle de banquets.

Les trois réceptions étant terminées, je dois prendre quelques jours pour me reposer. Ces dernières semaines, mon nouveau poste, le transport, les conférences et la vie d'hôtel ont eu raison de moi. Tous les vendredis, je retourne à la maison complètement exténué. Par contre, mon intégration, au sein de mon territoire, se fait graduellement et positivement. Le bon accueil des gens me rassure. Enfin, ceci me force à apprendre et à parler anglais. Ce qui n'est pas toujours évident, considérant que c'est la première fois que je gère du personnel qui ne comprend pas ma langue.

Les mois passent et je m'intègre fort bien. Malgré que je sois francophone, je me sens accepté par tous. Qui l'aurait cru? Que d'efforts pour y arriver! Après avoir réussi à pourvoir les postes vacants, la division retrouve le chemin de la croissance. Je suis donc très fier de ce que j'ai réalisé.

En juin 1981, voilà qu'encore une fois les gens du bureau spéculent sur une éventuelle réorganisation du département des ventes. Sauf que cette fois, celle-ci s'effectuerait au niveau national, ce qui en fait frémir plusieurs. Moi qui suis parvenu à trouver une bonne vitesse de croisière et à atteindre une certaine stabilité après un apprentissage difficile, j'espère de tout cœur ne pas être affecté par ces changements.

CHAPITRE 13

LE PARI DE LA RÉUSSITE

Juillet 1981 — Mars 1984

Les rumeurs sont effectivement fondées. La direction annonce le départ d'un gérant de division au Québec. Suite au communiqué, je suis convoqué au bureau du Vice-président, qui m'informe que je suis muté sur-le-champ dans ce territoire. Je ne peux le croire, car je dois tout recommencer depuis le début. En contrepartie, j'y vois rapidement certains avantages qui me plaisent bien: je serai dans un territoire francophone et en plus, je pourrai retourner à la maison pratiquement tous les soirs. Ainsi donc, c'est terminé pour moi la vie d'hôtel, loin de Carole et des enfants!

Encore une fois, le défi est de taille. Cette division compte vingt-deux districts, dont neuf sont sans gérante depuis plusieurs mois. Le chiffre d'affaires est en décroissance depuis très longtemps. Mes priorités sont bien entendu de recruter des gérantes pour pourvoir tous ces postes vacants, de développer des chefs d'équipe pour chacun de ces districts, d'accroître le nombre de représentantes de même que la productivité de chacune. Enfin, je dois obtenir une croissance du chiffre d'affaires d'ici la fin de l'année. Un perpétuel recommencement! C'est dans ces moments que je me dis: «Ce qui est important, ce n'est pas de savoir où on est, mais bien où on va!»

Tous ces changements successifs et ces défis continuels que je dois relever me perturbent. Dans mon environnement, les sarcasmes et les blagues inappropriées sur la vente porte-à-porte et l'image du vendeur de balayeuses ou d'encyclopédies me dérangent. De plus, l'accent que met l'entreprise sur le recrutement perpétuel de nouvelles représentantes, à raison d'une par jour pour chaque district, m'incommode tellement, qu'après seulement quelques mois, je réfléchis sérieusement à ma carrière. Je me demande si je peux passer outre l'image que se font les gens sur les vendeurs porte-à-porte, et soutenir le crédo de l'entreprise pour qui le recrutement de représentantes est une obsession.

Durant trois jours, discrètement, je m'éloigne de mon milieu de travail pour réfléchir. Je pars très tôt le matin pour me promener dans la forêt, à la recherche d'un endroit calme, loin des regards, pour faire le bilan et méditer sur ma carrière. Il me faut prendre une décision: dois-je conserver mon emploi actuel ou tenter ma chance ailleurs? Dans le premier cas, je devrai m'adapter aux politiques de l'entreprise, mettre de côté les préjugés des gens et ne plus remettre mon choix en question.

Après ce temps de réflexion, prenant en considération que l'entreprise est établie depuis très longtemps et qu'elle a fait ses preuves, je décide d'y rester. Il s'agit donc de m'intégrer dans ce milieu et ne plus remettre en question les stratégies qui ont fait sa force. Comme je l'entends souvent dire: «C'est dans la tête que ça se passe». Cette réflexion va changer le cours de ma vie.

Un défi important

Malgré mon inexpérience et mon jeune âge, mon défi consiste maintenant à me faire accepter par les membres de mon équipe, dont la majorité est beaucoup plus âgée que moi. Certaines ont même le double de mon âge. Tout en bâtissant avec elles un environnement gagnant, je dois recruter très vite neuf nouvelles gérantes pour les districts vacants. Même si je subis une pression indue pour que je me départisse de quelques gérantes comptant plusieurs années de service, mais n'ayant pas atteint leurs objectifs depuis longtemps, je suis convaincu que j'ai tout intérêt à les garder dans mon équipe. Je dois trouver un moyen de les impliquer davantage afin qu'elles puissent contribuer au succès de la division. Mais avant tout, je dois bâtir une relation de confiance et miser sur leur savoir et leur expérience. Chaque fois qu'une occasion se présente, je les contacte pour obtenir leurs conseils. Au début, elles sont étonnées et en même temps, certaines en profitent pour me faire remarquer que je n'ai aucune expérience et qu'elles pourraient être ma mère. Chaque fois, je leur dis que c'est pour cette raison que je les appelle, car je veux m'assurer de prendre les bonnes décisions.

Comme la croissance des ventes et le recrutement de nouvelles représentantes reposent en grande partie sur les réseaux sociaux, c'est-à-dire les amies, les voisines, les parents et leurs recommandations, il y a tout un monde qui sépare mes connaissances acquises à l'université et mon expérience. Les notions d'objectifs personnels, de planification et de suivis sont pratiquement inexistantes au sein de ma division. Petit à petit, je tente de les implanter en précisant que si on travaille fort et que l'on n'obtient aucun résultat, nous avons avantage à essayer autre chose.

Lors de la première réunion trimestrielle, malgré des résultats globaux décevants, je m'assure de reconnaître au moins un indice de performance chez chacune de mes gérantes, histoire de les revaloriser. Durant la pause, on s'empresse de me dire que quelques-unes se sont rendues à la salle de bain pour pleurer, car elles ont été touchées par la marque de reconnaissance qu'elles ont reçue. Venant d'un milieu où la valorisation n'a jamais eu d'importance, je viens de découvrir que celle-ci est fondamentale et qu'elle a un impact majeur sur le comportement des gens. Ce constat représente pour moi une transition majeure, qui me guidera vers le succès.

Pour les rencontres individuelles, où il est question de revoir les objectifs et le plan d'action de chacune, je me suis établi une stratégie selon laquelle j'allais d'abord rencontrer les gérantes comptant le plus d'ancienneté. Après s'être assise confortablement, la première qui se présente me dit tout bonnement qu'elle n'avait rien préparé. Jamais elle n'avait établi d'objectifs dans le passé et ce n'est pas aujourd'hui qu'elle commencerait. Par surcroît, elle m'indique que je lui dois respect, car je pourrais être son fils. Puis, sur un ton méprisant, elle me demande ce que j'ai l'intention de faire, non sans rajouter: «Évidemment, vous ne pouvez rien faire, car je suis dans l'entreprise depuis plus de vingt-cinq ans. Puis-je partir, maintenant?»

Je fais face ici à une situation très délicate. Si j'accepte un tel comportement et l'autorise à partir, je subirai sûrement le même sort de la part de celles qui vont suivre. Il me sera alors impossible d'instaurer mon leadership. Je dois réagir rapidement afin d'obtenir son adhésion et ainsi éviter une confrontation lors de ce premier contact.

Je m'aventure donc avec elle dans une discussion touchant un plan plus personnel. J'admets d'emblée que je pourrais être son fils, lui dis-je, mais ce n'est pas le cas. Après quoi, je lui demande de me parler d'elle, de sa carrière, de ses activités professionnelles et de son époux. Elle m'apprend que ce dernier est propriétaire d'une entreprise de construction où travaillent plusieurs directeurs, gérants et employés. Elle me dit de plus qu'il y a quelques années, il a fait l'acquisition de petites entreprises qu'il a intégrées à ses opérations tout en s'assurant de garder le personnel en place.

Je profite de cette information pour lui demander comment son mari aurait réagi si un des employés qu'il a gardé dans sa nouvelle structure lui avait adressé les mêmes commentaires qu'elle vient de me formuler et qu'il avait refusé de soumettre des objectifs et un plan d'action. Se sentant coincée, elle garde le silence. C'est à ce moment que je lui signifie que j'ai besoin d'elle autant qu'elle a probablement besoin de moi. Cela, en mettant bien sûr en valeur son expérience «Pour réussir, nous devons travailler ensemble, lui dis-je. J'ai beaucoup à apprendre de vous, mais de mon côté, je pourrais aussi vous aider». Et je termine en ajoutant: «Madame... que faisons-nous, maintenant?» En guise de réponse, elle reprend sa serviette et me demande de planifier une autre rencontre, tout en me confirmant que cette fois, elle préparera ses objectifs et élaborera un plan d'action. Un grand soupir de soulagement! C'est le début d'une très grande relation d'affaires où le respect sera à l'honneur. Non seulement avec elle, mais avec tous les autres membres de mon équipe.

Dans un très court laps de temps, grâce à leur soutien, j'arrive à pourvoir tous les postes vacants. Grâce à la collaboration de tous, notre division connaît maintenant une croissance exceptionnelle. Du coup, plusieurs se font remarquer à l'échelle nationale en raison de leur performance.

Après seulement quelques mois, ma photo et le nom de ma division se retrouvent affichés sur le tableau d'honneur, placé à la vue de tous devant la sortie de la cafétéria. Nous remportons les honneurs dans deux catégories, meilleures ventes durant la campagne de promotion en cours et meilleures ventes pour l'année.

C'est à partir de ce moment que l'entreprise investit dans ma formation en me faisant participer à des séminaires à New York ou à Chicago, organisés pour les nouvelles recrues provenant de différents pays à travers le monde. J'ai ainsi la chance de rencontrer et développer des liens avec des gens de partout, ce qui me permet de découvrir les diversités culturelles et de me familiariser avec le marché international.

Afin de me soutenir dans mes efforts et de gagner un petit revenu d'appoint, Carole s'enrôle comme représentante pour vendre des produits cosmétiques. Étant donné qu'elle doit se déplacer, je lui achète une petite voiture japonaise. Grâce à son implication, du fait que nous habitons dans une zone test, j'obtiens rapidement la réaction des clientes, tant sur les nouveaux produits que sur les promotions. Je profite de leurs commentaires et observations, ainsi que ceux de Carole, pour parfaire mes connaissances du marché et réagir. Ma vie professionnelle devient ainsi intimement liée à ma vie familiale. De plus, comme Carole désire rester à la maison pour s'occuper des enfants, et ce, jusqu'à ce qu'Alexandre ait atteint l'âge de la maternelle, cette activité lui permet de rencontrer des gens et de gagner des sous pour ses dépenses personnelles. Elle réussit très bien!

Mes stratégies

En ce qui a trait aux plans de recrutement et de formation des nouvelles représentantes, je commence peu à peu à me distancer des stratégies et directives de l'entreprise. Tout en maintenant un niveau de recrutement adéquat, je concentre particulièrement mes efforts sur la rétention à travers la formation qui selon moi, est essentielle pour maintenir une croissance continue des ventes. Eh oui! Si je réussis à retenir une seule représentante de plus par district par semaine durant l'année en cours, j'aurais cinquante-deux représentantes de plus par district, pour un total de mille cent quarante-quatre représentantes pour ma division. Si chacune dessert au moins dix clientes qui n'auraient pas été servies autrement, j'obtiendrai toutes les trois semaines onze mille quatre cent quarante nouvelles commandes de plus, pour un total de deux cent cinq mille neuf cent vingt commandes additionnelles par année. Si l'on tient compte qu'en moyenne, chaque cliente dépense environ vingt dollars par commande, cela signifie que l'augmentation potentielle de nos ventes se chiffre à plus de quatre millions de dollars pour la seule année en cours. Si j'ajoute une seule nouvelle cliente par semaine pour les quatre mille représentantes déjà enregistrées dans ma division, le chiffre d'affaires sera bonifié de plus de 1.4 million de dollars. Je mise donc sur le potentiel extraordinaire de la loi des nombres pour obtenir une croissance rapide. Simple, n'est-ce pas?

Avec la complicité de mes gérantes, j'introduis également des programmes incitatifs pour mousser les ventes. À chaque cliente, nous remettons une carte fidélité qui lui permet de participer à divers tirages. Ainsi, si ses achats des deux prochains mois totalisent deux cents dollars et plus, elle court la chance de gagner un prix, qu'il s'agisse d'un téléviseur ou d'un appareil ménager quelconque. Ce programme de fidélité est financé à même les fonds recueillis lors des tirages qu'organisent les gérantes durant les rencontres mensuelles auxquelles participe la majorité des représentantes. Durant celles-ci, elles font tirer en prix la moitié du montant résultant de la vente de billets de tirage, puis elles me remettent l'autre cinquante pour cent pour financer les programmes de fidélité, m'évitant ainsi de demander à la direction une autorisation et un budget additionnel pour la mise en place de telles promotions.

Enfin, pour accroître la productivité des nouvelles représentantes, c'est-à-dire la moyenne de leurs commandes, j'introduis, lors de la formation initiale, la notion d'objectifs. Chacune d'entre elles doit être d'accord pour acheter un minimum de brochures et de produits de démonstration, ce qui leur permettra de réaliser leurs objectifs personnels, de servir la clientèle de façon continue et de faire parvenir régulièrement à l'entreprise une commande pour chaque campagne de promotion, c'est-à-dire chaque trois semaines.

Ce changement stratégique au sein de ma division crée par contre des problèmes à l'entreprise qui finit par se retrouver à court de brochures et de produits de démonstration. Du coup, on me demande d'expliquer la situation avant de consentir à réajuster les quantités d'approvisionnement et d'impression.

Du fait que les anciennes gérantes ont été impliquées dans le processus de recrutement et de formation des nouvelles, un esprit d'équipe extraordinaire s'est développé entre elles, ce qui facilite l'implantation des nouvelles stratégies et conduit à une croissance constante des ventes. En plus de gagner le respect de la majorité, je me lie d'amitié avec certaines. Parmi elles se trouvent Michelle et Élisabeth, ainsi que Claudette et Thérèse, des personnes dynamiques avec lesquelles nous partageons en famille quelques bons moments.

Dès l'automne 1981, malgré une récession qui sévit au pays depuis un an, cette synergie de groupe, jumelée à la contribution de chacune, font en sorte que notre division est celle qui enregistre les plus importantes augmentations de ventes au Canada, et ce, campagne de promotion après campagne. Tant et si bien, que ma photo est maintenant installée en permanence sur le tableau d'honneur.

Même si mes résultats ont battu tous les records de croissance, je n'ai malheureusement pas le droit de participer au programme de reconnaissance annuel des meilleurs gérants de division, du fait que je ne suis en poste que depuis le milieu de l'année. Je ne peux donc pas recevoir le boni annuel supplémentaire ni prendre part au voyage réunissant les meilleurs gérants de chaque pays. Néanmoins, parmi les vingt-cinq gérantes de district qui sont parvenues à se classer dans le Cercle de l'excellence, il y en a quatre qui appartiennent à ma division.

Année 1982

Enfin, une période d'accalmie! J'occupe toujours le même emploi et maintiens la même stratégie qui nous a valu tant de succès l'an dernier. Mois après mois, la croissance des ventes est telle, que notre division continue d'occuper la première place au Canada. Je connais une année extraordinaire. Non seulement je me sens en confiance, mais je suis bien entouré, tant au niveau personnel qu'au niveau professionnel. Je suis franchement fier de mon équipe et heureux du support que je reçois de Carole.

Vers la fin du troisième trimestre, le Vice-président du bureau international de New York m'écrit pour me demander de lui fournir plus d'informations quant aux plans d'action mis en place dans ma division. Alors que le recrutement est à la baisse, ce qui est contraire à la stratégie corporative, il aimerait bien connaître les raisons de mon succès. Pour moi, c'est l'occasion de développer des relations avec les cadres administratifs du siège social.

Vers la fin du quatrième trimestre, je me retrouve encore une fois en tête de peloton, tant au niveau des ventes en dollars qu'en terme de pourcentage, et cela, alors même que l'économie canadienne chancèle toujours. Mes chances d'être enfin élu premier gérant de division au Canada semblent être déjà acquises.

Une injustice

Malheureusement, en novembre, ma nouvelle patronne me

convoque à son bureau pour m'annoncer que toutes les ventes réalisées dans le cadre d'une promotion spéciale que j'ai développée conjointement avec mes gérantes et le département de marketing seront déduites des ventes admissibles pour la qualification annuelle. Malgré qu'elle préconise la créativité et la mise en place de stratégies régionales pour favoriser la croissance, que cette promotion n'a rien coûté à l'entreprise et qu'elle était disponible à tous, elle considère maintenant que les ventes obtenues ont biaisé les résultats annuels des ventes au détriment des autres gérants de division. Dans ma tête, il n'y a pas de doute: je suis victime d'un grave préjudice, du simple fait que je suis francophone. C'est à n'y rien comprendre!

Elle m'annonce de plus que les règles comptables ont été modifiées et qu'il y aura une campagne promotionnelle supplémentaire à la fin de l'année, histoire d'accroître les ventes qui disons-le, ont été difficiles au Canada. J'apprends du même coup que la brochure spéciale qui sera éditée en vue de cette campagne prévue tout juste avant la période des fêtes ne profitera qu'aux divisions de l'ouest du Canada, alors qu'elle ne sera offerte dans la mienne qu'en janvier. Voilà qui me prive de la période la plus propice de l'année pour accroître mon chiffre d'affaires. Ceci aura donc un gros impact sur les résultats annuels, en plus de mettre ma division en péril pour l'obtention de la première place. En plus de perdre le boni de plusieurs milliers de dollars consenti au meilleur, je ne pourrai prendre part au voyage réservé aux meilleurs gérants de division de chacun des pays où l'entreprise est implantée.

Finalement, on m'annonce à la dernière minute que la classification pour le titre de meilleur divisionnaire de l'année se basera sur l'augmentation des ventes en dollars et non pas en pourcentage. Et vlan! Tous les éléments sont réunis pour assurer ma disqualification, et ce, à l'avantage des divisions rurales de l'ouest du pays où les moyennes de commandes ont toujours été plus élevées. C'est une telle injustice que j'en suis perturbé. Je suis grandement déçu.

Malgré toutes ces décisions, ma division termine l'année en présentant le meilleur pourcentage de croissance au Canada et en se positionnant au deuxième rang au chapitre de l'augmentation en dollars. Comme prévu, je perds le titre honorifique, le boni associé à celui-ci et le voyage annuel. Malgré tout, sept de mes vingt-deux gérantes se sont qualifiées pour le Cercle d'excellence qui compte vingt-cinq lauréates, ce qui leur vaut un voyage à l'international. Quoique frustré par cette injustice, je saisis l'occasion pour m'engager auprès de mes gérantes à réitérer cet exploit l'an prochain. Entêtement ou détermination? Je ne sais pas. Je verrai bien ou cela me conduira. Après tout «ce qui est le plus important, ce n'est pas de savoir où je suis actuellement, mais bien de savoir où je vais».

Suite à ces nouvelles règles, plusieurs employés francophones viennent me voir pour me signifier que dans le passé, plusieurs décisions de l'entreprise ont été discriminatoires envers nous. Il faut dire que quatre-vingt-dix pour cent du personnel cadre est unilingue anglophone. Selon mes pairs, cette décision de modifier les règles pour l'année est un exemple évident. Dans ce cas-ci, c'est moi qu'on a lésé, tant au niveau du prestige qu'au niveau financier. Ces mêmes personnes m'informent également que des plaintes officielles ont été formulées au gouvernement pour discrimination envers les francophones. Sauf qu'elles sont toujours en suspens. Pour moi qui me suis toujours tenu à l'écart des potins de l'entreprise, c'est tout un choc que d'apprendre cette nouvelle! C'est d'ailleurs la raison pour laquelle j'ai décidé de ne pas vous dévoiler le nom de cette entreprise.

Serais-je trop naïf? Pour moi, c'est un réveil brutal. Dans le but de découvrir l'identité de celui qui se cache derrière ces décisions, je contacte le Vice-président des finances. Celui-ci m'indique que seule ma patronne en est à l'origine. Il profite de l'occasion pour me dire qu'il comprend mon mécontentement devant cette injustice. Mais, qu'importe... je dois tourner la page, car personne n'y peut rien.

Durant les fêtes de fin d'année, je convie mes gérantes à une réception organisée spécialement à leur intention. Celles-ci en profitent pour y inviter secrètement Carole. Au moment de la fête, elles lui remettent un cadeau pour la remercier de m'avoir permis d'être si disponible, pour elles, et ce, tout au long de l'année. C'est là une marque d'attention qui nous a particulièrement touchés, Carole et moi.

L'année 1983

Une nouvelle année qui commence. Au printemps, l'entreprise m'inscrit à un séminaire à New York, dont le thème est: «Comment conduire une conférence et attirer l'attention et l'adhésion des participants?» Par souci de discrétion, j'évite d'en parler avec mes gérantes, car dès mon retour, je dois organiser une conférence d'une journée à l'intention de mille représentantes. Le tout est prévu à l'hôtel Reine Elizabeth. Je suis curieux de voir si ce programme de formation sera efficace. Je pourrai en évaluer l'impact une fois que je serai devant mon auditoire...

Grâce à la collaboration de tout le personnel de ma division, lequel a contribué à développer la présentation des différents programmes de recrutement, de mise en marché, des nouveaux produits et des promotions pour la clientèle, nous avons bâti un ordre du jour très dynamique. À titre de maître de cérémonie, j'ouvre la conférence vêtu d'un smoking blanc, ce qui soulève les applaudissements de l'auditoire féminin. S'en suit un défilé de mode, un séminaire portant sur la beauté et la présentation des cadeaux promotionnels qui seront offerts à la clientèle et que nous faisons ensuite tirer dans la salle. Enfin, nous déroulons un tapis rouge pour reconnaître les représentantes ayant généré les meilleures ventes de l'année.

À la fin de la présentation, mon équipe et moi sommes émus devant un auditoire conquis qui nous offre une chaleureuse ovation de plus de cinq minutes. Surprises de ce succès autant que de ma performance, mes gérantes me demandent où j'ai appris l'art de tenir une conférence et d'attirer ainsi l'attention du public. N'eut été la contribution exceptionnelle de chaque gérante de ma division, nous n'aurions jamais réussi cet exploit. Cette prestation aura une influence positive majeure sur nos résultats futurs.

Suite à cette journée mémorable, Carole et moi créons un «incitatif» à l'intention de mes gérantes. Aussi, toutes celles qui réussiront à atteindre leurs objectifs seront invitées, en compagnie de leurs conjoints, à participer à une garden-party qui aura lieu à la maison. Ce qui est contraire à la politique de l'entreprise. Puisque la majorité d'entre elles sont parvenues à se qualifier, nous célébrons ensemble ce succès et passons une agréable journée!

Nous devons maintenant planifier le dernier trimestre. Bien qu'il s'agisse du plus important de l'année, il se déroulera dans un contexte difficile, car le Canada n'est pas encore sorti de la récession, laquelle sévit depuis maintenant trois ans. Malgré cette conjoncture économique, ma division est la seule qui cette année, a connu une augmentation de ses ventes et maintenu la même performance depuis le quatrième trimestre de 1981.

Se surpasser

Pour contrer les difficultés économiques, l'entreprise décide d'aborder le quatrième trimestre en développant de nouveaux plans marketing. Aussi, pour motiver les représentantes, elle leur présente un concours: les meilleures faisant partie de la division qui aura obtenu la plus forte croissance durant cette période iront à Hawaï en compagnie de leur gérant de division et de son épouse. Ma division étant celle qui a réalisé, ces dernières années, la meilleure performance au Canada, il est évident que pour nous, le défi est de taille. Évidemment, les ventes qui ont été déduites du chiffre d'affaires l'an dernier ne seront pas soustraites de la base de données pour le concours ni du calcul des augmentations de l'année. Pour ma part, j'évite de commenter cette décision.

Pour inciter à atteindre les objectifs fixés, la direction nous offre de plus un plan de bonification exceptionnel, de même qu'elle entend mettre à contribution les employés de l'usine. Assigné en petits groupes, chacun de ceux-ci sera jumelé à une division. Leur tâche consistera à communiquer avec les représentantes pour les motiver à vendre davantage. Parmi ceux qui auront collaboré avec la division gagnante, quelques-uns auront la chance, par le biais d'un tirage au sort, d'accompagner les gagnants du concours à Hawaï.

En me rendant dans l'usine pour rencontrer les employés jumelés à ma division, le chef du département m'avise que ceux-ci ne désirent pas participer au programme. Consterné, je cherche à connaître les raisons d'une telle décision. Il est vrai que je suis le seul qui avant d'occuper la fonction de gérant, n'a pas eu à gravir tous les échelons existant au sein de l'entreprise. De ce fait, les gens ne me connaissent pas.

En me promenant dans l'usine, à la recherche d'une réponse, j'apprends que plusieurs de mes confrères ont déjà rencontré les employés (qu'ils connaissaient déjà) pour leur dire que ma division n'avait aucune chance de gagner. Selon eux, la performance de ma division a été si exceptionnelle, tout au long de ces dernières années, qu'aucun employé assigné à celle-ci n'aura la moindre chance de gagner le voyage à Hawaï! Enfin bref, ils sont persuadés que ma cause est perdue d'avance. Quelle solidarité! Toute une façon de gagner, aussi! Encore une fois, je me dis: «On est seul au monde, et si tu ne prends pas soin de toi, personne ne le fera». Je décide donc de prendre les moyens pour changer la perception des employés à l'égard de ma division.

Pour commencer, je rencontre individuellement chaque superviseur et leader pour leur exprimer mon indignation et leur faire comprendre mon point de vue. J'admets que depuis longtemps, ma division est effectivement en première place au Canada en ce qui a trait à la croissance des ventes, tout en mettant en évidence une équipe de gérantes et de représentantes aussi professionnelles que compétentes. De plus, je soulève le fait que les membres de mon équipe sont connus et très respectés dans l'organisation. En terminant, je leur demande: «Croyez-vous vraiment qu'une division qui n'a pas de plan d'action, qui n'a pas obtenu de résultats positifs depuis plusieurs années et dont le niveau professionnel est inférieur au nôtre puisse gagner un tel concours? Est-il vraiment raisonnable de penser que ces gens puissent gagner?» Devant ces arguments, tous les employés, sans exception, m'accordent leur appui.

Et le concours commence! C'est la frénésie la plus totale. Dès la première semaine, ma division se retrouve en tête des ventes, et il en sera ainsi jusqu'à la fin de la compétition. En mars prochain, Carole et moi irons à Hawaï en compagnie de mes représentantes et d'un employé de l'usine. Je serai si fier d'être là pour célébrer cette belle réalisation avec elles.

L'année se termine alors que nos résultats surpassent toutes les attentes. Malgré les modifications apportées au calcul des ventes, ma division est toujours en première place. De plus, huit de mes gérantes, pour qui j'ai beaucoup d'admiration, font partie du Cercle d'excellence, ce qui représente le tiers de la représentation canadienne. Non seulement suis-je l'heureux gagnant du voyage à Hawaï, mais je suis aussi le gagnant d'un voyage à Paris, toutes dépenses payées. Je suis fou de joie.

Il y a déjà presque trois ans que ma division termine chaque mois au premier rang. Durant tout ce temps, et chaque soir de la semaine, j'ai assisté aux réunions trimestrielles des districts dans mon territoire, lequel se délimite par la frontière sud des États-Unis et longe l'Ontario jusqu'en Abitibi, excluant l'île de Montréal, Sherbrooke et Québec qui appartiennent à une autre division.

Lors des rencontres de fin d'année, je reçois des pâtisseries, des tartes, des biscuits maison, des gâteaux, etc. Chaque fois que je reviens chez moi, le coffre de la voiture, de même que les banquettes avant et arrière, sont remplis de plats cuisinés. Même les planchers en sont recouverts. Seul le siège du chauffeur est épargné! C'est là une marque d'attention qui me touche beaucoup.

En tant que gérant de la division gagnante, j'ai finalement droit à un boni de cinquante mille dollars. Du coup, mon salaire annuel, qui se chiffre maintenant à presque cent mille dollars, a presque quadruplé en trois ans. Quel beau cadeau du ciel! Voilà qui m'aidera à réaliser mes projets d'investissement! En me rappelant les déboires financiers que j'ai connus lorsque j'étais étudiant, je me dis: «Ce que la vie peut être paradoxale!»

Année 1984

Au début du mois de janvier, je reçois une invitation officielle du bureau de New York pour participer à la rencontre annuelle internationale devant avoir lieu à Paris et au cours de laquelle sont reconnus les meilleurs divisionnaires de chaque pays.

Mais voilà… quel n'est pas mon étonnement lorsque je découvre que cet événement tombe en même temps que le voyage à Hawaï, soit en mars. Je suis contrarié par ce manque évident de planification. Je suis maintenant forcé de choisir entre ces deux voyages que j'ai pourtant gagnés. Lors d'une discussion avec le responsable de la coordination des promotions, j'apprends que ma patronne avait été consultée avant d'approuver ce calendrier, et du fait qu'elle considérait que ma division n'avait aucune chance de remporter la première place, tant pour le concours que pour le titre de division de l'année, elle avait donné son aval.

Je dois donc décider quel voyage me plaît davantage, non sans espérer toucher une compensation pour celui auquel je devrai renoncer. Vu mon opinion partagée sur les Français et la relation particulière que j'entretiens avec mes représentantes, je choisis le voyage à Hawaï pour être avec elles. Carole est heureuse de mon choix, puisque nous aurons ainsi la chance de découvrir ce petit coin du monde qui semble si exotique.

Après avoir communiqué ma décision aux responsables de la coordination des voyages, ma patronne se précipite à mon bureau pour m'indiquer que les dirigeants de New York seront à Paris et qu'ils souhaitent m'y rencontrer. Étant donné que cela pourrait être bénéfique pour ma carrière, elle me conseille de revenir sur ma décision et d'aller à Paris, ce qui ne m'enchante guère.

J'accepte malgré tout d'y aller, mais réclame une compensation pour le voyage à Hawaï. Je demande aussi que l'entreprise débourse tous mes frais de séjour, en ajoutant que je compte arriver au moins cinq jours avant le début des activités qui seront tenues à Paris. De plus, la société m'offre gracieusement deux semaines de vacances additionnelles en Grèce, toutes dépenses payées. J'aurai même droit à une allocation pour mes dépenses personnelles, comme ç'aurait été le cas pour Hawaï.

Exceptionnellement, la direction m'autorise à m'absenter durant vingt-huit jours pour réaliser ce rêve. Nous partirons donc le 27 février, en première classe, en direction de la France. Nous y séjournerons deux semaines avant de nous rendre à Rhodes, en Grèce. Nous sommes aussi excités que si nous avions gagné à la loterie. C'est l'euphorie totale!

Entre-temps, nous profitons de notre situation financière exceptionnelle pour planifier l'achat d'une maison sur l'île de Montréal, ce qui réduira considérablement le temps consacré au transport entre mon domicile et le bureau. De plus, comme les enfants grandissent, le fait d'habiter à Montréal leur permettra de participer à plus d'activités puisqu'ils auront accès aux transports en commun, lesquels sont inexistants en banlieue.

Nous réalisons par contre qu'il n'est pas facile de vendre sa première maison. Cela nous donne l'impression de faire disparaître nos souvenirs et de vendre notre âme. Mais, ayant réussi à la vendre à un couple que nous connaissons très bien, nous sommes contents. En fait, Madame est la sœur d'une gérante, Élisabeth, une grande amie qui avec son époux, nous a toujours invités à participer à leurs fêtes de famille.

Considérant qu'à Montréal, le prix des maisons identiques à la nôtre est de trois à quatre fois supérieur à ce que nous devons débourser en banlieue et que les taux d'intérêt hypothécaires varient entre douze et quatorze pour cent, nous envisageons d'acquérir une propriété à revenus.

Après plusieurs semaines de recherche et de négociations, nous signons une promesse d'achat en vue de devenir les propriétaires d'un beau duplex luxueux avec garage double. Comme la propriété est à vendre depuis deux ans et que le rez-de-chaussée n'est toujours pas habité, l'actuel propriétaire consent à baisser considérablement le prix, se contentant de récupérer son investissement initial.

La qualité de la construction est exceptionnelle. Les boiseries et les portes sont en chêne, de même que les planchers. Il y a trois salles de bain avec bidet, et au sous-sol, un foyer au bois. De plus, un système central stéréophonique avec haut-parleur combiné à un système d'interphone a été installé dans toutes les chambres. Le deuxième étage se loue mille trois cent vingt-cinq dollars et est occupé par le directeur général d'une entreprise alimentaire bien établie au Canada. Plus qu'heureux d'avoir déniché une telle propriété, nous comptons en prendre possession le 1er mai, soit un mois après notre retour de voyage.

Notre premier voyage en Europe

Pour un si long séjour, Carole a pris des arrangements avec Francine, une voisine très dynamique habitant à quelques pas de notre maison, pour qu'elle puisse garder les enfants. Il est convenu que nous lui rendrons la pareille dès notre retour, puisque son mari et elle se rendront alors dans le sud.

Avant de partir, je reçois du bureau un cadeau de deux mille dollars US en argent pour couvrir nos petites dépenses personnelles et l'achat de quelques souvenirs. Excités comme des enfants, pour la première fois de notre vie, nous nous envolons en première classe pour Paris. Je n'aurais jamais cru pouvoir vivre une telle expérience.

Arrivés à l'aéroport Charles-de-Gaulle, un chauffeur nous attend pour nous conduire au Bristol, un hôtel de luxe cinq étoiles situé dans le 8e arrondissement, sur la rue du Faubourg-Saint-Honoré. Le prix de la chambre est de trois cent cinquante dollars par soir. Aussi, une servante nous est assignée en permanence. Le petit-déjeuner pour deux coûte entre cent vingt-cinq et cent cinquante dollars, sans parler du prix des repas du soir et de la fine gastronomie. Lorsqu'on se présente à la salle à manger, laquelle est somptueuse, l'établissement exige un complet avec chemise blanche et nœud papillon pour Monsieur et interdit le port du pantalon pour Madame. La Marquise est assise à la table de droite et de l'autre côté, se trouve un Compte et sa famille qui habitent les lieux en permanence.

À nous seuls, nous pouvons compter sur sept serveurs. N'ayant guère l'habitude de fréquenter ce genre d'établissement, nous nous sentons épiés de part et d'autre par le personnel. Nous sommes l'objet de tant d'attention que cela nous intimide. Un faste que nous n'avons jamais connu jusque-là, sauf dans les films et aussi, dans nos rêves.

Les activités officielles de l'entreprise ne commençant que dans quelques jours, on nous offre une limousine avec chauffeur privé pour assurer tous nos déplacements. Sur recommandation de la direction de l'hôtel, le premier soir, nous nous rendons dans un club privé où un orchestre de vingt-trois musiciens, tous vêtus d'un smoking blanc, joue pour divertir et faire danser la clientèle. Chaque consommation coûte entre vingt et vingt-cinq dollars. Une extravagance, à l'époque. Jugeant que l'atmosphère est trop protocolaire, une heure plus tard, nous demandons au chauffeur de nous amener dans un établissement qui nous permettra de découvrir l'autre côté de Paris, son exubérance et ses folles soirées. Celui-ci nous amène chez Régine, lieu fréquenté par les vedettes internationales qui se soucient peu du protocole et où l'atmosphère est beaucoup plus décontractée. Nous sommes toutefois surpris lorsqu'on nous signifie que nous devons commander nos consommations à la bouteille. Évidemment, si nous ne parvenons pas à nous enivrer et à la vider ce soir, si le cœur nous en dit, elle nous sera servie un autre soir. Pour terminer cette première soirée, nous nous dirigeons dans un bistro populaire des Champs-Élysées pour manger une pizza, pendant que le chauffeur nous attend patiemment dans sa voiture. Je me sens très loin de mon enfance, de mon milieu et de mon vécu. Nous avons tout à coup l'impression d'avoir été projetés dans un tout autre univers.

Après une semaine de traitement royal, nous sommes invités à participer aux activités organisées par le siège social international de mon entreprise. J'aurai donc l'occasion de rencontrer les membres de la direction, ceux qui souhaitaient si ardemment ma présence à Paris.

Lors de la réception d'ouverture, nous avons le plaisir de rencontrer les lauréats français et belge, ainsi que leurs conjoints. Puisque nous travaillons pour la même société, parlons la même langue et partageons les mêmes valeurs et la même vision des affaires, le contact est agréable. Rapidement, nous nous lions d'amitié et participons ensemble à toutes les activités de la semaine. Ainsi, nous découvrons la gastronomie, la culture, la façon de vivre et les us et coutumes des Français.

Le premier soir, nous sommes tous conviés sur un magnifique bateau mouche M/S Bretagne pour un dîner croisière sur la Seine. Durant le trajet, nous naviguons sous les ponts illuminés de Paris. Lors de cette célébration, on annonce que ma division est celle qui a obtenu la meilleure croissance de ventes à travers le monde. Pour la circonstance, la direction me remet une superbe bague de dix-huit carats sur laquelle est gravé un globe terrestre, ainsi qu'une enveloppe contenant deux mille dollars en argent américain. Je me sens vraiment privilégié d'avoir droit à une telle reconnaissance. Une attention unique et une valorisation exceptionnelle.

Le jour suivant, on nous fait découvrir Paris. Nous visitons la tour Eiffel, les Jardins du Luxembourg, le Quartier latin et l'église Notre-Dame, avant de nous rendre à Montmartre pour déjeuner au fameux restaurant «La mère Catherine». Pour le dîner de ce soir, nous sommes invités à choisir nous-mêmes un restaurant gastronomique, parmi ceux figurant sur la liste select des meilleurs restaurants parisiens, telle la Tour d'Argent. Une limousine nous y conduira. C'est ainsi que dans l'un des restaurants les plus prisés de Paris, nous passons une soirée magnifique en compagnie de nos nouveaux amis.

Le mercredi 7 mars, nous partons en TVG, en première classe, à destination de la Province de la Côte d'Or pour visiter la région de Dijon. Nous commençons notre excursion par une visite au Château du Clos de Vougeot et visitons par la suite les Hospices. La matinée se termine par une dégustation de vins et fromages dans un vignoble de la région. Pour le repas, nous sommes conviées à nous rendre à la Rôtisserie du Chambertin et après quoi, nous visitons la vieille ville de Dijon. À notre retour à Paris, vers 20h30, nous sommes de nouveau invités à choisir un restaurant gastronomique pour y dîner en compagnie de gens de notre entourage. Comme nous ne connaissons pas les restaurants à Paris, nous laissons à nos hôtes parisiens le soin de choisir. En arrivant sur les lieux, voyant que nous sommes six personnes, le patron du restaurant nous indique que malheureusement, l'établissement ne permet pas d'être plus de quatre personnes à une même table, histoire de ne pas gêner la quiétude des autres clients. Un petit appel téléphonique aux organisateurs suffit à régler ce différend. Lors de ce repas gastronomique, tout nous est permis: le champagne, les meilleurs vins français, les digestifs, le cigare et enfin, les meilleurs plats de la maison. Une simple signature est requise avant notre départ, puisque l'addition sera entièrement payée par l'entreprise. Lors de ces rencontres avec nos deux couples d'amis, quel plaisir nous avons. C'est fou comme ils aiment rire et s'amuser. Nos soirées sont hilarantes et de bon gout.

Le jeudi, nous nous rendons à Chartes pour visiter la cathédrale Notre-Dame, bâtie en 1145, et admirer ses vitraux remarquablement bien conservés. Pour déjeuner, nous sommes invités au Château de Breteuil, construit au 17e siècle dans La Haute Vallée de Chevreuse, à trente-cinq kilomètres de Paris. Ce château était à l'origine la résidence de Madame de Maintenon, épouse de Louis XIV. Pour terminer cette magnifique journée, nous sommes invités à un dîner-spectacle au Moulin Rouge, au pied de la butte Montmartre.

Le vendredi, nous visitons le Château de Versailles et le Musée du Louvre. Pour terminer la journée, on nous propose un gala, tenu à même le restaurant qui se trouve au sommet de la tour Eiffel.

Le samedi, pour clôturer ce voyage, nous assistons à un défilé de mode dans la boutique du célèbre couturier Louis Ferreau, située sur la rue du Faubourg-Saint-Honoré. Le tout est suivi d'une réception où nous faisons la rencontre de Monsieur Ferreau, car il n'a que de l'admiration pour les vêtements que Carole porte en cette occasion. Pour la remercier de son soutien, je profite du moment pour lui offrir un tailleur classique signé Louis Ferreau.

Tous les jours, à la fin de la journée, lorsque nous retournons à l'hôtel, nous retrouvons dans notre chambre un bouquet de fleurs ainsi qu'un cadeau souvenir des lieux que nous avons visités durant la journée. Entre autres, nous avons reçu une réplique des vitraux de la cathédrale Notre-Dame de Chartres, un album photo de Paris, un recueil de poèmes, des bouteilles de vin de la région de Bourgogne et une bouteille de champagne. Une Vie de rêve, comme dans un conte de fées!

Ce voyage nous aura permis de découvrir la France, son histoire, ses monuments, des Français sympathiques et leurs habitudes de vie. Il a changé ma perception de la France, ma vie, mes aspirations, mes goûts et mes ambitions en me donnant l'opportunité de m'ouvrir sur le monde.

Comme nous nous envolons pour la Grèce demain, et que les activités organisées sont terminées, nos amis Nicole et Xavier, qui habitent Paris, nous invitent, ainsi que le couple belge, à partager avec eux un dîner à la maison. Ce sera la première fois que nous aurons l'occasion de découvrir les habitudes quotidiennes de la vie des Français et partager leur intimité. Nous en sommes flattés. Cette soirée, à l'image de toutes les autres que nous avons passées ensemble, est animée et très agréable. Nous échangeons sur nos habitudes de vies et nous remémorons gaiement les événements de la semaine. Lors du repas, qui est un pur délice, nous découvrons les fromages au lait cru (ceux qui puent) et buvons des vins extraordinaires. Une soirée inoubliable où le plaisir côtoie la folie du moment et qui se termine à six heures du matin. Après avoir dégusté pratiquement tous les digestifs produits en France, nous sommes complètement ivres.

Notre départ pour la Grèce

À la vitesse de l'éclair, nous retournons à l'hôtel pour faire nos valises, car nous devons nous rendre à l'aéroport Charles-de-Gaulle pour prendre notre vol à destination de Rhodes, avec correspondance à Athènes. L'avion décolle à 10h30. Le temps de vérifier et de signer le compte de l'hôtel, nous sommes déjà dans un taxi, complètement éméchés, riant comme des enfants et se remémorant nos meilleurs souvenirs de Paris.

La Grèce étant une destination internationale, nous devions nous rendre très tôt à l'aéroport. Malheureusement, ce n'est pas le cas, car nous arrivons de justesse pour l'enregistrement. Ayant un excédent de valises en raison des nombreux cadeaux reçus, nous devons en consigner quatre au comptoir d'Air France. Lors de notre vol de retour, dans deux semaines, elles seront expédiées automatiquement à Montréal. Il ne nous reste que deux valises, ce qui est suffisant. Complètement abrutis, puisque nous voyageons encore en première classe, nous espérons pouvoir dormir durant le vol. Malheureusement, ce n'est pas le cas. Puisque c'est le jour, les hôtesses de l'air effectuent un service continu. Impossible de fermer l'œil. Une bouteille de champagne et nous voilà repartis pour une autre journée d'exubérance! Nous profitons de l'escale de cinq heures, à Athènes, pour nous reposer un peu sur les banquettes quelque peu inconfortables de l'aéroport.

Nous voilà enfin arrivés à Rhodes, une île Grecque située au sud du pays qui fait face à la Turquie que nous pouvons apercevoir au loin. Nous sommes logés au Rhodos Palace, un hôtel cinq étoiles donnant sur la mer. Le premier soir, à la salle à manger, la quantité de nourriture et le nombre de couverts qui nous sont servis nous déconcertent. Nous nous sommes tellement gavés à Paris, qu'il nous semble impossible de continuer à manger ainsi deux semaines de plus.

Le jour suivant, nous louons une voiture pour visiter les différentes régions de l'île. Quelle n'est pas ma surprise lorsqu'en m'assoyant dans la voiture, je constate qu'elle est manuelle, ce que je n'ai jamais conduit! N'ayant aucune autre alternative, car en Grèce les voitures avec transmission automatique n'existent pas, je dois me résigner à la conduire. En quittant l'entrée de l'hôtel, je suis frustré et gêné chaque fois que je dois démarrer ou changer de vitesse sous les regards stupéfiés des témoins de la scène.

Dès les premiers jours, nous sommes sous le charme du pays et sommes impressionnés par l'hospitalité grecque, que ce soit au marché, dans les restaurants ou dans les boutiques. Peu importe où l'on entre, les propriétaires nous invitent à nous asseoir pour prendre un apéro ou un digestif, curieux de découvrir le pays d'où nous venons. Lorsqu'ils apprennent que nous venons du Canada, ils souhaitent en connaître davantage sur nos coutumes. Les affaires suivront par la suite. En matinée, après un troisième verre d'ouzo, nous décidons de refuser toute autre consommation, au grand dam de ces gens si hospitaliers. Nous sommes si bien accueillis que l'on a l'impression d'être importants. Nous vivons dans la continuité de notre voyage à Paris. Après avoir fréquenté le même restaurant plusieurs soirs, nous développons une relation si étroite avec le propriétaire que celui-ci refuse à plusieurs reprises de nous donner l'addition à la fin du repas, ce qui nous rend mal à l'aise.

Tous les soirs, nous allons danser dans les meilleures discothèques de l'île et avons beaucoup de plaisir. Après deux semaines remplies d'activités, de visites, de soupers et de spectacles en France, ce moment de détente est plus que bienvenue. Comme j'ai toujours en poche les quatre mille dollars que j'ai reçus de mon employeur, j'en profite pour offrir à Carole une magnifique bague en or 18 carats, inspirée de la collection de Cléopâtre. Côté souvenirs, on ne peut résister à l'envie d'acheter un chandelier en cuivre, des cendriers, des porte-serviettes de table et des assiettes en céramique à l'effigie de la mythologie grecque. Nous faisons aussi l'acquisition d'un magnifique poêle en cuivre fabriqué à la main par un commerçant ivoirien qui nous servira de seau à glace sur pied pour nos réceptions à la maison.

Et bien sûr, comme le veut la coutume, nous achetons un petit cadeau pour les enfants, les grands-parents et tous mes employés, ce qui oblige à acheter deux valises supplémentaires. C'est donc dire qu'au moment de passer aux douanes canadiennes, nous aurons huit valises!!!

Puis se terminent ces deux semaines idylliques, dans un cadre fascinant et riche en histoire, où nous avons enfin pu nous détendre et prendre soin de nous. Nous sommes à l'apogée du bonheur!

Notre retour au Canada

Lors du retour, nous faisons escale à Paris pour vingt-quatre heures, car Nicole et Xavier nous ont invités à une soirée antillaise qui aura lieu dans la ville de Péronne, à deux heures de route au nord du pays. Ce sera pour nous l'occasion de rencontrer nos collègues et leurs amis. Lors de la fête, nous avons l'occasion de rencontrer plusieurs employés de la filiale française de l'entreprise. Une soirée inoubliable! Au son de la musique antillaise, nous faisons la connaissance de gens fort sympathiques aimant rire et s'amuser. Qui plus est, ils souhaitent tous avoir un jour la chance de découvrir notre pays. La fête se termine à cinq heures du matin, ce qui fait que nous n'avons que quelques heures devant nous pour nous reposer, car il nous faut être à l'aéroport de Paris à midi. Et puis, à une vitesse folle, soit à cent quatre-vingts kilomètres à l'heure, Xavier nous y conduit. En quittant ce pays qui nous a si bien accueillis, nous laissons derrière nous nos nouveaux amis, des souvenirs extraordinaires, une ville magnifique et des soirées mémorables.

Pour notre retour au Canada, comme nous rapportons huit valises, sans compter les bagages à main, nous sommes nerveux à l'idée de franchir les douanes. Certes, on aurait dû s'y attendre. En arrivant à l'aéroport, on nous demande de passer à l'inspection. Les douaniers ouvrent chaque valise, qu'ils remuent de tous côtés, pour examiner leur contenu. Pourront-ils les refermer? Voilà la question! Après leur avoir expliqué le but de notre voyage et justifié tous les objets que l'on rapportait, ceux-ci ont la gentillesse de nous laisser passer sans nous imposer aucuns frais. En sueur, nous repartons avec notre cortège de chariots pour retrouver nos enfants et les membres de notre famille qui nous attendent à la sortie.

Ce voyage aux frais de l'entreprise a coûté plus de trente-deux mille dollars. Puisqu'il s'agit d'un bénéfice imposable, je dois avouer que je redoute le moment où il me faudra remplir mes prochaines déclarations de revenus. Mais, je n'ai pas à m'inquiéter très longtemps puisqu'à mon retour au bureau, la direction me fait savoir que la société me remboursera la valeur imposable sur un tel avantage. Je n'ose pas y croire.

Après avoir découvert l'Europe, rencontré des gens extraordinaires et vécu des moments magiques, nous avons la tête pleine de beaux souvenirs. Ces découvertes réveillent en moi mes préférences et amplifient mon imaginaire. J'ai l'impression d'avoir réalisé mes rêves d'enfants.

De retour à la réalité, je dois reprendre la direction de ma division, en même temps que nous devons planifier notre déménagement prévu pour le 27 avril prochain, soit dans quatre semaines.

CHAPITRE 14

LE HASARD N'EXISTE PAS

Avril 1984 — Août 1987

Nous sommes très heureux de nous retrouver en famille avec Cindy et Alexandre qui nous attendaient impatiemment. Nous replongeons rapidement dans l'action, moi dans mon travail et Carole dans la planification du déménagement.

Le retour au travail

Après un mois, je suis de retour au travail. Pour la première fois de ma carrière, je n'ai pas téléphoné au bureau durant mes vacances, faisant entièrement confiance à mon équipe. En fait, je devais décrocher pour retrouver mon équilibre, car avant notre départ, j'ai dû me rendre à deux reprises à l'hôpital Sacré-Cœur, craignant un problème cardiaque. Mais heureusement, mes malaises n'étaient dus qu'au surmenage et au stress. Ces trois dernières années, après avoir consacré tant d'efforts et d'énergie dans mon travail, je me suis oublié et selon l'avis du médecin, il me fallait prendre du recul et me reposer.

Avant de partir en vacances, en scindant ma division, j'avais pris soin de transférer mes responsabilités à deux gérantes qui ont toujours obtenu d'excellents résultats dans leur district. Celles-ci sont par surcroît très respectées, autant dans le réseau que par les gens du bureau. Le jour de mon retour, j'ai le plaisir d'apprendre que ma division est toujours bonne première et que plusieurs de mes gérantes sont encore en lice pour faire partie du Cercle d'excellence. Quelle belle solidarité! C'est avec fierté que je découvre que nous sommes toujours sur le tableau d'honneur. Du coup, je ne peux m'empêcher de penser que si nous sommes encore parvenus à nous démarquer cette année, cela résulte de la confiance, du partage d'un rêve, de la complicité et de l'ouverture de l'équipe aux changements.

Il est évident que certains membres de la direction se montrent étonnés devant notre succès. «Comment peuvent-ils maintenir une telle croissance après avoir fracassé tous les records de ventes?» se demandent-ils.

Une transaction difficile

Pour ne pas perturber les études de Cindy, car nous sommes pratiquement à la fin de l'année scolaire, Carole prend des arrangements avec les parents de sa meilleure amie, Julie, pour qu'ils puissent l'héberger jusqu'à la fin des classes.

Quelques jours avant la date du déménagement, nous nous présentons chez le notaire pour signer les documents officiels et clore l'achat de notre maison. Après une heure d'attente, durant laquelle le notaire a tenté de contacter le propriétaire qui n'arrive toujours pas, nous apprenons avec stupéfaction que celui-ci se désiste, car il ne veut plus vendre la propriété. De plus, Monsieur est parti en Floride pour un mois.

Bien qu'il ait accepté l'offre d'achat en présence de son notaire, il considère maintenant que le prix de vente consenti est nettement inférieur à la valeur marchande. Aussi, il demande l'annulation de la transaction. Voici l'histoire: deux ans après sa mise en vente, au prix de cent soixante-quinze mille dollars, l'immeuble n'avait toujours pas trouvé preneur. Comme le marché de l'immobilier était au ralenti, en raison des taux d'intérêt très élevés, lorsque nous nous sommes présentés à lui, après trois mois de négociation, le propriétaire y est allé d'une concession importante, du fait qu'il ne souhaitait rien d'autre que récupérer son investissement. C'est pourquoi il a consenti à abaisser le prix à cent vingt-cinq mille dollars qui en fonction du marché, représentait la valeur marchande réelle.

Nous sommes renversés. Jamais on ne se serait attendu à un tel revirement. Quant au notaire qui gère les biens de la famille depuis plusieurs années, il est tout aussi surpris. Sachant que notre maison est vendue et que nous devons déménager dans quelques jours, nous sommes plus qu'inquiets.

À la lueur des événements, le notaire qui avait lui-même rédigé le contenu de la promesse d'achat nous recommande d'entreprendre des procédures légales pour forcer la vente de la propriété. Jugeant qu'une telle démarche pourrait être onéreuse et longue, je me contente d'abord d'envoyer une mise en demeure pour sommer le propriétaire de se présenter chez le notaire pour finaliser la transaction.

Mais que faire, entre-temps? Étant donné qu'aucune solution ne s'offre à nous, que nous ne voulons pas payer pour faire entreposer nos meubles et que nous sommes sans toit, après discussion avec le notaire, nous décidons d'emménager malgré tout dans la propriété. Nous espérons que notre geste forcera le vendeur à finaliser la vente. Nous récupérons donc la clé du logement chez le locataire du deuxième, lequel a déjà été prévenu, la semaine dernière, par le bureau du notaire que la propriété était vendue.

Dès la réception de notre mise en demeure, le vendeur réagit en nous poursuivant pour intrusion dans sa propriété et hébergement illégal. Une situation embarrassante que nous aurions bien aimé éviter. Nous sommes donc pris au piège et demandons au notaire d'intervenir à nouveau auprès de son client, car il est hors de question d'annuler notre offre d'achat. Finalement, sur recommandation et insistance de ce dernier, deux semaines plus tard, le vendeur accepte de revenir à Montréal pour signer tous les documents légaux servant à finaliser la transaction. Du même coup, il abandonne sa poursuite. Finalement, tout se termine bien. C'est ainsi que nous devenons les heureux propriétaires!

Les travaux sur le terrain extérieur n'étant pas terminés, nous signons un contrat pour l'installation d'une piscine creusée, de même que nous retenons les services d'une entreprise en aménagement paysager. Pour meubler l'intérieur, nous achetons des fauteuils faits sur mesure, ainsi que des chaises de salle à manger de style Louis X1V qui se marient très bien à la magnifique table de travertin que nous avons achetée il y a quelques années. C'est sans contredit notre séjour à Paris qui a influencé nos choix.

Un jour, je reçois un appel de mon père qui me demande s'il nous serait possible d'héberger mon jeune frère Sylvain, lequel souhaite poursuivre ses études en comptabilité à l'Université du Québec à Montréal. Demeurant toujours à St-Eustache, ceci lui éviterait les aléas du transport. Je suis très surpris de constater qu'il a enfin changé sa perception quant à l'importance des études et de voir qu'il offre à son plus jeune fils le support que j'aurais tant souhaité obtenir. Comme nous avons un petit appartement adjacent à la salle familiale, au sous-sol, et qui est bien emménagé, mon père m'offre de payer pour les quelques travaux requis afin d'en faire un espace privé. De même, il me propose de verser une pension alimentaire pour défrayer les frais de repas. Voilà un changement de comportement qui me laisse pantois.

Comme je suis souvent absent de la maison, que Carole est seule avec les enfants et que nous vivons dans un nouveau quartier, nous considérons la venue de Sylvain d'un bon œil. Durant son séjour, il se développe, entre Carole, les enfants et lui, une complicité extraordinaire. Il devient le grand frère des enfants et un ami pour Carole.

Un moment de vérité

Au mois de mai, huit de mes gérantes qui se sont classifiées pour le Cercle d'excellence sont invitées par l'entreprise à passer une semaine sur la Côte d'Azur. Elles y passent de beaux moments en compagnie de leurs homologues françaises. Par un heureux hasard, plusieurs de celles-ci font partie de la division de Nicole, première gérante de division en France, que Carole et moi avions rencontrée lors de notre passage à Paris. Durant ce voyage, elles ont l'occasion de partager leur expérience et reviennent au Canada enchantées de leur séjour. Pendant leur absence, grâce à la mise en place d'un plan de contingence dans leur district, elles ont réussi à dépasser leurs objectifs de ventes, permettant ainsi à la division de conserver sa première position.

Devant ces résultats, voyant que je n'ai jamais été considéré pour une promotion, quelques employés de langue française se présentent de nouveau à mon bureau pour me faire part de leur indignation envers l'entreprise qui selon eux, agit de façon discriminatoire envers les francophones. J'apprends qu'au cours des dernières années, plusieurs employés ont quitté leur poste en raison d'une politique inéquitable qui les limitait dans leur progression de carrière. Ils sont de plus persuadés que si j'étais anglophone, vu les performances de ma division, il y a longtemps que j'aurais obtenu de l'avancement. N'y aurait-il pas une part de vérité? Comme il a été difficile de me tailler une place au sein de l'organisation, de bâtir mon nom et d'être respecté, je préfère me concentrer sur mes responsabilités. Je réfléchis toutefois sur ces propos, car il est évident que je veux progresser dans l'entreprise. Nous verrons bien avec le temps!

Au début du mois de juin, ma patronne, qui est membre de la chambre de commerce, me demande de réserver quelques heures de mon temps, durant la semaine, pour rencontrer un de ses contacts, aussi membre de cette association, soit le Vice-président d'une entreprise en câblodistribution. Comme ce dernier désire développer un réseau de vente directe, il souhaite en apprendre davantage sur le fonctionnement et les activités journalières d'une équipe de vente porte-à-porte. J'accepte volontiers. Deux semaines plus tard, une surprise de taille m'attend!

Suite à notre rencontre, à l'insu de ma patronne, ce Monsieur me contacte pour m'offrir un poste de directeur des ventes et du marketing au sein de la plus importante division montréalaise. Je suis très étonné par sa proposition. Les conditions d'emploi sont généreuses et de loin supérieures à ce que je reçois actuellement. Je dois donc y réfléchir sérieusement. Mais puisqu'il s'agit d'une entreprise familiale dont les activités sont concentrées au Québec, je réalise que les opportunités de carrière à long terme sont plus limitées. Par contre, du fait que j'évoluerais dans un milieu francophone, l'environnement serait peut-être plus agréable… que décider?

Après réflexion, je choisis de poursuivre ma carrière chez mon employeur actuel, celui-ci pouvant m'offrir un avenir plus prometteur. Mais, comme je n'ai pas oublié les propos de mes collègues au sujet de la discrimination envers les francophones, avant de refuser la proposition qu'on m'a faite, je me dis qu'il serait opportun de planifier une rencontre avec ma patronne pour en discuter.

Je lui annonce donc candidement que j'ai reçu une offre d'emploi non sollicitée, et qu'avant de prendre une décision, j'aimerais discuter avec elle de mon plan de carrière. À cela, j'ajoute que je préfèrerais rester dans l'organisation. Pour débuter, elle m'indique qu'avant même d'être considéré pour un nouveau poste, il me faut terminer l'année tout en maintenant la même performance. C'est de bonne guerre. Et puis, elle me demande: «Qu'as-tu en tête et quel poste aimerais-tu obtenir un jour? De lui répondre: «Eh bien!… j'aimerais avoir ton poste, celui de Vice-président des ventes. Que dois-je faire pour y arriver?»

Peut-être un peu prétentieux et malhabile, me direz-vous, mais, c'est là mon ambition. Puisque j'ai réussi à accroître les ventes de façon continue depuis trois ans et que ma division est encore en première place au Canada, je crois sincèrement avoir maintenu un niveau de performance susceptible de me permettre de gravir les échelons de l'organisation. De plus, entre 1981 et 1983, la majorité des gérantes de ma division, soit dix-neuf sur vingt-deux, se sont qualifiées pour le Cercle d'excellence.

Suite à ma réponse, elle éclate de rire. Un rire moqueur, inapproprié et incontrôlé qui pour moi, veut tout dire. J'ai nettement l'impression qu'elle ne m'a pas cru lorsque je lui ai dit avoir reçu une offre d'emploi.

«Eh bien, réplique-t-elle, as-tu vraiment réfléchi à ce que tu viens de me dire? Que vont penser les anglophones des provinces de l'Ouest, de l'Ontario et des provinces maritimes si on confie à un francophone du Québec la direction des ventes? L'entreprise ne peut vraiment pas se permettre de perdre sa force de vente. En fait, les Québécois sont très mal perçus à travers le Canada».

Des commentaires très durs à encaisser! Mes collègues avaient bien raison. Je suis outré, pour ne pas dire humilié, comme si j'avais reçu une gifle en plein visage. Lors de cet entretien, tout s'est joué dans les trente dernières secondes. Alors que je suis toujours assis en face d'elle, je prends la décision de quitter mon emploi en me disant que je lui remettrai un préavis de deux semaines. Je suis fou de rage.

En retournant à mon bureau, je m'empresse de clarifier certains dé-tails concernant l'offre qui m'a été faite et de finaliser une entente. Ayant acquiescé à toutes mes demandes, mon futur employeur me fait aussitôt parvenir au bureau un contrat de travail que je signe et retourne dès le jour suivant. Je ne peux croire à un tel revirement. Je suis malheureux de quitter mon emploi actuel et en même temps, heureux de poursuivre ma carrière dans un domaine qui me permettra d'acquérir une nouvelle expérience.

Mon contrat en main, je remets sans plus tarder ma lettre de démis-sion à la secrétaire de direction. Dès que la nouvelle est annoncée aux employés, une onde de choc traverse l'entreprise; personne ne peut croire que je quitte mes fonctions. J'en suis au point où rien ne peut me faire revenir sur ma décision. En tout cas, ma patronne ne peut sûrement pas m'accuser d'avoir manqué de franchise envers elle. «Le plus important n'est pas de savoir où on est, mais bien de savoir où on va». N'est-ce pas?

Pour que tout continue de bien se dérouler au sein de ma division après mon départ, je prends soin d'identifier deux gérantes qui selon moi, ont les habiletés requises pour en assurer la direction, soit Denise et

Margo. Mais, considérant la position de l'entreprise à l'égard des franco-phones, je serais fort étonné que Denise obtienne le poste, car malgré ses compétences et son professionnalisme, son anglais est très limité.

Sans tambour ni trompette, je quitte mon employeur, laissant der-rière moi une équipe extraordinaire avec laquelle j'adorais travailler. Ces trois dernières années ont été les plus belles de ma carrière. Non seule-ment m'ont-elles permis de m'épanouir et de me réaliser, mais j'ai aussi appris beaucoup.

Mon nouvel emploi

Puisque je suis doté d'une capacité d'adaptation exceptionnelle, la transition vers mon nouvel emploi se fait rapidement. En plus de me confier la responsabilité des ventes et du marketing, on me demande d'assurer la direction de la programmation d'une chaîne de télévision communautaire. Mes fonctions me donnent donc l'opportunité de déve-lopper conjointement avec le corporatif des programmes de fidélisation, des campagnes publicitaires et le matériel promotionnel, de même que de nouvelles stratégies d'accroissement des ventes par le publipostage et la vente directe. Enfin, on m'intègre à une équipe qui travaille étroite-ment avec une agence de publicité à qui nous avons donné le mandat de développer un plan de positionnement pour bâtir l'image de l'entreprise. J'adore mes nouvelles fonctions, d'autant plus que mon supérieur immé-diat est un homme compétent et très professionnel.

Par contre, puisqu'il s'agit d'une entreprise familiale, je suis dés-tabilisé devant le niveau de compétences du personnel en place. Lors de la préparation de mon premier budget, il m'est impossible de justifier le nombre d'employés œuvrant au sein de mon département, d'autant plus que plusieurs n'ont pas nécessairement les habiletés requises pour oc-cuper le poste qui leur a été confié. C'est à ce moment qu'on m'informe que suite à un voyage dans les Caraïbes, les propriétaires ont invité une coiffeuse antillaise à s'établir à Montréal. Ceci fait, ils lui ont offert un emploi pour lui permettre d'immigrer au Canada. À même nos bureaux, cette employée coiffe l'épouse du Président tous les vendredis après-midi. La réaction du personnel est très partagée. Si certains voient là une chance inouïe de rencontrer l'épouse du Président, d'autres sont contraints de faire un surplus de travail pour compenser l'inefficacité de leurs collègues. À ce point, j'évite volontairement de parler des interventions inattendues des autres membres de la famille dans mon département. Je dois composer avec cet environnement que je trouve difficile et délicat à gérer. Moi qui suis pragmatique et équitable, je considère qu'il est injuste que certains employés doivent compenser les lacunes de leurs collègues en travaillant davantage.

Quatre mois après mon départ, je reçois un appel de mon ancien employeur, lequel me convie à un souper d'adieu en compagnie de mes anciens compagnons de travail. Tard, mais jamais trop tard. Je me demande donc ce qui se trame derrière ce geste tardif. Durant la soirée, outre les louanges de mon ex-patronne, je reçois plusieurs cadeaux que j'ai toujours gardés soigneusement.

Suite à cette soirée, mes ex-employées, d'anciens collègues et même, mon ex-patronne, m'appellent régulièrement au bureau pour savoir si j'aime mon travail et si je suis ravi de ce changement d'emploi. Dans le cas de mon ex-patronne, je dirais que c'est plutôt surprenant pour une personne qui me parlait rarement d'autres choses que des affaires! Lors de son dernier appel, elle me dit que si jamais mon nouveau travail ne me rend pas heureux, l'entreprise aurait un poste intéressant à m'offrir. Mais, elle aurait dû y penser avant, n'est-ce pas? Pour l'instant, je n'ai pas l'intention d'y retourner.

Six mois après mes débuts, la direction de l'entreprise décide de procéder à une réorganisation complète et limoge mon patron, le Directeur général, malgré d'excellents résultats. On m'informe qu'il aurait eu des divergences de vision et de pensées avec certains membres de la famille. Je suis très déçu, car je m'attendais à beaucoup plus de transparence.

Suite à cette réorganisation, je suis promu au département des ventes et du marketing au niveau corporatif. Je serai dorénavant impliqué dans toutes les divisions de l'entreprise au Québec, ainsi que dans le développement de nouveaux services et le lancement de nouvelles chaînes de télévision payantes. Un défi aussi nouveau qu'inattendu que j'accepte volontiers… car je n'ai pas le choix.

Mon nouveau patron, qui est le Vice-président, est la personne qui avait sollicité une rencontre avec moi auprès de mon ex-patronne et qui avait pris les dispositions pour m'offrir le poste que j'occupais jusqu'à maintenant. C'est un entrepreneur et à ce titre, il est très créateur. Mais je me rends très vite compte qu'il est désorganisé, mauvais gestionnaire et qu'il ne gère que par ses émotions. Étant tout à l'opposé, ce sera pour moi une transition difficile.

Au niveau corporatif, plusieurs cadres sont des amis personnels du Président. D'intégrer ce groupe semble plutôt difficile, car ces gens protégés par les membres de la famille travaillent en vase clos. Plusieurs d'entre eux ont des problèmes caractériels sérieux qui ne seraient pas tolérés dans une grande entreprise. Un jour, alors que je me présente pour la première fois au bureau du chef du département juridique, lequel doit approuver tous les programmes promotionnels, il m'agresse verbalement dès qu'il me voit arriver à sa porte. Je n'ai pas encore dit un seul mot! Du coup, je demeure pantois. Il me dénigre parce que je travaille au département des ventes et par la même occasion, s'en prend à tous mes collègues, incluant mon patron, en me disant qu'il n'avait aucun respect pour eux. Blessé, je quitte son bureau et me dirige au département des ressources humaines pour discuter de cette situation que je trouve inacceptable. Aujourd'hui, ce genre de comportement lui vaudrait une plainte pour harcèlement et agression verbale au travail. Selon le personnel des ressources humaines, l'individu aurait un sérieux problème de comportement. Toutefois, en tant qu'ami personnel de la famille, il est très protégé. On prend soin de me rassurer en me disant que je ne suis pas à l'origine de cette confrontation et que malheureusement, même s'il a agressé plusieurs employés dans le passé, personne ne peut rien y faire.

Cette expérience ne m'enchante guère, car en plus d'être dévalorisante, elle nuit à l'harmonie au sein de l'organisation. J'essaie malgré tout de composer avec cet environnement où on fait fi du respect d'autrui, en m'accrochant, ne serait-ce que pour me rassurer, aux belles relations professionnelles que j'ai développées avec plusieurs cadres et employés.

Puis, la direction annonce que dans quelques mois, la société deviendra publique après une première émission d'actions sur le marché. En tant que cadre, on me propose une série d'options d'achat d'actions au prix nominal, sur une période de quatre ans. Le financement m'est offert sans intérêt, dans la mesure où je demeure à l'emploi de l'organisation.

Les mois passent rapidement et comme l'entreprise est devenue publique, une nouvelle structure mise en place change complètement l'environnement de travail. À tous les niveaux, une guerre de pouvoir s'est développée entre les individus occupant des postes de direction. L'harmonie est à son plus bas et l'atmosphère est devenue lourde.

Il n'a suffi que d'un autre appel de mon ex-patronne pour que je me décide à lui signifier que je serais peut-être disposé à discuter de mon avenir au sein de son organisation. Elle m'invite donc à souper au Ritz-Carlton. Il semble que cette fois, elle aurait un plan de carrière à me proposer…

À la fin du repas, elle dépose une offre sur la table. Les conditions sont extraordinaires et pour une fois, mes possibilités de carrière semblent très intéressantes. Je ne peux donc pas refuser.

De plus, puisque j'ai signé une entente relativement à l'achat d'actions avec mon employeur actuel, il est convenu que j'obtiendrai un prêt sans intérêt pour me permettre de respecter cette entente. Conséquemment, au moment de mon départ, je serai titulaire d'actions de la société que je quitte, ce qui représente un potentiel de profit très intéressant. J'occuperai donc le nouveau poste de directeur des nouvelles stratégies commerciales au niveau canadien. Quoiqu'il m'ait fallu parcourir tout ce chemin pour y arriver, je suis content.

Un retour

Je retourne donc dans l'organisation que j'avais quittée avec regret. Mon retour et ma nomination sont annoncés lors de la conférence nationale qui se déroule à l'hôtel Reine Élisabeth de Montréal, en juillet 1985. On me présente en tant que Directeur responsable de la mise en place des nouvelles stratégies commerciales. À ce titre, mon rôle consistera à accroître les ventes et la rentabilité de l'entreprise. Ceci inclut la segmentation de marché, l'allocation des ressources de l'entreprise en fonction du potentiel de ventes, ainsi que différents tests de marché, tels le publipostage et le télémarketing. J'ai finalement obtenu ce que je souhaitais.

Pour me faciliter la tâche, je m'inscris à l'Université McGill pour suivre des cours du soir devant me permettre de décrocher un certificat en marketing, avec spécialisation en vente directe, publipostage et télémarketing.

Dans mes nouvelles fonctions, je travaille de concert avec tous les départements de l'entreprise afin de développer les outils nécessaires à l'implantation d'une nouvelle stratégie de segmentation de marché. Je forme donc un groupe de travail qui devra mettre en place les modifications requises dans chacun des départements concernés pour permettre une meilleure efficacité et un meilleur rendement. Ceci inclut le département des ventes, ainsi que ceux reliés au marketing, aux achats, aux opérations, à la logistique et bien sûr, aux finances.

Afin d'améliorer mon anglais, l'entreprise m'inscrit à un cours d'immersion de deux semaines que je devrai suivre cette année et l'an prochain. Se déroulant à Toronto, il s'agit d'un cours particulier donné par deux intervenants spécialisés, à raison de seize heures par jour: huit heures théoriques et huit heures pratiques.

Pour s'assurer de l'exactitude de ma prononciation, on met à ma disposition un acteur professionnel, lequel est aussi professeur de théâtre. Lors des exercices, je dois répéter chaque mot, jusqu'à ce que mon intonation soit correcte et ma prononciation parfaite. À raison de deux heures par jour, je dois de plus simuler des conférences ou des présentations dans la langue de Shakespeare. Le tout est enregistré sur une vidéo que nous écoutons par la suite pour déterminer les mots et les intonations qui nécessitent une amélioration.

Après les cours de jour, durant lesquels j'apprends à parfaire mon vocabulaire, ma grammaire et mes intonations, le soir, je dois converser. Pour ce faire, on m'invite à participer à différentes activités culturelles se déroulant à Toronto: spectacles, théâtre, opéras, films ou soupers mondains. Après ces soirées exténuantes, lorsque je m'endors, je commence à rêver en anglais. J'ai vraiment l'impression de subir un véritable lavage de cerveau!

Ce cours terminé, je peux maintenant participer aux réunions internationales tenues chaque mois à New York et durant lesquelles sont discutées de nouvelles stratégies commerciales. Chaque fois, un chauffeur privé est mis à ma disposition pour assurer mon transport entre l'aéroport et l'un des plus somptueux hôtels de Manhattan. Tous les jours, on m'invite dans les meilleurs restaurants de la ville en plus de m'offrir la chance d'assister, en fin de soirée, à une comédie musicale présentée dans un théâtre de Broadway.

Lors de ces réunions, je rencontre des cadres qui tout comme moi, ont la responsabilité de mettre en place de nouvelles stratégies dans leur pays respectif. Rapidement, je me lie d'amitié avec certains, particulièrement avec ceux qui viennent de l'Amérique latine. Les habitudes de vie étant différentes d'un pays à l'autre, les stratégies sont adaptées en fonction de ces réalités. Les échanges d'idées nous permettent ainsi de découvrir si l'implantation d'une stratégie dans un pays pourrait éventuellement convenir au nôtre. N'ignorant pas que le marché américain ressemble étrangement au marché canadien, cela m'amène à voyager partout à travers les États-Unis pour évaluer certains plans stratégiques qui sont ensuite adaptés pour le Canada. Joignant l'utile à l'agréable, j'en profite pour découvrir l'Amérique.

L'année suivante, après avoir mis en place un service de publipostage et de télémarketing, l'entreprise me confie la direction des ventes de trois divisions, à savoir: l'Alberta, le nord de la Colombie-Britannique, ainsi que Toronto et ses banlieues. Étonné, je me dis: «Mais que vont penser les Anglais?»

La maison de nos rêves

En 1986, cela fait déjà deux ans que nous avons acheté notre duplex à ville St-Laurent. L'intégration dans ce nouveau quartier cosmopolite s'est bien déroulée, autant pour les enfants que pour nous. Entourés de gens provenant de l'Inde, du Pakistan, de la Chine et d'ailleurs, ceci nous a permis de nous ouvrir aux différentes cultures et de découvrir de nouvelles habitudes de vie.

Par contre, nous avons perdu l'intimité et la quiétude que nous avions du fait que nous avons maintenant des locataires qui vivent au deuxième étage. Puisque les planchers sont en bois, nous entendons un bruit continuel de pas, ce qui exaspère Carole. Et ce bruit s'accentue, au point de devenir infernal, lorsqu'ils reçoivent des invités. Le plus désagréable, c'est que tout ce beau monde se permet d'utiliser notre piscine sans la moindre autorisation. C'est pourquoi Carole souhaite que nous vendions la propriété pour retourner vivre dans une maison unifamiliale. Comme le prix des maisons, sur l'île, est toujours excessivement élevé et que jusque-là, nous n'avions pas les fonds nécessaires pour réaliser ce projet, nous l'avons toujours remis à plus tard.

Mais voilà qu'à la fin de juin 1986, après plusieurs mois de discussion, j'accepte de vendre la maison, à la condition d'obtenir un prix qui nous permettrait d'acquérir une propriété unifamiliale. Par l'intermédiaire d'un courtier, nous listons la propriété à deux cent quarante-cinq mille dollars, soit près du double du prix payé. Selon le courtier, nos chances de trouver preneur sont très minces, non seulement en raison du prix demandé, mais aussi, en raison des taux hypothécaires alors en vigueur. Pour que la transaction soit acceptée, l'acheteur devra posséder une mise de fonds importante. Mais, d'un commun accord, Carole et moi décidons de risquer le tout pour le tout. Pourquoi pas?

La semaine suivante, pour les vacances, comme à chaque année, nous partons deux semaines à Wildwood, au New Jersey, en compagnie des enfants. Le troisième jour, je reçois un message à l'hôtel de la part du courtier immobilier, lequel me demande de le contacter le plus rapidement possible, car il a reçu une offre d'achat. Nous sommes incrédules. Même si nous lui avions mentionné que le prix de vente était ferme, le prix proposé est inférieur à celui que nous désirons. Mais, pour faire preuve de flexibilité, nous y allons d'une contre-proposition à deux cent quarante-deux mille dollars. Nous verrons bien la réaction des acheteurs.

Cette offre est finalement acceptée, à la condition que nous quittions les lieux le 1er octobre prochain. Cela nous bouscule énormément, car ça ne nous laisse que deux mois et demi pour trouver une nouvelle maison. Malgré tout, vu le prix obtenu, nous acceptons les conditions, tout en espérant trouver rapidement un nouveau toit.

De retour de vacances, à la fin du mois de juillet, moment durant lequel la majorité des transactions immobilières s'effectuent au Québec, nous nous rendons rapidement compte qu'il y a très peu de maisons disponibles sur le marché. De plus, certaines de celles que nous visitons requièrent d'importantes rénovations, ce dans quoi nous ne voulons pas nous engager. Après d'infructueuses recherches, nous décidons de regarder du côté des projets de construction de maisons neuves.

C'est ainsi que nous signons un contrat avec un entrepreneur pour la construction d'une superbe maison à deux étages dans Lacey Green, à Kirkland, pour la somme de cent quarante-cinq mille dollars. Il s'agit d'un quartier prestigieux situé à proximité de l'aéroport et à dix minutes de mon bureau. Nous devrons toutefois voir nous-mêmes à l'achat des luminaires, ainsi qu'à la finition des couvre-planchers et des salles de bain. La maison comptera quatre chambres à coucher, trois salles de bain, une grande salle familiale avec foyer au rez-de-chaussée, un grand salon, une grande salle à manger, un vestibule fermé et un immense hall d'entrée duquel nous pourrons accéder au deuxième étage en empruntant le magnifique escalier central. Nous aurons de plus un garage intérieur. La maison de nos rêves, quoi! Nous sommes excités et espérons vivement que la construction sera terminée à temps pour le 1er octobre.

Entre-temps, souffrant d'atroces douleurs aux jambes, ce qui rend mes déplacements pénibles, je dois consulter un médecin. Voici le diagnostic: une insuffisance veineuse, c'est-à-dire une sclérose majeure des varices. Pour éviter une thrombose, je dois me faire opérer le plus rapidement possible! On me fait donc une varisectomie aux deux jambes, laquelle consiste au retrait des veines saphènes. En dépit des conseils du médecin, mon sens des responsabilités à l'égard de mon travail l'emporte sur la raison. Aussi, c'est avec une mobilité réduite que je retourne au bureau à peine quelques jours après l'intervention. De plus, comme nous avons apporté d'importantes modifications aux plans de construction de notre nouvelle maison, je dois me rendre régulièrement sur place pour surveiller les travaux, ce qui rend ma récupération difficile, longue et douloureuse.

C'est déjà le début des classes. Alexandre commence sa deuxième année et Cindy, sa dernière année primaire. Il nous faudra les inscrire à une école de notre nouveau quartier, tout en espérant qu'ils ne seront pas trop perturbés par ce changement.

Et voici qu'arrive le 1er octobre, date du déménagement. Étant donné que la construction de notre nouvelle maison n'est pas terminée, nous nous entendons avec le nouveau propriétaire pour rester sur place un mois de plus, moyennant un dédommagement.

Et puis, suite à un ralentissement des travaux engendré par les négociations visant à renouveler la convention collective des travailleurs de la construction, l'entrepreneur nous informe que la maison ne sera terminée que le 1er décembre. Non seulement sommes-nous déçus, mais nous nous retrouvons dans l'impasse. Nous devons très vite trouver une solution. Voyant notre désarroi, il nous offre la possibilité d'entreposer nos meubles dans le garage et au sous-sol en attendant la fin des travaux. Si cela nous évite des frais élevés et un deuxième déménagement, nous devons quand même trouver un toit temporaire et veiller à ce que les enfants puissent poursuivre leurs études. Carole s'entend alors avec les parents de leurs petits amis pour qu'ils les hébergent durant un mois. Quant à nous, comme il est hors de question que nous nous installions chez mes beaux-parents du fait que le frère de Carole s'y trouve toujours, je contacte mes parents qui acceptent de nous héberger.

Malheureusement, notre séjour n'est pas des plus agréables. Malgré les tentatives de ma mère pour apaiser l'atmosphère, nous sommes confrontés à l'alcoolisme de mon père. J'ai l'impression de revivre les cauchemars de mon enfance. Lorsqu'il est présent, nous devons vivre à son rythme. Les week-ends, nous devons nous lever à sept heures du matin, car il ne peut supporter de voir quelqu'un au lit lorsqu'il est debout. Nous sommes donc bousculés, mais n'avons d'autre solution que de nous plier à ses exigences. J'aurais tant souhaité ne plus revivre ces moments odieux. Comme je m'absente souvent durant la semaine, le fardeau est beaucoup plus lourd pour Carole. Nous sommes toutefois heureux que les enfants n'aient pas à vivre cette expérience.

Quatre semaines plus tard, soit le 29 novembre, nous emménageons enfin dans notre nouvelle demeure. Nous sommes contents de retrouver peu à peu nos habitudes de vie. Afin d'éviter aux enfants une transition scolaire avant la fin du trimestre, Carole les reconduit à l'école soir et matin.

Nous sommes enchantés de vivre enfin dans la maison de nos rêves. Le décor est somptueux. Dans le hall, nous avons fait installer un chandelier en verre de plus de deux mètres de haut. Suspendu au plafond du deuxième étage, il descend au centre de l'escalier, éclairant du coup les deux paliers. Pour la salle à manger, le vestibule et la salle familiale, nous avons acheté des luminaires en glaçons de cristal d'Italie. Enfin, nous avons fait poser du marbre sur les planchers du hall d'entrée, de la cuisine et des salles de bain. Un luxe que je n'aurais jamais cru pouvoir m'offrir. On est loin des petits appartements que j'habitais lorsque j'étais étudiant!

Même si notre déménagement a été retardé de plusieurs semaines, pour respecter notre rituel annuel, nous invitons encore cette année tous les membres de la famille et quelques amis pour le réveillon du Jour de l'An. Par la même occasion, nous en profitons pour pendre la crémaillère. Une soirée mémorable à laquelle assistent tous les membres de ma famille, à l'exception de mon frère Yvon qui n'a pu se rendre disponible. Nous sommes très heureux de partager avec eux notre bonheur et notre réussite.

Après la fonte des neiges, nous faisons appel à un entrepreneur pour s'occuper de l'aménagement paysager et installer une piscine creusée.

Étant à Toronto pour suivre mon deuxième cours d'immersion en anglais, c'est Carole qui à son grand désespoir, doit surveiller l'exécution des travaux, ce qui lui crée beaucoup de soucis. Ceux-ci terminés, nous retrouvons enfin notre intimité et la quiétude que nous recherchions.

Durant cette même période, nos amis français, Nicole et Xavier, que nous avions rencontrés à Paris en 1984, nous annoncent qu'ils désirent venir au Canada à la mi-juin. Puisque nous les accueillerons à la maison, je planifie deux semaines de vacances. À leur arrivée, pour nous remercier de notre hospitalité, ils nous comblent de cadeaux, ce qui nous gêne beaucoup.

Puisque c'est la fin de l'année scolaire, nous les invitons à se joindre à nous pour assister aux présentations de fin d'année qui ont lieu à la nouvelle école des enfants. En plus de leur avoir présenté tous les membres de nos familles, nous leur faisons découvrir les Laurentides, la ville de Québec et le Vieux-Montréal qu'ils ont adorés. Lors de notre passage dans les Laurentides, nous profitons de l'occasion pour rendre visite à Élisabeth et Jean-Paul, lequel se relève tranquillement d'une chirurgie cardiaque. Enfin, nous sommes hébergés quelques jours chez ma sœur Ginette, dans la région de Vendée. C'est ainsi qu'avec nos invités, nous passons de très belles vacances, partageant avec eux de beaux moments tout en nous remémorant notre voyage à Paris.

Le hasard n'existe pas

La semaine après leur départ, mon travail m'appelle quelques jours à Toronto. Au deuxième jour, alors que je prends mon petit déjeuner dans la salle à manger de l'hôtel, je rencontre par hasard une personne d'origine sud-américaine avec qui je m'étais lié d'amitié lors de nos rencontres stratégiques à New York. Depuis, cette personne a été promue au siège social, dans la division internationale. Elle se joint donc à moi pour le repas.

Évidemment, le hasard n'existe pas. En fait, je découvre rapidement que celle-ci désire discuter de mon plan de carrière et sonder mon intérêt pour un poste à l'international. Le tout sur une base strictement confidentielle, à l'insu de la direction canadienne. Elle m'apprend qu'en France, la société est aux prises avec des problèmes majeurs de croissance et de rentabilité et qu'elle collabore actuellement à la mise en place d'un plan de réorganisation pour l'aider à se redresser. Ils envisagent de remplacer tous les cadres actuels par des candidats qui se sont démarqués à travers le monde. Elle termine en me demandant si j'étais disposé à accepter à très court terme une mutation en France et pour susciter mon intérêt, m'indique que les conditions seraient exceptionnelles. Elle ajoute que l'entreprise s'occuperait de tout: vente de la maison, déménagement, location d'une demeure à Paris, frais pour l'éducation des enfants et coordination des documents légaux. Si j'accepte de poursuivre avec eux, la direction de la filiale canadienne en sera informée et devra me rencontrer pour en discuter. Par la suite, je pourrai entamer les négociations contractuelles directement avec le bureau de New York. Enfin, il est convenu que je dispose de trois jours pour prendre une décision.

Suite à cet entretien, il est évident que je suis très anxieux de retourner à la maison pour discuter de ce projet avec Carole. Vu l'étroite relation qu'elle a avec ses parents, qui dépendent de plus en plus d'elle, je crains d'essuyer un refus.

Mais non! Comme elle l'a toujours fait dans le passé, elle me soutient inconditionnellement et accepte de me suivre avec les enfants dans cette folle aventure. Le plus difficile pour elle sera de laisser ses parents et ses deux grandes amies, Diane et Ginette, avec qui elle entretient une relation étroite. Par contre, la réaction des enfants est mitigée. Cindy ne veut pas perdre ses amis et Alexandre craint de perdre le contact avec la famille.

Mes racines familiales étant encore bien ancrées en moi, en dépit d'un lien qui n'a jamais existé avec mon père, je ressens le besoin d'en discuter avec lui pour obtenir son approbation. Je ne peux envisager de quitter le pays dans la discorde et la controverse. Lui qui n'a jamais été à l'écoute, qui n'a jamais fait preuve d'ouverture, me surprend quand il me recommande d'accepter l'offre. Pour la première fois de ma vie, il me dit que j'ai beaucoup de talent. Après tant d'années de silence et de discorde, quelle surprise!

La suite se poursuit comme prévu. Je suis convoqué dans le bureau de ma patronne qui me demande si j'accepterais éventuellement un poste à l'international. Ce à quoi je réponds: «Oui, tout dépend du travail et des conditions qui me seront offertes».

Après cette rencontre formelle, je reçois une offre officielle émanant du bureau de New York. Les conditions sont supérieures à tout ce que j'espérais. Même que j'aurai droit à une double rémunération. En plus du salaire que je continuerai de recevoir au Canada, j'en toucherai un second qui me sera versé par la société française. Tous mes revenus seront bruts, les impôts étant entièrement payés par l'employeur. De plus, celui-ci me propose d'acheter immédiatement notre maison pour laquelle il m'offre la moyenne d'évaluation obtenue par trois firmes indépendantes et de régler tous les frais transactionnels et légaux. Le déménagement en France sera coordonné et payé entièrement par lui. À Paris, l'hébergement, la voiture, l'entretien de celle-ci, les assurances, le collège privé pour les enfants ainsi que les fournitures, l'électricité, le chauffage et le téléphone seront sous sa responsabilité. Il paiera également pour tous les travaux de décoration et de modernisation de notre nouvel appartement, de même que pour les appareils ménagers, les accessoires électriques, les stores et les tentures.

Enfin, à la signature du contrat, je recevrai un montant forfaitaire de quinze mille dollars, net d'impôt, qui me sera versé chaque année à la date de la signature. Pour les vacances, on nous offre deux voyages par année, pour la famille et moi, toutes dépenses payées, dans un pays de notre choix. Nous avons vraiment l'impression d'avoir gagné à la loterie! De quoi rêver!

Par contre, je suis convaincu que les attentes de la direction seront aussi au rendez-vous. À la fin d'août 1987, je m'empresse d'accepter ces conditions. Nous déménagerons officiellement à Paris le 3 janvier, soit dans quatre mois.

Que nous réserve cette nouvelle aventure?

CHAPITRE 15

LA VIE À PARIS

Septembre 1987 — Juillet 1988

Nous sommes en septembre 1987. À partir du moment où j'ai accepté ce poste à l'international, tout se déroule à une vitesse vertigineuse. Même si nous habitons toujours à Montréal, je suis rapidement invité à assister à toutes les réunions stratégiques tenues à Paris et New York. Durant les prochains mois, et jusqu'à la date officielle de notre déménagement, je voyagerai ainsi presque chaque semaine.

Lors de mon premier voyage, je prends part à une réunion ayant lieu dans un magnifique château, en banlieue de Paris. Pour la circonstance, la direction française, qui souhaite m'initier à l'histoire du pays, me loge dans la tour du château, lequel est entouré de canaux toujours en service. Un accueil qui ne passe pas inaperçu, et ce, dans un décor idyllique! De ma fenêtre, j'aperçois, de l'autre côté des bassins d'eau, des chevaux magnifiques montés par des cavaliers qui galopent au bord de la forêt. Je suis très impressionné par ce décor historique et romanesque.

À la fin septembre, Carole est invitée à se joindre à moi pour passer dix jours à Paris afin que nous puissions trouver un appartement et choisir les collèges privés où nous inscrirons les enfants. Ayant déjà prévu un souper le samedi suivant notre arrivée avec nos amis Xavier et Nicole, nous décidons de partir le vendredi soir sur un vol d'Air Canada. Nous avons hâte de les revoir. Ceci nous permettra de reprendre contact avec eux, de bavarder et d'obtenir des conseils relativement à la location d'un appartement à Paris. Nous profiterons également de ce premier week-end pour visiter les différents arrondissements et en trouver un qui serait susceptible de nous plaire.

Un voyage plein d'embûches

En arrivant à l'aéroport, on nous annonce que le vol est annulé en raison d'un conflit de travail. Par contre, en tant que passagers en classe affaires, nos noms sont placés en priorité pour l'obtention de sièges en classe économique sur un vol nolisé d'Air Minerve. Nous n'avons d'autre choix que d'accepter cette proposition, car je dois être à Paris lundi matin pour une réunion. Pendant que les employés manifestent à l'aéroport, c'est la cohue générale lorsque les passagers se rendent compte que leurs vols ont été annulés. Tous tournent en rond et tentent d'obtenir des billets avec d'autres lignes aériennes.

En montant à bord de l'avion, nous sommes contrariés lorsque nous constatons que nos sièges sont très étroits et que leurs dossiers ne peuvent se rabaisser, du fait qu'ils sont collés aux portes d'une sortie d'urgence. Dans ces conditions, il nous sera difficile de dormir. Dans la confusion la plus totale, même si nous sommes déjà à bord de l'appareil, le départ est retardé de plusieurs heures, ce qui n'est pas sans accroître le niveau de frustration et d'agressivité des passagers. Notre traversée n'est donc pas des plus agréables.

En arrivant à l'aéroport Charles-de-Gaulle, avec déjà quelques heures de retard, on nous annonce que nous ne pourrons pas atterrir, car il y a de la brume au-dessus de la région parisienne et que l'appareil n'est pas muni de radars. Du coup, le pilote doit attendre qu'il y ait un éclaircissement avant de pouvoir se poser sur la piste. Après avoir tourné en rond pendant deux heures, ce qui n'est pas sans perturber le trafic aérien, il nous avise que le contrôleur exige que nous nous dirigions maintenant vers l'aéroport de Lyon, où la visibilité est excellente. Des autobus seront à notre disposition pour nous ramener à Paris.

À notre arrivée à Lyon, puisque l'aéroport n'a ni le personnel ni les infrastructures pour accepter un vol international, c'est la confusion totale. Les employés refusent que les passagers descendent de l'avion et demandent au pilote de repartir vers Paris dès que les conditions météorologiques se seront améliorées. Nous qui devions arriver à Paris vers huit heures ce matin, sommes toujours assis dans nos sièges alors qu'il est actuellement quatorze heures. Nous sommes complètement exténués. Puisque l'avion est immobilisé sur la piste, que l'air n'y circule plus, qu'il fait très chaud et qu'il n'y a plus d'eau à bord, le pilote ordonne d'ouvrir toutes les portes, incluant celles de sécurité. Dans la cohue, les passagers agressifs se précipitent aussitôt vers les sorties pour prendre un peu d'air frais. On a l'impression d'être pris en otage.

Nous craignons maintenant de ne pas être à l'heure pour notre souper de ce soir et sommes contrariés de ne pas être en mesure de prévenir nos amis. Vers 15h30, comme aucun changement météorologique n'est prévu à Paris, l'administration aéroportuaire nous permet de descendre de l'avion. Et c'est là que tout se complique!

Bien que j'aie en main une lettre officielle confirmant que je suis employé par une société française, document qui avait pourtant été accepté dans le passé à l'aéroport Charles-de-Gaulle, les agents nous refusent l'entrée et exigent un visa. Puisqu'ils nous menacent de nous retourner au Canada alors qu'il n'y a aucun vol international, j'insiste pour rencontrer le directeur de l'aéroport. Un accueil déplorable après un vol misérable! Le directeur accepte finalement de nous aider et demande à un agent de nous délivrer un visa pour un mois. Une fois tous les documents complétés, il refuse d'accepter une carte de crédit et exige un paiement au comptant. Après avoir accédé à sa demande, il nous signifie cette fois qu'il n'a pas de monnaie et que nous devons lui remettre la somme exacte, sans quoi nous n'aurons pas notre visa. Lorsque je lui offre de garder la différence, il m'accuse de vouloir le soudoyer. Étant donné qu'il s'agit d'un aéroport local, il n'y a malheureusement pas de bureau de change ni de banque. Je dois donc trouver une solution rapidement pour ne pas manquer notre autobus pour Paris. Alors que les autres voyageurs commencent à y prendre place, je me mets à parcourir les couloirs de l'aéroport, à la recherche d'un passager qui aurait en sa possession suffisamment de monnaie pour changer un billet français. Puisque la majorité des gens ayant pris le même vol que nous sont canadiens, personne ne peut nous aider. Je suis au bord du désespoir lorsqu'arrive un vol local transportant des passagers français. Après avoir écouté mes doléances et mes reproches à l'égard du comportement de l'agent, plusieurs me remettent généreusement leur monnaie. Je me sens tout à coup comme un mendiant. Grâce à eux, nous obtenons enfin notre visa d'entrée. Rapidement, nous nous dirigeons vers le dernier autobus disponible, lequel s'apprête à partir.

Un voyage désagréable du début à la fin! Suite à cette expérience, nous ne sommes vraiment pas impressionnés par la bureaucratie française et espérons vivement que ce ne sera pas un prélude à ce que nous réserve la France.

Complètement épuisés, nous arrivons à Paris vers 20h30. Nous sommes logés au Jardin des Vosges, surnommé la Place Royale et construit au début du 17ᵉ siècle. Nos amis, qui s'inquiétaient de notre retard, ont heureusement pu découvrir la raison de celui-ci. Le souper aura donc lieu vers 21h30. À la suite de tous nos déboires, nous sommes heureux de les retrouver. Lors de cette soirée, ils nous proposent leur aide pour faciliter notre intégration en France. Une offre inestimable que l'on apprécie beaucoup. Il faut dire que Nicole et moi travaillerons ensemble dans quelques mois et que je serai son futur patron.

Pour faciliter nos déplacements durant la semaine, le Directeur général, de qui je relèverai provisoirement, a mis son chauffeur privé à notre disposition. Celui-ci me conduit matin et soir au bureau, en plus de guider Carole dans Paris pour qu'elle puisse visiter les collèges privés et les appartements. Grâce à une lettre d'introduction qui nous a été remise par l'ambassade du Canada, toutes les portes des institutions d'enseignement nous sont grandes ouvertes, en dépit d'une politique interdisant une insertion scolaire en milieu d'année. Après avoir circulé dans Paris, pour la sécurité des enfants et pour leur éviter de devoir emprunter le métro pour se rendre à l'école, nous nous entendons sur le fait que notre appartement devra être situé à proximité de leurs collèges. Carole pourra ainsi les accompagner soir et matin, comme le font tous les parents.

Sur recommandation des cadres de l'entreprise, nous inscrivons Cindy au Collège St-Ursule, et Alexandre au collège St-François-Xavier, deux établissements jouissant d'une excellente réputation et qui plus est, sont très bien situés. Ils commenceront les classes le 4 janvier. Après plusieurs jours de visites exténuantes, grâce au chauffeur, nous découvrons un magnifique appartement ensoleillé au 7, rue du Printemps, dans un immeuble centenaire situé à deux minutes de Place Wagram et à quelques pas des collèges que fréquenteront les enfants. Il a aussi l'avantage d'être tout près du périphérique que je devrai emprunter régulièrement pour assurer mes déplacements à l'extérieur de Paris.

Nous qui avons toujours habité dans des maisons neuves, nous nous retrouverons au quatrième étage d'un vieil immeuble. Construit au cours du siècle dernier, il a gracieusement gardé son charme d'antan. En entrant dans le hall de l'appartement, nous apercevons aussitôt, à travers les deux portes françaises doubles, la salle à manger et le salon dans lequel a été aménagé un superbe foyer en marbre, de style Louis XIV, et au-dessus duquel est accroché un miroir d'époque. Contrairement à plusieurs appartements sombres que nous avons visités, celui-ci laisse pénétrer le soleil par les cinq portes-fenêtres françaises du salon et de la salle à manger. Celles-ci nous offrent de plus une belle vue sur Paris. Après avoir traversé le hall, en empruntant un long couloir, nous accédons aux autres pièces, soit trois chambres à coucher, trois salles de bain et une cuisine, chacune donnant sur une cour intérieure. Il y a également un sous-sol comportant une cave à vin. Enfin, l'appartement a l'avantage d'être très bien situé, se trouvant à seulement quelques minutes de marche des Champs Élysées, de l'Arc de triomphe et du Louvre. Son coût est de trois mille cinq cents dollars par mois, plus trois cents dollars pour le stationnement.

Comme il a été occupé par le même locataire pendant plus de trente ans, des rénovations importantes s'imposent. Heureusement qu'ils seront pris en charge par le bureau! Nous devrons changer tous les tapis, modifier les sorties électriques pour permettre l'installation des candélabres, faire la peinture et installer un comptoir et de nouvelles armoires dans la cuisine. Grâce à Nicole, nous trouvons un entrepreneur qui sera en mesure d'amorcer les travaux dès la première semaine de janvier. Entre-temps, nous séjournerons à l'hôtel, jusqu'à ce qu'ils soient terminés.

De retour au Canada, avant même que nous finalisions les documents notariés transférant le titre de propriété de notre maison à mon employeur, nous recevons une offre d'achat de deux cent quarante-cinq mille dollars de la part du vice-président d'un important manufacturier automobile venant d'être muté à Montréal. Cette vente représente pour nous un profit de cent mille dollars. Lors de la transaction chez le notaire, je reçois un chèque de cent soixante-quinze mille dollars, somme que je rêve d'investir un jour dans l'immobilier pour m'assurer d'une belle retraite. Puisqu'il nous faut revenir au Canada en avril prochain pour finaliser les documents relatifs à l'émigration, j'entends profiter de ce voyage pour mettre ce plan à exécution.

Une réconciliation

Pour les prochains mois, je dois me rendre à Paris presque chaque semaine pour prendre part à des réunions. Un jour, au retour de l'un de ces voyages, je suis ébranlé lorsque j'apprends que mon père a été hospitalisé d'urgence suite à une crise cardiaque. Il est de plus dans un état critique. Après toutes ces années, moi qui n'ai jamais réellement réussi à établir de contact avec lui, allant même, parfois, jusqu'à le détester, je suis déchiré lorsque je réalise que s'il meurt, je n'aurai jamais eu la chance de me réconcilier avec lui. D'autant plus que nous sommes à la veille de déménager en Europe. C'est ainsi que je découvre que la force du lien parental, malgré vents et tempêtes, est toujours présente.

Voyant ma peine, Carole me conseille de profiter de ce moment pour régler ce problème relationnel qui dure depuis toujours. Selon elle, je pourrai ensuite poursuivre ma route en paix. Je suis conscient que cette démarche n'effacera jamais les cicatrices du passé, mais à tout le moins, pourra-t-elle atténuer plus de trente-sept ans de tourmente et de frustrations intérieures. Considérant qu'elle possède une grande sagesse et que ses propos sont souvent justes et appropriés, je reçois positivement ce conseil et accepte de me prêter à cet exercice de réconciliation. Seul, inquiet, et n'ayant aucune idée quant à la façon de m'y prendre, je me rends à l'hôpital de St-Eustache.

En arrivant, je découvre qu'il vient tout juste d'être transféré dans une chambre après avoir passé quelques jours aux soins intensifs. Lorsque j'entre, je le vois qui dort paisiblement, étendu dans son lit, alors qu'il est relié à un moniteur cardiaque et que son visage est recouvert d'un masque à oxygène. Après deux heures à son chevet, ne désirant pas interrompre son sommeil, je réfléchis toujours et me demande comment m'y prendre pour aborder une discussion avec lui. Je décide finalement de lui écrire un petit mot que je dépose dans ses mains pour qu'il puisse en prendre connaissance à son réveil. Je lui signifie que tout ce qui s'est déroulé entre nous fait partie du passé et qu'il est inutile d'y retourner, car rien ne peut être changé. Je lui dis de plus qu'il est toujours mon père, qu'il le sera toujours, et qu'en dépit de tout, je l'aime comme un fils. Je quitte la chambre en sanglot, complètement bouleversé, sans savoir s'il comprendra la portée de mon geste et de mes mots.

Au fil du temps, il reprend des forces et obtient son congé de l'hôpital. Même s'il ne m'a jamais parlé de cette lettre, je sais pertinemment qu'il l'a lue; je le devine à même son comportement envers moi.

La tête en paix, je repars seul pour Paris afin d'assister au lancement du plan de mise en marché qui a été développé pour 1988. De son côté, Carole prépare les valises en vue de notre départ définitif, tout en tenant compte que nous logerons plusieurs semaines à l'hôtel, voire plusieurs mois.

Une grande perte

À mon retour, avec difficulté, Carole m'annonce cette fois la mort subite de ma tante Alice. Depuis l'époque où j'habitais chez elle, nous avions toujours maintenu un rapport très étroit. Je l'appelais chaque semaine. Elle me traitait comme un fils et moi, comme une mère. Nous étions si proches, qu'elle m'avait même demandé à plusieurs reprises de m'occuper d'elle si elle devenait un jour invalide. Ce que j'avais accepté, bien sûr. Sa mort m'ébranle beaucoup. Je me sens coupable, car je l'avais déstabilisée lorsque je lui ai annoncé au téléphone que nous déménagions à Paris. Elle avait très mal réagi. Avant mon dernier départ, j'avais tenté en vain de la rassurer en lui mentionnant que l'on poursuivrait cette discussion à mon retour et que pour l'instant, elle ne devait pas s'inquiéter, car même de Paris, je m'occuperais d'elle.

Hélas, la vie en a voulu autrement. Je suis inconsolable. Intérieurement, je me sens responsable de sa mort. En arrivant au salon funéraire, alors que j'ai perdu le contrôle de mes émotions, il m'est impossible d'arrêter de pleurer. Pour moi, c'est une immense perte et une grande tragédie. Je viens de perdre une personne qui a cru en moi, qui m'a soutenu et avec qui j'avais développé une complicité extraordinaire. Tout en vivant ce deuil profond, son souvenir me hante et la culpabilité me gruge.

La cohue des derniers jours

Avec tous ces événements, je réalise que nous nous sommes engagés dans un processus irréversible de changements majeurs qui affectent nos vies de façon beaucoup plus importante que ce que nous avions envisagé.

Avant de partir, nous devons maintenant nous départir de la voiture de Carole, des appareils ménagers, des meubles de jardin et autres articles que nous ne pourrons pas utiliser en France. Comme l'appartement que nous avons loué est beaucoup plus petit que la maison que nous habitons actuellement, nous devons entreposer quelques meubles que l'on désire garder advenant un éventuel retour au Canada. Dans tout ce branle-bas, il n'est surtout pas question de laisser Delsey derrière nous, la chatte blanche que nous avons offerte à Cindy pour ses neuf ans. Nous devons donc obtenir un certificat médical du vétérinaire et prendre les dispositions avec la compagnie aérienne pour qu'elle puisse nous accompagner à Paris. Avec tout cela, il ne faut pas oublier Cannelle, la perruche que nous avions offerte à Alexandre pour son anniversaire. En ce qui la concerne, nous sommes incapables de prendre une décision. Du moins, jusqu'au dernier lundi précédant le déménagement; ce jour-là, juste avant de quitter la maison pour me rendre au bureau, je la retrouve morte dans sa cage… ce qui règle notre problème. Afin d'atténuer la peine des enfants, discrètement, loin de leurs regards, à la course dans une rue enneigée, je glisse la cage et l'oiseau dans un sac poubelle que je dépose ensuite avec les ordures d'un voisin. Dans l'agitation, il leur a fallu quelques jours avant de réaliser que leur perruche avait disparu.

Et puis, dans la cohue des derniers jours, mes beaux-parents nous offrent d'acheter à un prix dérisoire la voiture et les appareils ménagers que nous avons achetés l'an dernier. Le jour précédant notre départ, mon beau-père nous remet un chèque dont le montant ne correspond pas au prix convenu puisqu'il manque mille dollars. En guise d'excuse, il nous dit que nous n'aurions jamais pu vendre nos biens à leur juste prix à l'intérieur d'un si court laps de temps et qu'il nous aurait fallu tout liquider. Ce qui me laisse perplexe. N'ayant pas le temps d'argumenter, j'accepte de leur céder le tout, non sans avoir l'impression de me faire duper. Mais comme ils ont toujours été généreux avec nous dans le passé, j'oublie rapidement cet incident.

Devant la réticence des enfants à tout laisser derrière eux, c'est-à-dire les amis, la famille, leur environnement et leurs écoles, nous leur offrons un cadeau de départ dans le but d'atténuer quelque peu leur réaction. À Cindy, qui a douze ans, nous offrons une veste de cuir qu'elle a le plaisir de choisir elle-même. À Alexandre, qui lui a huit ans, nous offrons un ordinateur de bureau pour lui permettre de jouer aux jeux vidéo, ce qu'il adore. Mais, pour qu'il puisse en profiter pleinement, je dois très vite suivre un cours de programmation de base pour lui apprendre comment utiliser ce nouveau jouet.

La maison étant vendue, le samedi 12 décembre 1987 nous emménageons pour trois semaines au Holiday Inn, à Pointe-Claire. Nous y occupons la suite présidentielle qui comprend deux chambres à coucher, une cuisine, une salle à manger et un salon. Ce qui nous permet de prendre un certain recul après quelques semaines de turbulence et de profiter de la période des Fêtes.

Durant celle-ci, ma sœur Liette et son mari Michel organisent à notre insu une fête familiale pour souligner notre départ. Lors de cette soirée, ils nous remettent un magnifique parchemin contenant des messages d'amour que j'ai toujours gardé en souvenir. Et puis, quelques jours avant notre départ officiel, déchirés de devoir bientôt quitter notre pays et les nôtres, nous invitons les membres de ma famille et quelques amis à un banquet organisé dans une salle privée de l'hôtel. Ce qui nous permet en même temps de faire nos adieux.

Notre départ

Le jour du départ, ma famille, celle de Carole et plusieurs amis se sont réunis à l'aéroport pour réitérer leurs adieux. Même si pour moi, c'est la fin de ces allers-retours épuisants entre Paris, New York et Montréal et que je réalise un rêve, nous quittons le cœur gros. Pour remercier Carole de me suivre dans cette grande aventure, tout juste avant de monter à bord de l'avion, je lui remets un manteau de fourrure en tête de vison. Ceci, grâce à la collaboration de Michelle, une grande amie. Je crois que cette marque d'attention atténuera quelque peu la peine qu'elle camoufle si bien dans son cœur.

Ces adieux sont si émouvants que nous contenons nos larmes avec difficulté. Nous avons l'impression que nous quittons notre pays pour partir à l'autre bout du monde et que l'on ne se reverra jamais. Notre passé semble déjà nous glisser entre les mains pour laisser place à l'avenir. Alors que les enfants ont déjà la nostalgie du pays, Carole part en regrettant de devoir laisser ses parents derrière. Quant à moi, je suis complètement dépassé par les événements. J'ai l'impression de vivre mes rêves d'enfance et de traverser encore une fois la porte des étoiles. Malgré notre chagrin, c'est pour nous un nouveau départ, une nouvelle vie, une nouvelle aventure, loin de tout souci financier. Une vie dont bien des gens rêvent. Mais loin des nôtres, on se demande intérieurement s'il nous sera possible de nous intégrer dans cette culture française, si hiérarchisée et si protocolaire.

Notre arrivée à Paris

À l'aube du premier dimanche de janvier 1988, nous arrivons à l'aéroport Charles-de-Gaulle. Après avoir traversé les douanes sans incident, nous nous dirigeons vers la sortie, transportant avec nous dix valises, les bagages à main, nos manteaux d'hiver, ainsi que le chat qui étendu dans sa cage, semble aussi éméché que perdu… tout autant que nous, d'ailleurs. Il nous a été si difficile de faire nos adieux à Montréal que durant tout le voyage, Carole et moi avons été incapables de fermer l'œil; à croire que nous avons sous-estimé l'impact de tous ces changements.

Un chauffeur nous attend pour nous conduire à l'Hôtel de Neuville, dans le 17e arrondissement, à cinq minutes de marche de l'appartement que nous habiterons. Un petit hôtel particulier qui se trouve également à distance de marche du Couvent des Ursulines et de l'école St-François-Xavier où Cindy et Alexandre devront se présenter dès lundi matin. Comme les chambres sont très étroites, nous occupons quatre unités, soit une pour nous, une pour les enfants, une pour les bagages et une comme boudoir. Les enfants pourront faire leurs devoirs dans cette dernière.

Le jour suivant, le lundi 4 janvier, le chauffeur me conduit au bureau pendant que Carole accompagne les enfants aux collèges. Comme elle n'aura pas à se préoccuper des tâches quotidiennes, elle aura tout le loisir de se promener dans Paris et de se détendre. Malgré cette liberté, elle qui adore être bien entourée, passe de longs moments en solitaire, ce qui la laisse quelques fois oisive.

Dans le but de rencontrer des gens, elle contacte le cercle de femmes des expatriés canadiens mis en place par l'ambassade du Canada et la Délégation générale du Québec à Paris. Elle forge ainsi de nouvelles amitiés avec des femmes dont les époux sont cadres au service du gouvernement ou au sein de multinationales américaines. Nous aurons l'occasion de fréquenter ces gens à plusieurs reprises lors d'activités familiales.

Même si je lui ai donné carte blanche avec nos cartes de crédit, du fait qu'elle s'est habituée à vivre avec un budget restreint et qu'elle craint de trop dépenser, je dois la rassurer sur l'état de nos finances. Il est évident que notre nouveau rythme de vie est au-dessus de tout ce qu'on a pu espérer. Durant les week-ends, en compagnie de Nicole, qui habite et qui connaît Paris, elle court les magasins pour choisir les tapis, le papier peint, les appareils ménagers, les accessoires électroménagers, les lampes, les tentures, les douillettes… enfin bref, tout ce dont nous aurons besoin pour emménager dans notre nouvel appartement. Bien sûr, tous ces achats nous seront remboursés.

Les premiers jours, nous devons nous ajuster rapidement aux habitudes de vie des Français, en commençant par l'heure des repas et le choix des menus qui nous sont proposés à l'hôtel. Pour que les enfants puissent être au lit avant 21h00, histoire d'être en forme le lendemain, nous avions l'habitude de manger au plus tard vers 19h00. Or ici, la salle à manger n'ouvre qu'à 20h00, parfois même à 20h30. Dès l'ouverture des portes, nous nous précipitons vers une table, ce qui bouscule quelque peu les employés qui tentent malgré tout de nous donner satisfaction. Ils accélèrent le service et modifient le menu pour les enfants en nous offrant des plats plus américanisés et donc, préparés plus rapidement. Après quelques jours passés dans cet établissement, afin que l'on ait accès à un menu plus varié que celui normalement proposé à la clientèle d'affaires, un menu qui est d'ailleurs très élaboré, la direction nous propose des mets à la carte, dans la mesure où nous leur indiquons la veille ce que nous souhaitons manger le jour suivant. Ainsi, nous n'aurons jamais mangé autant de noix de Saint-Jacques! Pour nous plaire, le chef nous les apprête de toutes les façons. Nous recevons de la part du personnel des attentions particulières, ce qui n'est pas sans agrémenter notre séjour royal. Durant cette période, comme nous mangeons tous les jours soit à la salle à manger de l'hôtel ou dans les restaurants, nous découvrons peu à peu la cuisine française, que nous finissons par adorer.

Tenant en considération que le niveau de vie à Paris surpasse celui de Montréal d'environ soixante pour cent, le salaire que je reçois en France a été ajusté en conséquence, pour nous permettre de maintenir notre pouvoir d'achat. Mais même si celui-ci est très élevé, nous n'avons aucun souci, car les dépenses pour l'hébergement, les repas, les consommations, le lavage et le repassage sont facturées directement à l'entreprise.

Durant les week-ends et les jours de congé, et Dieu sait qu'il y en a beaucoup en France, nous en profitons pour visiter Paris et la banlieue. Ainsi, nous nous promenons sur les Champs-Élysées ou sur la butte à Montmartre et terminons la journée avec un petit repas en famille. Un jour, pour ajouter un baume de beauté dans la vie des enfants qui traversent une importante période de perturbations, nous les invitons à voir la pièce de théâtre «Cats». Pour l'occasion, nous réservons les sièges les plus prisés, c'est-à-dire ceux qui sont situés de chaque côté sur la scène et donc, tout à côté des acteurs. C'est là un spectacle grandiose qu'ils n'oublieront jamais.

Malheureusement, après quelques semaines, nous réalisons qu'ils s'adaptent difficilement à leur nouvel environnement scolaire, un cadre d'enseignement rigide et formel, tel celui que l'on trouvait dans les institutions privées du Québec au début du siècle. Comme le contenu des matières diffère quelque peu de celui qui leur a été enseigné, la direction de leurs collèges respectifs recommande qu'ils soient classés à un niveau inférieur, ce qui leur permettra de s'intégrer plus rapidement. Ceci me rappelle étrangement ma transition entre le collège privé et l'école publique. À l'époque, j'avais refusé cette proposition. Pour nous, il est inconcevable de leur faire vivre une telle humiliation. En plus d'être un aveu d'échec, cela nuirait à leur adaptation.

Pour pallier le retard qu'ils accusent dans certaines matières, nous proposons de leur offrir des cours de rattrapage qu'ils pourront suivre lorsqu'ils seront en congé, soit les mercredis après-midi et le samedi. Notre proposition est acceptée d'emblée, d'autant plus que ceci assurera à la direction des revenus additionnels. Il est convenu que nous suivrons leur progression sur une base hebdomadaire afin de nous assurer qu'ils auront tous les outils nécessaires pour s'intégrer harmonieusement dans leur nouvel environnement.

Malgré tout, un mois plus tard, nous réalisons que le côté très rigide et conservateur de ces collèges ne leur convient pas et qu'il nous faut vite trouver une solution de rechange pour ne pas mettre leur année scolaire en péril. Après en avoir discuté avec les cadres de mon entreprise, ceux-ci nous suggèrent de nous diriger vers «l'École Internationale Bilingue de Paris», située au Parc Monceau dans le 8e arrondissement. Elle est fréquentée par les enfants dont les parents travaillent pour une ambassade étrangère ou encore, à titre de cadres expatriés au sein d'une entreprise internationale. On y retrouve également quelques enfants provenant du milieu bourgeois français dont les parents désirent les exposer aux cultures étrangères. Avec son style de gestion beaucoup plus ouvert, cette école offre une plus grande flexibilité à l'égard de la discipline, ce qui favorise l'intégration des enfants venant de l'étranger.

Après avoir présenté encore une fois les lettres d'introduction de l'ambassade du Canada, Cindy et Alexandre sont immédiatement acceptés. Si Cindy s'intègre dans ce nouveau milieu de façon naturelle tout en se faisant rapidement de nouvelles amies, pour Alexandre, qui n'a que huit ans, c'est différent. Encore sous le choc après avoir traversé une période de transition difficile, il a tendance à s'isoler. Comme nous vivons toujours à l'hôtel, il est évident que notre style de vie nuit à son épanouissement social.

Pour lui faciliter la tâche, en collaboration avec la direction de l'école, il sera dorénavant jumelé à un autre étudiant nommé Youri, un enfant extraverti et jovial qui a beaucoup d'amis et dont les parents sont originaires de Tel-Aviv. Après un suivi hebdomadaire avec le corps enseignant, nous sommes très heureux d'apprendre que tout est redevenu normal et que notre fils se plaît enfin dans son nouvel environnement. Il s'est même fait plusieurs amis avec qui il s'amuse et s'épanouit.

Le 26 février, loin de ses grands-parents et amis, nous célébrons son neuvième anniversaire. Pour la circonstance, grâce à la complicité et la générosité de la direction de l'hôtel, nous organisons une petite fête. À la fin du repas, un immense gâteau au chocolat décoré de chandelles scintillantes est déposé sur la table en son honneur.

Après deux mois, alors que nous sommes toujours à l'hôtel, l'entrepreneur nous annonce qu'en raison des délais de livraison de certains matériaux, il ne terminera les travaux que le 1er avril. Nous devrons donc rester à l'hôtel un mois de plus.

Avec les enfants, durant les week-ends, nous profitons de cette période de transition pour découvrir quelques villes en banlieue de Paris, tel Chantilly et Senlis au nord, Honfleur et Deauville en Normandie. Que de belles découvertes!

Mon intégration au sein de l'entreprise

Les bureaux de l'entreprise étant situés à une heure au nord de Paris, je voyage soir et matin pour me rendre au travail. On m'a déjà commandé une Renault 25 dont la livraison a été retardée, car exceptionnellement, elle sera munie d'une boîte automatique. Entre-temps, le Directeur général a mis son chauffeur privé à ma disposition. Occasionnellement, il offre ce service à Carole pour lui permettre de visiter Paris et de faire ses achats pour l'appartement.

Selon le statut que me confère mon niveau hiérarchique au sein de l'entreprise et le protocole français, je suis soudainement devenu «quelqu'un» en France. Comme lorsque j'étais jeune, le vouvoiement est de mise. Je suis surpris lorsque je constate que tout le personnel m'appelle Monsieur Leclerc, ce qui est contraire aux habitudes nord-américaines où en plus de se tutoyer, on nous appelle par notre prénom. On m'apprend très vite qu'étant donné l'importance de mon rang, je ne peux me permettre d'interpeller les gens par leur prénom ou de me faire appeler Gaston, ce qui établit malheureusement, selon moi, une barrière entre les gens.

Après avoir pris possession de ma voiture, je découvre rapidement les joies de la conduite automobile sur les autoroutes françaises, où il est permis de conduire à une vitesse de 160 à 200 km à l'heure. Le premier soir, en retournant à toute vitesse à l'hôtel, excité, j'invite Carole et les enfants à faire un tour dans Paris, où à travers le trafic dense, nous nous aventurons sur les Champs-Élysées et la Place de l'étoile. Ce faisant, nous avons l'impression de tourner continuellement en rond, comme dans un manège qui ne s'arrête jamais. Conduire dans Paris pour la première fois représente toute une expérience.

Quant à la restructuration du bureau, la direction internationale a modifié légèrement ses plans concernant la mise en place de sa nouvelle structure organisationnelle en France, et cela, suite aux recommandations de la Directrice des ressources humaines, proche collaboratrice de l'actuel Directeur général. Comme ce dernier devait être congédié, elle a mis en garde la direction de New York en les prévenant que ce licenciement pourrait provoquer une grève générale au sein de l'entreprise. Plusieurs cadres réalisent rapidement qu'elle joue un jeu politique malsain dans l'espoir d'en tirer profit. Finalement, pour s'assurer d'une transition harmonieuse, les membres de la direction choisissent de maintenir temporairement en place le DG, en plus de créer un poste de Vice-président à la direction. C'est un Américain qui occupera cette fonction et qui de ce fait, prendra le contrôle des opérations.

Au niveau du département des ventes, pour faciliter mon intégration, me donner la chance de découvrir le marché français et favoriser une transition en douceur, je devrai me rapporter au Directeur des ventes avant de le remplacer dans quelques mois. Ayant été informé de toutes les décisions stratégiques adoptées par le bureau de New York, le fait de devoir me rapporter indirectement au nouveau Vice-président m'oblige à faire preuve de beaucoup de tact et de diplomatie.

Suite à tous les changements organisationnels, soit la nomination d'un nouveau Directeur des finances venant d'Angleterre ainsi que celles du Directeur marketing et du Vice-Président, tous deux originaires des États-Unis, et la mienne, l'atmosphère au bureau est évidemment tendue. Certains employés acceptent difficilement et même, avec animosité le fait que les Américains aient décidé de prendre le contrôle de la société française et qui du coup, s'ingèrent dans les opérations quotidiennes. L'objectif de cette réorganisation est avant tout de mettre en place un plan de redressement pour permettre à l'entreprise de poursuivre ses opérations en France.

Malgré les préjugés négatifs qu'entretiennent les Français envers les Belges en général, le Directeur général vient de la Belgique. Ce dernier est si imbu de lui-même que les autres se plaisent à le surnommer le petit Napoléon. Je suis outré de constater qu'il n'a aucun respect, ni pour la force de vente ni pour les femmes, alors même que nous travaillons au quotidien avec la gent féminine… dans une entreprise de cosmétiques. Lors d'un discours qu'il a prononcé récemment durant une conférence nationale, il aurait mentionné que l'entreprise devait rehausser son image et que la période d'embauche de «promotrices cellulosées faisant de l'embonpoint» était terminée. Ce ne fut pas sans surprendre et choquer son auditoire féminin… sa principale force de vente.

Un soir, pour nous souhaiter la bienvenue en France, il a la gentillesse de nous inviter à dîner, Carole et moi, au chic restaurant l'Orangerie sur l'île St-Louis, en compagnie de son épouse. Durant le repas, à notre grande surprise, il se penche pour s'emparer de la chaussure de sa femme avant de la déposer au centre de la table, entre les verres à vin, ce qui ne manque pas de créer la stupéfaction du personnel et l'étonnement de certains clients témoins de la scène! Devant nous qui sommes embarrassés, la direction se permet alors de le remettre gentiment à l'ordre.

Quelques semaines après mon arrivée, lors d'un entretien privé, jugeant que mon vocabulaire et ma façon de m'exprimer sont inappropriés, il me demande de suivre des cours de français et de diction. Selon lui, je ne suis qu'un Américain qui tente de parler français. Il me signifie que si je veux être accepté en France, il serait tout à mon avantage de suivre ces cours le plus rapidement possible. En l'écoutant, je suis décontenancé et blessé par son manque flagrant de respect. Il y a trois ans, je n'avais aucune chance de progresser dans la filiale canadienne sous prétexte que j'étais francophone et maintenant que je suis en France, on me considère comme un Américain qui parle mal le français et qui ne pourra pas s'intégrer. Déconcertant, n'est-ce pas? Je me dis qu'il est hors de question de céder à sa demande. Bien que je m'engage à faire des efforts au niveau de la prononciation, j'éviterai à l'avenir d'aborder ce sujet avec lui.

À titre de Directeur régional, je prends la responsabilité de toutes les régions du sud de la France, dont, entre autres, la Bretagne, Les Charentes, L'Aquitaine, les Pyrénées, le Languedoc et la Provence. Dirigé par cinq gérantes de division, ce territoire compte cent promotrices et plus de quarante mille représentantes. Tout un réseau à connaître et plusieurs régions à découvrir.

Au cours de mes déplacements, je remarque très vite que les pratiques commerciales et les contacts sur le terrain sont basés en grande partie sur l'aspect convivial et que dans plusieurs régions, la formation est déficiente. Professionnellement parlant, et en ce qui a trait aux stratégies de vente, un fossé énorme sépare la France du Canada. Il y a donc beaucoup à faire. Jouissant de l'appui inconditionnel des membres de la direction internationale, je peux avancer rapidement et apporter les nombreux changements qui s'imposent.

En parcourant mon territoire, je suis aussi ravi qu'étonné par l'accueil chaleureux qui m'est réservé par le réseau de ventes. C'est à ce moment que je réalise que j'étais déjà connu avant même d'arriver. En fait, plusieurs promotrices sont en relation avec les gérantes de la division que j'ai dirigée autrefois au Québec. Elles ont eu l'occasion de se connaître lors du gala du Cercle d'excellence qui s'est déroulé en France il y a quelques années. D'une façon constructive, elles avaient alors partagé leur point de vue sur mon style de gestion. Ceci me fournit donc un support extraordinaire, en plus de faciliter ma transition. Il en est de même au bureau puisque Carole et moi avions déjà fait connaissance avec certains employés à la soirée antillaise organisée lors de notre premier voyage à Paris. Était-ce un hasard ou le destin?

Également, lors d'un entretien privé avec Monique, une de mes gérantes de division, celle-ci m'apprend qu'elle est une très grande amie de Nicole et Xavier. Non seulement suis-je enchanté de pouvoir compter sur une alliée, mais je découvre en elle une personne hautement professionnelle, pragmatique, dynamique et orientée vers l'excellence des résultats. Par la force des choses, nous développons une grande amitié, de même qu'une grande complicité professionnelle. Dès le départ, elle m'offre un soutien extraordinaire, ce qui me facilite la tâche pour établir de bonnes relations avec les autres membres de mon équipe.

Dans certaines situations, je dois par contre m'adapter rapidement en raison d'habitudes de vie qui me sont étrangères. C'est ainsi qu'à la pause du matin de notre première réunion régionale, je suis pris de court quand mes gérantes me demandent si je n'avais pas par hasard oublié de commander les pâtés, les rillettes, les charcuteries, les fromages, les baguettes, les pâtisseries et le vin rouge. Comment aurais-je pu y penser? Il est dix heures du matin! Au début, croyant sincèrement qu'il s'agissait d'une plaisanterie, je n'y porte pas attention. Mais après quelques minutes, je réalise que ce n'est pas du tout une blague lorsque l'une d'entre elles me demande l'autorisation de contacter le bureau des banquets pour passer une commande. Même si j'ai donné mon autorisation, du fait qu'elles auront bu, je me demande comment je vais réussir à obtenir leur attention à la reprise de la réunion. Inquiet au départ, je m'adapte rapidement par la suite.

Il en va de même avec les coutumes au bureau. Étant souvent sur la route, lorsque je reviens au siège social, je me retrouve toujours devant une multitude de dossiers que je dois régler rapidement. Aussi, le fait de devoir me joindre aux autres membres du comité de direction tous les midis pour participer à une fête organisée par le département des ressources humaines pour souligner l'anniversaire d'un ou plusieurs employés me contrarie quelque peu. On ne voit jamais la fin de ces rencontres au cours desquelles on nous sert du champagne, des vins sélectionnés, des pâtés, des rillettes, des fromages, des pâtisseries, etc. Après avoir gouté un peu à tout et bu du champagne, je trouve difficile de me rendre par la suite à un lunch d'affaires et de reprendre le rythme de travail normal. Mais ne voulant pas me soustraire à mes obligations, je respecte les us et coutumes et me rends disponible. Ceci me permet au moins de rencontrer le personnel de l'usine et de développer un réseau de contacts à l'interne.

Dans ma région, je mets graduellement en place quelques stratégies commerciales et concours que j'avais déjà instaurés avec succès au Canada. Rapidement, les résultats se font sentir, ce qui crée une synergie positive au sein de mon équipe de ventes. Parmi les mesures incitatives, un jour, j'offre à mon équipe la chance de gagner un repas chez Maxim's, à Paris, si nous réalisons nos objectifs trimestriels. Une fois le pari gagné, je les invite comme convenu à dîner dans ce restaurant très prisé. Lors de cette soirée, pour me signifier leur appréciation, elles me remettent un magnifique stylo-bille en laque de Chine. Signé Dupont, il a une valeur de cinq cents dollars. Je le garde toujours soigneusement, en souvenir de cette soirée.

Entre-temps, le Directeur marketing est limogé et remplacé par le Vice-président marketing du Canada. Au cours des dernières années, ce dernier a su implanter avec succès un plan de redressement financier dans différents pays. Lors d'une première rencontre, je suis flatté d'apprendre qu'au moment où il a accepté ce poste, quelques mois plus tôt, ce fut à la condition que je sois nommé à la direction des ventes en France. Lorsque je prenais part aux réunions annuelles du département marketing ayant pour but de finaliser les plans de mise en marché au Canada, nous avions eu l'occasion de travailler ensemble. Je représentais alors le département des ventes.

Au même moment, le nouveau Vice-président à la direction, nommé par New York, emménage à Paris. Puisqu'à une certaine époque, il était à la tête des opérations internationales de la région du Pacifique dont faisait étrangement partie le Canada, nous avons déjà eu l'occasion d'échanger sur les stratégies commerciales qui ont valu le succès de ma division canadienne. Je le connais très bien. Il est donc un allié important, d'autant plus qu'il est loin d'être étranger à ma récente nomination.

Pour éviter un conflit potentiel en France, plutôt que de limoger le Directeur général, la direction internationale lui offre un poste à New York. Bien que celui-ci ne comporte aucune responsabilité, on lui présente cela comme une promotion. En fait, l'entreprise se donne encore quelques mois avant de le licencier définitivement, le temps de mettre en place un plan de transition cohérent. Son épouse refusant de le suivre dans cette aventure, il est contraint de faire la navette entre New York et Paris chaque week-end pour maintenir le contact avec sa famille. Cela lui permet également de rester en liaison avec certains cadres qui lui sont encore fidèles et redevables, ce qui est fort malsain pour l'entreprise.

À la surprise de tous, en dépit des relations acrimonieuses légendaires entre les Français et les Britanniques, la direction annonce que le poste de Directeur général en France sera dorénavant occupé par un Anglais. Heureusement que celui-ci jouit d'une bonne réputation en Europe et qu'il parle plutôt bien le français! À son arrivée, il fait preuve d'une certaine flexibilité et tente de recueillir un consensus auprès des membres du comité de gestion, ainsi que leur appui. Il est dès lors convenu que je prendrai la direction des ventes du pays en juillet prochain, après mon retour de vacances. D'ici là, on m'invite à participer à toutes les réunions stratégiques européennes, qu'elles aient lieu à Paris, Londres ou Madrid. Parallèlement à cela, je dois assurer plusieurs déplacements à l'intérieur de la France.

Lors de ces voyages, je suis toujours étonné de constater à quel point mon niveau hiérarchique m'oblige à loger dans les plus beaux hôtels de France, ou encore, dans des châteaux ou anciens monastères convertis en hôtel de luxe, sans que je ne puisse intervenir. Pour mon transport, on me procure chaque fois une voiture de luxe que j'ai de la difficulté à conduire. La première fois, quelle ne fut pas ma surprise lorsque je me retrouve en plein cœur de Toulouse au volant d'une grosse Mercedes. Moi qui ne suis guère habitué à la conduite manuelle, voilà que je dois circuler à travers des petites rues étroites, ce qui n'est pas sans me rappeler ce que j'avais vécu en Grèce en pareilles circonstances. Que de maux de tête! Au grand dam des conducteurs qui s'impatientent derrière moi, mes nombreux arrêts involontaires ont l'art de gêner le trafic, déjà suffisamment dense.

Le déménagement

À la fin du mois de mars, après trois mois à l'hôtel, nous sommes enfin en mesure d'emménager dans notre appartement. Nous sommes excités de retrouver un chez-soi et un rythme de vie normale, en famille. Nos meubles et effets personnels qui jusque-là étaient entreposés dans un conteneur nous sont livrés intacts. Le fait de nous retrouver dans «nos affaires» facilite grandement notre transition. Nous avons davantage l'impression d'être chez nous. Pour compléter l'ameublement, nous achetons une bibliothèque murale pour le salon, une table à café en marbre qui s'agence parfaitement avec la table de la salle à manger, ainsi que des meubles d'appoint pour l'ordinateur et la télévision. Maintenant que nous sommes chez nous, c'est avec empressement et curiosité que nous découvrons notre nouveau quartier, son marché public, sa boulangerie et sa charcuterie, endroits que l'on fréquentera dorénavant chaque jour, à l'instar de tout bon Français.

Le premier week-end d'avril, puisque c'est Pâques et que nous sommes en congé pour plusieurs jours, nous avons accepté une invitation pour passer quelques jours chez les parents de Nicole. Ils habitent Belle-Île-en-Mer, en Bretagne, où Sarah Bernhard résidait à l'époque. Un lieu idyllique, une île enchanteresse située au beau milieu de l'Atlantique et offrant de magnifiques paysages. Nous sommes aussi bien accueillis que si nous étions des membres de la famille. Nous profitons de l'occasion pour apprendre à Alexandre à manipuler l'avion téléguidé que nous venons de lui offrir. Malheureusement, peut-être à cause de ma maladresse ou encore, de la violence des vents, nous voyons disparaître ce petit appareil dans les nuages, tout au-dessus de l'Atlantique. Se rendra-t-il en Amérique? Nous sommes tous là, debout, bouche bée, à regarder l'avion s'envoler vers le ciel, pendant que je suis incapable de reprendre le contrôle de l'appareil. Il va de soi que nous sommes tous déçus pour Alexandre. Aussi, dès notre retour à Paris, nous nous empressons de lui en acheter un autre afin qu'il puisse se livrer à ses propres expériences aéronautiques. Cependant, puisque notre première tentative s'est soldée en un échec lamentable, par crainte de voir l'avion disparaître à nouveau, nous sommes peu tentés de retenter le coup. C'est pourquoi il restera dans sa boîte pendant des années, entreposé dans la garde-robe de mon fils.

Maintenant que nous sommes bien installés, Alex se lance éperdument à la découverte de jeux informatiques, lesquels sont devenus pour lui une obsession. Lors des congés ou durant les week-ends, si nous restons à la maison, il s'installe de longues heures devant son ordinateur, allant même jusqu'à refuser de sortir pour se faire de nouveaux amis et s'amuser. Inquiet, chaque fois que je vois des enfants s'amuser dans la rue, je les invite à la maison pour qu'ils viennent jouer avec lui, même si cela ne lui plaît guère. Avec le temps, il finit par se lier d'amitié avec un garçon de son âge qui habite l'immeuble depuis très longtemps, ses parents étant les propriétaires. Pour respecter les convenances établies en France, nous invitons ces derniers pour un pot afin qu'ils autorisent leur fils à venir à la maison.

Quant à Cindy, elle s'est très bien intégrée dans son nouveau milieu. Elle a déjà plusieurs amies. Comme elle aussi souhaite inviter une copine, nous nous devons de contacter les parents de celle-ci pour fixer une rencontre. Sauf que dans ce cas-ci, c'est nous qui sommes invités à nous rendre à leur résidence. À notre arrivée, Carole reçoit le baisemain de Monsieur, pendant que je me précipite vers Madame pour déposer un baiser sur sa joue. Je ne comprends pas le malaise soudain de nos hôtes. Il est trop tard pour réaliser que je viens de faire une bévue. Et puis, ce sont au tour des enfants de nous saluer. Le jeune fils et un de ses amis qui n'est nul autre que le petit-fils du comte de Paris, héritier des rois de France, font à leur tour un baisemain à Carole, qui est charmée. Des gens gentils qui nous reçoivent chaleureusement. Pendant que les dames discutent en privé, Monsieur m'invite à faire le tour de la propriété. En montant les escaliers étroits qui mènent au quatrième étage et en longeant les passages, je suis étonné de voir que partout, sont suspendus de vieux tableaux d'ancêtres datant des 15e, 16e et 17e siècles. «N'aurait-il pas avantage à se moderniser un peu?», pensais-je. Finalement, lors de cet entretien, leur fille obtient l'autorisation de venir à la maison.

Suite à cette visite de courtoisie, nous nous rendons chez Nicole et Xavier, où nous sommes conviés à dîner. Après leur avoir parlé de notre rencontre, ceux-ci nous font savoir que nous venions de faire la connaissance de gens nobles appartenant à la bourgeoise française, d'où le baisemain. Je me sens gêné d'avoir ainsi agressé Madame en lui donnant une bise à l'américaine. C'est ainsi que nous découvrons peu à peu l'existence de la classe bourgeoise française. On la croyait disparue à la suite de la révolution, alors qu'au contraire, elle se perpétue.

Étant liés d'amitié avec les parents de Youri, le compagnon de classe d'Alexandre, nous les invitons à la maison pour dîner. Après leur avoir fait visiter notre appartement, ceux-ci nous indiquent qu'ils sont surpris de constater que nous n'ayons pas de salle de musique pour les enfants. Ils sont également étonnés que nous n'ayons pas de piano ou autre instrument, la musique étant selon eux essentielle à l'éducation des enfants. Quelque peu embarrassés par leurs observations, nous indiquons que nous n'avons pas encore terminé l'achat des meubles et que le piano viendra bientôt.

Puisque j'aurais tant aimé jouer de cet instrument, le week-end suivant nous demandons à Xavier, un excellent musicien ayant composé des œuvres musicales pour des films français mettant en vedette des acteurs de renom, de nous guider dans l'achat d'un piano destiné aux enfants. Grâce à nos économies d'un mois et son aide précieuse, nous faisons l'acquisition d'un piano à queue blanc. Si Cindy commence aussitôt à suivre des cours particuliers, Alexandre refuse de l'imiter pour l'instant.

Pour libérer Carole de ses tâches ménagères, nous embauchons deux jours par semaine l'épouse du concierge de l'immeuble. Originaire du Portugal, celle-ci s'occupera de l'entretien général, du lavage et du repassage.

Comme je voyage régulièrement et que je m'absente entre deux et trois jours par semaine, elle se réjouit d'avoir développé un nouveau réseau de contacts par l'intermédiaire de la Délégation générale du Québec à Paris. Elle a ainsi pu se faire des amies avec qui elle sort occasionnellement. Il nous arrive de les rencontrer durant les week-ends et même, d'être invités à dîner par des membres de la Délégation ou des cadres de l'ambassade canadienne établis à Paris. Grâce à eux, nous nous procurons à un prix dérisoire les boissons fortes, les digestifs et autres produits détaxés.

À la fin d'avril, maintenant que nous sommes bien installés dans notre appartement, nous retournons une semaine à Montréal pour finaliser les documents officiels qui nous permettront d'obtenir notre permis de résidence en France. Le dossier n'avait pu être complété avant notre départ en raison du long congé des fêtes. On doit également passer un examen médical complet, du fait que nous sommes obligés de fournir un certificat de santé.

Durant ce passage, les parents de Carole nous offrent l'hospitalité, ce qui nous permet de nous retrouver en famille. Carole profite de ces moments pour renouer avec ses grandes amies Diane et Ginette qui lui ont beaucoup manquées. Malheureusement, comme nous sommes accaparés par les procédures d'immigration, je manque de temps pour me lancer dans l'investissement immobilier. Ce sera pour la prochaine fois. Après avoir complété toutes les démarches requises par le gouvernement français, nous amenons les enfants passer quelques jours à Disney World avant de retourner à Paris. Dès notre arrivée à Miami, Cindy et Alex se montrent très impressionnés lorsque nous montons à bord d'un petit avion privé pour nous rendre à Tampa. Après quoi, c'est en limousine que nous nous rendons à Orlando. Pour eux, c'est la magie de Disney qu'ils découvrent. Nous passons en leur compagnie des moments palpitants. Encore une fois, merci à mon bureau d'avoir gracieusement coordonné et offert ce voyage.

De retour en France, les parents de Carole nous annoncent qu'ils viendront nous visiter deux semaines le mois prochain. Il s'agira de leur premier voyage outre-mer. Carole, pour qui la séparation d'avec ses parents semble avoir été difficile, se dit contente de les recevoir, de leur faire découvrir notre nouvel environnement et Paris.

Lors de leur séjour, en plus de leur faire visiter les plus beaux sites et monuments, nous veillons à les traiter royalement. Nous les invitons à dîner dans les meilleurs restaurants, les emmenons faire une croisière sur la Seine en bateau-mouche pour contempler Paris illuminé et les convions au George V pour le brunch du dimanche. Tout se déroule à merveille. Ils sont éblouis.

Le mois suivant, soit en juin, ce sont mes parents, ma sœur Liette et son conjoint Michel qui décident de nous visiter pour deux semaines. Pour eux également, il s'agit de leur premier voyage en Europe. Encore une fois, nous parcourons Paris et leur offrons le même traitement royal que nous avions réservé à mes beaux-parents. Là encore, nous passons d'agréables moments.

Quelques jours avant leur départ, Carole a malheureusement un malaise important. Souffrant d'un excès de fièvre, lequel dure vingt-quatre heures, elle est forcée de se reposer. Le jour suivant, même si sa fièvre a disparu, elle entend consulter un médecin, car elle est préoccupée. Grâce à Nicole, elle réussit facilement à obtenir un rendez-vous médical. Celui-ci est prévu deux mois plus tard, soit quelques jours avant nos vacances estivales.

Après la prise de possession de notre appartement en avril, notre voyage à Belle-Île-en-Mer à Pâques, notre retour au Canada, notre voyage à Disney et la visite de nos parents en mai et juin, c'est enfin l'accalmie.

Maintenant que nous sommes seuls durant les week-ends, nous adoptons les habitudes des Parisiens en quittant la ville quelques jours pour visiter les différentes régions de la France, les mêmes que j'ai eu l'occasion de découvrir lors de mes voyages d'affaires. À plusieurs reprises, nous nous retrouvons à Deauville, en bord de mer, la station balnéaire des Parisiens. Nous visitons par la suite Honfleur, le Havre, la Normandie, La Rochelle, Bruges, ainsi que d'autres destinations à distance raisonnable de Paris. À l'occasion de la fête de la Révolution du 14 juillet, nous passons quelques jours à Montpellier pour assister à un spectacle grandiose présenté en plein air. Après quoi, nous nous rendons à la station balnéaire de La grande Motte pour souper avec Monique, ma collègue de travail, et François, son conjoint, lequel travaille pour les services secrets français.

Que de changements dans nos vies au cours de ces huit derniers mois! Cela, sans parler des défis que nous avons dû affronter pour nous intégrer! Mais puisqu'ils sont derrière nous, il nous est maintenant possible de faire des projets et de vivre selon les us et coutumes des Français. En août, comme toute la France est en arrêt de travail en raison des vacances annuelles, nous planifions nous rendre une semaine à Miami pour nous reposer au bord de la mer. Par la suite, nous irons à Montréal pour assister au mariage de mon frère Jocelyn et de sa compagne Lise, prévu le 13 août. Je profiterai de l'occasion pour faire quelques placements immobiliers.

Deux semaines avant notre départ, soit vers la mi-juillet, puisque je dois passer plusieurs jours à Cannes où une rencontre est prévue avec mes employés, j'invite Carole et les enfants à se joindre à moi. Une fois mes obligations professionnelles terminées, je prévois prendre quelques jours de congé avec eux pour découvrir la Côte d'Azur.

Comme nous nous absenterons de la maison quatre semaines, Carole et Cindy ne peuvent se faire à l'idée de laisser leur chatte en pension chez le vétérinaire durant tout ce temps. Je prends donc des arrangements avec Air Canada pour l'expédier chez mes beaux-parents. Le coût du billet, simplement pour l'aller, est de quatre cent cinquante dollars. Une folie, un caprice ou un engagement envers la protection des animaux? Je ne le sais pas encore! Tout ce que je sais, c'est que je ne peux rien leur refuser.

Lors de notre week-end à Cannes, j'invite Carole et les enfants au «Festival annuel de jazz américain» qui se tient dans les superbes jardins de l'hôtel le Majestic Barrière sur le boulevard de la Croisette. En arrivant sur place, au volant d'une Mercedes, les enfants sont pris de panique lorsque quatre voituriers ouvrent simultanément les portes pour nous permettre de descendre sous le porche de l'entrée de l'hôtel! Ils refusent de sortir et crient: «Non! Non! Non!» N'ayant pas l'habitude de recevoir ce niveau de service, nous avons l'impression d'être pris d'assaut. Une fois dans les jardins, nous sommes parachutés dans un monde imaginaire. Autour de nous, assis aux tables, nous apercevons de riches armateurs en compagnie de leur épouse et du capitaine de leur bateau, ainsi que quelques bourgeois qui ont été déposés par leur chauffeur. En dépit du fait qu'au départ, nous nous sentions inconfortables au milieu d'un tel environnement, nous avons malgré tout passé une belle soirée qui restera pour nous un beau souvenir. Nous sommes en 1988 et la facture s'élève à plus de mille trois cent soixante-quinze dollars: deux cent cinquante dollars par personne, sans réduction pour les enfants, vin, jus et eau non inclus. On vient de s'offrir un petit cadeau hors du commun et une expérience unique.

Le jour suivant, toujours au volant d'une magnifique Mercedes au toit ouvrant, nous parcourons la Côte d'Azur. Nous nous rendons aussi à San Remo, en Italie, en plus de visiter Monaco, St-Tropez et Nice.

Après ce séjour extraordinaire, nous retournons à Paris quelques jours avant de repartir deux semaines à Miami et Montréal. Avant notre départ, la direction m'informe que durant ces vacances, il me faudra les appeler pour finaliser avec eux tous les détails concernant ma nomination au titre de Directeur national des ventes, laquelle sera officiellement annoncée dès mon retour.

Lorsque je serai à Montréal, j'entends aussi réaliser un de mes projets à long terme et acquérir quelques immeubles à revenus que je financerai à même les fonds générés par la vente de notre maison.

Le jeudi après-midi, alors que tous les bagages sont bouclés en vue de notre départ de demain et que nous avons hâte de partir, Carole se rend au bureau du médecin, histoire de se rassurer sur son état de santé suite au malaise qu'elle a subi il y a deux mois. Durant son absence, tout en préparant le souper, je m'assure de reconfirmer avec Air France le vol du lendemain, en direction de Miami, dont l'arrivée est prévue à quatorze heures.

Il est maintenant vingt heures et elle n'est pas toujours revenue de son rendez-vous. N'ayant pas les coordonnées de son médecin, je suis dans l'impossibilité de la joindre. Je crains que quelque chose lui soit arrivé, car le bureau fermait à 17h00 et elle avait obtenu le dernier rendez-vous. Que se passe-t-il? Pourvu que rien de sérieux ne lui soit arrivé...

CHAPITRE 16

À LA MERCI DE NOTRE DESTINÉE

Août 1988 — Juillet 1989

Le temps passe et Carole n'est toujours pas revenue. Comme nous avons passé tous les examens médicaux requis par le gouvernement français en avril dernier, je ne m'inquiète pas outre mesure de son état de santé. Sa rencontre chez le médecin se voulait avant tout une visite de routine.

Vers 20h20, je reçois un appel de sa part. Elle pleure à chaudes larmes et me demande de me présenter immédiatement au bureau du médecin. En arrivant sur les lieux, nerveux et fou d'inquiétude, je la vois. Elle est immobile, assise dans un coin, incapable de dire un seul mot, paralysée par les émotions. Mais que se passe-t-il? Soudain, elle me saute dans les bras en me serrant très fort, avant de me dire que le médecin avait une très mauvaise nouvelle à nous annoncer. Aussitôt, celui-ci nous prie de nous asseoir et de reprendre nos esprits, car ce qu'il a à nous dire est très important. Déconcerté, bouche bée, je prends un siège. Même si je ne sais pas à quoi m'attendre, j'ai l'impression de vivre un moment crucial.

C'est sans équivoque le choc des esprits lorsqu'il nous annonce que suite à l'examen qu'il a fait, il a découvert que Carole souffre d'un cancer du sein très agressif et que selon lui, ses chances de survie sont très minces, sinon inexistantes. Pour qu'elle ait une chance de s'en sortir, à condition qu'il y en ait une, nous devons agir très rapidement. Aussi, doit-elle subir une opération dans les quarante-huit heures.

En l'espace de quelques secondes, j'ai l'impression qu'un gigantesque coup de tonnerre vient d'éclater. Comme un tsunami qui emporte tout sur son passage, je revois passer en pièces détachées tous les événements ayant marqué la dernière année: la vente de la maison, l'éloignement, notre déménagement en France, les sacrifices, les perturbations, les enfants, la transition de vie… était-ce trop pour elle? Dans ce pays étranger, loin des nôtres, je nous sens soudainement isolés du reste du monde, comme si nous nous étions échoués sur une île perdue. Que faisons-nous ici? D'abord assommé et décontenancé par ce que je viens d'entendre, je me ressaisis rapidement pour tenter de donner à Carole le soutien dont elle a besoin.

Même s'il croit en la justesse de son diagnostic, le docteur souhaiterait obtenir une confirmation officielle en procédant à une biopsie qui pourrait être faite très tôt demain matin, car la clinique est actuellement fermée. Il nous suggère d'attendre les résultats d'analyse avant de changer nos plans de voyage. Nous nous raccrochons donc à ce doute raisonnable, non sans avoir l'impression d'être suspendus au-dessus d'un précipice et espérer que tout cela n'aura été qu'un mauvais rêve.

Si le diagnostic devait être confirmé, le docteur nous indique que Carole devra alors décider immédiatement si elle désire subir l'intervention chirurgicale à Paris ou à Montréal. Mettant en évidence la qualité des soins de santé qui sont prodigués en France et l'expertise qu'il a développée en oncologie, il nous assure que si elle choisit de rester à Paris, il prendra toutes les dispositions pour qu'elle soit hospitalisée dès le jour suivant. Aussi, il nous confirme qu'il sera en mesure de procéder à la chirurgie dans les quarante-huit heures. Si au contraire nous décidons de retourner au Canada, il fera alors les démarches nécessaires pour trouver un médecin renommé à Montréal qui pourrait l'opérer à l'intérieur des mêmes délais. Il s'assurera également d'avoir un entretien avec l'oncologue qui acceptera le dossier. Notre décision devra lui être communiquée demain matin, dès que nous connaîtrons les résultats du laboratoire. Ayant des enfants, nous devons aussi tenir en considération que les traitements seront difficiles et que la convalescence risque de se prolonger pendant plusieurs mois. Dans le cas où le diagnostic s'avérait juste, nous devrons aussi annuler nos vacances.

Pendant le trajet du retour à la maison, pour éviter d'en discuter devant les enfants, nous débattons des choix qui s'offriront à nous si jamais le médecin a vu juste. En arrivant à la maison, sans plus attendre, je vérifie auprès des différentes compagnies aériennes pour savoir si pour le jour suivant, il est encore possible de se procurer des billets pour Montréal.

Après avoir passé une nuit d'enfer, à sept heures du matin, j'accompagne Carole à la clinique privée. Selon ce qu'on nous a dit, les résultats de la biopsie seront communiqués au médecin vers neuf heures. Le moment venu, gardant espoir, nous nous dirigeons nerveusement vers le bureau de ce dernier pour connaître le verdict final.

Malheureusement, le diagnostic est confirmé. Du coup, nous plongeons dans le désespoir, la peur et l'inconnu. Le médecin nous informe que la convalescence sera longue et pénible, et que les traitements seront éprouvants. Notre vie vient de basculer... Carole n'a pourtant que trente-cinq ans. En quelques secondes, notre vie de rêve et tous nos projets s'écroulent comme un jeu de cartes. C'est la consternation! Nous sommes complètement dévastés. Nos pensées et nos esprits sont déchirés entre l'émotion intense, la peine que nous vivons et les actions urgentes que nous devons entreprendre. Une situation difficile à maîtriser. Il est évident que nous rejetons d'emblée le fait qu'elle va mourir; au contraire, nous gardons espoir qu'elle s'en sortira.

N'ayant aucun plan d'urgence en ce qui a trait au gardiennage des enfants, en vacances pour l'été, Carole, qui souhaite être auprès de ses parents lors de sa convalescence, choisit de retourner au Canada. Puisque nous vivons à Paris depuis seulement quelques mois et que mon travail m'oblige à m'absenter régulièrement, je crois que sa décision est sage et appropriée.

Grâce à l'appui du bureau international, du département des ressources humaines de l'entreprise et du médecin, les arrangements sont finalisés dans l'heure qui suit pour qu'elle puisse être prise en charge par un oncologue de l'hôpital St-Luc, et ce, dès seize heures cet après-midi, soit au moment de notre arrivée à Montréal. C'est le début d'un long combat.

En arrivant à la maison, nous annonçons aux enfants que nous devons annuler nos vacances en Floride et que nous retournons à Montréal pour que leur mère puisse y subir une opération dans les prochains jours. Grâce à la collaboration des gens du bureau, après avoir annulé nos billets d'avion pour Miami, je reçois une confirmation selon laquelle nous avons pu obtenir des sièges en classe affaires sur un vol d'Air France et que le départ se fera à 12h30. Aussitôt, j'appelle nos parents pour leur annoncer notre retour précipité, ainsi que les raisons de celui-ci. Tout se déroule si rapidement! Nous sommes dans un état indescriptible de panique, de peur et de tristesse. C'est la course contre la montre pour la survie de Carole.

Dans le but de protéger les enfants qui ont respectivement neuf et treize ans, nous convenons de ne pas révéler quoi que ce soit au sujet du verdict selon lequel les chances de survie sont pratiquement inexistantes. C'est le pacte du silence. Le choc est déjà suffisamment difficile à absorber, nous ne voulons pas en plus attirer les regards empreints de pitié. Ça, nous ne pourrions le supporter.

Avec quelques heures de retard, en ce vendredi 29 juillet, nous arrivons à l'aéroport de Mirabel où nous sommes accueillis par plusieurs membres de la famille. Quelques-uns prennent en charge les valises et d'autres s'occupent des enfants pendant que nous nous dirigeons directement au département d'oncologie de l'hôpital St-Luc.

Sans avoir à vivre les frustrations d'une attente interminable, le médecin nous reçoit dans son bureau dès notre arrivée. Après une brève discussion, il nous informe qu'il s'est entretenu avec le médecin de Paris et qu'il a reçu le dossier médical, de même que les résultats d'analyse du laboratoire. Conséquemment, les démarches ont déjà été entreprises pour que Carole puisse être hospitalisée dimanche et subir une chirurgie dès lundi matin. Nous sommes soulagés d'avoir pu obtenir le soutien nécessaire pour que tout se déroule rapidement. Nous attendons la suite des événements pour savoir si je pourrai éventuellement retourner à Paris pour occuper mes nouvelles fonctions.

Qu'avons-nous fait pour mériter un tel sort? Les problèmes de santé de Carole ont envahi mon esprit, au point d'en devenir une obsession. Je n'arrive même plus à dormir la nuit. Vivant une détresse indescriptible, je me réfugie dans la spiritualité et récite le chapelet tout en priant le Seigneur de nous sauver et de nous accorder sa miséricorde. Moi qui ai toujours cru que nous avions le contrôle de notre destinée, je réalise soudainement que nous sommes impuissants et à la merci de Dieu.

Le dimanche matin, au moment de l'hospitalisation, nous rencontrons le chirurgien qui nous informe qu'il n'envisage aucunement l'ablation du sein. Ce qui rassure Carole. Il espère par contre que les ganglions ne soient pas atteints, car dans le cas contraire, ses chances de survie seraient pratiquement nulles. Nous nous accrochons à cet espoir. Sinon, nous devrons faire face au pire des scénarios. C'est à ce moment qu'il recommande à Carole de cesser immédiatement de fumer si elle désire mettre toutes les chances de son côté. N'ayant jamais eu le courage de prendre une telle décision, elle qui a toujours dit qu'elle n'arrêterait jamais se voit confrontée à l'inévitable. Mais elle le fera, et honorablement.

Le mardi matin, le médecin nous rencontre pour nous transmettre le bilan de l'opération et nous indiquer les traitements que Carole devra suivre. Sans retenue, en quelques secondes, il nous annonce que malheureusement, les ganglions sont atteints et que cela n'est pas une très bonne nouvelle. Comme Carole n'a que trente-cinq ans et qu'elle est toujours en période de fécondité, son système hormonal a fait en sorte que le cancer s'est propagé rapidement dans tout son organisme. Selon lui, il n'y a aucun traitement miracle pour freiner la maladie. Incapables d'en absorber davantage et de poursuivre la conversation, car les chances de survie sont pour ainsi dire réduites à néant, nous convenons de nous revoir demain matin. Dévastés par cette annonce, nous sommes inconsolables. Nous vivons ensemble d'inimaginables moments de détresse, comme si nous étions sur un bateau qui coule alors que nos pensées sont submergées par le désespoir.

Le jour suivant, après que nous ayons en partie repris le contrôle de nos émotions, le docteur nous propose d'inclure Carole dans un nouveau protocole de recherche médicale. Toutefois, les médicaments sont toujours à l'étude et scientifiquement, les résultats ne sont pas encore connus. Mais, puisque nous sommes totalement dans l'impasse et qu'il s'agit là de son unique chance de survie, nous n'avons d'autre choix que d'accepter son offre. Comme le prévoit le protocole, elle devra prendre tous les jours un médicament nommé tamoxifène, et ce, jusqu'à sa ménopause. Ce médicament lui évitera de plus de devoir recourir à la chimiothérapie. Du fait que ce traitement fait partie d'une expérience scientifique, il nous assure que nous n'aurons pas à débourser un seul sou pour les médicaments qui évidemment, ne sont pas couverts par l'assurance maladie du Québec. Enfin, lorsque les plaies seront guéries, Carole devra suivre des traitements en radiothérapie jusqu'à la mi-octobre.

Lors de ces rencontres, nous développons avec ce médecin une belle relation de confiance. Même qu'il nous donne son numéro de téléphone privé. Inutile de mentionner que nous nous sentons privilégiés. Nous pourrons ainsi l'appeler à tout moment si nous avons des questions importantes ou si nous nous trouvons en situation d'urgence.

Durant la période d'hospitalisation de Carole, lorsque je retourne chez mes beaux-parents et que je me retrouve enfin seul dans ma chambre, je me sens tout près du gouffre. Mon esprit tourmenté et assiégé par la fatalité m'empêche de fermer l'œil, ne serait-ce que quelques minutes. Mes idées tournent et tournent, comme si elles étaient coincées dans un labyrinthe et qu'elles parcouraient de longs passages, cherchant désespérément une sortie. En pensant à mes enfants, je ne peux concevoir qu'ils devront traverser les mêmes épreuves et vivre les mêmes cauchemars que j'ai vécus dans ma jeunesse suite au décès de ma mère.

Au matin, fidèle à moi-même et donc, incapable de partager mes états d'âme, ce qui m'anéantirait, je ferme le volet du désespoir et me raccroche à l'espoir. Durant cette tempête, où je dois sauver ma famille et prendre soin des enfants pour nous permettre de poursuivre notre route, je trouve la force morale pour soutenir mon épouse devant son inévitable destin.

C'est l'absurdité de la vie qui frappe dans une période où on se croyait invincibles et qui semblait nous offrir un bel avenir plein de promesses et de bonheur. Il ne faut surtout pas essayer de comprendre l'incompréhensible. Vu la situation, je dois tenir compte de notre nouvelle réalité et après m'être entretenu avec le médecin, j'aurai à prendre des décisions importantes à très court terme.

Au bout de quelques jours d'hospitalisation, Carole obtient son congé. Peu de temps après son retour à la maison, elle doit être hospitalisée de nouveau suite à une infection importante et une fièvre incontrôlable. Nous sommes déconcertés d'apprendre que celle-ci est due à la présence d'une éponge chirurgicale qui a été oubliée à l'intérieur de la plaie au moment de l'intervention chirurgicale... ce qui ne favorisait certes pas une guérison. Une erreur médicale qui dans les circonstances, se passe de commentaires!

Tout juste après avoir obtenu son deuxième congé, Carole tient malgré tout à assister au mariage de mon frère devant avoir lieu samedi prochain, soit le 13 août. Ne serait-ce qu'un instant, notre présence à cette cérémonie nous aidera peut-être à oublier l'épreuve que nous traversons, sans compter que nous pourrons nous divertir en compagnie de nos proches. La seule idée de voir le bonheur dans les yeux des nouveaux mariés nous réconforte un peu.

Pour la réception, Carole, même dans sa fragilité, est toujours aussi élégante dans sa belle robe blanche. Elle ne laisse paraître ni sa douleur ni ses inquiétudes. Dans les circonstances, tout le monde se veut discret et aimable, et évite les discussions sans fin sur son état de santé. Même si nous n'avons pas nécessairement le cœur à la fête, le fait d'être là, en famille, nous procure un peu d'énergie, laquelle nous permettra de continuer à nous battre contre l'implacable réalité. Mais nous n'avons pas oublié les nouveaux mariés pour autant. En guise de cadeau, nous leur offrons une bouteille de Dom Pérignon, accompagnée d'un sceau et de deux coupes à champagne en argent.

Notre situation est très complexe. Nous vivons à Paris, où mon contrat de travail me lie pour au moins deux ans, et Carole doit rester à Montréal pour suivre ses traitements. Quant aux enfants, ils doivent recommencer les classes dans quelques semaines en France. Les décisions que nous devons prendre méritent une grande réflexion. Nous planifions donc une rencontre avec le médecin traitant pour en discuter.

En arrivant dans son bureau, nous sommes choqués de voir la liste des protocoles affichée sur le mur. Sur celle-ci figurent le nom des patientes, la date du début des traitements, la date de naissance et pour plusieurs, la date du décès. Rien pour nous rassurer! Ces statistiques que nous revoyons à chaque visite médicale nous rappellent chaque fois cette réalité morbide. Nous ne comprenons pas comment un médecin peut avoir aussi peu de compassion et de délicatesse envers des patientes qui doivent se battre pour leur vie tout en s'efforçant de garder un moral à toute épreuve pour tenter de s'en sortir avec dignité.

Lors de cet entretien, le docteur se veut avant tout rassurant lorsqu'il nous dit que ce n'est pas le moment de céder à la panique et que nous devons nous calmer. Il semble croire que Carole sera sur pied vers la mi-octobre, dès que les séances de radiothérapie quotidiennes seront terminées. Ces propos ne sont pas sans nous donner une lueur d'espoir. Elle pourra ainsi revenir vivre à Paris dans quelques mois. Par contre, en tant que participante à un protocole de recherche, elle devra revenir au Canada tous les trois mois pour un suivi médical. Quoique toujours inquiets, cette conversation nous rassure quelque peu, car selon les dires de notre interlocuteur, il semble que la fin du monde n'arrivera pas dans six mois. Voilà qui contredit le diagnostic du médecin que nous avons rencontré à Paris.

Dans quelques jours, je retournerai donc seul en France puisque nous avons décidé que les enfants resteront à Montréal jusqu'à la rentrée scolaire. Je dois toutefois trouver très vite une personne responsable pour les accompagner à Paris dans quelques semaine, et prendre soin d'eux jusqu'au retour de Carole. Malheureusement, ma mère ne peut se rendre disponible, car il est impensable que mon père arrive à s'organiser seul durant une aussi longue période de temps. Finalement, ma sœur Ginette, qui est la marraine de mon fils, accepte de bon cœur de me rendre ce service. Pour elle qui n'a jamais voyagé à l'extérieur du pays, ce sera toute une expérience. Évidemment, ses frais de déplacement seront assurés par le bureau.

De plus, celui-ci nous offre généreusement de payer toutes les dépenses de Carole lorsqu'elle devra revenir au Canada pour ses suivis médicaux. On m'offre également de mettre un appartement à notre disposition lors de ces séjours.

Avant de repartir pour Paris, j'utilise les quelques jours qu'il me reste pour effectuer quelques placements immobiliers. Je fais donc trois offres d'achat distinctes à deux entrepreneurs dans le but d'acquérir trois triplex neufs, dont un à Ste-Thérèse et deux à Chomedey, Laval. Nous pourrons ainsi emménager dans celui de Ste-Thérèse, puisque le quatre et demi qui se trouve au demi-sous-sol est libre. L'entreprise me versera les frais de location de cette unité sur une période annuelle. Quant aux autres logements, ils sont tous déjà loués et l'entrepreneur m'a fait savoir que les locataires pourront en prendre possession lorsque tous les travaux seront terminés.

Même si Carole projette une force de caractère exceptionnelle, je réalise à quel point elle est faible, vulnérable et meurtrie. Pour lui démontrer que je l'aime et qu'elle est importante dans ma vie, je lui fais don d'une propriété que j'enregistre légalement à son nom. Quant aux deux autres, elles nous appartiendront conjointement. Les circonstances étant ce qu'elles sont, il nous sera malheureusement impossible d'obtenir une assurance hypothèque.

Afin de m'assurer de la gestion quotidienne des immeubles, je propose un partenariat à mes trois plus jeunes frères et sœur. Moyennant dix pour cent de la mise de fonds que je financerai sans intérêt, ils auront la chance d'investir et de se bâtir un capital financier à long terme. Les sommes que je leur prêterai devront m'être remboursées selon les délais que nous fixerons en fonction de leur budget. Après avoir évalué mon offre, c'est à mon grand plaisir qu'ils acceptent. Les transactions ne pouvant être notariées avant mon départ, je donne à Carole une procuration générale notariée, ce qui lui permettra de signer en mon nom tous les documents légaux.

En même temps, par téléconférence, je finalise avec la haute direction de l'entreprise le plan de restructuration du département des ventes qui sera mis en place dès que je serai officiellement nommé directeur national des ventes.

Le 20 août, je retourne donc seul à Paris, non sans m'inquiéter pour la santé de Carole. Je ne pense qu'à elle.

Mon retour à Paris

En arrivant à l'appartement, je dois me ressaisir, car un moment de peine profonde m'envahit. Je me réconforte quelque peu à l'idée de pouvoir partager celle-ci avec mes amis Xavier et Nicole où je vais dîner ce soir. Ces dernières années, eux aussi ont vécu des périodes difficiles. En fait, Nicole a dû se battre pour surmonter deux cancers. J'apprécie beaucoup leur invitation, leur compassion, leur amitié et leur solidarité.

Durant le repas, puisque Nicole et moi travaillons pour la même société, nous ne pouvons nous empêcher de parler de notre travail, comme c'est d'ailleurs le cas chaque fois que nous nous rencontrons. Cette fois, comme plusieurs cadres sont affectés par la réorganisation, ce qui est le cas de Nicole, nouvelle qui sera annoncée après ma nomination, notre discussion se concentre en grande partie sur la restructuration du département des ventes. Croyant à l'importance de la formation du personnel, je m'étais assuré que le poste de directrice de la formation, un poste clé dans l'entreprise, soit attribué à Nicole. En plus d'être une personne de confiance, pragmatique, travaillante et engagée, elle jouit d'une excellente réputation, autant auprès du réseau de ventes que des cadres de la compagnie. Je suis donc très heureux qu'elle puisse finalement jouer un rôle important au sein de ma nouvelle équipe de gestion.

Malheureusement, Xavier, son mari, ne partage pas ma vision et ne comprend pas l'importance que j'accorde au développement des ressources humaines. Il considère que le nouveau poste offert à son épouse n'a aucune envergure. Tentant en vain de lui expliquer et lui faire comprendre mon point de vue, il persiste à dire que la promotion de son épouse est selon lui une insulte et une dévalorisation de ses compétences. Pour terminer, il me prend à partie quand il me lance que je suis comme tous les autres dirigeants de l'entreprise et que je n'ai pas les compétences pour diriger le département des ventes.

Parce que ses propos me blessent profondément, que la discussion devient trop intense et que je suis fragilisé par les événements des dernières semaines, je décide de partir sur-le-champ. Il tente bien de s'excuser, mais c'est trop tard. Je ne peux plus le supporter davantage. Je continue toutefois de maintenir une bonne relation avec Nicole, que j'aime beaucoup. Suite à une discussion ultérieure, en raison du respect que j'ai pour elle, j'accepte d'oublier les propos de son mari. Ce qui évitera de plus à Carole de vivre ce petit désagrément lors de son retour à Paris. Il me faut toutefois quelques mois de réflexion avant de revoir Xavier, soit le temps que Carole revienne vivre avec nous.

Mes nouvelles responsabilités

Comme prévu, malgré mes déboires personnels, j'assume la direction nationale des ventes de la société française.

En arrivant au bureau, étant donné l'importance de mon poste, j'emménage dans un somptueux local. Bien meublé et très éclairé, celui-ci est directement relié au bureau privé de ma secrétaire. J'y trouve des fauteuils confortables, une table de travail avec quelques chaises et un grand bureau, ainsi qu'un frigidaire rempli de bouteilles de vin, de boissons et de champagne pour recevoir mes invités ou les membres du personnel. Je suis impressionné.

Tous les matins, ma secrétaire classe le courrier et me présente à heure fixe les dossiers importants, de même qu'un porte-folio contenant tous les documents à signer, séparés individuellement par une feuille de présentation. Que de protocoles et de procédures!

Il est évident que ma nomination n'a pas fait l'unanimité, tant auprès des gens qui convoitaient ce poste depuis longtemps qu'auprès de certains cadres qui sont des amis personnels de mon prédécesseur. Je dois donc trouver un moyen de les intégrer dans la nouvelle organisation, ce qui n'est pas nécessairement une tâche facile.

Après quelques jours, je remarque soudainement une détérioration de l'atmosphère dans tout le département. Voyant que les secrétaires semblent tendues et inconfortables, je consulte la mienne, une employée de longue date au sein de l'entreprise, pour comprendre ce qui se passe.

Avec une formalité proverbiale, elle me confirme qu'effectivement, il y a un malaise général, ce qui fait que l'atmosphère est à la dérive. Elle me demande également la permission d'être franche et l'autorisation de parler ouvertement de la problématique. Ce que j'accepte d'emblée, évidemment, car je tiens absolument à savoir ce qui se passe.

Avec autant de surprise que d'émotion, j'apprends que je suis le problème. J'aurai tout entendu. Je ne comprends pas pourquoi. Voulant en savoir davantage sur ce que j'ai fait ou n'ai pas fait, car je ne suis en place que depuis quelques jours et que je n'ai pas eu l'occasion de les rencontrer, je lui demande de me fournir plus de détails.

«Les secrétaires ont besoin de reconnaissance et se sentent négligées depuis votre nomination», m'avoue-t-elle.

«Pourquoi?»

«Eh bien, c'est une pratique courante, en France, que le directeur traverse le bureau tous les matins et salue individuellement chaque employé qui travaille dans son département. Lors de cet exercice, il doit y avoir un échange bref sur les événements courants, sur la famille et leurs états d'âmes. Pour terminer, comme la majorité du personnel est constituée de femmes, celles-ci ont l'habitude de recevoir la bise sur la joue tous les matins, soit une sur le côté droit, une sur le côté gauche et encore une fois sur le côté droit. À votre arrivée, vous les saluez rapidement et tout simplement, comme vous le faites à l'américaine, et ça, elles ne l'acceptent pas».

Je suis éberlué lorsque je réplique:

«Alors, que me recommandez-vous, Madame? À part le personnel de soutien, il y a au moins douze secrétaires dans le bureau, n'est-ce pas?»

«Me permettez-vous? Car je ne voudrais pas vous vexer», réplique-t-elle.

«Oui, Madame, dites-moi!»

«M. Leclerc, il serait souhaitable que vous puissiez vous y mettre dès demain. Si vous voulez retrouver une belle atmosphère de travail dans votre département, dès votre arrivée, vous devriez faire le tour du bureau et rencontrer individuellement chaque personne. Vous verrez que leur attitude changera rapidement. En fait, les secrétaires veulent se sentir importantes et reconnues. À tout le moins, il est très important de leur faire la bise tous les matins».

«Merci, Madame, de votre franchise. Je vais y réfléchir sérieusement».

Et puis, elle quitte mon bureau en fermant la porte discrètement.

Abasourdi par ce que je viens d'entendre, j'ai l'impression que je vais tomber en bas de ma chaise. Je réalise à quel point nos habitudes nord-américaines divergent de celles de la France. Je ne m'attendais jamais à ce genre d'observations et je ne sais plus que penser. Pourtant, moi qui suis en France depuis huit mois, comment ai-je pu passer à côté?

Je commence alors à réfléchir. D'abord, il y a la pause matinale lors de réunions d'à peine quarante-cinq minutes où il nous faut servir du vin rouge et des pâtés; ensuite, chaque midi, on célèbre, parfois même jusqu'à quatorze heures, les anniversaires des employés. Cela, sans compter les repas du midi qui peuvent s'éterniser jusqu'à seize heures. Et voilà que maintenant, je dois faire la conversation et la bise matinale aux employés de mon département, ce qui grugera au moins quarante-cinq minutes de mon temps. Quand aurai-je donc le temps de travailler?

Je réalise que la situation est délicate et que si je veux réussir, je dois me rapprocher des gens. Par contre, cela représente pour moi un changement important, tant dans mes contacts, mes relations avec le personnel, mes habitudes journalières, ma personnalité que dans mon style de gestion, lequel est très pragmatique. De prime abord, je ne me sens pas à l'aise d'être obligé de faire la bise à tout le personnel chaque matin et de devoir discuter brièvement avec tout un chacun sur tout et sur rien. «Que de temps perdu!» me dis-je. Je suis décontenancé, mais apprécie grandement la sincérité et la franchise de ma secrétaire.

Après mûre réflexion, je me dis que dans le contexte protocolaire où nous sommes, si elle s'est permis de me faire part de ses recommandations, il est important que je les prenne en considération. Effectivement, je n'ai pas encore pris le temps de rencontrer tout le personnel du département et je dois m'ajuster aux coutumes du pays.

Le jour suivant, dès mon arrivée au bureau, dans l'inconfort, la timidité et surtout, par obligation, je me dirige directement dans mon département pour rencontrer un à un tous les employés et m'enquérir de leur état d'âme. À la fin de notre petit entretien sommaire, je leur souhaite une bonne journée tout en leur faisant la bise sur la joue droite, puis sur la gauche et encore sur la droite. Le premier matin, l'exercice me prend à tout le moins une heure. Et puis, les jours suivants, l'habitude s'installe, et trois jours plus tard, les comportements ont changé, ce qui fait que l'atmosphère est redevenue agréable.

Je dois maintenant me préparer pour la conférence nationale qui aura lieu à Mandelieu-la-Napoule, où nous présenterons les plans de mise en marché du dernier trimestre, soit le plus important de l'année. Pour la première fois, j'aurai l'occasion de rencontrer tous les membres du réseau, c'est-à-dire environ trois cent cinquante personnes, et de m'adresser à eux avec mon accent québécois. Je dois avouer que suite aux événements que j'ai vécus depuis le début du mois, je suis épuisé. Je suis également inquiet quant au déroulement de cette conférence, qui est maintenant sous ma responsabilité.

Finalement, je suis très content, car tout se passe très bien. Parce que plusieurs personnes occupent de nouvelles fonctions et que tout est à refaire, la transition à la direction des ventes est ardue. Je dois composer avec des habitudes commerciales qui n'ont jamais donné de résultats et introduire de nouvelles stratégies nationales. Je dois aussi contrer l'influence perverse de certains cadres qui sont toujours en relation avec mon prédécesseur, et celle de la Directrice des ressources humaines qui joue sur les deux fronts à la fois et qui est toujours en contact avec l'ancien directeur général. Pour réaliser les objectifs de rentabilité de l'entreprise, je dois réduire les budgets de dépenses et investir uniquement sur les stratégies commerciales considérées prioritaires. Heureusement que je bénéficie du soutien indéfectible de la direction internationale et des nouveaux gestionnaires en place. Afin de prendre le contrôle de mon département le plus rapidement possible, je travaille entre quatorze et seize heures par jour, ce qui me permet d'étudier tous les dossiers importants. Étant seul à la maison pour encore quelques semaines, cela me donne le temps nécessaire pour me concentrer sur mes nouvelles responsabilités.

Durant cette période de transition, et dans l'attente du retour des enfants, j'appelle Carole tous les jours pour m'informer de son état et du déroulement de ses traitements. Je lui fais également livrer des fleurs tous les samedis pour qu'elle sache qu'en pensée, je suis avec elle. Rêvant d'une guérison miraculeuse, tous les matins, en conduisant ma voiture pour me rendre au bureau, ce qui me prend environ une heure, je fais mon chapelet et prie le Seigneur de bien vouloir nous aider à traverser cette dure épreuve.

Le retour des enfants à Paris

Puisque c'est bientôt le début des classes, les enfants reviennent à Paris le 3 septembre. Comme convenu, ils sont accompagnés par ma sœur Ginette, laquelle doit maîtriser sa peur de l'avion du fait que c'est la première fois qu'elle emprunte ce mode de transport. J'apprécie beaucoup sa générosité et je suis très content qu'elle ait accepté de prendre soin des enfants.

Le jour de leur arrivée, je les invite à souper à Montmartre, autant pour enjoliver quelque peu notre vie que pour souhaiter la bienvenue à Ginette. Pour le retour en classe, je m'assure que les enfants aient en leur possession tout le matériel scolaire requis. Par précaution, j'informe également la direction de leur école de notre situation familiale pour qu'on leur porte une attention particulière advenant le cas où ils seraient perturbés. De plus, pour libérer ma sœur de certaines responsabilités, j'ai engagé notre femme de ménage pour qu'elle puisse reconduire Alexandre tous les jours au collège, soir et matin. Quant à Cindy, elle se débrouille très bien seule dans Paris.

Puisque je voyage régulièrement, je prends soin de remettre à ma sœur un peu d'argent, de même que ma carte bancaire. Mais elle refuse de l'utiliser, cela la rendant inconfortable. Pour que son séjour lui soit agréable, je souhaite grandement qu'elle puisse s'adapter rapidement à la vie parisienne.

Quelques semaines plus tard, au retour d'un voyage d'affaires, je remarque que la relation est tendue entre elle et les enfants. Ce qui est surprenant, car ils ont toujours eu de bons rapports avec elle et qu'ils étaient contents qu'elle ait accepté de les garder. Comme elle est inquiète de nature, je me dis que j'ai probablement sous-estimé l'ampleur des responsabilités que je lui ai confiées. Elle qui n'a jamais voyagé, s'est oubliée pour me venir en aide, allant jusqu'à s'engager dans une aventure qui dépasse ses capacités. Je constate de plus que les enfants sont perturbés par tous ces bouleversements. Ils ne font preuve d'aucune flexibilité et refusent de modifier leurs habitudes, ce qui apaiserait le climat. Le seul fait de leur demander d'enlever leurs chaussures lorsqu'ils rentrent à la maison dégénère. Puisqu'il ne reste que deux semaines avant le retour de Carole, nous devrons nous y faire, car il est impensable que ma sœur prenne l'avion seule pour retourner au Canada.

Il est entendu que je la raccompagnerai chez elle et que je reviendrai à Paris en compagnie de Carole. Mais avant de partir, je dois trouver une famille d'accueil qui sera prête à garder les enfants durant mon absence d'une semaine. Je leur demande donc de m'indiquer un ami ou une amie de leur classe chez qui ils se sentiraient à l'aise de rester.

Dans le cas d'Alexandre, je pense très vite aux parents de Youri, son compagnon de classe. Ceux-ci acceptent gentiment de le garder, sans aucune rétribution. Par contre, la situation se corse pour Cindy, car les parents de son amie, que je n'ai jamais rencontrés, sont partis à l'étranger et ne pourront me rencontrer que la veille de mon départ. Évidemment, comme le veut le protocole français, une rencontre entre parents est essentielle pour que les enfants puissent se fréquenter à l'extérieur de l'école. Même si je serai à la dernière minute, je dois me conformer à ce rituel. Donc, la journée précédant mon départ, ils m'invitent à dîner vers vingt heures afin que l'on puisse faire connaissance. Bien que pressé par le temps, je me plie avec grâce à leurs exigences. À mon grand étonnement, ils m'offrent un accueil sans précédent et m'invitent à partager avec eux un souper gastronomique hors de l'ordinaire. Ils m'apprennent qu'ils viennent tout juste de se réinstaller à Paris après avoir été expatriés quelques années en Afrique, d'où leur ouverture d'esprit à notre égard. Après avoir dirigé les opérations africaines pour une importante société bancaire française, Monsieur vient d'obtenir une promotion à Paris. En tant que grand amateur de whisky de malt de première qualité, il m'invite à déguster avec lui plusieurs de ses bouteilles de collection. Et moi qui espérais mettre fin à cette rencontre le plus rapidement possible! Finalement, ils me confirment que c'est avec grand plaisir qu'ils acceptent d'accueillir Cindy sous leur toit. Avant de partir, ils me remettent en cadeau un porte-document de voyage que j'utilise toujours aujourd'hui. Je garde donc un beau souvenir de cette rencontre. Ce soir-là, je retourne à la maison très tard, non sans avoir trop mangé et un peu trop bu.

Après une courte nuit de sommeil, ma sœur et moi nous rendons à l'aéroport Charles-de-Gaulle. Lors du trajet, je la sens fébrile, nerveuse et épuisée, et en même temps, contente que son cauchemar soit terminé. Bien que je m'efforce de la rassurer, le fait de devoir survoler l'Atlantique durant huit heures lui crée une anxiété difficile à contrôler.

Alors que nous venons tout juste de gagner nos places, elle devient surexcitée lorsqu'elle réalise que le passager assis dans le siège qui lui fait face n'est nul autre que Daniel Lavoie, un de ses chanteurs préférés. En fait, elle l'admire. Disons que pour le moment, ça la distrait.

Quelques heures plus tard, elle est prise soudainement de panique et frappe sa tête contre le hublot à plusieurs reprises pour tenter de sortir de l'appareil. Dans une hystérie totale, elle crie et elle hurle de peur. Rapidement, les hôtesses se précipitent et interviennent pour contrôler son agitation. Moi qui suis là, assis à ses côtés, je me sens complètement dépassé par la situation. On lui administre finalement quelques sédatifs afin qu'elle puisse dormir durant tout le reste du vol. Que d'émotions! J'ai l'impression que tout me tombe sur la tête. C'est là que je réalise que l'aide qu'elle m'a apportée lui a demandé beaucoup plus qu'elle l'aurait cru; c'était au-delà de ses limites.

Pour la remercier, je lui remets un montant d'argent qu'elle refuse d'accepter. Sa grande générosité l'a toujours caractérisée. Lors de mon prochain voyage à Montréal, prévu pour les fêtes, j'en profiterai pour lui remettre un petit cadeau en gage d'appréciation.

Lorsque nous nous posons à Montréal, je suis brulé par les excès d'hier soir et paralysé par ce qui s'est produit durant le vol. Mais sitôt sorti de l'avion, je retrouve très vite suffisamment d'énergie pour me ressaisir et être en mesure d'apporter à Carole tout le soutien moral et l'attention qui lui sont dus, elle qui ces six dernières semaines, a dû se rendre quotidiennement à ses séances de radiothérapie.

Nous profitons de mon séjour pour emménager dans notre nouveau logement de Ste-Thérèse. L'entreprise a déjà pris les dispositions pour nous livrer tous les meubles qui ont été entreposés l'an dernier. Afin de compléter l'aménagement, nous achetons tous les électroménagers, quelques meubles, des stores et des accessoires de cuisine. Nous pourrons ainsi revenir avec les enfants en décembre prochain, lors du prochain rendez-vous médical de Carole.

Avant de retourner à Paris, je lui offre un magnifique manteau de fourrure exclusif en swakara et peau de castor. C'est d'ailleurs ce manteau qui cette année, a gagné le premier prix design en fourrure. Je ne pouvais pas lui faire plus plaisir. Elle anticipe déjà de le porter tous les jours à Paris, car suite à ses traitements, elle est devenue très sensible au froid. Elle semble aussi heureuse d'avoir passé du temps avec ses parents et d'avoir retrouvé sa grande amie Diane. De mon côté, avant notre départ, je recueille discrètement toutes les prières qui sont publiées dans les journaux pour pouvoir les réciter quotidiennement, espérant que Dieu interviendra pour la sauver.

Le retour de Carole à Paris

À notre retour en France, le 16 octobre, les parents de Youri sont désolés de nous apprendre qu'Alexandre s'est cassé un bras. Après tout ce que nous avons vécu dernièrement, avions-nous besoin d'une telle nouvelle? Pour éviter de nous inquiéter, ils avaient décidé de garder le silence lorsque nous les avions appelés pour vérifier si tout allait bien. Nous sommes toutefois vite rassurés lorsqu'ils affirment avoir pris toutes les dispositions nécessaires pour que notre fils soit soigné dans l'un des hôpitaux les plus réputés de Paris. Se sentant responsables, ils refusent que je leur rembourse les frais médicaux. Ils s'excusent sincèrement et profitent de l'occasion pour nous inviter à dîner au fameux restaurant Le Nôtre. Nous passons en leur compagnie une excellente soirée, dans un cadre magnifique.

Le premier week-end suivant le retour de Carole, pour souligner l'événement, j'invite Nicole et Xavier à dîner à la maison. C'est la première fois que je revois Xavier depuis notre altercation. Pour ne pas créer davantage de soucis à Carole, je n'ai pas osé lui raconter cet épisode regrettable. Je suis heureux, car la soirée s'est très bien déroulée

Pour oublier notre désarroi et la peine engendrée par l'incertitude qui nous pèse, et aussi, pour profiter du fait que nous sommes en Europe, nous partons tous les week-ends avec les enfants pour visiter la France et certains pays limitrophes. Lors du long congé de la Toussaint, soit le dernier week-end d'octobre, je prends quelques jours de congé additionnels pour nous rendre à Bruxelles, la capitale de la Belgique, et visiter la ville de Bruges, surnommée la Venise du Nord. Par la suite, nous allons sur la côte de l'Atlantique où nous empruntons un traversier qui d'Ostende, nous mène à Dover, en Angleterre. Durant les quelques jours que nous passons à Londres, je me retrouve parfois coincé en plein cœur de la ville à bord de ma Renault 25, car au contraire des voitures londoniennes, dont le volant est à droite, le mien se trouve à gauche. Ayant sous-estimé ce fait, j'éprouve beaucoup de mal à conduire à travers les rues congestionnées, ne sachant pas toujours dans quelle direction me diriger.

Nous logeons au somptueux hôtel The Grosvenor, dans Westminster, en plein cœur de la cité. Après avoir visité Londres en bus londoniens, nous nous rendons au château de Windsor que nous ne pouvons malheureusement pas visiter, puisque la Reine s'y est réfugiée pour le long congé.

C'est le premier week-end que nous nous retrouvons en famille depuis l'annonce de la maladie de Carole. Nous sommes heureux qu'elle soit de retour parmi nous. Pour être à Paris à temps pour fêter l'Halloween avec les enfants, nous repartons très tôt le lundi matin. Du port de Dover, nous traversons La Manche pour arriver directement au Havre en France.

Avant ce voyage, Carole avait réussi à trouver des citrouilles et des bonbons à profusion. Durant la soirée, pendant que les enfants sont suspendus à une émission de télévision, avec sa complicité, je quitte discrètement l'appartement avec les friandises. Pour leur faire une surprise, je me déguise en fantôme et frappe à la porte. Carole leur ayant exceptionnellement donné la permission d'ouvrir, du fait qu'ils sont curieux de voir qui est là, ils se précipitent dans le hall et ouvrent. Surprise! Me voici, le Bonhomme Sept Heures! Effrayés, ils referment aussitôt la porte pour m'interdire l'entrée. Du coup, Carole est forcée d'intervenir. La surprise est réussie! Puisque cette fête anglo-saxonne suscite peu d'intérêt en France, avec tous les bonbons qu'ils ont reçus ce soir, Alex et Cindy pourront sûrement faire découvrir à leurs amis français le plaisir de célébrer l'Halloween.

Les week-ends suivants, nous visitons la Normandie et la ville de La Rochelle, en plus de passer quelques jours au «Mont St-Michel», où nous logeons dans une petite auberge qui nous a été recommandée par le médecin de Carole à Paris, le propriétaire étant l'un de ses amis personnels. Nous avons adoré notre séjour.

Avec Noël qui approche, c'est pour nous la fin d'une année charnière. Comme prévu, nous retournons à Montréal pour que Carole puisse rencontrer son médecin. Puisque cette fois nous demeurons dans notre nouvel appartement de Ste-Thérèse, nous avons droit à plus d'intimité et à un rythme de vie plus serein. .

Lors de l'examen médical, le médecin nous rassure sur l'état de santé de Carole. En plus de nous signifier que celui-ci s'est stabilisé, il affirme qu'elle a réagi positivement aux traitements. Enfin, une bonne nouvelle!

Heureux d'un tel dénouement, nous passons de très belles fêtes. Lors des réceptions auxquelles nous sommes invités, Carole porte une magnifique robe longue en satin vert foncé signé Laura Ashley, qu'elle a achetée lors de notre séjour à Londres. Jumelé à des gants de soirée, ce vêtement la rend très élégante. Pour le réveillon de Noël, nous sommes conviés chez sa cousine Nicole et son conjoint Guy, lesquels habitent une superbe maison à St-Sauveur, dans les Laurentides. Après avoir assisté à la messe de minuit et fait un tour de carriole à travers la ville en compagnie de tous les membres de sa famille, nous nous rendons chez nos hôtes pour célébrer Noël. L'accueil qui nous est réservé est toujours aussi chaleureux.

Une nouvelle année

Respectant les traditions, nous passons le Jour de l'An chez Christine, la tante de Carole, avant d'aller souper chez mes parents en compagnie de toute ma famille, y compris mes tantes et oncles du côté paternel. Puisqu'il nous faut retourner à Paris dans la soirée et que notre vol est à 20h30, mes parents sont très déçus de nous voir partir si tôt. Mais nous n'avons guère le choix du fait que demain matin, je dois me joindre aux autres cadres de l'entreprise pour participer à une réunion stratégique.

En arrivant à l'aéroport, le chauffeur m'attend pour me conduire à un hôtel situé à proximité du lieu où se déroule la réunion. Ma secrétaire m'a réservé une chambre pour que je puisse faire ma toilette et me changer avant de me présenter. Voilà qui termine abruptement notre voyage! Durant ce temps, un autre chauffeur ramène Carole et les enfants à la maison. Eux auront au moins le temps de se reposer et se remettre du décalage horaire.

Exténué par le vol, le changement de fuseau horaire et les excès des fêtes, je passe la plus longue et la plus épuisante journée de ma vie. Tout au long des discussions interminables à la française qui n'aboutissent nulle part, je suis condamné à rester assis sur ma chaise jusqu'à la fin de la journée, alors même que je tombe de sommeil et que je tente désespérément de garder les yeux ouverts. Que d'énergie il me faut pour suivre la cadence!

Carole retrouve graduellement son rythme de vie. Puisqu'en janvier, la température n'est pas propice aux voyages, nous restons tous les week-ends à Paris. Nous avons ainsi l'occasion de fréquenter ses amis de la Délégation générale du Québec et de l'ambassade du Canada, ce qui nous permet de visiter de somptueux appartements de fonction dans les plus beaux arrondissements de Paris. Aussi, les dimanches après-midi, c'est en famille que nous nous promenons dans les magnifiques parcs de l'île de France.

À la fin de février, dans le cadre d'un événement incitatif organisé à l'intention du réseau de ventes, j'accompagne les meilleures promotrices de France au carnaval de Venise. Dès mon arrivée, je suis impressionné par cette ville qu'on surnomme la Cité des Doges. De la fenêtre de ma chambre d'hôtel, situé en bordure du canal, je peux voir les gens qui traversent les canaux et qui se promènent en gondole. Dans les rues piétonnières, les enfants et les animaux de compagnie sont costumés. Tous les jours, après la visite de monuments historiques, nous nous rendons inlassablement au célèbre café Florian, le plus ancien de la place Saint-Marc, pour déguster un café ou boire un verre de champagne, tandis que chaque soir, nous dînons dans un des meilleurs restaurants de la ville.

Pour marquer la soirée de fermeture du carnaval, c'est tous masqués et vêtus de costumes rappelant l'époque de Louis XIV que nous invitons les promotrices à un banquet dans les caves d'un château médiéval. Le repas terminé, nous nous rendons tous à la place Saint- Marc pour participer au bal costumé au cours duquel un orchestre composé de vingt-deux musiciens en smoking blanc fait valser la foule. Une soirée grandiose à laquelle je n'aurais jamais pensé prendre part et où je me serais cru un instant sur un plateau de tournage.

Le jour suivant, notre voyage étant terminé, nous souhaitons tous rentrer à Paris pour passer le week-end en famille. Mais voilà, la météo n'étant pas favorable, on nous annonce que tous les vols sont annulés pour les prochains jours. Nous devons donc retourner en France en autocar, en traversant les Alpes et la Suisse, un trajet long et épuisant.

Avec l'arrivée du printemps, nous repartons tous les week-ends en voyage. Nous nous rendons entre autres à Avignon pour voir le palais des papes, à Marseille pour découvrir son port de mer et sa vieille ville, à Lyon, à Strasbourg pour visiter la cathédrale et à Carcassonne pour faire le tour de la vieille forteresse. Un week-end, après avoir visité Genève, nous traversons le tunnel du Mont-Blanc pour atteindre Aosta en Italie, au pied des Alpes italiennes.

Durant cette même période, Nicole et Xavier nous invitent de temps à autre à passer quelques jours à leur résidence secondaire, laquelle se trouve au Domaine de la Goujonne, à Saint-Sauveur-lès-Bray, au sud de Paris. On peut y apercevoir de jolies maisons en bois rond construites autour d'un étang d'eau au bord de la Seine. C'est là que nous rencontrons leurs amis Dominique et Coline, qui habitent les lieux en permanence, ainsi que François et Monique qui eux, ont récemment fait l'acquisition d'un petit chalet sur le bord de l'étang. Ceci permet à François de pratiquer ses sports favoris que sont la chasse et la pêche.

La fin d'un rêve

Alors que nous tentons de retrouver notre équilibre émotionnel depuis les problèmes de santé qu'a connus Carole, je reçois une lettre de la direction américaine annonçant que suite à d'importants problèmes financiers et une tentative d'OPA hostile de la part d'un compétiteur, une restructuration importante de l'organisation s'impose. De ce fait, nous devrons procéder à une révision des budgets pour réduire les dépenses. On nous prévient de plus qu'il y aura des suppressions de postes, autant au niveau des marchés domestiques qu'au niveau international.

Étant donné que nous étions dans une ère de croissance et d'acquisition d'entreprises, plusieurs sociétés se sont diversifiées. La nôtre, qui quelques années plus tôt jouissait d'importantes liquidités, a fait l'acquisition de plusieurs entreprises opérant dans différentes sphères d'activité en dehors de ses compétences: détail, pharmaceutique, édition et impression. Puisque nous traversons une conjoncture économique difficile, ces divisions sont maintenant déficitaires, ce qui affecte grandement la valeur du titre à la bourse et bouleverse l'échiquier politique de la direction.

Dans ce document confidentiel, il est spécifié que la compagnie n'a d'autre choix que de concentrer ses efforts dans son secteur d'activité primaire, celui-là même qui a fait son succès dans le passé, soit la vente directe de produits de beauté. De plus, la direction nous annonce qu'elle prendra rapidement toutes les mesures pour se départir de l'ensemble des entreprises évoluant en dehors de son champ d'expertise. On termine en précisant clairement que plusieurs cadres de l'international pourraient être limogés, repositionnés ou tout simplement retournés dans leur pays.

Une nouvelle déconcertante qui ajoute à l'angoisse et l'insécurité que vit notre famille. J'ai nettement l'impression que tout s'écroule autour de nous. Avec les problèmes de Carole, je n'aurais jamais pu imaginer un pire scénario.

Malgré tout, l'entreprise respecte ses engagements et me verse à nouveau un boni de quinze mille dollars, toujours libre d'impôt, pour souligner ma deuxième année en France, tel que le stipule mon contrat. Il va de soi que cela me réjouit et m'aide à oublier temporairement mes problèmes.

À travers tous ces changements, la société française m'avise qu'elle souhaite retenir mes services en permanence et m'offre un contrat renouvelable de cinq ans. Si j'accepte, cela annulerait automatiquement mon contrat avec le bureau de New York. L'entreprise s'engage à maintenir certains avantages, tels le paiement du loyer, les frais d'éducation des enfants et ceux de la voiture. Je perdrais par contre la double rémunération que je touche actuellement et je devrais payer des impôts. Je devrais également entreprendre les démarches pour que ma famille et moi obtenions la citoyenneté française. Comme les conditions sont généreuses, que nous aimons vivre à Paris et que cette offre me procurerait une certaine stabilité, je dois réfléchir et en discuter avec Carole. Avant de prendre une décision, je dois évaluer l'impact qu'elle aura sur mes placements, mon plan de retraite et mes investissements immobiliers. Aussi, Carole étant inscrite sur un protocole de recherche médicale, je ne suis pas convaincu que nous puissions obtenir la citoyenneté française. Et même si nous pouvons l'obtenir, qu'adviendrait-il du coût des médicaments non couverts par l'assurance maladie du Québec et des dépenses trimestrielles reliées aux suivis médicaux de Carole au Canada?

Même si nous adorons Paris, devenu notre ville d'adoption, et que nous aimerions y rester, la situation est très complexe. Côté financier, si nous vendons nos propriétés, nous aurions sûrement le capital nécessaire pour acheter un appartement à Paris, ce qui à long terme, pourrait être intéressant.

Durant ma période de réflexion, on nous annonce que le Directeur général, celui-là même qui a été nommé il y a quelques mois en France, est rapatrié en Angleterre et que l'ancien, celui qui devait être limogé, reprend son poste. Pour tous les cadres expatriés qui travaillent en France, ainsi que pour plusieurs personnes du réseau, cette décision représente un retour en arrière, en plus d'être perçue comme un désengagement du bureau de New York envers le marché français.

De retour dans ses fonctions, le Directeur général s'empresse de me convoquer dans son bureau pour faire l'éloge de mes résultats et du travail que j'ai accompli, tout en me réitérant sa confiance. Ce qui bien sûr, me rassure. Par contre, pas plus qu'auparavant je n'apprécie son style de gestion et son approche. À ce chapitre, je demeure perplexe quant à l'avenir de la société. Suite à cette rencontre, déçu qu'il ait réintégré ses fonctions, et vu la complexité des démarches qu'il me faudra entreprendre pour régulariser notre situation en France, je refuse l'offre qu'on m'a soumise. En contrepartie, je consens à rester en poste jusqu'à la fin de mon contrat actuel, avec les mêmes conditions. Je verrai bien par la suite.

Le mois suivant, encore une fois dans le cadre d'un incitatif, j'accompagne plusieurs promotrices en Tunisie. Ce voyage me permet de découvrir une nouvelle culture et un nouveau continent. Après avoir visité la ville de Tunis, nous nous rendons à la station balnéaire de Monastir pour un peu de repos. Lors d'une soirée culturelle, nous avons prévu une magnifique réception dans un grand jardin, tout autour d'une immense piscine illuminée. Pour l'occasion, tous les participants portent les vêtements du pays. Dans ce cadre unique, nous passons une soirée magique. Après le repas qui nous a fait découvrir la gastronomie tunisienne, nous assistons à un spectacle de danse orientale communément appelé la danse du ventre. Durant la soirée, j'ai dû dévoiler mes talents de danseur lorsque la danseuse, encouragée par l'auditoire, m'a obligé à monter sur scène pour que je me prête gracieusement à cet exercice de déhanchement.

À la fin du spectacle, le Directeur général décide de prendre la parole de façon improvisée. Reconnu pour ses discours fracassants, scabreux et inadéquats, je redoute ce qu'il s'apprête à nous dire. Alors que l'atmosphère est à la fête, il évoque les problèmes financiers de l'entreprise, et ce, à l'échelle internationale, ainsi que les coupes budgétaires qu'il devra mettre en place. Après avoir ajouté qu'il est heureux d'être de retour dans ses fonctions, il vante mes talents de gestionnaire tout autant que mes réalisations, et explique les raisons qui ont motivé ma nomination à la direction des ventes. À la grande surprise de tous, il termine en disant: «Toutefois, il est étonnant qu'une société comme la nôtre n'ait pu trouver un français suffisamment compétent pour gérer le département des ventes, et que nous ayons dû retenir les services d'une personne qui ne connaît ni la France, ni sa culture, ni sa langue». Abasourdis par ces commentaires qui se veulent un désaveu, tous se tournent alors vers moi. Non seulement je suis complètement renversé, mais je suis blessé.

Pour nous tous, il est à la hauteur de ce qu'il a toujours été, soit imprévisible, inconsistant et déplacé. De retour à Paris, ses propos font rapidement le tour du bureau, non sans créer une onde de stupéfaction, avant de parvenir aux oreilles de la direction internationale.

Contrarié, j'avise les hauts dirigeants de New York que je désire quitter mon poste, du fait que je suis incapable de travailler à contre-courant avec un patron si peu professionnel et pour lequel je n'ai plus aucun respect... sans compter qu'au point de départ, il devait être congédié. Comme il n'y a aucune relève au sein de l'organisation, je consens à rester en place jusqu'à ce qu'ils trouvent un remplaçant. Il est de plus convenu que pour l'instant, tout ceci restera confidentiel. Lorsque j'ai pris cette décision, je me suis senti déchiré à l'idée de tout laisser tomber: la fonction, son prestige et tous les avantages qui y sont reliés. Je suis donc dans l'incertitude totale quant à mon avenir, d'autant plus qu'il me faut tenir compte de la santé de Carole. Tout comme une vague qui disparaît sur la plage, mes rêves semblent s'évanouir comme par enchantement.

Durant cette même période, nous retournons au Canada pour que Carole puisse rencontrer son médecin. Heureusement, tout se déroule très bien pour l'instant. Elle a réussi à reprendre le dessus et à retrouver son énergie d'autrefois. Néanmoins, le docteur nous prévient que la partie n'est pas nécessairement gagnée et qu'un suivi étroit et constant devra être maintenu tout au long des cinq prochaines années.

De retour à Paris, l'incertitude au sujet de la santé de Carole, de ma carrière et d'un éventuel rapatriement au Canada est moralement très dure à supporter. J'ai l'impression de tout perdre et de tout abandonner. On dirait que tout s'écroule autour de moi, comme si une bombe venait d'éclater. Je suis très préoccupé et stressé.

Grâce à Carole, je rencontre des membres de l'ambassade canadienne et de la Délégation générale du Québec pour évaluer la possibilité d'obtenir un poste au sein de ces représentations diplomatiques qui pourrait me convenir, ce qui nous permettrait de rester en France. Mais c'est en vain, mon profil s'apparentant beaucoup plus à celui d'un gestionnaire œuvrant en entreprise privée qu'à celui d'un politicien ou d'un employé de l'État. Suite à ces entrevues, nous recevons malgré tout une invitation de l'ambassadeur du Canada pour assister à un banquet officiel à l'ambassade à Paris. Ce que nous acceptons avec plaisir, d'autant plus que nous serons en compagnie de nos amis. Il n'est pas question pour nous de manquer une telle occasion.

Un voyage au Mexique

Au mois d'avril, puisque ma décision n'a pas été encore annoncée, je dois me rendre au Mexique pour accompagner les meilleures promotrices de France faisant partie du Cercle d'Excellente de l'an dernier. Ayant une excellente relation avec chacune d'entre elles, c'est avec plaisir que je me joins au groupe, ce qui me permet de souligner leurs réalisations et de les remercier pour leur contribution exceptionnelle. Après avoir visité la ville de Mexico, escalader la Pyramide de Chichén Itzá, s'être promenés sur les canaux de Xochimilco en trajineras (petit bateau mexicain), nous nous rendons à la station balnéaire de Cancún pour quelques jours. Étant donné que le banquet de l'ambassade du Canada a lieu le vendredi soir qui suit, il est entendu que je quitterai le groupe deux jours plus tôt pour pouvoir y assister.

Le soir précédant mon départ, nous invitons les promotrices à un dîner officiel, avec robe longue pour les dames et smoking pour les hommes, servi directement sur une magnifique plage de sable blanc, dans un décor féérique. Les tables sont recouvertes de nappes blanches et décorées de magnifiques fleurs tropicales, qui se mêlent à l'argenterie et la porcelaine. Pour rendre l'atmosphère plus romantique, un orchestre de quinze musiciens joue des sérénades mexicaines pendant que l'on voit les pélicans se promener sur la plage. Une soirée à faire rêver, et qui en même temps, me laisse nostalgique, ne pouvant m'empêcher de penser que c'est la dernière fois que j'accompagne mon équipe dans le cadre d'une telle célébration.

Le jour suivant, soit le jeudi matin, puisque je dois être en France pour dix-sept heures le vendredi soir, je quitte l'hôtel pour l'aéroport, laissant derrière moi de beaux souvenirs. Grâce aux somnifères que m'ont donnés des promotrices, j'ai pu dormir profondément tout au long du voyage et ainsi, arriver frais et dispos à Paris où un chauffeur m'attend pour me conduire à la maison. La réception débutant à dix-neuf heures, quelques minutes me suffisent pour me doucher et enfiler rapidement mon smoking noir. Carole est très heureuse que j'aie pu me libérer pour pouvoir vivre cette belle soirée prestigieuse avec elle.

Des propositions intéressantes

La semaine suivante, lors d'un entretien avec les cadres de la direction internationale, ceux-ci se disent désolés des propos qu'a tenus le Directeur général lors de son dernier discours. Pour eux, j'ai réussi à m'intégrer en France et à m'y faire accepter, sans compter que j'ai pu réaliser des performances exceptionnelles. Aussi, ils refusent de me voir quitter l'entreprise. C'est pourquoi ils souhaitent m'affecter à un autre poste dans un nouveau pays. Tout ce qu'on me demande, c'est de faire preuve de patience. Quelqu'un me contactera bientôt à ce sujet.

Deux semaines plus tard, lors d'une réunion à Southampton, en Angleterre, en présence des directeurs généraux et des directeurs de ventes des différents pays d'Europe et à laquelle mon patron n'a pas été convié, je reçois un appel téléphonique de l'ancien Président du Canada. Maintenant Directeur général du marché asiatique, celui-ci m'annonce qu'il désire m'offrir un poste à la direction des ventes pour l'Asie. Ma famille et moi serions mutés à Singapour aux frais de l'entreprise, laquelle m'offrirait un nouveau contrat de travail. C'est pour moi une opportunité de poursuivre ma carrière à l'international.

Quoique flatté par cette proposition, je ne peux pas demander ce sacrifice à Carole, elle qui est toujours inscrite sur le protocole de recherche et qui dois retourner au Canada tous les trois mois. De plus, comme nous ne parlons pas le mandarin et que Carole ne parle pas anglais, la transition et l'adaptation demanderont tellement d'énergie qu'il m'apparaît impensable d'accepter ce poste. Mon interlocuteur me demande toutefois d'y réfléchir et d'en discuter avec mon épouse avant de lui donner une réponse définitive. Finalement, même si j'aurais adoré me lancer dans cette nouvelle aventure, je refuse son offre, persuadé que dans les circonstances, il est plus sage de revenir au Canada.

Suite à mon refus, l'entreprise m'offre un poste à New York, au sein de la division internationale. Selon eux, il s'agit d'un compromis acceptable, étant donné que nous serions à seulement une heure de Montréal. Du coup, cela permettrait à Carole de visiter régulièrement sa famille et de rencontrer son médecin pour ses suivis médicaux. De plus, puisqu'elle est unilingue, on nous offre de lui payer des cours d'anglais pour faciliter son intégration.

Sachant que Carole n'a pas l'énergie nécessaire pour se lancer dans une aussi grande aventure, je réponds que nous souhaitons revenir au Canada et que si aucun poste intéressant n'est disponible, je préférerais obtenir une indemnité de départ. Mais puisque pour eux il n'est pas question que je quitte l'organisation, ils m'avisent qu'ils contacteront la nouvelle présidente au Canada, laquelle était autrefois ma patronne, pour lui demander de m'accueillir au sein de son équipe. Lorsqu'on m'apprend plus tard qu'elle a accepté, je suis soulagé d'un poids énorme. Lui faisant confiance, j'accepte que mes nouvelles responsabilités me soient confirmées au moment de mon arrivée. De retour à Montréal, nous nous installerons temporairement dans le petit quatre et demi du triplex de Ste-Thérèse.

L'annonce de notre départ

Lorsque mon départ est finalement annoncé en France, cela crée une onde de choc au sein du personnel. Tous sont incapables de comprendre ce qui se passe au niveau de la direction. Aux nombreuses personnes qui versent des larmes, je dois réitérer qu'il s'agit d'une décision prise pour des raisons personnelles. Je suis franchement ému devant une telle réaction et une telle empathie de la part des employés.

Il est convenu que nous déménagerons la première semaine du mois de juillet, une fois que les enfants auront terminé leur année scolaire. Ceux-ci se sont tellement bien adaptés à la France que Cindy nous demande de lui trouver un foyer d'accueil afin qu'elle puisse y rester. Un projet que nous n'appuyons pas, évidemment.

À l'annonce de notre départ, tous nos amis nous invitent à un dîner d'adieu. La mère de la meilleure amie de Cindy, celle que j'avais embrassée inopinément sur la joue et avec qui Carole s'est liée d'amitié, profite de l'occasion pour la convaincre que nous ne pouvons pas quitter la France sans d'abord acheter des antiquités. Selon elle, en plus de représenter un investissement intéressant, ces achats nous rappelleront notre séjour à Paris. Le jour suivant, en faisant le tour des antiquaires en sa compagnie, Carole se laisse tenter et achète une glace du 16e siècle, de même qu'une petite table décorative recouverte de patine qui fera partie du décor de notre nouvelle maison.

En juin, quelques semaines avant notre déménagement, mon frère Sylvain nous rend visite et passe une semaine avec nous, ce qui nous permet d'oublier momentanément nos tracas. Quelques jours plus tard, c'est au tour de nos amis Elizabeth et Jean Paul de venir nous visiter. Venant à Paris pour la première fois, ils se rendront par la suite sur la Côte d'Azur.

Durant leur passage, qui coïncide avec notre dernière semaine à Paris, nous organisons une fête à laquelle nous convions tous les amis que nous avons fréquentés durant ces dix-huit derniers mois et qui nous ont aidés à nous intégrer à la société française. J'invite également quelques cadres du bureau avec qui j'ai développé d'excellentes relations d'affaires. En vue de cette réception, nous retenons les services d'un traiteur réputé et commandons douze caisses de champagne, directement du producteur à Reims. S'il nous reste quelques bouteilles, nous les apporterons au Canada.

Je vois encore le regard incrédule d'Élisabeth lorsqu'elle voit toutes ces bouteilles de champagne flotter dans la baignoire remplie de glaçons. Eh oui! Ce sont des bouteilles de champagne, et rien que du champagne, qui tout au long de la soirée, accompagnent les bouchées minutieusement préparées par le traiteur. La fête est très réussie. C'est ainsi que nous voulions souligner notre départ… une réception grandiose, à la hauteur de ce que nous avons vécu à Paris. Vers la fin de la soirée, nous sommes très touchés lorsque les invités nous offrent des cadeaux souvenirs ainsi qu'une magnifique reproduction d'une toile représentant l'île de la Cité, lieu où est située l'église Notre-Dame. C'est Nicole qui nous a présenté la toile. Encore aujourd'hui, elle fait partie du décor de mon appartement.

De son côté, la direction de l'entreprise organise aussi une petite fête avec les employés. L'événement est toutefois quelque peu assombri par l'attitude du Directeur général, lequel est froissé de ne pas avoir été invité à la réception que nous avons donnée à la maison. Le fait de ne pas l'avoir invité allait à l'encontre du protocole. Bien que nous savions sachions que nous y dérogions, nous avions pris cette décision pour des raisons évidentes: nous ne voulions tout simplement pas gâcher notre soirée.

Afin de permettre aux déménageurs d'emballer nos meubles et nos effets personnels, nous logeons pour quelques jours à l'hôtel, juste en face du Louvre. Ayant fait l'acquisition de plusieurs meubles, tels un piano à queue, une bibliothèque murale, des antiquités et des meubles d'appoint, nous devons faire un suivi constant pour nous assurer qu'ils soient bien protégés durant le transport. Nous devons aussi surveiller étroitement la mise en carton du contenu de la cave à vin, où on y retrouve du champagne, des digestifs, des cognacs et des crus qui feraient l'envie de bien des collectionneurs. De plus, je m'assure d'être sur place le jour où par l'une des fenêtres du salon, les déménageurs sortent le piano à queue à l'aide d'une grue, les escaliers étant trop étroits et l'élévateur trop petit. Le tout sera expédié par conteneur au Canada, avant d'être entreposé jusqu'au moment où nous emménagerons dans une nouvelle maison.

Malgré tout, nous avons passé un très beau séjour en France. En retournant au Canada, nous regrettons de laisser derrière nous tous ces beaux souvenirs, nos amis et un style de vie sans pareil. Nous disons adieu à nos rêves. Nous retournons, tout simplement fauchés, avec notre petit accent français qui en dérangera sûrement plus d'un.

Sans savoir ce que nous réserve l'avenir, nous devons tout recommencer à zéro et suivre notre destin.

CHAPITRE 17

UN DUR RETOUR À LA RÉALITÉ

Juillet 1989 — décembre 1989

La première semaine de juillet 1989, de retour au Canada, nous emménageons dans le quatre et demi au sous-sol de notre triplex à Ste-Thérèse, espérant que ce ne sera que temporaire. Pour nous qui habitions au quatrième d'un bel immeuble du 19e siècle en plein cœur de Paris, il s'agit d'une transition majeure. Aussi, nous devons nous ajuster.

Pour ce qui est de ma carrière, je retourne amèrement d'où je viens. Sans connaître les détails du poste que j'occuperai ni les conditions salariales, je me présente au bureau pour rencontrer la nouvelle Vice-présidente, en fonction depuis six mois. En fait, c'est le rôle que je jouais en France, dans un marché deux fois plus grand. C'est une ancienne collègue avec qui j'avais toujours eu de bonnes relations dans le passé. Lors de notre entretien, elle ne peut ni me confirmer mes conditions salariales ni m'annoncer quels seront mes fonctions et mon niveau de responsabilité, car, semble-t-il, la restructuration qui a été proposée pour m'intégrer dans l'organisation doit être discutée et approuvée par le comité de gestion. Mon retour coïncidant avec la tenue de la conférence annuelle du département des ventes devant avoir lieu à l'hôtel Reine Élisabeth, les décisions me seront communiquées seulement après la tenue de celle-ci.

En fonction de ce que je vis actuellement et compte tenu de l'état de santé de Carole, j'espère obtenir un poste qui ne requiert pas trop de déplacements, ce qui me permettrait de passer plus de temps avec ma famille. De plus, épuisé par tous les changements survenus au cours de la dernière année, je souhaiterais me stabiliser.

Lors de la conférence, alors que je suis à l'hôtel, je reçois un message d'un chasseur de têtes qui aimerait me proposer un poste de directeur des ventes au Québec. Je ne crois pas que le moment soit opportun pour entreprendre une telle démarche. Je le rappelle donc par courtoisie pour lui indiquer que je ne suis pas disponible.

La conférence terminée, plongé dans mes pensées et l'incertitude, et bien que je n'occupe aucun poste précis, je me rends au bureau tous les jours. Je profite de cette transition pour prendre connaissance des programmes courants, des futures promotions et des résultats des ventes. Les jours passent et je ne sais toujours pas ce que je ferai dans l'organisation. Cette situation intenable détruit peu à peu mon moral et ma motivation. Moi qui ai toujours été actif, engagé et déterminé, voilà maintenant que j'arrive tard au bureau, en plus de quitter très tôt. Je viens de comprendre l'expression: «Être mis sur une tablette». Je ne comprends pas pourquoi la Présidente a accepté de me réintégrer alors qu'il ne semble pas y avoir de place pour moi. Parfois, on m'affecte à des tâches ridicules ou encore, on me remet des dossiers sans importance. Pour une entreprise qui mise sur la motivation de son personnel, je crois que cette fois, ils sont passés directement à côté. Serait-ce l'inexpérience de la nouvelle Vice-présidente qui justifierait un tel imbroglio ou une attitude trop empathique de la direction pour me supporter dans cette transition? Je ne sais pas!

Nos projets

Comme l'an dernier j'ai investi tout mon capital dans l'immobilier, je croyais pouvoir vendre mes immeubles rapidement afin de nous permettre d'acheter une nouvelle maison. Suite à une conjoncture économique difficile, je dois abandonner rapidement ce projet, car les propriétés ont été dévaluées, ce qui m'obligerait à les vendre à perte. Nous avons décidé de les garder, en espérant que le marché se redresse. Nous devons donc trouver une autre solution pour mettre notre projet à exécution. Puisque mes conditions de travail n'ont pas encore été établies, alors que j'anticipe une diminution d'environ soixante pour cent de mes revenus, sur lesquels je devrai maintenant payer des impôts, nous devons attendre de les connaître avant d'acheter une propriété et inscrire les enfants à l'école, qui commence à la fin du mois prochain. Nous vivons donc dans l'incertitude tout en étant forcés de changer définitivement notre mode de vie.

Notre situation financière m'apparaît encore plus alarmante lorsque je découvre que plusieurs appartements de mes immeubles sont vacants depuis le 1er juillet et que je devrai financer le remboursement hypothécaire à même mon salaire. La seule chose qu'il me reste est sans contredit mon excellent dossier de crédit. Je vis une période d'insécurité financière sans précédent, qui gruge mon moral tout autant que mon énergie. Si la fin du monde n'est pas arrivée pour moi, elle n'est sûrement pas loin!

Pour reprendre le contrôle de la gestion de mes immeubles et éviter de perdre davantage de revenus de location, je fais publier des annonces dans tous les journaux, ce qui me coûte une fortune. En voulant connaître les raisons d'un si grand nombre de non-renouvellement de baux, je découvre que le promoteur avait offert à mon insu trois mois de loyer gratuits aux locataires. Au renouvellement, la majorité d'entre eux ne pouvait plus se permettre de payer le montant réel du loyer. Lors de l'offre d'achat, le vendeur s'était bien gardé de me fournir ces détails, se contentant de me transmettre verbalement les montants des loyers qui avaient été établis. Il avait même refusé de me montrer les baux, en me précisant que ceux-ci me seraient remis chez le notaire au moment de la signature de l'acte de vente et qu'aussi, la Caisse populaire en possédait des copies pour l'approbation hypothécaire. Puisque j'étais absent le jour de la transaction, je n'avais pas encore eu l'occasion de prendre connaissance des conditions de location. C'est maintenant que je me rends compte de la fourberie. Je pourrais sûrement poursuivre l'entrepreneur, mais malheureusement, celui-ci a fait faillite. Après une analyse du marché, je réalise de plus que les prix des loyers ne sont pas compétitifs et que je dois les baisser substantiellement si je veux les louer. Du coup, cela engendre une réduction de mes revenus. Quant à la Caisse populaire, qui avait pris connaissance des conditions des baux avant d'approuver les hypothèques, elle s'est bien gardée de me mettre en garde, histoire de protéger son client. Aussi, puisque je versais une mise de fonds représentant plus de vingt-cinq pour cent de la valeur de l'immeuble et que j'avais un excellent crédit, elle était protégée. Je devrai donc financer à même mon salaire une partie des remboursements hypothécaires. Moi qui souhaitais prendre ma retraite à quarante-cinq ans, on peut dire que mon rêve vient de s'évanouir.

Je suis à nouveau plongé dans une insécurité viscérale qui semble s'être accrochée à moi depuis la nuit des temps. Après avoir consolidé tous nos comptes bancaires en Europe et au Canada, je me rends compte que nous disposons d'une somme d'environ douze mille dollars, laquelle pourrait servir de mise de fonds pour l'achat d'une maison. Il est toutefois évident qu'elle devra être plus modeste que celle que nous habitions avant notre départ pour Paris. Mais, n'ayant aucune autre alternative à court terme, nous sommes prêts à faire ce compromis.

Tenant en considération le fait que Carole est toujours inscrite dans un protocole médical, et que sa santé est chancelante, pour les enfants, nous avons décidé de nous installer près de ma famille, à St-Eustache. Mes conditions salariales ayant été confirmées, nous souhaitons maintenant acheter une maison neuve pour nous éviter des travaux de rénovation parfois coûteux et requérant beaucoup d'énergie.

Nous faisons donc une offre d'achat de cent vingt-huit mille dollars sur une maison en construction située dans un nouveau quartier, en plein cœur d'une ancienne terre agricole qui a récemment fait l'objet d'une modification de zonage par la ville. Puisque c'est la seule maison en construction sur le chantier et que la période n'est pas propice au développement immobilier, nous serons privés de voisins pendant longtemps. Pour nous y rendre, nous devrons emprunter une route de terre, car aucun contrat de voirie n'est prévu avant la fin du projet qui a été retardé de plusieurs années. Pour nous, ce sera donc notre petite maison dans la prairie. On est évidemment très loin de la rue du Printemps à Paris!

Nous aurons un grand hall d'entrée, trois chambres à coucher à l'étage, une petite salle à manger, deux salles de bain et une petite salle familiale avec foyer, adjacente à la cuisine. Lorsque nous en aurons pris possession, nous avons l'intention de subdiviser le sous-sol pour faire une salle de séjour et une chambre pour Cindy. Afin d'avoir la somme requise pour installer une piscine creusée et une clôture règlementaire, nous finançons la propriété à quatre-vingt-quinze pour cent par l'intermédiaire de la Société centrale d'hypothèque et de logement. Dans la situation où nous nous sommes actuellement, pourquoi pas?

Comme il n'y a pas d'école privée de niveau primaire à proximité, nous inscrivons Alexandre à une école publique, même si celle-ci ne jouit pas d'une bonne réputation, pour qu'il puisse terminer sa dernière année. Lui qui a fréquenté une institution de prestige en France, nous sommes un peu inquiets. Arrivera-t-il à s'intégrer dans ce milieu? Il est toutefois convenu que l'an prochain, lorsqu'il amorcera ses études secondaires, nous l'inscrirons dans une école privée. Quant à Cindy, je contacte l'école St-Sacrement de Terrebonne qui en plus d'avoir une excellente réputation, offre le transport journalier, moyennant des frais, évidemment. Grâce à la lettre d'introduction que nous avons obtenue encore une fois de l'ambassade du Canada à Paris, laquelle explique notre statut d'expatriés et demande à l'établissement de bien vouloir admettre les enfants pour la prochaine année scolaire, elle est acceptée immédiatement, et cela, même si la période d'admission est terminée. Enfin, nous sommes soulagés d'avoir pu finaliser toutes ces démarches aussi rapidement.

Le jeu du Parchési

Nous y voici. Finalement, vient le jour où on doit me communiquer mes nouvelles responsabilités. Ma patronne m'annonce que je suis réaffecté à la formation et à l'élaboration des plans stratégiques, ce qui ne m'étonne pas et me plaît bien. Par contre, lorsqu'elle me dit que mon patron sera un employé qui se rapportait à moi avant mon départ pour Paris et qui depuis, a été promu au poste que j'occupais, je ne comprends plus rien. Je suis complètement abasourdi. Je reviens donc à la case départ, comme au jeu de Parchési: qui monte trop vite redescend rapidement par l'échelle vers le bas. Une surprise de bien mauvais goût que je considère comme un affront et une humiliation, d'autant plus que j'occupais son poste en France. Depuis mon arrivée dans l'entreprise, il y a neuf ans, non seulement je me suis toujours rapporté à un Vice-président, mais j'ai toujours eu une très bonne performance.

Que me vaut une telle déchéance? Il m'est impossible d'obtenir une explication. Cette transition est la plus humiliante que j'ai subie dans toute ma carrière et me démoralise complètement. Malheureux, j'ai de la difficulté à me rendre au travail, ce qui ne m'est jamais arrivé. Je dois donc me prendre en main pour éviter de tomber dans un état dépressif. Voilà qui m'anéantirait.

Vu l'impasse dans lequel je me retrouve, je décide de rappeler le chasseur de têtes qui m'avait contacté lors de la conférence pour savoir ce qu'il avait à m'offrir. Une première rencontre avec lui se veut positive et le poste à combler semble intéressant. Il est à la recherche d'un cadre supérieur ayant de l'expérience en recrutement et en formation pour développer un réseau de ventes directes au Québec et dans les provinces maritimes. Je travaillerais pour le compte d'une entreprise torontoise œuvrant dans le marché des services financiers. Selon ses dires, j'aurais été fortement recommandé pour ce poste. Malgré mes tentatives pour connaître l'identité de celui qui m'a ainsi recommandé, il m'est impossible de le découvrir.

Je me rends donc à Toronto pour une entrevue avec les membres du comité de gestion de l'entreprise en question. Celle-ci est une division commerciale d'une fondation à but non lucratif, établie depuis plusieurs années. Elle a pour but de favoriser l'éducation des enfants à travers le Canada en offrant aux parents un plan d'épargne enregistré pour les études de leurs enfants. La fondation gère quant à elle les fonds accumulés qui sont ensuite remis en bourses d'études aux enfants qui décident de poursuivre des études universitaires. Le Président et le Vice-président de cette division commerciale siègent bénévolement sur le conseil d'administration de la fondation, ainsi que des cadres supérieurs d'institutions universitaires reconnues à travers le Canada.

Après vingt-cinq ans de partenariat exclusif avec une entreprise américaine spécialisée dans la vente de services financiers, du fait qu'ils n'ont pu réaliser les objectifs qu'ils s'étaient établis, soit, entre autres, se bâtir une notoriété au Québec, les membres du conseil ont décidé, il y a deux ans, d'annuler ce contrat et de créer leur propre division commerciale. Ce qui leur permet dorénavant de contrôler et maintenir une image de marque sur le marché. Au Québec, il n'y a qu'une seule agence anglophone qui couvre un petit pourcentage du marché de l'ouest de Montréal, alors que le marché francophone a été complètement négligé. La division commerciale est donc à la recherche d'une personne qui a de l'expérience dans la vente directe et qui saura développer son réseau de distribution au Québec en bâtissant de nouvelles agences, tout en maintenant la croissance dans les provinces maritimes.

Au départ, je suis excité, car il est évident que je possède les qualifications de base requises pour développer un tel réseau de ventes et en assurer la formation. Mais bien sûr, tout dépendra des conditions qui me seront offertes. Après trois longues heures de discussion, je suis déçu de découvrir qu'ils recherchent non pas un cadre, mais un consultant, un travailleur autonome avec lequel ils ont l'intention de signer une entente de service. Les agences qui seront créées dans le territoire seront liées contractuellement avec la division commerciale de la fondation.

Ce consultant servira donc d'intermédiaire entre l'entreprise et les agences de distribution et n'aura qu'un rôle consultatif. Il devra également s'incorporer en tant qu'entreprise de consultation en services financiers et obtenir sa licence auprès des valeurs mobilières du Québec. Il devra aussi encourir tous les risques financiers et prendre en charge toutes les dépenses reliées au développement d'un réseau de ventes, tels les frais de bureau, les annonces dans les journaux, la formation et les frais de représentation. Pour la durée de l'entente, une commission sur tous les contrats signés à l'intérieur du territoire sera versée mensuellement en guise d'honoraires professionnels. À la fin de la rencontre, on me demande si je crois que mon expérience pourrait servir à l'entreprise. Après avoir mis en valeur mon expérience acquise dans le marché de la vente directe, cela est évident.

En terminant, désireux de retenir mes services, ils m'offrent un contrat exclusif de deux ans que je m'empresse de refuser. Je leur indique que malheureusement, ce n'est pas ce que le chasseur de têtes m'avait présenté ni ce que je recherchais. J'ajoute qu'en fait, je ne me serais jamais déplacé si j'avais su qu'il s'agissait d'un poste de consultant, car actuellement, j'ai besoin d'un environnement stable et d'une certaine sécurité financière. Je suis donc surpris et désolé du malentendu.

Après qu'ils aient malgré tout tenté de me convaincre de considérer leur offre en me faisant miroiter un potentiel de revenu extraordinaire dans un marché encore vierge, je maintiens ma position. Je réitère le fait que je n'ai pas l'intention de prendre un tel risque financier, d'autant plus que la fondation est inconnue du public, qu'elle n'a aucune notoriété dans l'est du Canada et qu'en vingt-cinq ans, ils n'ont jamais réussi à développer ce marché. Enfin, ma situation personnelle ne me le permet pas.

Alors que je me prépare à quitter la salle de conférence, le Président prend la parole pour me demander de me rassoir et de leur accorder encore quelques minutes. Sans plus de formalité, il me dit qu'il désire retenir mes services et qu'il est prêt à considérer toute proposition de ma part pour finaliser une entente. Il me demande de réfléchir aux conditions que je désire obtenir et d'élaborer d'ici quarante-huit heures un contrat détaillé qui pourrait me satisfaire. Je suis éberlué tellement je n'y crois pas. Outre cela, il mandate le Vice-président des ventes pour finaliser un accord d'ici deux jours et lui demande de me rencontrer à Montréal. En terminant, c'est avec assurance qu'il me souhaite la bienvenue. Incrédule, je décide de jouer le jeu, quoique je n'aie nullement l'intention de faire de compromis. Je verrai bien où cela me conduira!

De retour à la maison, je rédige ma liste d'épicerie dont voici les détails: ne voulant prendre aucun risque financier, l'entreprise devra couvrir tous les frais pour l'ouverture d'un bureau d'affaires à Montréal et en payer la location. Elle devra également payer toutes les dépenses reliées au recrutement et à la formation, ainsi qu'à la conception du matériel promotionnel. Les dépenses de déplacement à l'extérieur de la ville et à Toronto, de même que l'hébergement, devront m'être remboursées intégralement. Telle leur proposition initiale, pour mes honoraires professionnels, j'accepte de recevoir des commissions sur tous les contrats signés par les agences. Par contre, l'entreprise doit me garantir un montant mensuel minimum de dix mille dollars, sans égard aux résultats passés, présents ou futurs. Les ventes ne peuvent être cumulatives à l'intérieur d'une période donnée et si le montant des commissions pour un mois est supérieur au montant garanti, la différence me sera versée en supplément, sans égard aux mois précédents. Comme il y a certains avantages fiscaux reliés au fait d'être travailleur autonome, j'accepte de couvrir les frais pour créer une société incorporée, dont je serai le seul actionnaire.

Mes exigences sont si élevées, que je suis convaincu qu'elles me seront refusées. Mais si elles sont acceptées, non seulement je retrouverai un niveau de revenu intéressant, mais je n'aurai plus à voyager toutes les semaines à travers le Canada, ce qui me permettra d'être avec ma famille tous les soirs. De plus, j'aurai un horaire de travail beaucoup moins chargé et je serai mon propre patron. Finalement, l'acceptation de mes conditions me permettrait de me sortir du bourbier dans lequel je suis actuellement.

La veille de ma rencontre prévue à Montréal, je leur fais parvenir comme convenu la liste détaillée des conditions que je souhaite obtenir. Le jour venu, je me rends à l'aéroport pour accueillir le Vice-président qui m'invite à dîner à l'hôtel. Sans émettre le moindre commentaire sur le document que je leur ai fait parvenir, à ma grande surprise, il me présente un contrat pré-approuvé et signé par le Président. Toutes les clauses et conditions que je désirais y figurent. Il ne manque plus que ma signature.

Je suis étonné par la tournure des événements, tellement je ne m'y attendais pas. Puisque je n'encours aucun risque financier et que je crois à l'éducation et au potentiel de croissance de ce type de services financiers au Québec, j'accepte de signer l'entente. Je suis très impressionné par l'ouverture d'esprit, la rapidité de réaction et la vision des cadres de cette entreprise. J'ai soudainement l'impression d'avoir retrouvé ma bonne étoile. Je reprends ma destinée et ma carrière en main. Non seulement cela me sort d'une impasse au niveau professionnel, mais quel beau défi j'ai devant moi!

Dans un contexte regrettable où je me suis senti humilié, c'est avec un goût amer que je remets ma démission à mon employeur. Dans ma lettre, j'indique tout simplement que j'ai reçu une offre extraordinaire qu'il m'était impossible de refuser. Cette fois, puisque j'ai été absent durant les deux dernières années, ma démission ne crée aucun remous. Je ne comprends réellement pas ce qui s'est passé.

Après avoir travaillé plus de neuf ans et huit mois au sein de cette entreprise, à ma grande déception, j'apprends que je perds mon fonds de pension du fait que j'y ai œuvré moins de dix ans. C'est ce que prévoit la loi. Malheureusement, il n'y a actuellement aucune protection pour les travailleurs qui quittent leur emploi avec moins de dix ans de service. De plus, contrairement à ce qu'on m'avait indiqué au départ, il m'est impossible de transférer tel quel notre police d'assurance-vie collective de cinq cent mille dollars en une couverture individuelle, ce qui actuellement serait important pour nous. L'agent m'avise que la compagnie d'assurance, qui ne peut effectivement pas annuler la couverture, peut par contre réévaluer le dossier et modifier ses primes en fonction du risque au moment du transfert. En raison de l'état de santé de Carole, les primes mensuelles passeront de cent dollars par mois à plus de deux mille cinq cents dollars. Quelle tromperie et quelle façon de contourner la loi! Cela nous oblige à annuler les polices d'assurance-vie auxquelles nous avions souscrit il y a neuf ans alors même que la santé de Carole est incertaine. Dans les circonstances, il est évident qu'il nous sera impossible d'obtenir une nouvelle protection d'assurance vie.

Un retour aux sources

Pour notre famille, qui est fragilisée, c'est un retour aux sources, sous un nouveau toit. Pour Carole, c'est un rapprochement avec les siens, pour les enfants, c'est un nouvel établissement d'enseignement et de nouveaux amis et pour moi, c'est le début d'une nouvelle aventure professionnelle. Nous renouons également avec nos habitudes du passé en invitant mes beaux-parents à la maison tous les dimanches. Nous reprenons nos activités sociales d'autrefois, tels nos rendez-vous annuels avec nos amis. Aussi, c'est avec plaisir que nous acceptons de nous rendre au lac Champlain pour faire un tour sur le voilier de Michelle et Denis ou encore, de nous promener à bord du yacht de Diane et Pierre. Lors d'un week-end, pour permettre aux enfants de découvrir mes origines, nous nous rendons au Lac-Etchemin pour visiter la ferme de mon grand-père que mon cousin possède toujours. Un retour dans le passé et le réveil de mes souvenirs de jeunesse.

Par l'intermédiaire de mon comptable, je constitue une société qui est incorporée le 1er septembre 1989 sous compétence fédérale, au nom de G. LECLERC INC., entreprise de consultation en services financiers. Pour me permettre de démarrer, j'obtiens aussitôt une licence auprès de la Commission des valeurs mobilières du Québec. Cette étape me redonne l'énergie et la motivation pour poursuivre ma route trop souvent caho-teuse. J'ai confiance en l'avenir et garde espoir de pouvoir réaliser un jour mes rêves. J'ouvre par la suite un bureau d'affaires à ville St-Laurent et loue une voiture américaine Oldsmobile 98. Sauf que les enfants, qui ont été influencés par l'importance des marques de prestige en Europe, ne l'aiment pas et la qualifient de vieux jeu. Selon eux, elle ne reflète pas ma personnalité… et ils ont probablement raison.

La dernière semaine du mois d'août, soit quelques jours avant la rentrée scolaire, puisque la construction de notre maison et l'installation de la piscine et de la clôture sont terminées, nous emménageons dans notre nouvelle demeure. Carole s'assure rapidement de coordonner la dé-coration intérieure ainsi que l'aménagement paysager. Après avoir pas-sé plusieurs semaines dans notre petit appartement de Ste-Thérèse, nous sommes très heureux de retrouver un peu de confort et de stabilité.

Même si nous résidons dans un secteur isolé, Carole a pu trouver une femme de ménage qui s'occupera de l'entretien de la maison à rai-son de deux fois par semaine. Nous avons aussi retenu les services d'un professeur de piano associé à l'école de musique Vincent D'Indy, ce qui permettra aux enfants de poursuivre leur formation musicale à la maison.

Étant donné que nous habitons en banlieue, loin de tout, afin que Carole puisse se déplacer facilement pour ses rendez-vous médicaux ou pour faire ses achats, je lui achète une jeep Suzuki convertible noire neuve du garage de mon beau-frère que je finance à 100 %. Nous voilà repartis dans la spirale de l'endettement!

La santé de Carole, bien que toujours fragile, semble s'être stabilisée. Malgré tous ces changements dans notre vie, tous les jours je me recueille et récite le chapelet, comme je l'ai toujours fait depuis que nous avons appris qu'elle était atteinte du cancer. Pour leur part, les enfants se sont bien intégrés, autant dans leur nouveau milieu qu'à l'école, ce qui n'est pas sans nous rassurer.

Maintenant que je suis travailleur autonome, j'apprécie beaucoup cette liberté d'action qui me permet de gérer mon horaire en fonctions de mes priorités. Sans aucune contrainte, je peux maintenant accompagner Carole à tous ses rendez-vous médicaux. Lors de ces visites, nous en profitons pour nous rendre dans un petit resto français, Le Béarn, sur Côte-des-Neiges, pour prendre un bon repas en tête à tête. Rien de mieux pour nous remémorer nos bons souvenirs de Paris. Le filet d'agneau à la moutarde est délicieux et les vins sont excellents. C'est pour nous une chance de nous retrouver dans le calme et de vivre un peu de bonheur.

Au niveau de mon travail, à l'intérieur d'un court laps de temps, je réussis à ouvrir sept nouvelles agences de vente au Québec. Les directeurs, qui sont des professionnels provenant de différentes sphères d'activité, ont accepté de relever un nouveau défi et d'investir pour se lancer en affaires dans un nouveau marché. En joignant nos efforts, nous réussissons à recruter et former rapidement plus de cent vingt-cinq représentants, et cela, seulement au Québec. Quant aux provinces maritimes, étant donné que les agences sont déjà en place depuis quelques années, j'ai développé une bonne relation avec le réseau, ce qui me permet de maintenir une croissance continue du chiffre d'affaires.

En l'espace de quelques mois seulement, le nombre de contrats signés dans mon territoire dépasse largement les objectifs mensuels qui avaient été établis de même que le montant de base justifiant mes honoraires garantis, ce qui m'assure un revenu beaucoup plus important que prévu. Il va sans dire que cela nous permet de stabiliser nos finances. À la vue de ces résultats, la maison mère de Toronto m'assigne officiellement en tant que représentant de l'entreprise auprès de la Commission des valeurs mobilières du Québec, tel que l'exige la loi régissant la vente de produits financiers.

Afin de développer l'image et la notoriété de la fondation au Québec, je contacte et convaincs des personnalités du domaine de l'éducation, tels un ancien recteur de l'Université de Montréal et le directeur des HEC, pour siéger au conseil consultatif provincial de la fondation. J'établis ainsi une relation particulière et étroite avec les membres du conseil d'administration dont fait partie le recteur actuel de l'Université de Montréal. Enfin, une transition de carrière qui s'est faite de façon harmonieuse et qui m'a permis de m'épanouir et de me repositionner.

Et puis un jour, la Vice-présidente de mon ancien employeur m'invite à dîner. Durant cette rencontre, elle m'annonce que le directeur qui a occupé mes fonctions après mon départ pour Paris vient de quitter son poste pour occuper celui qui m'avait été proposé en début d'année à Singapour. Je viens de comprendre le but de cette rencontre. Lors de notre échange, je lui affirme que je suis heureux de la décision que j'ai prise, fermant ainsi la porte à tout retour éventuel.

À la fin de l'année, nous renouons avec les rituels du passé. Cette année, au retour de la messe de minuit, nous célébrons seuls à la maison le réveillon de Noël. Après avoir distribué les cadeaux aux enfants, je remets à Carole de magnifiques boucles d'oreilles en diamants, ainsi qu'un solitaire. Aussi, puisque mes finances me le permettent, je leur annonce que nous partirons en croisière lors de la prochaine semaine de relâche, au début du mois de mars. Avant de nous rendre sur la Riviera mexicaine, nous passerons quelques jours à Los Angeles pour visiter Hollywood, les studios universels et Disney.

Pour célébrer Noël et notre retour au Canada, nous avons invité tous les membres de ma famille à la maison pour un souper. Et puis, pour le jour de l'An, comme le veut la tradition, nous avons été invités chez tante Christine, laquelle habite toujours la maison familiale ayant appartenu à la grand-mère, maintenant décédée. Comme cette réception coïncide avec le souper familial de la période des fêtes offert par mes parents, nous nous assurons de bien partager notre temps pour voir tout ce beau monde.

Il y a déjà six mois que nous sommes revenus au Canada et dix-huit mois que le médecin a décelé que Carole avait un cancer et annoncé que ses chances de survie étaient très minces. Aujourd'hui, nous avons toujours l'impression d'être sous une guillotine et d'attendre la tombée du couperet. Mais puisque pour le moment, l'état de santé de Carole semble être au beau fixe, nous espérons et prions Dieu pour qu'il se maintienne, ne serait-ce que pour nous permettre de vivre une autre année de bonheur.

Maintenant que nous avons retrouvé le calme et la stabilité, que nous réserve l'avenir?

CHAPITRE 18

S'ACCROCHER À LA VIE

1990 — 1991

Nous sommes à la fin février 1990 et venons de fêter l'anniversaire d'Alexandre qui a maintenant onze ans. À l'arrivée de la semaine de relâche, nous sommes excités à l'idée de partir en voyage. Le mercredi précédant notre départ, j'accompagne Carole à l'hôpital pour son suivi trimestriel. Nous planifions aussi prendre un petit repas au resto français que nous avons adopté et où nous nous rendons toujours après ses rendez-vous médicaux. Comme elle désire s'acheter de nouveaux vêtements en vue du voyage, il est convenu qu'après le repas je la déposerai au centre commercial de ville St-Laurent, à proximité de mon bureau, ce qui me permettra de finaliser quelques dossiers urgents avant de partir.

Assis inconfortablement dans la salle d'attente du département d'oncologie, nous attendons de revoir le médecin pour obtenir les résultats d'une radiographie et d'une scanographie. Nous nous retrouvons en compagnie de plusieurs patientes qui ont perdu leurs cheveux suite au traitement de chimiothérapie qu'elles supportent difficilement, alors qu'elles s'accrochent désespérément à la vie. Rien pour remonter un moral! Quelle dure réalité!

Après une attente interminable, nous nous dirigeons dans le bureau du médecin où est toujours affichée au mur la liste indiquant le nom des patientes, la date relative au début de leur traitement et dans plusieurs cas, la date du décès… informations que l'on préfère ignorer. On peut maintenant y voir le nom de Carole, son âge, la date de sa chirurgie et le nom des médicaments qu'elle avale tous les jours sans se poser de questions depuis dix-huit mois.

L'étalement des données de la recherche heurte de front notre sentiment de fragilité et notre besoin de compassion. Pour Carole qui participe à ce protocole et moi qui l'accompagne, c'est avant tout une prise de conscience brutale. Ce registre semble être un avis de rappel qui nous remet à l'ordre, comme pour nous sortir de notre déni psychologique et nous sensibiliser face à l'inévitable fatalité alors que notre vulnérabilité est à fleur de peau. Je n'arrive toujours pas à comprendre. Les patientes ne seraient-elles que des cobayes qui nourrissent les statistiques de la recherche sur le cancer?

Après dix-huit mois d'espérance, de prières et d'amour, le médecin nous annonce abruptement que Carole a maintenant des métastases au niveau des troisième et quatrième lombaires, ce qui met fin à toute lueur d'espoir. Réalisant le sérieux du diagnostic qui vient d'être prononcé, elle est découragée. Elle a de la difficulté à se contenir pendant que je tente désespérément de la soutenir dans cette épreuve qui nous afflige à nouveau. Encore une fois, notre univers semble s'écrouler. Nous réalisons que ce cancer qui nous a hanté l'esprit ces dix-huit derniers mois s'est montré aussi sournois que discret, attendant le moment opportun pour la surprendre et la saisir à la manière d'une proie. De retour à la case départ, nous nous retrouvons confrontés au pire des scénarios.

Carole devra recevoir simultanément des traitements de chimiothérapie et de radiologie. Le médecin ne manque pas de nous aviser qu'elle perdra graduellement ses cheveux, avant de nous remettre la carte professionnelle d'un commerçant spécialisé dans la vente de perruques qu'il nous recommande de contacter le plus rapidement possible. Si pour nous, la fin du monde n'est pas dans six mois, elle n'est sûrement plus loin.

Comme nous devions partir en vacances dans deux jours, je lui demande s'il aurait l'amabilité de me fournir une attestation médicale pour compléter une réclamation d'assurance pour annulation de voyage. Mais étant donné qu'il doit coordonner le début des traitements de radiothérapie avec l'hôpital Maisonneuve-Rosemont et que ceux-ci ne pourront débuter avant deux semaines, il nous conseille de faire notre voyage malgré tout. Sa proposition me dévaste encore plus, me laissant sur l'impression qu'il s'agira probablement de notre dernier voyage en famille. Bouleversés, nous quittons son bureau, hantés par les statistiques macabres qui nous sautent encore une fois aux yeux.

Un nouveau combat pour la vie vient de commencer et Carole s'y accroche désespérément. C'est la consternation. Heureusement que nous avons décidé de revenir au Canada l'an dernier, car autrement, notre situation déjà intenable aurait été encore plus chaotique.

À la sortie de l'hôpital, incapables d'aller au resto, nous nous dirigeons au centre commercial Côte Vertu pour que Carole puisse s'acheter de nouveaux vêtements. Ne pouvant envisager de la laisser seule, ne serait-ce qu'un instant, je l'accompagne. À la sortie de chaque magasin que nous visitons, elle me saute dans les bras en pleurs. Elle ne peut contrôler sa peine, pas plus qu'elle ne parvient à absorber le choc. Elle se sait condamnée et est désespérée. Je ne peux et ne veux pas la quitter des yeux. Je m'efforce de la rassurer pendant que le cauchemar de sa possible disparition me hante l'esprit.

Pour les enfants que l'on veut protéger, ce sera encore une fois le pacte du silence quant à la gravité de la situation et une teinte de demi-vérité pour la famille et les parents de Carole. Dans un tel contexte, j'ai beaucoup de difficulté à envisager l'idée de partir en voyage.

Angoissés et envahis par nos émotions, nous partons néanmoins. En arrivant à l'aéroport, nous apprenons que notre vol pour Toronto est annulé en raison d'une tempête de neige et que tous les autres vols de la matinée sont complets, ce qui nous fera manquer notre vol de correspondance. Voyant que les préposés se montrent indifférents à notre problème et que pas un nous offre d'alternatives pour nous rendre à Los Angeles, en sueur, je dois me battre avec les employés pour rencontrer le superviseur d'Air Canada et lui demander d'intervenir. Heureusement, du fait que je suis un membre Élite depuis plusieurs années, celui-ci nous enregistre sur le prochain vol, ce qui nous permettra d'arriver à temps pour prendre notre correspondance. J'ai nettement l'impression que tout nous tombe sur la tête et que rien ne fonctionne. Notre vie est devenue infernale.

Nous partons donc pour Los Angeles. Après avoir visité Universal Studios et Disney, nous montons à bord du Pacific Princess, surnommé le Love Boat, pour une croisière de sept jours sur la Riviera mexicaine. Durant ce voyage, nous visitons Cabo San Lucas, Puerto Vallarta, Mazatlán, Manzanillo et Acapulco. Ne voulant pas perturber Carole davantage, craignant que nous soyons en train de vivre notre dernier voyage en famille, je suis incapable de prendre une seule photo. À ma grande surprise, lors de la soirée du capitaine pour laquelle nous nous sommes tous vêtus élégamment, elle me demande de nous faire photographier en famille par les chasseurs d'images professionnels qui tels des paparazzis, sont partout sur le bateau. Même si je suis déchiré à l'idée qu'il pourrait s'agir de notre dernière séance photo, ne pouvant rien lui refuser, je me plie à sa demande. Est-ce que ce seront véritablement nos dernières photos de famille?

Loin des regards de compassion des gens qui nous entourent, ce voyage nous permet de prendre du recul, de retrouver nos esprits et de récupérer un peu d'énergie. Il nous en faudra beaucoup pour nous battre contre la maladie.

S'accrocher à la vie

Dès notre retour à la maison, Carole commence ses traitements de chimiothérapie à l'hôpital St-Luc et sa radiothérapie à l'hôpital Maison-neuve-Rosemont. Grâce à mon horaire flexible, je suis en mesure de la conduire tous les jours. À la suite de ses premiers traitements, toujours soucieuse de sa coquetterie et envisageant avec beaucoup d'amertume la perte de ses cheveux, elle tient à ce que nous nous rendions immédiate-ment chez le perruquier que nous a recommandé le médecin. Cet exercice d'essais, qui n'est pas pour un concours de beauté, est long, fastidieux et déprimant.

Quelques jours plus tard, le médecin réalise que les traitements de chimiothérapie ont affecté sérieusement sa dentition. Tellement, qu'on doit lui extraire les quelques dents qui lui restent. Elle doit maintenant remplacer sa prothèse partielle. Peu de temps après sa chirurgie buccale, à la suggestion de l'oncologue, pour nous éviter de nous déplacer à nou-veau à Montréal, nous nous rendons au centre hospitalier de St-Eustache pour qu'on lui retire ses points de suture. Mais étant donné qu'elle subit des traitements de chimiothérapie, les médecins du centre refusent de pro-céder et nous forcent à nous rendre à l'hôpital St-Luc, là où elle est soi-gnée. Nous ne comprenons rien à leur décision et en sommes contrariés.

Alors que nous nous battons pour la survie de Carole, nous re-voyons encore une fois, et immanquablement, les statistiques macabres du département d'oncologie. Ne serait-ce que par profond déni, Carole m'impressionne par son attitude positive et sa détermination. Fidèle à l'image qu'elle a toujours projetée, elle s'habille encore de façon élé-gante, comme si chaque fois, elle se rendait à une fête. Que de courage il lui faut! Après chaque visite médicale, même si son appétit n'est pas au rendez-vous, nous nous permettons un moment d'intimité et de tendresse en nous rendant au petit resto français pour déguster un filet d'agneau et prendre un bon verre de vin. C'est pour nous une façon de nous retrouver juste tous les deux dans notre petit jardin secret, loin des regards de tous. C'est aussi l'occasion d'échanger et de discuter de d'autres alternatives qui s'offrent à nous, tels les traitements paramédicaux.

Lors d'une de ces discussions, nous décidons d'effectuer une recherche pour savoir s'il existe des traitements qui sortent de la médecine conventionnelle et qui seraient susceptibles de fonctionner. Ce pourrait être de nouveaux traitements ou encore, des produits naturels préconisés par la médecine douce. Étant en état d'urgence, nous devons réagir rapidement et cesser de nous laisser imposer une ligne de conduite qui apparemment, ne nous conduit nulle part.

Pour commencer, Carole change son alimentation. Dorénavant, plutôt que de la viande et des produits laitiers, elle ne consommera que des produits biologiques et des suppléments alimentaires naturels. Quotidiennement, elle s'assure de prendre son jus de carotte frais tous les matins. Parallèlement à cela, nous nous lançons éperdument dans la lecture de livres subliminaux, tels «Le Pouvoir de guérison», «La pensée positive», «L'impact de notre subconscient pour la survie», etc., etc. Dans le même ordre d'idée, nous nous déplaçons tous les samedis matin pour rencontrer des guérisseurs dont les coordonnées nous ont été données par des patientes de l'hôpital que nous avons rencontrées dans la salle d'attente du département d'oncologie. Après en avoir visité quelques-uns, nous en adoptons un en particulier. Non seulement nous nous lions d'amitié avec lui, mais nous nous rendons chez lui tous les samedis pour prendre un café et discuter. Carole y trouve un certain réconfort, en plus de se sentir mieux après chacune de ces rencontres.

Afin de maintenir mon équilibre, je me lance tête première dans le taïchi, que je pratique discrètement soir et matin derrière la porte fermée de ma chambre. Chaque jour, je récite le chapelet et les prières que j'ai trouvées dans les journaux, tout en invoquant St-Jude, le patron des causes désespérées, et le Frère André. Ma grande spiritualité m'aide à traverser cette période difficile de ma vie et m'évite de tomber dans une psychose.

À la maison, afin de nous permettre de relaxer et de calmer nos esprits, nous écoutons de la musique classique ou subliminale et allumons quelques cierges pour chasser les mauvais esprits. Nous participons également à des rencontres ésotériques et à des séances de voyage dans le temps. De même, nous achetons plusieurs pierres précieuses dans des boutiques spécialisées, celles dont les propriétés aident à rétablir l'équilibre énergétique du corps, facilitant ainsi la guérison.

De mon côté, je contacte tous les centres de recherche à travers le monde pour découvrir les plus récentes découvertes sur le cancer, les nouveaux médicaments et tout autre produit naturel n'étant pas répertoriés ou acceptés scientifiquement par le corps médical. Au cours de ces démarches, je découvre que sur le marché européen, il existe des concentrés d'embryons de veau conservés dans de l'azote pour préserver les propriétés de régénération cellulaire. Ces produits ont été développés en Suisse, suite à un programme de recherche sur le cancer. En plus de favoriser une régénérescence des cellules du corps par le cerveau, ils irradieraient les cellules cancéreuses. À raison d'une capsule par trois ou quatre jours, au coût de cent vingt-cinq dollars la capsule, le patient doit garder le produit directement sous la langue durant au moins dix minutes avant de l'avaler, et ceci, jusqu'à la guérison complète. Puisque ces produits sont disponibles à Montréal par l'intermédiaire d'un distributeur de produits ésotériques et que nous n'avons rien à perdre, nous optons pour cette avenue.

Je découvre également l'existence d'une nouvelle médication à base de produits naturels. Conçue en Pologne, elle aide à éliminer et contrôler la propagation des cellules cancéreuses dans l'organisme. À un prix exorbitant, nous nous procurons ces médicaments via un distributeur établi à New York qui nous les fait parvenir par la poste.

Carole participe également à des séances d'acuponcture et d'acupression. L'effet positif de ces traitements sur l'équilibre énergétique du corps permet de combattre le cancer. Finalement, après avoir acheté un appareil spécialisé pour pratiquer l'acupression et suivi quelques cours, c'est moi qui lui fais ses traitements à la maison, et ce, à tous les soirs. Le but est de revitaliser les points énergétiques de son corps pour améliorer le flux de l'énergie vitale, ce qui permet de retrouver l'équilibre nécessaire pour stimuler la capacité naturelle du corps à se guérir.

Avec la collaboration du médecin de Carole, je me mets à la recherche de nouveaux protocoles offerts à travers le monde et encore inconnus au Canada. Un travail continu qui me demande beaucoup d'énergie et d'engagement, mais qui permet à Carole d'entretenir une lueur d'espoir et de garder le moral. Impliqué à fond dans ces recherches, je connais maintenant toute la terminologie médicale, au point que mes interlocuteurs, majoritairement des oncologues, croient que je suis médecin.

Il est évident que les coûts associés à nos démarches et à l'achat de tous les produits alternatifs grugent considérablement notre budget. Mes revenus, qui sont pourtant élevés, ne suffisent plus. J'en suis rendu à utiliser une partie des revenus de location devant servir à payer les taxes foncières, car mes cartes de crédit sont utilisées au maximum. À ce rythme, je crains que nous soyons bientôt aux prises avec d'importantes difficultés financières. Mais comme la vie de Carole n'a pas de prix, il n'est surtout pas question d'abandonner. Car après, il sera trop tard. Nous poursuivons donc nos démarches, convaincus qu'il y aura au moins un traitement, ou un produit, sans savoir lequel, qui l'aidera à retrouver la santé.

Les traitements en radiothérapie et en chimiothérapie sont enfin terminés. Carole est faible et on nous avise que rien n'est garanti pour autant. Encore et toujours, nous sommes suspendus au bout d'une ficelle en plein centre de l'univers, sans savoir ce qui arrivera. Malgré tout, Carole garde espoir.

Durant toute cette période où elle a reçu ses traitements, grâce à mon statut de travailleur autonome, j'ai été privilégié d'avoir pu l'accompagner chaque jour. Ce qui m'aurait été impossible si j'avais été cadre au sein d'une entreprise ou si j'avais accepté le poste que m'avait offert mon ancien employeur. Parfois, la vie arrange bien les choses. Parce qu'elle a illuminé ma vie pendant plus de vingt ans, qu'elle a cru en moi et qu'elle m'a permis de me réaliser personnellement et professionnellement, il n'est pas question que Carole parte ainsi.

Quant aux affaires, puisque j'ai réussi, l'an dernier, à bâtir un nouveau réseau de vente grâce à la création de sept nouvelles agences qui fonctionnent toutes très bien, il m'est permis de consacrer plus de temps à mon épouse. La nouvelle équipe en place qui dès le début de l'année en cours a réussi à dépasser le nombre total de contrats signés lors des vingt-cinq dernières années sur le territoire du Québec, fait que je reçois mensuellement des honoraires très élevés, lesquels dépassent largement tout ce que j'ai anticipé et même, rêvé. J'investis donc une grande partie de ces revenus dans les soins de santé alternatifs qui s'offrent à Carole, moi qui plus que jamais, suis résolu à trouver la solution miracle qui saura la guérir. Pour certains, cette détermination frôle la folie, mais pour moi, elle résulte de l'amour fou et aveugle que je porte à Carole, et du déni absolu que j'entretiens pour ne pas sombrer.

Étant donné que les traitements de chimiothérapie ont détruit son système immunitaire et qu'elle vit de grandes périodes de faiblesse chronique, je dois l'accompagner régulièrement, sinon toutes les semaines, à l'hôpital St-Luc pour qu'elle reçoive des transfusions sanguines. Je suis inquiet, car plus le temps passe, plus elle est faible et plus elle a de la difficulté à se déplacer. Nous traversons difficilement la période estivale, du fait qu'elle est très faible et qu'elle dort continuellement. Elle ne se lève que pour prendre ses repas. Malgré tout, elle s'accroche toujours. Malgré son état, avec la prière, l'espoir, l'amour, les bonnes habitudes alimentaires et les nouveaux produits qu'elle prend, elle remonte graduellement la pente de l'espoir, retrouvant peu à peu une certaine vivacité.

Entre-temps, Alexandre, qui a terminé son primaire en juin dernier, poursuit maintenant son secondaire au même collège que Cindy, soit au collège St-Sacrement.

Une année difficile vient finalement de se terminer. Dieu merci... car non seulement Carole est toujours avec nous, mais elle continue de s'accrocher à la vie. La veille de Noël, même si elle est affaiblie, nous nous rendons tout de même, en compagnie des enfants, à la messe de minuit. Sauf que cette fois, pour prier et implorer encore une fois la miséricorde de Dieu, nous sommes assis dans la Sacristie, près de l'autel où a lieu la célébration.

Aussi, vu sa santé précaire, nous profitons de ces fêtes de fin d'année pour nous retrouver en famille et nous ressourcer, histoire d'être prêts pour entreprendre la nouvelle année. Inquiets, nous nous demandons ce que nous réserve 1991. Il est évident que nous souhaitons que nos prières soient entendues pour que Carole puisse enfin retrouver la santé.

Une rechute

Les fêtes terminées, Carole, qui a une toux incontrôlable en plus de souffrir de problèmes respiratoires, se présente à l'urgence de l'hôpital de St-Eustache, convaincue d'avoir une bronchite. Après avoir passé un examen complet, l'urgentologue lui indique qu'il n'y a rien de concluant et qu'il s'agit probablement d'une toux temporaire causée par le stress. Quelques jours plus tard, voyant que la situation se détériore et qu'elle a de la difficulté à respirer, nous nous rendons cette fois à l'urgence de l'hôpital St-Luc. Après des tests sanguins, des radiographies pulmonaires et des scanographies, on nous annonce sans broncher que la mort vient de frapper à notre porte. Ce cancer, ce monstre sournois, ce prédateur, après avoir surveillé chaque pas et chaque geste de sa victime pour mieux l'épuiser physiquement, vient finalement de lui sauter dessus. Carole doit donc être hospitalisée sur-le-champ; atteinte d'un cancer aux poumons, il ne lui reste qu'un mois à vivre. C'est encore une fois la consternation, le découragement et un choc indescriptible.

Je contacte immédiatement ses parents pour leur annoncer l'hospitalisation de leur fille, avant d'appeler les miens pour leur demander de prendre soin des enfants jusqu'à mon retour. Je me sens incapable de leur dire, pas plus qu'aux enfants, que les jours de Carole sont désormais comptés. Je ne peux y croire, me plongeant encore une fois dans un état de déni profond pour éviter de faire face à cette traumatisante réalité. Je me dis finalement que le jour venu, je trouverai sûrement la force, l'énergie et les mots pour annoncer la nouvelle à mes enfants et à ma famille. Mais pour l'instant, il n'en est pas question.

Voulant passer le plus de temps possible avec mon épouse, j'avise tous mes contacts professionnels que je ne serai pas disponible au cours des prochaines semaines. Ayant maintenu une discrétion absolue sur l'état de santé de Carole, personne, dans mon milieu de travail, n'était jusque-là en mesure de partager ma détresse. Pour mes confrères, la nouvelle constitue donc toute une surprise. Néanmoins, j'ai droit à leur appui et à beaucoup de compassion, ce qui me réconforte et me rassure.

En l'espace de quelques jours, la santé de Carole se dégrade rapidement. Elle présente de plus en plus de symptômes, jumelés à des maux de tête hallucinants. Sa vue baisse si rapidement qu'elle n'arrive plus à lire. Devant une telle détérioration, le médecin décide d'y aller d'un bilan de santé et de procéder immédiatement à des examens plus approfondis pour découvrir l'étendue des métastases dans son système.

Du fait qu'elle est fragile et vulnérable, pour la protéger émotionnellement, je demande au médecin traitant de ne communiquer qu'à moi les résultats des tests. Intérieurement, je ne crois pas qu'elle puisse supporter une autre mauvaise nouvelle. Cela ne pourrait que la faire sombrer dans la psychose. Une fois les résultats connus, nous déciderons du déroulement et j'en porterai moi-même le fardeau et la responsabilité. Comme elle sera conduite d'urgence dans plusieurs départements pour passer ses examens, qu'elle devra être transportée en ambulance au centre d'ophtalmologie de l'hôpital Rosemont et qu'elle sera placée en observation médicale, le médecin m'avise que je ne pourrai pas l'accompagner. Je profite de ce répit pour me rendre au bureau, après avoir demandé aux médecins de m'y contacter pour me transmettre les résultats des tests. Alors que je suis assis nerveusement dans mon bureau, je reçois un premier appel de l'ophtalmologiste, qui m'annonce que Carole perdra la vue d'ici quelques jours, des métastases ayant envahi les iris de ses deux yeux. J'ai beaucoup de difficulté à me contenir. Je ne peux comprendre ce qui se passe, encore moins l'accepter. Par la suite, je reçois un second appel. On m'apprend cette fois qu'elle a un cancer au cerveau, et que nous devrions discuter des soins devant être administrés pour atténuer les maux de tête. Je suis désemparé, impuissant et anéanti.

Carole se retrouve donc avec des métastases au niveau des lombaires et des yeux, de même qu'avec un cancer des poumons et du cerveau. Un bilan de santé décourageant qui n'augure rien de bon. La malédiction est toujours là, présente, sans relâche, pour nous montrer qu'elle aura raison de nous. La mort semble l'avoir accrochée à ses griffes, tel un tigre tenant sa proie.

Dans les minutes qui suivent, Carole, qui est désorientée et déstabilisée par les événements, m'appelle en pleurs pour me dire que le médecin vient de lui annoncer qu'elle avait un cancer du cerveau. «Est-ce que tu étais au courant?», me demande-t-elle. «Bien sûr que j'étais au courant», lui dis-je. Puisqu'elle a une confiance aveugle en moi, je tente désespérément de la calmer en lui disant que le médecin procédera à de nouveaux traitements qui feront disparaître ses maux rapidement. À demi consciente, sous l'effet des sédatifs, elle est quelque peu rassurée.

En l'espace de quelques instants, mes pensées ont voyagé dans le temps pour s'égarer très loin entre les galaxies, ne sachant quelle direction prendre pour pouvoir s'accrocher à une étoile. Encore une fois, mon univers s'écroule comme un château de cartes que jamais je ne pourrai rebâtir. Même si je m'y refuse, je n'ai d'autre choix que de faire face à cette réalité voulant que la mort existe. Que puis-je faire de plus?

Sans plus tarder, je retourne à l'hôpital pour être auprès de Carole et rencontrer son oncologue pour discuter des traitements à venir. Celui-ci me convoque avec l'infirmière en chef au bureau central pour me résumer la situation. Sans autre préambule, il m'annonce qu'il n'y a plus rien à faire et qu'ils n'ont pas l'intention de poursuivre les soins médicaux.

Pour eux, même si elle n'a que trente-sept ans, c'est la fin. Ils m'assurent toutefois qu'ils prendront toutes les mesures pour atténuer ses douleurs, et pour qu'elle puisse partir en paix. Puis-je vraiment croire que son jour approche? Non! Jamais je n'y arriverai.

Pourtant, il y a quelques jours à peine, du fait que nous n'avions plus rien à perdre, son médecin m'avait bien dit qu'il tenterait l'impossible et qu'il lui administrerait un nouveau médicament sous protocole. Voilà un revers soudain et inattendu de sa part que je ne comprends pas. Désirant découvrir ce qui s'est passé depuis cette dernière discussion, je lui demande de me fournir des explications. Il m'informe alors qu'à la suite de la réunion des médecins du département, durant laquelle ils ont passé en revue le dossier de santé de Carole, il a été décidé, en raison de ses faibles chances de survie et du coût élevé du nouveau traitement, de ne pas poursuivre les soins.

C'est évidemment la dernière chose que je voulais entendre: on parle de la vie de Carole comme d'une banalité et priorise le contrôle des dépenses et du budget. Je dois faire appel à toute la maîtrise dont je suis capable pour dissimuler l'immense rage qui s'empare de moi. Dans ma tête, c'est la confusion totale. Je croyais sincèrement que tout serait fait pour lui sauver la vie. Comment un médecin peut-il décider de laisser mourir une patiente sans avoir tout tenté? J'ai l'impression que si je ne réagis pas rapidement, je perdrai tout.

En l'espace de quelques secondes, alors que nous sommes au poste de garde, je me ressaisis et indique à mon interlocuteur qu'il n'est pas vrai que tout se terminera ainsi. «Je n'ai rien à faire des considérations financières de votre département! lui dis-je. Si vous ne faites rien et que vous demeurez inactif, on ne pourra jamais retourner en arrière. Quand elle sera morte, il sera trop tard. Comme elle n'a que trente-sept ans, elle mérite que l'on fasse quelque chose pour elle. Pas demain, mais tout de suite, car la situation nécessite une action urgente. Battante comme elle est, je suis sûre qu'elle irait dans cette direction». Suite à cette discussion houleuse au cours de laquelle il apparaît évident que leur décision est déjà arrêtée, je signifie au médecin, et devant tout le personnel en place, que si aucun traitement n'est prodigué dans l'heure qui suit, je prendrai des recours légaux contre lui et l'hôpital. Je termine en disant que personne, pas même un médecin, ne peut décider de la mort d'un patient. De ce fait, je m'attends à une action immédiate et une réponse positive.

Une lueur d'espoir

Devant cette pression indue exercée sur eux et craignant une pour-suite, le docteur acquiesce à ma demande et entend administrer à Carole le tout nouveau médicament venant d'être développé. Peut-être suis-je dans un état de folie ou d'inconscience profonde? Je ne le sais pas! Par contre, je ne peux me résigner à la voir condamnée à mourir et accepter l'inévitable. Je tiens à ce point à elle, que je me sentirais extrêmement coupable de ne pas l'avoir défendue jusqu'au bout. Ai-je le droit d'agir ainsi? Par amour, moi je crois que oui, quoiqu'en fin de compte, Dieu seul le sait. L'avenir me dira si j'ai eu raison.

La perfusion intraveineuse pour administrer le médicament sera installée dans une heure. L'état de santé de Carole étant très fragile, on m'informe qu'il est possible que son cœur ne le supporte pas et que s'en-suive une insuffisance coronarienne. Si telle est sa destinée, on aura au moins tout fait pour la sauver. C'est le dernier espoir. Lorsque le médecin lui annonce qu'il lui donnera un traitement-choc, elle réagit positivement et se sent soulagée.

Dans ma solitude, incapable de traverser seul ces moments pénibles, je contacte immédiatement mes beaux-parents pour leur demander de ve-nir à l'hôpital pour y passer la nuit avec moi.

Avant de commencer la perfusion intraveineuse, Carole ingurgite son jus de carotte que j'avais pris soin de préparer avant de partir pour l'hôpital et place sous sa langue le contenu de deux fioles d'embryons. Cela ne peut sûrement pas lui nuire. Quant à moi, je lui donne un dernier baiser. Si elle parvient à passer la nuit, nous aurons une seconde lueur d'espoir.

Elle est maintenant branchée par intraveineuse. Le liquide qui coule circule dans ses veines pour détruire une tumeur maligne mortelle qui s'est propagée dans son organisme. Après quelques minutes, elle s'endort et tombe dans un profond coma. Maintenant, elle se bat seule pour sa survie.

Ses parents sont avec moi, priant Dieu et le Frère André d'accom-plir un miracle. Madame Meunier récite son chapelet, hérité de sa mère, pendant que je me réfugie dans mes pensées. Dans un moment de détresse si intense, j'apprécie beaucoup leur présence. Durant la nuit, nous nous remplaçons au chevet de Carole, espérant à tout moment apercevoir chez elle un signe de vie. Les infirmières se succèdent pour prendre son pouls, vérifier le moniteur cardiaque et voir à ce que le médicament soit bien administré. Dans la grande salle d'attente, située sur le même étage et où les proches peuvent se détendre, on annonce soudainement la mort de l'épouse d'un comédien très connu, dont je vais taire le nom pour protéger sa vie privée. J'aurais souhaité ne pas être le témoin d'un moment aussi dramatique, n'ignorant pas que cela pourrait m'arriver à tout instant. Plutôt pathétique, comme environnement, ça, je peux vous le dire. De quoi vous couper les jambes à froid. Ces souvenirs sont si ancrés dans mon esprit que j'ai l'impression que seules la folie ou la démence pourront me les faire oublier un jour.

Au petit matin, quoiqu'elle soit toujours dans un état comateux, nous sommes soulagés de savoir qu'elle a réussi à passer la nuit. Et puis, vers la fin de l'après-midi, alors que je lui tiens la main, elle me donne un signe de vie en serrant légèrement la mienne. Un contact avec la vie qui vient me chercher directement au cœur. Un toucher et un moment de tendresse inimaginable qui prend tout son sens! Je suis si ému que des larmes coulent lentement sur mes joues pendant que mes beaux-parents prient toujours.

Ce n'est pas un moment de gloire, car la partie n'est toujours pas gagnée. Par contre, c'est un grand pas qui vient d'être franchi. J'ai soudainement l'impression de vivre les cauchemars de la Bible où le mal et le bien s'affrontent.

Les jours suivants, Carole reprend lentement possession de son corps. Sortant de son coma, elle récupère graduellement tous ses sens. Son mal de tête a disparu, elle voit normalement et n'a plus de problèmes respiratoires. Bien que très fragile et complètement perdue, elle est en vie. Stupéfait devant les résultats du traitement et par la réaction de sa patiente, le docteur me donne finalement raison d'avoir insisté. Durant les jours qui suivent, on voit défiler plusieurs spécialistes dans la chambre, de même que des internes poursuivant une formation clinique. Tous se montrent fort surpris. À l'hôpital, Carole est maintenant surnommée la miraculée. Il semble que pour cette fois, on ait gagné notre pari.

À partir de ce moment, tous les jours, avant de me rendre à l'hôpital, je fais un arrêt à l'oratoire St-Joseph pour faire un chemin de croix, allumer quelques lampions et demander la miséricorde de Dieu et l'aide du Frère André. Pour les quatre prochains mois, soit durant toute la période d'hospitalisation de Carole, je poserai ce geste de spiritualité et de recueillement chaque matin.

En matinée et en soirée, je reste au chevet de Carole alors que l'après-midi, je me rends au bureau pour régler certains dossiers urgents. Ensuite, je retourne à la maison pour m'assurer que les enfants ne manquent de rien. Le soir, avant de dormir, après avoir terminé mes exercices de taïchi, je me propulse dans un autre univers grâce à la méditation et la visualisation.

En raison d'un système immunitaire fragilisé et de nombreuses infections, Carole, qui est toujours alitée, doit être placée très souvent en isolement. Pour redynamiser son système qui a subi de lourds dommages lors du dernier traitement, on doit procéder régulièrement à des transfusions sanguines. Conséquemment, les visites ne sont autorisées que pour les membres proches de la famille. Durant cette longue période où elle est hospitalisée, au grand désespoir des enfants, je fais mes exercices de taïchi partout, que ce soit dans les corridors de l'hôpital ou dans les ascenseurs. Ces exercices énergisants me permettent de garder le contrôle de mon mental, histoire de ne pas me perdre.

Et puis un jour, lentement, comme par miracle, Carole recommence à manger. Trois mois après son hospitalisation, avec l'aide des infirmières, elle se lève pour la première fois. Jamais les médecins ne l'auraient cru! Réapparaît les membres de l'équipe médicale qui se succèdent un à un dans la chambre pour discuter de son cas. J'ai l'impression d'assister à la scène décrite dans l'évangile lorsque Jésus dit: «Lève-toi et marche». Renversant, incroyable, inimaginable, mais vrai! Nous avons vraiment l'impression d'avoir été exaucés.

Après notre calvaire des derniers mois, en ce 31 mars 1991, jour de Pâques et donc, jour de la résurrection de Jésus, je demande aux enfants de m'accompagner à la célébration pascale de l'Oratoire St-Joseph où je vais tous les jours depuis la première semaine de janvier. Ne serait-ce que symbolique pour eux, c'est pour moi l'occasion de les impliquer dans la démarche spirituelle que j'ai entreprise. C'est aussi pour me réconforter à l'idée de ne pas être seul et de les avoir près de moi. La cérémonie terminée, je les emmène au centre hospitalier pour qu'ils puissent voir leur mère, car ils avaient très hâte de la revoir.

Le 17 avril 1991, étant donné que c'est l'anniversaire de Carole et que plusieurs n'ont jamais eu la chance de la visiter en raison des périodes successives d'isolement, j'organise une fête surprise dans la grande salle d'attente, à même l'étage où Carole est hospitalisée. Sans exception, tous les membres de la famille sont présents et attendent impatiemment son arrivée, elle qui sortira de sa chambre pour la première fois depuis plus de trois mois. Malgré toute l'énergie que cela lui demande, elle prend soin de se maquiller légèrement et de mettre sa perruque. Même dans les circonstances, elle tient à être coquette. Arrivant difficilement à se déplacer par elle-même, je l'emmène en fauteuil roulant pour rencontrer tous ceux qui ont très hâte de la revoir et de lui souhaiter un bon anniversaire. Que d'émotion lorsqu'ils la voient arriver! Même si cette rencontre se veut brève, c'est pour elle le plus beau cadeau de sa vie que de célébrer son anniversaire en compagnie des gens qu'elle aime et qui lui sont chers. Après ces retrouvailles qui l'ont revitalisée, elle m'annonce qu'elle a l'intention de renouer avec la vie et de reprendre ses activités bientôt. Elle va même jusqu'à ajouter qu'elle s'est fixé, comme objectif, de revenir à la maison pour la fête des Mères, c'est-à-dire le 11 mai. Son espoir et sa détermination dressent son chemin. Elle tombe, se relève et repart!

Les deux dimanches précédant la fête des Mères, son médecin l'autorise à venir à la maison, mais pour quelques heures seulement. Finalement, tel qu'elle l'a souhaité, bien qu'elle soit faible et qu'elle éprouve encore de la difficulté à marcher, elle reçoit son congé juste à temps pour la fête des Mères. Il est toutefois convenu qu'elle devra retourner chaque semaine à l'hôpital pour que le docteur puisse procéder à un suivi médical et lui faire une transfusion. Mais, qu'importe… nous venons de franchir une nouvelle étape importante dans son processus de guérison.

Puisqu'elle dort une grande partie de la journée et qu'elle ne peut monter l'escalier pour se rendre à notre chambre, je convertis la salle familiale en salle de repos, de façon à ce qu'elle puisse s'y installer confortablement. Deux semaines plus tard, désirant dormir dans son lit et retrouver ses effets personnels, elle entreprend de monter l'escalier par elle-même. Pour ce faire, elle s'assit sur la première marche et franchit les autres à reculons, ce qui lui permet de reprendre son souffle et d'être plus à l'aise. Y allant une marche à la fois, elle finit par réussir. Durant sa convalescence, du fait qu'elle ne peut rester seule à la maison et que j'ai dû recommencer à travailler à temps plein, ma mère et ma belle-mère s'occupent d'elle le jour, non sans nous préparer de bons repas pour le souper. Pour ce qui est des travaux ménagers, nous avons la chance de pouvoir compter sur une femme de ménage exceptionnelle, laquelle a pris sous son aile la responsabilité entière de la maison.

Avec le temps, grâce à des suppléments nutritionnels liquides qui complètent son alimentation et à une panoplie de produits naturels, Carole reprend rapidement des forces. Même si elle doit se reposer de longues heures, sa vitalité revient graduellement et suffisamment pour lui permettre de participer à certaines activités. En juin, soit un mois après sa sortie de l'hôpital, je suis fou de joie lorsqu'elle m'accompagne au bal des finissants de Cindy. À l'occasion de ce premier bain de foule en un an, elle est toujours aussi élégante. Et même si elle porte une perruque, personne n'est à même de s'en douter. Les enfants et moi sommes très heureux de la retrouver dans notre quotidien.

Survivre en affaires

Malgré les moments difficiles que nous avons traversés, j'avais maintenu, depuis le début de l'année, un contact étroit avec les directeurs d'agence et le réseau de ventes. Grâce à leur collaboration, nous avons pu poursuivre le recrutement de représentants et la formation. Durant cette période, nous avons également mis en place de nouvelles stratégies commerciales tout en développant de nouveaux outils promotionnels, de sorte qu'à ce jour, la région a connu une croissance sans précédent, dépassant largement les objectifs établis par l'entreprise. Ce qui m'a valu des revenus constants.

Toutefois, coïncidant avec le retour de Carole à la maison, des changements importants au niveau de la direction de l'entreprise mettent en péril mon contrat de service, lequel vient à échéance le 1er septembre. La majorité des cadres supérieurs faisant partie du comité de gestion, soit le Président, le Vice-président administratif et le Vice-Président des ventes et du marketing, ont démissionné en bloc pour non-respect des clauses financières figurant à leur contrat. Ils ont également entrepris des procédures légales contre la division commerciale et la fondation, dans le but de récupérer les sommes qui leur sont dues. Partout à travers le Canada, c'est la surprise générale, d'autant plus que dans le passé, le Président et le Directeur général siégeaient bénévolement sur le conseil d'administration de la fondation.

Lors de la création de l'entreprise de consultants, on leur avait accordé un plan de rémunération compétitif dans l'industrie des services financiers, un plan qui incluait, semble-t-il, un boni de performance et un pourcentage de participation aux actions, en plus d'un salaire de base.

Du fait que les résultats ont été spectaculaires au cours des trois dernières années, les nouveaux cadres se sont retrouvés soudainement dans une position financière privilégiée, comparativement à leurs collègues qui eux, siègent en tant que bénévoles sur le conseil d'administration de la fondation. Selon ce que je comprends, l'entreprise refuserait de leur verser la totalité du bonus annuel et de procéder au transfert des actions, ce qui aurait provoqué un conflit administratif. À ce qu'il semble, ceci représenterait plusieurs millions de dollars. Puisque mon contrat de service doit être renouvelé le 1er septembre et que les honoraires que je perçois actuellement se situent entre douze mille et dix-huit mille dollars par mois, je suis plutôt inquiet.

En l'espace de quelques semaines, un nouveau président, totalement inconnu dans le domaine, prend la direction de l'entreprise. Comme il n'a ni le charisme ni l'expérience des cadres qui viennent de quitter leurs fonctions, l'atmosphère devient très tendue dans tout le réseau de ventes, et ce, partout à travers le pays.

La semaine suivant sa nomination, il m'appelle pour m'aviser qu'il souhaite réviser les conditions de mon contrat avant la date de renouvellement du 1er septembre, ainsi que ceux de tous les consultants à travers le Canada. Sans égards aux résultats obtenus, il m'indique que mes revenus surpassent son salaire et qu'il considère cette situation anormale. Évidemment, je n'ai pas l'intention de renégocier mes conditions. Seulement au Québec, le nombre de contrats signés en un an dépasse celui de tous les contrats signés au cours des vingt-cinq dernières années. Dès mon arrivée, j'ai travaillé très fort pour bâtir plusieurs agences et maintenant que j'en récolte le prix, il n'est pas question que je cède quoi que ce soit.

Quelques jours plus tard, sans autre préavis, je reçois une mise en demeure me sommant de me présenter dans trois jours au siège social de Toronto pour le rencontrer. À défaut de m'exécuter, mon contrat se terminera d'office et aucun versement d'honoraires ne sera effectué à partir de cette date, indépendamment des résultats. Avais-je vraiment besoin de recevoir une telle menace? N'ayant aucune autre alternative, comme exigé, je me présente à Toronto pour au moins m'assurer de recevoir mes commissions jusqu'à la fin du contrat. Je verrai bien par la suite.

En arrivant dans son bureau, je constate qu'il a changé d'attitude. L'arrogance et le mépris dont il a fait preuve lors de notre dernier entretien ont disparu. Même qu'il m'invite à manger dans un club privé de Toronto pour pouvoir discuter. Sa réputation le précédant, je ne sais pas à quoi m'attendre et je reste sur mes gardes. Dès le départ, sa première approche, que je catalogue de directe, agressive et peu professionnelle, n'a rien fait pour établir une bonne relation d'affaires entre nous. En fait, le personnage ne m'impressionne guère.

Ayant pris le temps d'examiner les résultats de la région avant mon arrivée, il m'en félicite. Il est quand même étonnant qu'il ne l'ait pas réalisé avant notre premier entretien et même, avant de me faire parvenir une mise en demeure, n'est-ce pas? Il prend aussi le temps de souligner qu'il trouve inusité que les contractuels gagnent plus d'argent que le Président de l'entreprise. Cela étant dit, il m'annonce officiellement qu'il n'a pas l'intention de renouveler mon contrat, ce à quoi je m'attendais. Il m'informe de plus qu'il doit procéder à une restructuration et pourvoir les postes laissés vacants le plus rapidement possible.

Je suis complètement éberlué lors qu'il m'offre le poste de Vice-président ventes et marketing pour le Canada, avant de m'expliquer qu'il souhaite s'entourer de cadres ayant mon dynamisme et mon expérience de gestion d'un réseau de vente directe. Aux frais de l'entreprise, je devrai par contre déménager à Toronto avec ma famille. C'est là que je me rends compte qu'il n'est même pas au courant de ma condition familiale et qu'il ignore tout au sujet de Carole. Encore là, je ne suis pas impressionné!

Sans vouloir lui parler des problèmes de santé de mon épouse, je lui précise que si je suis là aujourd'hui, c'est strictement pour me conformer aux exigences de la mise en demeure et m'assurer que l'entreprise me verse mes honoraires jusqu'au terme de mon contrat. Je profite de l'occasion pour lui dire que le moyen qu'il a utilisé pour me faire venir à Toronto m'a énormément déplu. Ébranlé intérieurement, je ne peux me retenir d'ajouter que jamais je ne pourrais travailler pour lui. La discussion se termine ainsi, alors que je sais fort bien que je devrai rapidement me trouver un nouvel emploi ou encore, un nouveau contrat de travail. Jamais je ne me serais attendu à un tel dénouement. Que de bouleversements dans ma vie depuis le début de l'année! Pourrai-je un jour me permettre de respirer comme tout le monde?

Même si les directeurs d'agence n'ont aucun lien contractuel avec ma société ou moi, du fait que j'avais développé avec eux une excellente relation d'affaires, je dois les aviser que mon contrat ne sera pas renouvelé. L'annonce de mon départ et des changements au niveau de la haute direction bouleverse et crée beaucoup d'incertitude, non seulement au Québec, mais à travers le Canada. Voyant que les directeurs que j'ai recrutés s'inquiètent et craignent de devoir renégocier leur contrat, je m'efforce tant bien que mal de les rassurer.

En examinant la liste des personnalités de marque faisant partie du conseil, je ne peux pas croire que ces gens sont les investigateurs de tous ces changements. Ayant développé d'excellentes relations avec certains membres du conseil d'administration et des comités consultatifs, je décide d'agir et de les informer de ce qui se passe, tout en les prévenant que les changements profonds de philosophie de gestion affecteront l'image de la fondation. Le but ultime de cet exercice est de m'assurer du renouvellement de mon contrat. Je monte donc un dossier complet et l'envoie par la poste à tous les membres du conseil d'administration, partout au Canada. Je leur fournis le détail des conversations que j'ai eues avec le nouveau Président, en prenant bien soin d'inclure une copie de la mise en demeure que j'ai reçue. Pour terminer, je les informe de l'état de santé de Carole et leur signifie que je suis fort étonné qu'une fondation comme la leur ose agir de la sorte en pareille situation.

En deçà de quarante-huit heures, je reçois un appel du Président du conseil d'administration. En guise de préambule, il s'excuse pour ce qui s'est passé et me questionne au sujet de l'état de santé de mon épouse. Il se dit très heureux que j'aie pu prendre le temps de monter un dossier complet pour informer les membres du conseil des derniers développements. Sur une base strictement confidentielle, il m'avoue qu'au sein du conseil, la nomination du nouveau président ne fait pas l'unanimité et que celle-ci représente une erreur de taille. Mais puisqu'ils sont liés contractuellement avec l'individu, le dossier est actuellement entre les mains d'un bureau d'avocats. Il termine la conversation en me disant: «Nous sommes désolés. Ce n'est qu'une question de temps, Monsieur Leclerc. Nous vous demandons de nous accorder quelques semaines pour régler ce dossier. Malheureusement, en ce moment, je ne suis pas en mesure de vous donner de date précise, mais je peux vous assurer que nous sommes très contents du travail que vous avez fait pour nous, tant au niveau du réseau commercial qu'au niveau de la nomination de nouveaux gestionnaires sur les comités consultatifs de la fondation. Aussi, nous tenons à vous confirmer que nous désirons renouveler le contrat qui nous lie actuellement. Sûrement que vous comprenez notre situation. Mais n'ayez crainte, nous nous engageons à trouver une solution à très court terme. Dès que le dossier sera réglé, nous vous contacterons. Merci encore de nous avoir fourni un dossier solide à l'intention de nos avocats».

Étant conscient des délais qui sont parfois imprévisibles en raison de la complexité des dossiers, je suis plus ou moins rassuré. Encore une fois, je me retrouve assis entre deux chaises. Après la période de tourmente, de détresse et d'angoisse que j'ai traversée ces six derniers mois, je n'avais vraiment pas besoin d'être replongé dans une telle insécurité.

Les semaines passent et je n'ai toujours pas de nouvelles. Heureusement, mes honoraires me sont toujours versés, comme convenu. La première semaine du mois d'août, donc trois semaines avant la fin de mon contrat, je suis toujours sans nouvelle.

Alors que je ne m'y attendais pas, voilà que je reçois un appel du Président de la division commerciale d'un compétiteur bien établie au Canada, et ce, depuis fort longtemps. Il est l'unique propriétaire de l'entreprise qu'il a fondée et représente une fondation sur une base exclusive. Cette entreprise de consultation en services financiers est implantée au Québec depuis déjà vingt-cinq ans et possède un bureau commercial à Montréal qui gère l'ensemble des activités administratives et commerciales pour l'est du Canada. Il m'annonce que l'ancien Vice-président administratif de l'entreprise que je représente actuellement vient de se joindre à son organisation et qu'en ce moment, il est à la recherche d'un gestionnaire pour prendre la direction du bureau de Montréal. Puisque j'ai été fortement recommandé par son nouveau Vice-président, il aimerait me rencontrer. Connaissant déjà cette entreprise avec laquelle je rivalise actuellement, j'accepte de me rendre à ses bureaux de Toronto, non sans un soupir de soulagement. Comme je n'ai encore reçu aucun appel au sujet du renouvellement de mon contrat, je me dis que si les conditions qui me sont proposées m'apparaissent acceptables, j'accepterai sûrement.

Lors d'une brève entrevue avec le Président et le nouveau Président exécutif, que je connais très bien et que j'apprécie en raison de son professionnalisme, les deux me proposent de m'associer à eux à compter du 1er septembre et de prendre sous mon aile la responsabilité du bureau de Montréal. Comme la structure est déjà existante et que mes fonctions seraient sensiblement les mêmes que celles que j'occupe actuellement, soit le développement du réseau de vente, la formation et la coordination avec le département marketing dont les bureaux sont situés à Toronto, j'accepte l'offre. Le fait que l'entreprise soit dirigée par le propriétaire fondateur et qu'elle soit établie depuis plus de vingt-cinq ans me sécurise.

Quelques jours après cette rencontre, je reçois finalement un appel du Président de la fondation que je représente, lequel m'annonce que le Président de l'entreprise a été limogé et que de ce fait, mon contrat sera renouvelé. Malheureusement, il est trop tard et je dois l'informer que j'ai déjà signé un contrat avec un compétiteur. Je suis désolé, mais je ne pouvais pas me permettre d'attendre plus longtemps.

Je commence un nouveau travail tout en espérant que cette fois, mon association soit stable et valorisante. Comme la structure administrative est déjà en place pour le territoire de l'est du Canada, cela me facilite grandement la transition. De plus, grâce au soutien professionnel de la secrétaire qui est en place depuis plus de vingt-cinq ans, je résous rapidement les dossiers prioritaires. Au niveau du réseau, puisque mon nom a déjà circulé dans le milieu au cours des deux dernières années et que je suis connu au sein de l'industrie, on me réserve un accueil chaleureux.

Dans la foulée des changements, plusieurs directeurs d'agence que j'avais recrutés pour l'autre organisation et avec lesquels j'avais établi une excellente relation d'affaires me contactent pour se joindre à nous et changer d'allégeance, amenant avec eux leurs représentants qui sont autonomes. Il nous suffit de modifier leurs dossiers auprès de la Commission des valeurs mobilières du Québec. Grâce à leur contribution, la région réussit à dépasser encore une fois les objectifs, ce qui accroît substantiellement mes bonis trimestriels.

Durant cette période d'incertitude, pour éviter de perturber Carole, il est évident que je me suis bien gardé de lui parler de mes déboires professionnels.

La force de la vie

Peu à peu, Carole retourne à ses activités quotidiennes. Enfin, elle revit. Elle recommence à conduire et à cuisiner, en plus de s'inscrire à divers cours, tels: méditation et analyse de soi, peinture et art. Cela lui permet de s'extérioriser. Aussi, pour sortir de la maison et rencontrer de nouvelles amies avec qui elle va occasionnellement au restaurant, elle se joint à l'Association des fermières de la région. Elle peint maintenant des aquarelles et participe à quelques expositions locales dans le cadre d'activités culturelles organisées par la municipalité.

Parallèlement à tout cela, elle concentre beaucoup de temps à l'ésotérisme, allant même jusqu'à participer à des séances de retour dans le temps, ce qui me préoccupe, car je trouve cela dangereux. Pourquoi tenter de retourner dans le passé pour y découvrir la source de ses problèmes et essayer de comprendre l'incompréhensible alors qu'elle vient tout juste de s'en sortir? Mais puisque cela concerne sa vie, je lui donne pleine liberté, bien que je ne sois pas toujours d'accord avec ses démarches.

Lors de nos visites médicales, tout le personnel de l'hôpital continue de l'appeler la miraculée, ce qui m'agace. N'ayant pas dit à Carole que de prime abord, les médecins avaient décidé d'interrompre les soins et de la laisser partir, je veux éviter de rouvrir ce dossier et d'être forcé de la mettre au courant. Il est évident qu'un jour, elle voudra savoir pourquoi on l'appelle ainsi. Pour toutes les patientes de l'hôpital prises avec ce fléau qu'est le cancer, elle est devenue un exemple d'espoir.

En septembre, avec des compagnes qu'elle a rencontrées dernièrement, elle décide de partir deux semaines en République dominicaine pour participer à un séminaire sur la méditation favorisant la régénérescence cellulaire. Heureux qu'elle prenne part à ce genre d'activité qui l'aide à maintenir son moral et sa santé, je n'y vois aucun inconvénient.

Après seulement quelques mois, grâce à l'aide du Frère André et la miséricorde de Dieu, elle a retrouvé la santé, ce qui nous permet de retrouver l'harmonie et une vie de famille presque normale. Maintenant plus que jamais, elle est déterminée à découvrir au niveau de son subconscient les raisons profondes de ses problèmes de santé et l'influence de ses karmas. Il paraîtrait que ceux-ci nous hantent tout au long de nos vies, en plus d'avoir une influence importante sur notre présent. Croyant à la résurrection, elle veut comprendre. Elle veut modifier son comportement et sa façon de penser qu'elle a hérités du passé et qui maintenant la hantent. Cette démarche me fait peur. Selon moi, trop en savoir peut être aussi perturbant que de ne rien savoir. Comme tout va bien actuellement, pourquoi tout remuer dans sa tête et prendre le risque de se retrouver à la case de départ? Ai-je raison? Je ne le sais vraiment pas! Ce ne sont que des hypothèses basées sur ma crainte de revivre des moments pénibles.

Même si je ne suis pas entièrement en accord avec son cheminement ésotérique, elle le poursuit. Ne pouvant que respecter ses choix, je la supporte donc financièrement et moralement dans cette voie. C'est ainsi que nous rencontrons médium par-dessus médium. S'il est clair que plusieurs sont des charlatans cherchant à s'enrichir aux dépens de gens à la recherche de la vérité, certains possèdent des dons extraordinaires. Il nous arrive de participer à des séances privées de retour dans le temps et de méditation transcendantale.

Les jours, les semaines et les mois passent. Carole reprend ses forces de façon extraordinaire et a retrouvé le goût à la vie même si chaque après-midi, elle doit absolument se reposer de longues heures. Quel réconfort que de la voir ainsi!

Lors d'un suivi médical, le médecin nous annonce qu'il croit qu'elle est en rémission. Comme nul ne peut comprendre comment elle a pu survivre, son cas demeure une énigme pour tous les membres du centre d'oncologie. On lui avait pourtant trouvé des métastases au niveau des lombaires, des iris, un cancer du cerveau et des poumons… et elle est toujours en vie. Que s'est-il passé? On ne le saura jamais! Nous devons attendre encore quelques mois, soit à la fin de novembre, pour refaire un bilan de santé complet. Ce n'est que là que le médecin pourra nous confirmer qu'elle est bel et bien en totale rémission.

Entre-temps, elle reprend son rôle de femme au foyer. Elle prépare les repas et effectue quelques petits travaux domestiques. Les week-ends, elle aime inviter des gens pour souper à la maison. Chaque fois, elle se surpasse en y allant de nouvelles recettes. Comme dans le passé, ses parents viennent souper tous les dimanches, même que c'est devenu une tradition familiale. Elle qui était devenue aigrie et exigeante, redevient peu à peu ce qu'elle a toujours été: une personne aussi joviale que tolérante et aimant la vie.

À la fin du mois de novembre, comme prévu, elle doit passer une série d'examens pour établir son bilan de santé. Après quoi, il nous faudra patienter trois jours pour obtenir les résultats. Nous sommes anxieux, mais en même temps, rassurés par le fait qu'elle ne ressent plus aucun malaise ou symptôme nécessitant une attention médicale. De plus, elle ne prend plus aucun médicament.

Après cette attente interminable, le médecin nous annonce officiellement qu'elle est en rémission complète et qu'on ne trouve plus aucune trace de cancer ou de métastase dans son système. Incrédules, les médecins qui l'avaient condamnée en janvier dernier lui demandent si elle accepterait de les rencontrer, cela pouvant servir la cause de leurs protocoles de recherche. Serait-ce la bénédiction du Frère André ou la miséricorde de Dieu? J'aime bien le croire, car après tout, nous avons été exaucés.

Le partage

Au début du mois de décembre, pour célébrer ce miracle de la vie, j'invite Carole à passer une semaine de vacances en Floride. Un soir, alors que nous sommes en tête à tête au restaurant, elle me demande de lui raconter dans le moindre détail les discussions que j'ai eues avec le médecin en janvier dernier lorsque son état était devenu critique. Elle veut savoir pourquoi on la surnomme la miraculée. Je suis pris de court, car j'avais enfoui ces souvenirs dans le plus profond de mon subconscient pour mieux les oublier. Je suis d'autant plus étonné lorsqu'elle m'explique qu'elle était consciente de la gravité de la situation, mais qu'elle n'avait tout simplement pas le désir de chercher à en savoir davantage du fait qu'elle n'avait pas l'énergie nécessaire pour y faire face. Elle a réalisé que durant toute cette période, j'ai porté seul le poids des décisions difficiles. Pour la protéger, j'ai dû effectivement lui cacher plusieurs faits, de même que j'ai dû taire ce que j'ai dit et fait pour m'assurer qu'on lui accorde une chance de survivre. Et voilà que maintenant, elle veut tout savoir.

Je suis décontenancé et gagné par les émotions. Je suis si bouleversé que je ne sais pas comment réagir ni quoi dire. Puisqu'elle a amorcé le sujet, je n'ai d'autre choix que de lui ouvrir mon cœur, d'être franc avec elle et de tout lui dévoiler. Je crois qu'elle a le droit de savoir ce que je gardais profondément en moi et que je n'avais jamais pu partager avec quiconque jusque-là.

En lui racontant la suite des événements, j'ai l'impression de revivre encore une fois ces durs moments. Pendant que je me confesse à la manière d'un enfant ayant voulu cacher la vérité et ne pouvant contenir ses larmes, elle porte attention à tout ce que je dis, dans le moindre détail.

Lorsque j'ai terminé, elle finit par comprendre pourquoi on la surnomme la miraculée. J'espère simplement que son subconscient sera en mesure d'accepter et d'intégrer toutes ces informations sans faire rejaillir la force du mal qu'elle a vaincue.

À la fin de notre entretien, c'est elle qui doit me réconforter en me disant qu'elle appuie entièrement les décisions que j'ai prises dans le but de la protéger et de la sauver. Elle n'a que de l'admiration, tant pour ce que j'ai fait que pour ma discrétion et ce que j'ai dû supporter seul tout en sachant que le pire pouvait arriver. C'est ainsi que j'ai enfin pu partager avec elle le fardeau que je portais. Nous passons donc ensemble une semaine extraordinaire, plus complices que jamais.

Comblés par d'aussi beaux moments, nous retournons à la maison pour nous préparer à célébrer les fêtes et sa rémission. La veille de Noël, alors que nous assistons à la messe de minuit, nous profitons de l'occasion pour dire merci à Dieu; merci de l'avoir guérie, merci d'avoir laissé une mère à ses enfants, merci d'avoir laissé à mes côtés la personne la plus importante de ma vie et merci de nous avoir permis de nous retrouver pour célébrer ensemble ce Noël du 25 décembre 1991. Un retour à la vie et au bonheur.

Après une année aussi tumultueuse et bouleversante que peut donc nous réserver la prochaine année?

CHAPITRE 19

LA FIN D'UN COMBAT

Janvier 1992 — mai 1992

Au début du mois de janvier, Carole et moi partons en voyage à Bavaro Beach, en République dominicaine, en compagnie des meilleurs directeurs d'agence du Canada. Il s'agit d'un voyage de reconnaissance offert à ceux qui se sont démarqués durant l'année 1991. Avant de partir, du fait qu'il s'agit d'un voyage relié au travail, je me demande si ça ne sera pas trop exigeant pour elle, car elle devra socialiser tous les jours avec tous ces gens.

Dès notre arrivée, elle établit rapidement des contacts avec les personnes du réseau, tout en développant une relation spéciale avec eux. Le Président de l'entreprise, que j'aime beaucoup, n'a que des éloges et de l'admiration pour elle. Durant notre séjour, puisqu'elle ne peut évidemment pas participer à toutes les activités organisées, elle se retire chaque après-midi pour s'accorder un long repos. Elle s'assure ainsi d'être en forme pour prendre part aux banquets et aux spectacles de fin de soirée. Quelques jours après notre arrivée, comme elle adore nager, elle décide de participer à une excursion en mer pour faire de la plongée sous-marine. Même si je n'ai pas l'intention de me joindre aux plongeurs, car je ne sais pas nager, je l'accompagne tout de même sur le bateau. Je suis impressionné par son courage. Elle qui était au seuil de la mort il y a encore quelques mois devient pour moi un exemple de maîtrise personnelle et de détermination. Je suis toutefois inquiet pour elle. Malgré tout, je mets mes peurs de côté et la suis dans cette aventure. Mon costume de plongée revêtu, la bouteille d'oxygène bien installée derrière mon dos et pouvant respirer confortablement, je me retrouve à ses côtés pour admirer les fonds marins et nager entre les bancs de poissons multicolores dans les profondeurs d'une eau bleue-turquoise transparente, pendant qu'un moniteur nous suit de très près. Elle me fait vivre une expérience unique. Lors de ce voyage, elle est traitée comme une reine et apprécie beaucoup les petites marques d'attention qu'elle reçoit. Le soleil étant au rendez-vous, en dépit de mes obligations professionnelles, nous passons ensemble de bons moments.

Sur le vol de retour, alors qu'elle est assise dans son fauteuil, elle ressent un inconfort au niveau du dos qui la perturbe. Croyant que cela est dû à une déformation du siège de la banquette, je lui cède le mien en échange. Malheureusement, son mal s'accentue, jusqu'à se transformer en une douleur insupportable. Celle-ci devient si intense, qu'elle doit prendre des médicaments antidouleur pour retrouver un minimum de confort.

Le jour suivant, présumant qu'elle s'était tout simplement déplacé une vertèbre, nous nous présentons à l'urgence de l'hôpital St-Luc où le médecin lui fait passer une radiographie. Après nous avoir annoncé le mois dernier qu'elle était en rémission complète, voilà qu'il nous apprend que malheureusement, les métastases ont réapparu au niveau des vertèbres lombaires. C'est la catastrophe. Le malheur s'acharne à nouveau sur nous sans vouloir lâcher prise. Désespérés, nous retournons à la case départ. Il s'agit de la troisième rechute de Carole en deux ans, la dernière lui ayant pratiquement coûté la vie.

Ainsi donc, cette joie intense qu'était la nôtre lorsque nous avons appris, en novembre dernier, qu'elle était rémission complète, n'aura été qu'éphémère. Ce cancer qui la surveillait de loin l'agresse encore une fois. C'est la hantise de notre vie sur laquelle nous n'avons plus aucun contrôle.

Carole devra donc suivre des séances de radiothérapie qui s'échelonneront sur plusieurs semaines. C'est l'enfer sur terre. Depuis août 1989, c'est la quatrième fois qu'elle devra se battre pour sa vie.

À la fin février, du fait que sa santé se détériore rapidement, elle doit être hospitalisée pour une période indéterminée. À nouveau, nous sommes plongés dans un cercle infernal de traitements, d'incertitude, de chagrin et de désespoir. Alors que son système immunitaire a été anéanti en raison des nombreux traitements et qu'elle doit recevoir une transfusion sanguine chaque semaine, nous nous retrouvons encore une fois dans l'impasse.

Suite à une discussion avec son médecin, je me remets désespérément à la recherche d'un nouveau protocole de recherche qui pourrait être disponible dans un autre centre hospitalier. Cette fois, je contacte tous les médecins en chef des centres d'oncologie de Montréal, New York et

Boston. Ceci fait, après avoir réalisé que certains médecins associés à d'autres centres hospitaliers de Montréal sont plus agressifs, je demande de les rencontrer en compagnie de Carole. Chaque fois, j'obtiens une autorisation de sortie de son docteur qui maintenant, encourage mes démarches.

Puisque Carole désire revenir à la maison, elle obtient une autorisation de sortie temporaire, bien que cela aille à l'encontre des recommandations de son médecin. Mais, il nous sera plus facile ainsi de poursuivre ce que nous avons entrepris. Encore une fois, l'état d'urgence dans lequel nous sommes justifie notre requête et nous motive à passer à l'action. Dans un état de désespoir incroyable, nous nous raccrochons à l'espoir et poursuivons nos démarches pour découvrir un nouveau produit miracle susceptible de la sauver.

Les jours suivants, nous rencontrons des spécialistes reconnus dans la région de Montréal et qui se sont distingués en oncologie. À chaque visite, c'est toujours le même verdict et les mêmes réponses: même s'ils acceptent d'ouvrir un dossier, aucun ne veut s'engager à accepter ce cas sans d'abord prendre connaissance du dossier en entier. Malheureusement, comme ceci pourrait prendre plusieurs semaines, nous n'avons pas le temps voulu devant nous. Nous avons donc l'impression de faire un tour de carrousel et de nous étourdir.

Tel que l'avait prédit le médecin, après seulement quelques jours, Carole doit retourner à l'hôpital. Le temps presse, car si je ne peux trouver rapidement un nouveau traitement, ce sera la fin. Fuyant toujours le spectre de la mort, je concentre tous mes efforts pour découvrir des traitements développés et proposés par la médecine douce. Irréaliste, vous me direz? Peut-être. Mais, c'est tout simplement à la grandeur de notre désespoir, de notre déni et de notre folie. Nous nous accrochons à la vie!

Pendant ce temps, Carole s'assure de prendre régulièrement ses capsules d'embryon qui n'ont pas de prix, sauf celui de la vie. Puis un jour, je découvre l'existence de cliniques de recherche médicale privées offrant des traitements contre le cancer qui ne relèvent pas de la médecine conventionnelle. La majorité se trouve dans des pays du tiers monde où le manque de législation permet l'ouverture de tels centres de recherche. On parle de l'Afrique du Sud, de l'Amérique centrale, de l'Amérique du Sud et du Mexique. Nous envisageons donc de recourir à ces traitements.

Puisque Carole est faible et que nous ne pouvons pas entreprendre un trop long voyage, je contacte une clinique située à Tijuana, au Mexique, non loin de la frontière américaine. Après une présentation sommaire du dossier que j'ai fait parvenir par fax, la direction de cette clinique accepte de prendre Carole et de la traiter pour une période de trois semaines. Après cette période, nous verrons ce qui adviendra. Ces trois seules semaines de traitement me coûtent quinze mille dollars, que je dois verser immédiatement.

Étant donné qu'au cours des deux dernières années j'ai investi des sommes énormes dans des produits naturels et autres approches holistiques, notre taux d'endettement est tel que nous sommes actuellement confrontés à une situation financière précaire. Ma marge de crédit disponible se limitant à cinq mille dollars, je dois vite trouver le reste de l'argent pour réaliser ce projet.

Puisque c'est la fin du premier trimestre, période où l'entreprise doit bientôt me verser un important boni, je contacte le Président pour lui demander de me remettre une avance de cinq mille dollars, non sans lui expliquer l'urgence de la situation. Ce qu'il accepte aussitôt, tout en prenant les arrangements pour que la somme soit versée dans mon compte bancaire dès le jour suivant. Puisqu'il me manque toujours cinq mille dollars, je fais cette fois appel à mon beau-père pour lui demander de m'accorder un prêt. Souhaitant aussi sauver sa fille, il accepte.

Après avoir informé le médecin de nos intentions, c'est avec certaines réserves et beaucoup d'inquiétude que le 4 avril, jour du Vendredi saint, il accorde à Carole son congé de l'hôpital. Par la même occasion, il me remet une copie intégrale du dossier médical que je devrai présenter au directeur de la clinique mexicaine. L'autorisation de sortie permet à Carole d'être présente au souper familial de Pâques avant de partir pour le Mexique. Se déroulant chez sa tante Christine, celui-ci est une des traditions familiales à laquelle elle n'a jamais voulu déroger.

Le lundi matin 6 avril, même si elle est faible, nous partons pour San Diego, en Californie, où un chauffeur mexicain au service de la clinique nous accueille. Il nous fait traverser la frontière et nous conduit au centre médical. À une rue du bord de mer, celle-ci a été aménagée dans une grande maison moderne convertie en centre de recherche pour médecine douce. Au centre de la propriété, circonscrite par des murs cimentés et colorés de douze pieds de haut pour assurer la discrétion et l'intimité des occupants, il y a une piscine creusée entourée de petits pavillons où sont logées les patientes.

Dès notre arrivée, il me faut verser la somme de quinze mille dollars américains qui outre les honoraires professionnels, servira à couvrir les repas et l'hébergement. Dès le début, on nous prévient que si nous cessons le traitement avant la fin, aucun remboursement ne sera effectué. L'analyse du dossier étant complétée, le directeur des lieux nous explique les procédures qu'il nous faudra respecter ainsi que le programme d'alimentation que Carole devra suivre. À défaut de se conformer aux directives, le traitement sera annulé et nous devrons partir sans aucun remboursement.

Il nous transmet alors les détails du traitement que Carole devra suivre. Plusieurs fois par jour, on lui injectera par intraveineuse de fortes doses de vitamine C concentrée. Puisque Carole porte déjà un implant dans la poitrine, lequel a été installé il y a deux ans, cela accélère le début du traitement. Le reste de la thérapie sera déterminée chaque semaine, en fonction des réactions qu'elle aura.

Même si nous nous trouvons au Mexique, dans l'environnement où nous sommes, entourés de plusieurs patientes en phase terminale, c'est tout sauf des vacances. Après quelques jours, l'une de celles-ci me réveille brutalement pour me demander pourquoi mon père n'a pas accompagné ma mère. Par «ma mère», elle faisait allusion à nulle autre que Carole. Bouleversé par sa question, la discussion prend soudainement une tout autre direction lorsque je lui annonce que je suis son mari. Je réalise en même temps que je n'avais jamais remarqué que le temps, la souffrance et la douleur avaient fait vieillir prématurément le corps de Carole, laquelle semble maintenant avoir trente ans de plus que son âge. Pourtant, jusqu'à ce jour, je l'avais toujours vue avec le même regard, la même fraîcheur et le même sourire que le jour de notre première rencontre. Un constat qui me déchire le cœur et qui m'attriste jusqu'au plus profond de mon âme.

Au septième jour du traitement, à la fin de la journée, je me retrouve seul avec elle alors qu'elle est alitée et incapable de se lever. Brusquement, dans une crise de panique indescriptible, elle m'annonce en criant qu'elle va mourir. Puis, elle s'évanouit aussitôt. En m'approchant d'elle, je suis affolé. Non seulement elle ne respire plus, mais elle est dans le coma. Je tente de la réanimer à l'aide de la respiration artificielle, mais en vain. Croyant qu'elle est morte, complètement anéanti, je cours jusqu'à la réception en criant pour réclamer d'urgence une assistance médicale.

En l'espace de quelques minutes qui m'ont paru des heures, le médecin arrive et tente une première réanimation cardiaque. S'ensuivent une deuxième et une troisième tentatives, cette dernière étant la bonne. Son pouls est revenu et elle recommence à respirer. L'assistant du médecin arrive aussitôt pour lui mettre un masque à oxygène qui lui permettra de respirer plus calmement.

J'ai eu tellement peur, que l'angoisse m'envahit au point où j'ai l'impression que je vais m'évanouir. Je suis maintenant effrayé à l'idée qu'elle puisse garder des séquelles au cerveau suite à cet arrêt cardiaque qui s'est prolongé pendant plusieurs minutes. Après une heure de garde, le médecin quitte la chambre pendant que je suis encore en état de panique. J'ai si peur de la retrouver morte à mon réveil que je ne peux fermer l'œil de toute la nuit.

Au petit matin, lorsqu'elle se réveille, elle est traumatisée. Se souvenant parfaitement des moments qu'elle a vécus la veille et de la peur qu'elle a eue de mourir, elle est étonnée d'être encore de ce monde et de se retrouver à mes côtés. Elle est maintenant tellement affaiblie qu'elle ne peut presque plus bouger. Perturbée plus que jamais, elle me demande de retourner au Canada pour terminer son long combat en paix. Nous qui avons dépassé les limites de l'impossible, on ne pourra jamais dire que l'on n'aura pas tout essayé.

En l'espace de quelques minutes, je change nos réservations pour le retour à Montréal avec un départ de San Diego et un transfert à Los Angeles avec Air Canada. Dans l'heure qui suit, nos bagages sont prêts et nous traversons la frontière américaine. Nous sommes assis dans une vieille voiture mexicaine sans confort, craignant de ne pouvoir atteindre l'aéroport sans pépins. Arrivés sur les lieux, lorsqu'elle tente d'embarquer à bord d'un petit appareil, Carole est incapable de monter l'escalier par elle-même. Du coup, on nous avise que l'on doit attendre le vol suivant. Le prochain appareil, nous dit-on, sera équipé de façon à ce que nous ayons droit à une assistance médicale. Malgré ce retard qui m'a quelque peu affolé, nous arrivons à Los Angeles à temps pour prendre notre correspondance à destination de Montréal.

L'état de santé de Carole est si inquiétant que j'en avise le personnel de bord qui par la suite, s'efforce de lui accorder un peu d'attention et de soin. On prend de plus les dispositions pour qu'une ambulance soit disponible dès notre arrivée, car dans la condition où elle est, elle doit être hospitalisée sur-le-champ.

En arrivant à l'aéroport de Montréal, c'est la panique générale, car elle est immobilisée dans sa chaise et ne peut plus bouger. Une fois l'appareil vidé de ses passagers, les ambulanciers montent à bord pour la soulever de son siège et la déposer sur une civière. Une scène déchirante! Je n'aurais jamais cru que l'on se serait rendu si loin. Je prie donc le Seigneur de m'aider à traverser ce moment difficile, car mes espoirs se sont évanouis à jamais.

Dans l'ambulance, en route vers le centre-ville, nous sommes témoins d'une dispute entre les répartiteurs des urgences de l'Hôtel Dieu et de l'hôpital St-Luc quant à savoir où Carole sera admise. Nul ne tient compte de l'endroit où elle a été soignée dans le passé. Pendant qu'elle est à demi-consciente sur sa civière, nous avons l'impression d'être pris en otages par des contraintes administratives.

Suite à un refus de l'hôpital St-Luc où elle a pourtant été traitée durant les quatre dernières années et étant donné que nous avons récemment rencontré un jeune médecin à l'Hôtel Dieu de Montréal reconnu pour ses exploits en oncologie, j'accepte que les ambulanciers nous conduisent à cet hôpital. Sous la pression, je n'ai d'autre choix que d'approuver ces directives insensées, car outre le fait que le chef du département d'oncologie de l'Hôtel Dieu a une excellente réputation, j'entretiens toujours une lueur d'espoir pour qu'elle puisse être acceptée sur un protocole de recherche non encore disponible à St-Luc.

Malheureusement, parce qu'elle n'a pas de dossier médical dans ce centre hospitalier, malgré son état et le fait qu'elle se meurt, on la laisse sur une civière, dans un corridor, pendant quatre jours interminables. Une aberration totale! Je fais maintes demandes à l'administration pour qu'on lui trouve une chambre, mais il n'y a rien à faire. Tout ce qu'on me répond, c'est qu'une décision sera prise lorsqu'ils recevront une copie du dossier médical de l'hôpital St-Luc. Comme je regrette d'avoir cédé sous la pression et permis qu'elle soit hospitalisée dans cet hôpital. Mais il est trop tard et je ne peux plus rien faire.

Le cinquième jour, on décide enfin de prendre les dispositions nécessaires pour la soulager. On lui attribue une chambre temporaire en attendant de lui trouver un lit dans le département de soins palliatifs. Suite aux commentaires que j'entends relativement à la disponibilité des lits au sein de ce département, j'ai l'impression que c'est le jeu de la chaise musicale avant de partir pour l'au-delà.

Le jour suivant, le médecin me rencontre pour me répéter qu'il n'y a plus rien à faire et que la fin est proche. En tant que médecin, il ne peut me dire ni quand ni comment ça se passera. Dieu seul le sait.

Tous les jours, je suis au chevet de Carole lorsqu'elle se réveille le matin, tout comme en fin la journée lorsqu'elle s'endort. Dès que j'arrive dans sa chambre, elle s'empresse toujours de me présenter à des patientes ou à des membres du personnel hospitalier, non sans leur dire que je suis le meilleur mari au monde et qu'elle est chanceuse de m'avoir. Je suis touché et ému par une si grande marque d'amour. Chaque fois, j'ai l'impression qu'à sa façon, elle est en train de me dire lentement au revoir.

Un dimanche après-midi, après qu'elle ait été transportée aux soins palliatifs, elle souhaite parler aux enfants, mais elle est incapable de décrocher le téléphone par elle-même. Elle me demande donc d'appeler à la maison. Lorsqu'elle raccroche, je suis profondément touché lorsqu'elle me raconte la conversation qu'elle vient d'avoir avec eux. Alexandre lui a réitéré son amour inconditionnel alors que Cindy lui a dit que non seulement elle l'aimait beaucoup, mais qu'elle la considérait comme sa meilleure amie au monde. Suite à cet appel, bouleversée, elle ne peut contrôler ses larmes pendant que j'essaie de la consoler. Un moment de bonheur tout autant que de chagrin intense, difficile à décrire.

Durant les quatre dernières années, vu le pacte de silence que nous avons fait, les enfants sont loin de se douter de l'ampleur du drame que nous vivons. En agissant de la sorte, nous voulions les protéger et éviter de les perturber durant une période importante de leur vie. Nous souhaitions leur éviter d'être déchirés par la perte éventuelle de leur mère et leur permettre de poursuivre leurs activités normalement. Me remémorant mon enfance, j'espérais à tout prix les éloigner de la peine et de la douleur qu'on éprouve devant la perte de sa mère.

Malheureusement, nous en sommes là et le moment est venu de partager avec eux notre dure réalité. Je dois leur apprendre que leur mère va bientôt mourir. Le simple fait d'y penser me brise le cœur. Je ne sais pas comment annoncer une telle nouvelle à Cindy qui vient tout juste de célébrer ses dix-sept ans et à Alexandre qui a eu treize ans il y a quelques mois.

Après plusieurs jours de réflexion durant lesquels j'essaie de déterminer le meilleur moment pour leur parler et briser le pacte du silence, je réalise qu'il n'y en aura jamais. Un soir, je retourne donc à la maison, décidé à leur ouvrir mon cœur et à partager mon chagrin avec eux.

À la fin du repas, alors que nous sommes toujours assis à la table, je cherche mes mots pour ouvrir une discussion traitant de la santé de leur mère. Même si je suis aux prises avec des émotions intenses et que je ne sais pas par où commencer, il faut que j'y arrive. J'aborde donc le sujet en leur disant que l'état de Carole est préoccupant et que sa santé s'est beaucoup détériorée depuis les dernières semaines. À cela, j'ajoute que c'en est au point où je ne crois pas qu'elle puisse revenir à la maison. Inquiétés par mes propos, ils me demandent de clarifier ce que je viens de leur dire et veulent être mis au fait de la vérité. Avec peine, je me fais plus précis en leur répondant franchement: «Eh bien... selon le médecin, elle va mourir bientôt».

Cela étant dit, je suis incapable de poursuivre la discussion. Je ne peux même plus ajouter un seul mot. Que d'émotion à partager avec ses enfants! Pendant que les larmes coulent sur nos joues et que notre peine est à son apogée, nous nous tenons la main l'un de l'autre et nous engageons, quoi qu'il advienne, à nous protéger mutuellement, à ne jamais nous laisser, à nous entraider et à nous aimer pour la vie. Nous scellons en même temps un nouveau pacte d'amour et de solidarité entre nous. Et puis, dans un élan spontané résultant de la tristesse profonde que nous vivons, nous nous levons tous les trois pour nous enlacer très fort, unis pour la vie. Ce geste de tendresse et d'amour de mes enfants me soutient dans ce moment difficile. Que ferais-je sans eux?

Lorsque je retourne à l'hôpital, l'oncologue m'annonce qu'il souhaiterait tenter une dernière expérience, du fait que la fin approche et que nous n'avons pas beaucoup de temps devant nous. Il précise en me disant que si Carole y consent, il pourrait, dans quelques jours, lui administrer un tout nouveau traitement. Aussi, il me demande d'être présent lors de la conversation qu'il aura avec elle, car il veut s'assurer qu'elle comprenne que le risque de mortalité associé à l'injection de ce nouveau médicament est élevé. En fait, il veut lui faire réaliser qu'elle pourrait ne jamais se réveiller. Sans hésitation, ce qui ne me surprend guère, elle accepte l'incontournable.

Malgré sa précarité, le jour précédent l'administration de ce nouveau traitement, je dois absolument me rendre à Toronto pour prendre part à une réunion d'affaires. Mes beaux-parents étant épuisés, pour m'assurer qu'une personne de confiance puisse lui tenir compagnie durant mon absence, je demande à Michelle Pagé, une très grande amie, si elle accepterait d'être à son chevet. Si l'état de santé de Carole devait se détériorer encore davantage, je pourrais ainsi en être avisé sans délai. Pour me soutenir moralement, Michelle accepte généreusement de l'accompagner toute la journée. Quant à Carole, elle est heureuse que cette amie ait pu se libérer, car elles ont toujours eu beaucoup de plaisirs ensemble.

De retour de Toronto, en arrivant à la maison, je prends connaissance d'un message laissé sur mon répondeur par la police municipale qui me prie de rappeler d'urgence au poste. Tout de suite, je pense aux enfants et souhaite que rien ne leur soit arrivé. Le policier en devoir m'informe que ma voiture, laissée hier soir chez le concessionnaire pour une inspection de garantie, a été volée. Je dois donc me présenter au poste pour signer le rapport de police, fournir les documents prouvant que je suis bien le propriétaire et aussi, donner la description de la voiture et détailler son contenu. Comme si je n'en avais pas assez! Le temps ne peut être plus mal choisi pour qu'on me vole ma voiture.

Après avoir finalisé ma déclaration, je retourne à la maison, anxieux de contacter Michelle pour m'informer du déroulement de la journée à l'hôpital et de l'état de Carole. Sans vouloir me blesser, Michelle, que nous avons toujours appréciée en raison de sa franchise et de son côté direct, me dit qu'elle croit que si Carole s'accroche à la vie, c'est tout simplement parce que je suis incapable de la laisser partir. Ne l'ayant jamais perçu ainsi, lorsque j'entends ces paroles, je suis pris de panique, car mon interlocutrice a probablement raison. Avec beaucoup de tact, de compassion et d'amour, elle ajoute qu'il faut que je pense à Carole et que je lui permette de nous quitter en paix. Je suis bouleversé. Que vais-je faire? Jusque-là, j'ai toujours évité d'avoir cette discussion avec elle, craignant qu'elle pense que je l'abandonne.

Le lendemain matin, comme toujours, je me présente très tôt à l'hôpital. Je rencontre le médecin qui m'annonce qu'aujourd'hui, il administrera à Carole, le nouveau traitement qu'il vient tout juste de recevoir. Ce disant, il réitère le fait que le risque de mortalité est élevé. Mais puisqu'il s'agit de notre dernière chance et que Carole a déjà accepté de prendre ce risque, j'accepte aussi.

C'est à ce moment que je vais à son chevet pour lui dire avec tout mon courage et mon cœur que je l'aime beaucoup et qu'elle a toujours été importante pour moi. Elle a été et sera toujours mon rayon de soleil. Sans elle, je n'aurais jamais pu me réaliser, tant au niveau professionnel qu'au niveau personnel. Et pour terminer, je lui dis: «Durant les quatre dernières années, tu as lutté sans merci pour rester à mes côtés. Maintenant, tu as le droit de penser à toi, car ta vie t'appartient. Tu dois décider ce qu'il est le mieux pour toi, sans penser à moi. Si jamais tu décides de nous quitter, je comprendrai et j'accepterai ta décision. Sois assurée que tu seras toujours dans mon cœur et ceci, pour la vie».

À l'improviste, mes parents arrivent dans la chambre quelques minutes plus tard. Ils sont ébranlés de voir Carole sans sa perruque, celle-ci ayant décidé que cette fois, c'en était assez de l'image et de la parure. En se dévoilant ainsi, elle s'est abandonnée et nous a fait découvrir sa réalité à nu. C'est bien sûr un choc pour mes parents qui dans les circonstances, ont préféré la laisser se reposer seule et en paix.

Voilà maintenant le médecin qui arrive pour lui administrer le nouveau médicament qu'il utilise pour la première fois sur une patiente de l'hôpital. Au son de ma voix, Carole s'endort rapidement et tombe dans le coma. Je ne sais pas par quel instinct, mais cette fois, je décide d'appeler ma sœur pour lui demander d'aller chercher les enfants à l'école et de les amener voir leur mère, peut-être pour une dernière fois. Et puis, dans l'heure qui suit, j'appelle tour à tour tous les membres de la famille ainsi que Ginette, l'amie d'enfance que Carole a toujours considérée comme sa sœur, et Diane, sa grande amie et confidente. J'informe tout le monde de son état et leur mentionne que s'ils veulent la saluer une dernière fois, c'est probablement aujourd'hui qu'ils pourront le faire.

Les enfants arrivent aussitôt pour embrasser leur mère, suivis de près par tous nos proches. Il est maintenant 17h30 et je suis à son chevet depuis 6h30 ce matin. Décelant des signes d'épuisement dans mon regard, tous sans exception me suggèrent de prendre une heure pour retourner à la maison avec les enfants, le temps de me doucher, de me changer et de prendre un léger repas avec eux. Sous la pression, j'accepte finalement de prendre un moment de répit. Sur le chemin du retour, alors que la journée a été ensoleillée et que le soleil est encore resplendissant, nous entendons le tonnerre et voyons des éclairs traverser le ciel. Et puis, tombe soudainement une averse diluvienne qui ne dure que quelques minutes. En mon for intérieur, je me demande si ce n'est pas un présage pour nous annoncer que Carole nous a quittés.

À notre arrivée au poste d'accueil des soins palliatifs, on se demande où est passée la famille, car nous ne voyons plus personne dans les corridors. Je me dirige rapidement au bureau où on m'annonce que tout est terminé, que Carole a rendu l'âme et que tous sont à son chevet. On est le jeudi 21 mai 1992, et elle vient tout juste d'avoir trente-neuf ans. Je crois que je vais crouler sous le poids de cette annonce tragique. En courant, nous arrivons dans la chambre et apercevons le corps inerte de Carole, entouré des nôtres qui forment un bouclier humain tout autour d'elle et qui prient. Toujours en courant, les enfants et moi allons directement vers elle pour la serrer tour à tour dans nos bras, sans pouvoir contrôler nos larmes. Un moment déchirant dans une vie! Aussitôt, je me sens coupable de ne pas avoir été à ses côtés, avec les enfants, lorsqu'elle a rendu son dernier souffle, et je suis incapable de comprendre pourquoi elle est partie durant notre absence. Pendant une heure, nous restons là, à son chevet, implorant Dieu de lui accorder sa miséricorde. En même temps, je repense au souhait qu'elle avait toujours exprimé, soit celui d'avoir tous les membres de nos familles et amis intimes présents autour d'elle au moment de son décès. Même si dans le passé, j'ai eu des motifs raisonnables de contacter tout le monde, alors que je n'ai rien fait, je ne sais pas par quel hasard je l'ai fait aujourd'hui. Je repense de plus aux éclairs et au tonnerre dont nous fûmes témoins plus tôt et tente de trouver une signification. Plusieurs cherchent à nous rassurer en nous disant que Carole a attendu que nous nous absentions, car il lui était trop difficile de partir en notre présence. Je suis perdu dans mes pensées pendant que la culpabilité m'envahit.

Je viens de perdre mon rayon de soleil, la femme de ma vie, la mère de mes enfants, celle qui m'a toujours accordé sa confiance et qui a su partager avec moi son amour contagieux de la vie. Elle m'a appris à aimer, à partager et à bâtir. Qu'allons-nous devenir sans elle?

Le jour suivant, assommé par la mort, je me rends au salon funéraire de St-Eustache où plusieurs frères et sœurs de mon père ont été exposés dans les dernières années pour finaliser les arrangements funéraires. Il est convenu qu'après une exposition de trois jours, elle sera incinérée et que ses cendres seront par la suite déposées dans une niche au crématorium adjacent au salon funéraire.

De retour à la maison, le propriétaire du salon me contacte pour m'aviser que notre paroisse ne sera pas en mesure de célébrer la cérémonie religieuse et qu'il me faut rapidement trouver une autre église. Voulant comprendre ce qui se passe, j'appelle le presbytère qui m'informe que malheureusement, un entrepreneur doit exécuter des travaux d'entretien des planchers de l'Église la semaine prochaine. Conséquemment, celle-ci sera fermée pour quelques jours et tous les offices religieux ont été annulés. Dans les circonstances, je suis offusqué que l'église priorise les travaux au détriment des offices religieux. On me recommande tout bêtement de trouver une autre paroisse, sans être en mesure m'offrir une quelconque alternative. J'en perds mon latin!

Après plusieurs appels, je réalise que je me retrouve au milieu d'une guerre de clochers, lorsqu'aucune paroisse sise à proximité ne veut assumer les fonctions de la paroisse voisine. J'ai l'impression de m'adresser à des bureaucrates désintéressés qui sont strictement là pour récolter la dime et les dons des paroissiens. Qu'en est-il de la parole de Dieu et de l'importance des sacrements? Je suis très déçu de n'avoir eu droit à aucune compassion ni aucun soutien de la part de mon Église, moi qui suis pourtant si croyant et qui ai toujours versé mes contributions annuelles à la paroisse. Pour moi, c'est l'incompréhension totale. Je suis croyant, j'ai prié le Seigneur de façon intense toute ma vie, et ce, particulièrement au cours des quatre dernières années. Je considère donc ce refus comme une aberration, un affront personnel qui me révolte. L'image de mon église vient de s'écrouler.

Dans les circonstances, la direction du salon funéraire me recommande de tenter ma chance auprès de l'église St-Léopold à Fabreville, là même où a grandi Carole et où nous nous sommes mariés il y a vingt ans. Mes beaux-parents habitent d'ailleurs toujours dans cette paroisse. Puisque le curé avait été invité pour la réception ayant eu lieu à la résidence de ceux-ci, il se souvient très bien de nous et accepte volontiers de célébrer la cérémonie religieuse. Même si je suis soulagé, je me vois difficilement déambuler avec les enfants dans la même allée que leur mère avait empruntée en 1972 pour me rejoindre et prononcer avec moi nos vœux de mariage. Un état de fait qui me perturbe, mais que je dois affronter!

Les trois jours d'attente passés à la maison entre le décès et l'ouverture du salon me semblent interminables. Le premier matin, à mon réveil, alors que je suis étendu dans mon lit, je vois un nuage d'un blanc très pur se déplacer dans la chambre, ce qui me fait penser que Carole effectue une dernière visite des lieux pour me dire au revoir. Du coup, j'ai l'impression d'halluciner et de devenir fou, incapable de croire à ce genre de manifestation. Et puis, les jours suivants, j'apprivoise cette vision en me disant que Carole se manifeste pour me faire comprendre qu'elle est toujours parmi nous. À plusieurs occasions, nous entendons dans la maison le bruit sourd d'une porte qui se ferme abruptement alors que nous sommes seuls et que les fenêtres sont fermées. Un jour, après avoir entendu un bruit infernal, Alexandre sort rapidement de sa chambre pour me rejoindre et me demander ce qui venait de se produire. Après vérification, nous constatons qu'il n'y a aucun courant d'air dans la maison qui aurait pu générer un tel bruit, ce qui fait que nous sommes dans l'incapacité d'expliquer ce qui s'est passé. Désirant en découvrir davantage sur les phénomènes paranormaux, je consulte des spécialistes en ésotérisme, lesquels me signalent que nous avons été très privilégiés d'avoir perçu ces signes. L'apparition d'un nuage au plafond de ma chambre aurait été une manifestation de son âme et ce serait à titre exceptionnel que je l'aurais perçu. Carole venait tout simplement me dire bonjour avant de partir à jamais pour l'au-delà. À la grandeur de ma folie! Cependant, je crois que ce qu'ils m'ont dit est juste.

Comme j'avais l'habitude d'aller la voir tous les jours à l'hôpital, le premier matin, je ne sais pas quoi faire de mon corps et me sens complètement perdu. C'est la première fois depuis longtemps que je n'ai rien au programme: pas de travail, pas de rendez-vous avec le médecin et pas de visite à l'hôpital. Pour la première fois en trois ans, j'ai le temps d'admirer les fleurs magnifiques qui ornent la devanture de la maison et qui avaient été choisies judicieusement par Carole. Puisque nous sommes au printemps, par leur éclosion, elles représentent le renouveau de la vie alors qu'elle vient de mourir. Je suis sûr qu'elle aurait bien aimé les voir, les sentir et se faire un petit bouquet. Hélas, c'est terminé! Je vais et je viens, sans savoir où aller, comme si ma vie n'a plus aucun sens.

Le désarroi, la tourmente et la culpabilité s'accaparent de moi avec une telle intensité, que je suis désemparé. En me rappelant les derniers mots que je lui ai dits, j'ai l'impression que je l'ai abandonnée à elle-même. De plus, je ne peux me pardonner de ne pas avoir été auprès d'elle, avec les enfants, lorsqu'elle nous a quittés. Je tente désespérément de me justifier et de trouver un sens à la façon dont tout s'est déroulé, mais je ne comprends toujours rien!

J'ai beaucoup de difficulté à imaginer le moment où en compagnie des enfants, je devrai mettre le pied au salon. Entre-temps, je dois choisir la robe qu'elle portera pour la dernière fois et la remettre au funérarium. Heureusement, le jour venu, grâce aux comprimés relaxants que j'ai dû avaler, je réussis à reprendre le contrôle de mes émotions. Avec mes beaux-parents, trente minutes avant l'ouverture du salon funéraire, nous nous rendons donc au pied du cercueil de Carole pour nous recueillir en paix. Quelques minutes après l'ouverture des portes, je suis surpris de voir toutes les têtes se retourner pour regarder un personnage qui entre et qui se dirige directement vers mes parents qui eux, semblent le connaître. On s'empresse de me dire qu'il s'agit du curé de la paroisse, celui qui a célébré toutes les cérémonies funéraires des frères et sœurs de mon père. Il connaît très bien ma mère, car en plus de faire partie de la chorale, celle-ci assiste à tous les offices religieux de la paroisse.

S'exprimant comme s'il se dissociait totalement de la décision prise par son personnel, il désire s'excuser pour la position prise par le presbytère, laquelle le rend incapable de célébrer les obsèques de Carole. Il me revient soudainement en mémoire qu'à la naissance d'Alexandre, ce même presbytère avait refusé de le baptiser, sous prétexte que le territoire venait d'être subdivisé par le diocèse et que l'on se trouvait dorénavant dans une nouvelle juridiction religieuse. À cette époque, je fus pris dans une saga administrative ecclésiastique, le nouveau curé des lieux ayant refusé de procéder au baptême du fait que nous appartenions toujours à la paroisse centrale.

Le manque de soutien et de compassion de notre église m'a tellement bouleversé, que je n'arrive pas à m'expliquer ce que ce curé vient faire ici aujourd'hui. Après une brève discussion avec mon père, il vient vers moi pour m'offrir de célébrer exceptionnellement la cérémonie religieuse à la paroisse St-Léopold. Je considère sa proposition vexante. Je ne peux pas m'imaginer en train de demander au curé qui a eu la générosité de nous accueillir de se retirer tout bonnement, alors même qu'il est dans sa propre paroisse. Je refuse donc sa demande et le prie de s'abstenir de venir aux obsèques, en guise de respect.

Les deux jours suivants, c'est l'affluence. Des centaines de personnes dont plusieurs me sont inconnues se présentent pour se recueillir et nous offrir leurs condoléances. Comme lors des funérailles de ma mère, je les vois défiler devant la dépouille pendant que le fleuriste livre régulièrement des landaus de fleurs qui tapissent maintenant tous les murs. Ces trois jours durant lesquels je dois saluer tous ces gens m'épuisent autant physiquement qu'émotionnellement. Un exercice dont je me serais bien passé, mais qui par contre, m'aide à prendre un certain recul en plus de m'obliger à me mobiliser, ce qui atténue ma peine.

Le deuxième jour, mon père vient me voir pour m'informer qu'il a pris des arrangements avec le propriétaire du salon funéraire, qu'il connaît très bien, et qu'il a payé la facture. Sachant que je me trouve dans une impasse financière, il m'assure que pour l'instant, je n'ai pas à me faire de soucis à cet égard. Si cela me soulage, je suis surpris qu'il ait posé un tel geste sans même m'en parler. Nous nous entendons pour discuter des modalités de remboursement une fois les funérailles terminées. Cette attention inattendue me touche profondément. Je crois qu'il est ému par le décès de Carole, qu'il affectionnait particulièrement. Je crois aussi qu'il revit un peu ce qu'il a vécu lors du décès de ma mère. Comme il n'a jamais eu la parole facile et qu'il a toujours gardé ses émotions pour lui, c'est probablement sa façon de partager sa peine avec moi.

Le jour des obsèques, nous nous recueillons une dernière fois autour du cercueil et prions pour le salut de Carole. Mes beaux-parents, les enfants et moi montons dans une limousine noire qui suit le corbillard et les landaus de fleurs jusqu'à l'église de la paroisse St-Léopold. Nous arrivons donc au pied de l'escalier du parvis de l'église, au même endroit où Carole, vêtue de sa robe de mariée, s'est présentée avec son père il y a déjà vingt ans pour m'épouser. Mais cette fois, il y a encore plus de monde qu'à cette époque. Et s'ils sont tous là, aujourd'hui, c'est pour assister à la cérémonie funéraire au cours de laquelle on rendra un dernier hommage à celle qui a partagé ma vie durant presque vingt ans.

À la fin de la cérémonie, alors que les enfants et moi marchons lentement derrière le cercueil pour nous diriger vers la sortie, je me revois au bras de Carole, le jour de notre mariage, en train de déambuler dans cette même allée. C'était le 15 juillet 1972, en présence des mêmes personnes qui se sont déplacées aujourd'hui. Que de souvenirs qui refont soudainement surface. Et quelle peine est la mienne en réalisant que vingt ans plus tard, je me retrouve ainsi avec mes enfants!

Les obsèques terminées, tout le monde est convié à une petite réception pour les remercier d'avoir partagé avec nous ce moment de détresse. En arrivant à la salle, je me sens étourdi en voyant la nombreuse foule. Tous ont accepté l'invitation: ma famille, mes amis, mes anciens et nouveaux collègues de travail. Je suis donc pris par des obligations sociales dont j'aurais bien aimé me soustraire.

Après la réception, nous nous rendons chez mes beaux-parents en compagnie de parents et amis proches pour partager les beaux souvenirs qu'ils gardent de Carole. Un moment pénible et difficile... c'est la fin, et plus jamais elle ne reviendra! Ce fut son destin!

Pour laisser un souvenir d'elle aux parents et amis, voici le message de remerciement que nous leur avons fait parvenir:

«Elle était le soleil de notre vie

Le ciel bleu des jours de pluie

Nous regretterons toujours ses 39 printemps de joie et d'amour

Qu'elle nous a procurés et qui déjà sont du passé

Parents et amis, vous qui avez sympathisé au décès de notre maman Carole

Nous vous remercions chaleureusement».

Maintenant que tout est terminé, qu'allons-nous devenir, les enfants et moi?

LA FIN

OÙ EN SUIS-JE?

J'ai quarante-deux ans. J'ai l'impression qu'il ne me reste rien et que tout s'est écroulé autour de moi. Je suis vidé, autant mentalement que physiquement. Ma vie est tout simplement une succession continuelle de malheurs, de contraintes, de pertes et d'abandons.

Je me sens anéanti sous le poids de la malédiction. J'ai tout perdu: mon épouse, mon cœur d'enfant, mon âme, de même que le contrôle de mes pensées et de mes émotions. Je suis incapable de retrouver un sens à ma vie. Soudainement, je suis seul au milieu d'un désert aride ou sur un radeau perdu en plein océan, ignorant quelle direction je dois prendre pour arriver à survivre.

De plus, mes finances personnelles sont dans un piètre état. J'ai utilisé toutes nos économies et notre pouvoir d'emprunt pour payer les traitements de Carole. Tous mes comptes sont en retard de paiement et les investissements immobiliers que j'ai faits se sont avérés désastreux. L'ensemble de mon capital a soudainement disparu. Il ne me reste plus rien, sauf un peu d'oxygène pour respirer.

J'avais misé sur l'avenir et j'ai tout perdu, même mes illusions. Moi qui vivais au futur, je ne sais plus quoi faire au présent. Par chance que j'ai mes enfants.

Pourrais-je un jour redonner un sens à ma vie et croire qu'il y aura encore des jours heureux?

Avec la disparition de Carole, j'ai perdu mon élan de vie, cette force invisible que j'avais à l'intérieur de moi et qui m'avait toujours permis de rebondir dans les moments difficiles.

Maintenant, comment vais-je pouvoir générer en moi les nouvelles ressources qui me permettront de poursuivre ma route et de tourner cette page bouleversante de ma vie?

Achevé d'imprimer en septembre 2015
sur les presses numériques de

umen I digital,

à Montréal, Québec